《潮学集刊》编辑委员会

主　　编　陈景熙
副 主 编　林　立
编　　委（按音序排名）
　　　　　　蔡文胜　陈嘉顺　陈荆淮　陈景熙
　　　　　　陈俊华　陈贤波　陈友义　黄迎涛
　　　　　　金文坚　李炳炎　林　立　林志达
　　　　　　欧俊勇　谢　湜　曾旭波　周修东
责任编辑（按音序排名）
　　　　　　陈海忠　陈嘉顺　陈景熙　陈贤波
　　　　　　陈贤武　陈泽芳　杜式敏　林　瀚
　　　　　　林　立　林壁荣　卢　颐　欧俊勇
　　　　　　吴孟显　吴榕青　杨　姝　曾旭波

THE JOURNAL OF CHAOSHAN HISTORY AND CULTURE STUDIES

饶宗颐教授百岁华诞颂寿专辑

潮汕历史文化研究中心主办

潮学集刊

第 三 辑

陈景熙 主编

社会科学文献出版社
SOCIAL SCIENCES ACADEMIC PRESS (CHINA)

泰皇御封华宗大尊长仁得上师为本刊赐题墨宝

海滨邹鲁

潮学集刊存念

泰国 仁得 题

"世界记忆遗产—侨批档案研讨会"合影（2014年10月31日）

本辑特稿

饶宗颐先生的生平、志节和学术考论 .... 郑炜明 / 3
从新发现的勘界碑再见证乾隆中期樟林港的蓬勃发展 .... 黄光武 / 22

华侨华人

近代潮州窑釉上彩瓷：以潮州城区、枫溪及高陂为中心 .... 李炳炎 / 31
清末民国时期澄海华侨建筑对乡土建筑景观的影响 .... 蔡文胜 / 51
从口述史料看马来西亚美里华人 .... 陈俊华 / 61
50年代归侨的文化自觉：基于汕头华侨补习学校教师的口述研究 .... 杜式敏 / 72
改革开放以来潮汕侨乡的社会转型：以澄海隆都镇、潮安磷溪镇为中心的考察 .... 林伟钿 / 82

方言、潮剧

潮州方言中一种特殊的动词重叠结构 .... 洪英 / 99
翁著《潮汕方言》词语的文化内涵 .... 杜奋 / 108
民国时期潮剧广告之研究 .... 欧俊勇 / 116

区域历史

宋季诗人谢翱"匿潮民间"考辨 .... 陈新杰 / 133
普宁的置县时间及县名详考：兼论历史的真实性问题 .... 温建钦 / 146
清代闽粤沿海的海域治理：以"澳甲"为中心 .... 李坚 / 155

韩江流域竹木生产、贸易研究（1644~1949） ………………………… 林　瀚 / 166
韩江六篷船被花艇化成因初探 …………………………………………… 林壁荣 / 180
红船湾、常关与"海关地"：潮海常关验货厂沿革略考 ………………… 周修东 / 187
撕毁壁报案：汕头南华学院跟潮海关的一场公案 ……………………… 曾旭波 / 200

历 史 文 献

浅析畲族"招兵节"经书的文化价值 …………………………………… 石中坚 / 213
甲申国变后潮州落花诗创作探析 ………………………………………… 黄晓丹 / 221
《诗存随笔录》初探 ……………………………………………………… 杨映红 / 227
汕头大学藏潘载和先生著作述略 ………………………………………… 金文坚 / 239
杨树荣、林培庐、郭笃士、何定生民国年间著述辑目 ………………… 陈　哲 / 249

潮 籍 贤 哲

论饶锷古文之取法门径 …………………………………………………… 陈　伟 / 257
在世俗与信仰之间：吴雨三家书读后 …………………………………… 陈嘉顺 / 269
潮籍女作家许心影著作考略 …………………………………… 刘文菊　李坚诚 / 282
清池皓月照禅心：潮汕诗僧释定持诗歌赏析 …………………………… 林志达 / 296

附　　录

承先启后，再造辉煌：在潮汕历史文化研究中心"2014潮学年会"
　　上的讲话 ………………………………………………… 理事长　罗仰鹏 / 307
《潮学集刊》文稿格式 ……………………………………………………………… / 314
《潮学集刊》征稿启事 ……………………………………………………………… / 319

本辑特稿

饶宗颐先生的生平、志节和学术考论

郑炜明*

摘　要：本文对于近年来渐次兴起的以饶宗颐先生为研究对象的"饶学"中较少学者深入考论的饶先生的生平、志节和学风等问题进行考辨，具体考论对象包括饶宗颐先生的祖籍、师承和藏书，民族志节和操守，以及《潮州艺文志》遗稿补订、敦煌学研究、李郑屋村古墓研究、《中国史学上之正统论》和《南澳：台海与大陆间的跳板》的写作等问题。

关键词：饶宗颐　饶学　抗日战争　陈光烈　陈梅湖

小　引

近几年以饶宗颐先生的方方面面为研究对象的"饶学"，渐次兴起，但对饶先生的生平（特别是祖籍、师承和藏书）、志节（特别是抗战时期的民族气节和贯彻始终的民族文化情怀）和学风等问题，一向较少学者深入考论。笔者适逢其会，乃匆匆草撰此文以应，自知未臻完善，还祈方家不吝斧正。

一　饶宗颐先生的祖籍、老师和藏书

（一）关于饶宗颐先生的祖籍

2002 年，饶宗颐先生为梅县松口铜琶村《饶氏族谱》题写封面，之后在饶氏族中

---

* 郑炜明，1958 年生，香港大学饶宗颐学术馆高级研究员、学术部主任，山东大学历史文化学院客座教授、博士生导师。

引起了有关饶先生祖籍究属大埔茶阳抑或梅县松口的热烈讨论。

其实，饶先生的祖籍为松口，这一点是毋庸置疑的。饶先生的父亲饶锷先生民国九年（1920年）编修《潮安饶氏家谱》，谱中早已明载："吾宗迁潮近二百载"①，又说：

> 吾饶氏自松口迁海阳及今近二百年，其先世旧不著，大抵力农孝弟世其家。②

案：潮安旧称海阳。是以知饶氏在潮安的一支，饶先生的父亲饶锷先生在1920年修家谱前后，已确信并认定，其家"潮安饶氏"于200年前（约在清初三代时）迁自梅县松口。

有关饶先生祖籍归属的问题，饶氏族人意见分歧；究其根底，只涉及梅县松口饶氏一脉的开基始祖，是否出自大埔茶阳，抑是迁自福建。

在过去一段颇长的时间内，许多饶氏族人皆认为，松口饶氏的开基祖元贞公，乃出自大埔茶阳一脉，即饶氏大埔开基始祖四郎公的第四世第三子元贞。饶锷先生当年也同样持这个意见，其《重修泗坑友溪公祠碑记》云：

> 我饶氏自宋末四郎公由汀州迁潮之神泉，四传至元贞公，当元之季始避兵程乡，来家松口，其初卜居铜盘。③

案：神泉即今之大埔茶阳，程乡即今之梅县。其《先大父少泉府君行状》又云：

> 宋末有四郎公者，随父官汀州府推官，由闽入粤，而家于大埔，四传至元贞公，更由大埔迁居嘉应松口之铜盘乡，自后世居松口，至十二世祖仕保府君，始徙来潮州之乌石寨。④

但最新的研究显示，松口饶氏的开基始祖元贞公，又号二郎，应即饶氏济宇公（于宋末曾任汀州推官，故又号汀州公）的第二子，宋末元初时由闽入粤，开基于梅州。而大埔开基始祖四郎公，亦源自汀州，乃是济宇公的第四子，即松口的二郎元贞公

---

① 饶锷：《潮安饶氏家谱例言》，《饶锷文集》之《天啸楼集》拾遗卷·文，（香港）天马出版有限公司，2010，第166页。
② 饶锷：《家严慈六旬寿序略》，《饶锷文集》之《天啸楼集》拾遗卷·文，第167页。
③ 饶锷：《重修泗坑友溪公祠碑记》，《饶锷文集》之《天啸楼集》卷三，第89页。
④ 饶锷：《先大父少泉府君行状》，《饶锷文集》之《天啸楼集》卷三，第106页。

的亲弟。其他主要的论证还包括：①

（1）大埔茶阳《饶氏族谱》的第四世有兄弟三人，长名元亨，次名元利，三名元贞。元贞既是第三子，则不应号为二郎，此乃一大疑点，故疑此元贞当非松口饶氏的开基始祖元贞公。

（2）大埔茶阳《饶氏族谱》有关其第四世元贞的记载，仅有"迁移失稽"等寥寥数字，显然大埔一脉对其第四世元贞的下落，并不了然。

笔者案：若松口一脉的元贞公果是大埔一脉第四世的元贞，何以大埔饶氏在清末之前数度修谱时，皆未加注录，而仅谓"迁移失稽"？或大埔饶氏虽未知四郎公第四世元贞一支的下落，但当时却仍清楚地知道松口饶氏绝非该支，是以在修谱时仅简单写上"迁移失稽"等字。

（3）研究又发现，大埔第四世的元贞，其实是迁到了广东连平县李坑村开基，估计该支或因长居山区，路途险阻，终与大埔一脉失去联系。李坑村的饶氏族谱清楚地列明，其开基祖乃迁自大埔茶阳的元贞。故可确证，饶氏元贞公有二，即分别为松口的开基祖和大埔的第四世第三子。

考闽粤饶氏，大抵皆源自其江西大始祖饶元亮，因第十九世饶季礼（字济宇）赴任汀州推官而入闽，其四子开枝闽粤：一郎（名曰素）开基于福建武平，二郎（名曰奇）开基于广东梅县松口，三郎（名曰隆）开基于福建龙岩，四郎（名曰明）开基于广东大埔茶阳。② 而饶先生的远祖，应是汀州公饶济宇第二子饶曰奇（二郎，元贞公）在梅县松口开基所传的一系。因此，说他祖籍松口，是正确无误的；反而，如果说他祖籍大埔茶阳的话，则有错认叔系为父系之虞。饶先生2002年为松口《饶氏族谱》题签："念二郎元贞公世系饶氏族谱选堂拜题"，看来确有认可该谱世系考订之意。

本来认祖归宗，是一人一家的私事，旁人不应置喙，更何况饶先生只是参考了父亲饶锷先生遗著中的线索，以及尊重饶氏谱牒最新的研究和编订成果而已。笔者不敏，近因饶学渐兴，而饶氏族人中又颇有为饶先生祖籍而争讼者，乃敢稍作平议，并志崖略如上。

（二）关于饶宗颐先生的老师

以笔者追随饶先生30余年所知所见，饶先生对曾教过自己的老师，常念念不忘，感恩戴德，多曾形诸文字，如其少年时的绘画老师金陵杨栻先生③、引导饶先生学习北

---

① 饶熙龙、饶达昌：《梅县松口铜琶村饶氏始祖考证》，见客家文化时空论坛之客家研讨，http://www.kjwhsky.net/forum.，2007-12-27。
② 参见饶新南《饶氏汀州公考略》，饶新南1122_新浪博客，2010-07-20。饶国鹏、饶和平：《广东大埔饶姓文化血脉的渊源与传承》，中华饶氏网，http://www.raoshi.cn/，2014-04-02。
③ 参见饶宗颐《杨栻画集序》，载《杨栻画集》，（香港）华夏文艺出版社，2004，第3页。

碑书法的父执蔡梦香先生①、中学一年级时的古文老师王慕韩先生②、古琴老师容心言先生③、研习印度婆罗门教经典（Veda studies）和深造古梵文《梨俱吠陀》时的老师老白春晖先生（Professor V. G. Paranjpe）和白春晖先生（V. V. Paranjpe）④、60 岁后学习古巴比伦文的老师蒲德侯先生（Professor Jean Bottéro）⑤ 等等，饶先生皆曾在相关的文章中，绻绻缅怀，崇敬有加。

近年盛传饶先生两位乡前辈温廷敬（丹铭）和陈光烈（梅湖），也是他的老师。这些说法严重失实，有必要加以辨正。

先说温廷敬。温廷敬（1869～1954），字丹铭，号止斋，早年笔名讷庵，晚年自称坚白老人，广东大埔县人，1889 年考获秀才，1910 年任教谕，授修职郎，曾于汕头岭东同文学堂掌教务，岭东报社主持笔政，桂林广西优级师范选科学堂掌教务并任教授等；辛亥革命后出任惠潮嘉师范学校首任校长，其后历任金山、回澜等中学和国立广东高等师范教席；1928 年于汕头筹设大埔县修志局，任大埔县续修新志总纂；1930 年秋被委为广东通志馆总纂，后出任中山大学广东通志馆主任；抗战时期受制于敌伪；晚年患眼疾，生活困窘；著有《明季潮州忠逸传》、《洛诰新解》、《旧五代史校补》、《金文疑年表》、《经史金文证补》、《金文正郭订释》、《广东新志·广东人物传》（周至唐部分）、《金文疑年表续编》、《石鼓文证史订释》等等，编有《潮州诗萃》、《潮州文萃》等，另有论文和诗词集多种。⑥

温廷敬先生的儿子温原，曾谓"一九四六年先父（温廷敬）的学生饶宗颐等议修潮州新志，在汕头民生路设立潮州修志馆"⑦。但温原此说未见提供任何证据。此外，黄挺先生又曾指饶先生"自己也师从温先生，故温先生称他为'门下士'。……（饶）教授早年的学术，受温先生影响很大"⑧。此说谓温先生称饶先生为门下士，亦未详资料出处为何。

温廷敬先生是饶先生父亲饶锷先生就学于岭东同文学堂时的老师。⑨ 其后，温廷敬

---

① 参见饶宗颐《蔡梦香先生遗集引》、《蔡梦香先生墓志铭》，载《固庵文录》，（台北）新文丰出版公司，1989，第 275、357 页。
② 参见饶宗颐、陈韩曦《选堂清谈录》，紫禁城出版社，2009，第 6 页。另参见饶宗颐《家学师承与自修》，载潮州市地方志办公室编《走近饶宗颐》，潮州市政府出版，2005，第 200～201 页。
③ 参见饶宗颐《琴府序》，载《固庵文录》，第 301～302 页。
④ 参见饶宗颐《梵学集小引》，载《梵学集》，上海古籍出版社，1993，目录后第 1 页。
⑤ 参见饶宗颐《近东开辟史诗》，载《固庵文录》，第 28～29 页。
⑥ 参见温原《温丹铭先生生平》，载中国人民政治协商会议广东省汕头市委员会文史资料研究委员会编《汕头文史》第三辑，1986，第 102～116 页。
⑦ 温原：《温丹铭先生生平》，载中国人民政治协商会议广东省汕头市委员会文史资料研究委员会编《汕头文史》第三辑，1986，第 112 页。
⑧ 黄挺：《〈饶宗颐潮汕地方史论集〉编后》，载《饶宗颐潮汕地方史论集》，汕头大学出版社，1996，第 598 页。
⑨ 参见温丹铭《赠饶君纯钩并序》，载潮汕历史文化研究中心、汕头市图书馆编《温丹铭先生诗文集》，郑焕隆点校，（香港）天马出版有限公司，2014，第 151 页。

先生与饶锷先生约有 20 年没有联络,至 1924 年,因饶锷先生创办《国故》月刊,向温氏约稿并求览《潮州诗萃》致书论学,才恢复来往,但不算很密切。① 或因温廷敬先生与饶锷先生有师生关系,所以饶宗颐先生致书温先生的时候,上款为"丹铭太夫子大人崇鉴(或侍右)",而下款则自署"门下晚学生饶宗颐(或宗颐)"②。笔者认为,上下款不应割裂而论;综合两者,则具见饶先生对温氏执礼甚恭,但从未僭越辈分而直接称谓温氏为师,也没有自称为门人、学生、弟子、受业等等。饶先生自署"门下晚学生",明显是有意标出他与温廷敬先生在辈分和关系上的差距,以示不敢扰乱,这其实是一种非常谦逊和谨慎的态度。至于饶先生的学术历程,特别是早期,到底有多少受温廷敬先生的影响,吾人可从此展开研究,一一细考,未遑遽定。总之,以饶先生为温廷敬先生的门人或学生等等,似乎未尽准确;反之,温先生并非饶先生的授业师,倒是十分明确的。

笔者认为,温廷敬与饶先生的关系,应有下列四个层次:(1)他曾是饶先生父亲饶锷的老师;(2)他在广东通志馆与饶先生是上司与下属③;(3)在学术上,他与饶先生是前辈与后辈④;(4)叙乡情的话,他与饶先生是乡前辈和晚辈(温先生乃大埔人,大埔旧亦属潮州)⑤。因此,网上传说温廷敬是饶先生的"恩师",这显然是与事实不符的。

至于陈光烈(梅湖),与饶先生更没有丝毫师生关系。有人刻意散播陈光烈(梅湖)乃饶先生"恩师"的谣言,但从来没能提出过任何有力的真凭实据。据笔者研究所得,陈光烈(梅湖)与饶先生的关系,仅属潮州同乡,以及曾在抗日战争前一同于中山大学广东通志馆内任职纂修的同事而已⑥。

---

① 详参饶锷《次韵丹铭先生见赠之作》,《饶锷文集》,第 177 页。另参饶锷《覆温丹铭先生书》,第 70 ~ 73 页。
② 饶宗颐:《与温丹铭先生书》,载黄挺编《饶宗颐潮汕地方史论集》,汕头大学出版社,1996,第 374 ~ 377 页。
③ 据档案资料《国立中山大学广东通志馆人员名册》(民国二十六年八月七日填),温廷敬先生当时任纂修兼主任,饶先生任艺文纂修,二人住所俱报为广东通志馆;又据《国立中山大学(广东通志馆)二十六年六月份薪水清册》,主任温廷敬薪额三〇〇元,纂修饶宗颐薪额一二〇元。上述两份档案俱藏于广东省档案馆;照片见录于广州图书馆、香港大学饶宗颐学术馆编《万古不磨意 中流自在心——饶宗颐教授学艺兼修展》图册,2007,第 9、10 页。
④ 据饶先生的《与温丹铭先生书》三篇(注 19)看来,二人当时常有学术上的研讨,内容以声韵训诂之学为主,从行文语气来看,饶先生虽极尊崇温老,但研讨问题时,则似乎是各陈己见,互为参考,展现出一派平等论学的气氛。
⑤ 饶先生 16 岁作《优昙花诗》,引来比他年长 48 岁的温丹铭先生赋诗《广优昙花诗并序》以和。二人的诗作同刊于(广州)《文学杂志》1934 年第 11 期。具见温老对饶先生这位门人之子、乡晚辈的赏识和爱护。
⑥ 据档案资料《国立中山大学广东通志馆人员名册》(民国二十六年八月七日填),陈梅湖当时任编纂,饶先生任艺文纂修,二人住所俱报为广东通志馆;又据《国立中山大学(广东通志馆)二十六年六月份薪水清册》,纂修陈梅湖薪额二〇〇元,纂修饶宗颐薪额一二〇元。上述两份档案俱藏于广东省档案馆,照片见录于广州图书馆、香港大学饶宗颐学术馆编《万古不磨意 中流自在心——饶宗颐教授学艺兼修展》图册,2007,第 9、10 页。

抗日战争时期，陈光烈（梅湖）曾为伪岭东治安维持会筹备处创办人、伪汕头市政府秘书长、伪汕头市警察局长、伪粤东绥靖督办（节制粤东水陆军警）、伪行政督察专员兼区保安司令、伪广东高等法院东区分院院长等等，乃潮汕地区三大汉奸之一。在日本即将投降之前，陈光烈（梅湖）闻风化名潜逃至诸暨，或继续从事秘密活动，新中国成立前逃至香港，后曾居于日本。① 饶先生则于抗日战争时期，不停地逃避日寇和汉奸的统治，投奔后方（详下文），与陈光烈（梅湖）没有任何交集。在1949年之后，两人先后移居香港，才偶有来往而已。而饶先生作为一位恪守本分的学者，也没有因人废言，曾于自己的目录学著作中对陈光烈（梅湖）的方志著作，予以著录，充分反映了饶先生在学术上的超然作风。②

上文已经指出，饶先生从来不会隐瞒自己学问的渊源所自。他青少年时期在潮州，曾受业于其父饶锷先生、杨栻先生、蔡梦香先生、王慕韩先生等等。这几位都与陈光烈（梅湖）属同时代、同辈分的人，若陈氏果曾教导过饶先生，何以饶先生后来在谈及各方面的老师时，从来没有提到过陈光烈（梅湖）？唯一合理的解释是，陈氏根本就从来不是饶先生的老师。再根据网上流传的未经鉴定的书信内容来看，饶先生对陈氏的称谓，多只是"梅伯大人"或"世伯大人"，而自称"世小侄宗颐"；至于陈氏则称饶先生为"宗颐贤侄"、"世兄"等等。因此，他们不是师生关系，是显而易见的。从彼此之间的称谓来看，陈氏与饶先生最多仅是世交中的长辈和晚辈的关系，不涉其他。

退一万步来说，即使饶先生曾于交往中，称陈氏为"师"，也是不足为奇的。因为已有研究指出，在民国时期各省通志馆中有一种习俗：年轻的纂修多会敬称馆内较年长的前辈为师。③ 1935年饶先生应聘入广东通志馆任艺文纂修时只有19岁，而同为纂修的陈光烈（梅湖）则已51岁；按当时通志馆的习俗，则饶先生或于日常交往中曾称呼陈氏为师，但即便如此，也并不等同二人有真正的师生关系。

散播这个谣言的主要是陈光烈（梅湖）的后人，和一位自称是陈氏逝世前所收的关门弟子卢某，他们此举恐怕是想误导公众，别有用心。

（三）关于饶宗颐先生的藏书

考粤东藏书，清季以来名气最大的是丰顺丁氏（丁日昌）持静斋④、潮安林氏（案

---

① 详参抗战时期国民党广东省政府调查报告之《广东省政府呈行政院报告》（1940年6月30日）及《广东省奸伪动态调查专报》（1940年11月1日粤政字第20号），载张中华主编《日本侵略广东档案史料选编》，中国档案出版社，2005，第227、241~275页。又参拙著《陈光烈（梅湖）一门两代四人曾为汉奸考略》（待刊）。
② 详参饶宗颐《香港大学冯平山图书馆藏善本书录》，（香港）龙门书店，1970，第133~134页。
③ 曾荣：《民国通志馆述略》，见《中国地方志》期刊网·旧志研究栏，下载日期：27/10/2014。
④ 有学者指出，晚清丁氏持静斋藏书，名闻全国；曾与李盛铎、朱学勤三者合称咸丰三大藏书家；又与朱学勤的结一庐、长沙袁芳瑛的卧雪楼并称海内三大藏书处；也有人将之与晚清的杨氏海源阁、瞿氏铁琴铜剑楼相媲美。参见阙本旭《潮汕历代藏书楼述略》，《汕头大学学报》（人文社会科学版）2006年第22卷第2期，第81~85页。

即林熙春城南书屋）和朱氏（案即朱学勤结一庐）等三家。至民国时期，仅余林氏；而朱氏藏书，大半归饶先生父亲饶锷先生所藏，加上其他购藏，饶锷先生的天啸楼合计有藏书六七万卷。① 饶氏天啸楼藏书，在民国时期的潮汕地区，名气最大；研究民国潮汕藏书楼的学者，多首称饶氏天啸楼。如郑喜胜《民国时期潮汕私人藏书述略》介绍了四家藏书，以天啸楼居首，然后再论及潮州谢元楷藏书室、揭阳姚梓芳秋园藏书楼、揭阳陈颉龙藏书室。② 又如阙本旭《潮汕历代藏书楼述略》中，首先详细介绍了丁日昌持静斋藏书和饶锷天啸楼藏书，然后罗列了晚至民国时期潮汕地区较著名的私家藏书楼（室）的名号：揭阳周子元二思楼、姚梓芳秋园藏书楼、吴文献榕石园、孙振声安乐居、吴汝霖人隐居、林德侯静观别墅、许元雄蔷园、林清扬近韩居和陈颉龙藏书室；潮阳郑邦任惜兰香馆；潮州林熙春城南书屋，谢元楷、曾师仲、王慕韩、柯晓山、萧双水等人的藏书室；澄海邱腾骧藏书室等等。他们的藏书少则数千册，多则几万册。③

近年网上盛传："陈公梅湖也，其藏古籍书有十二万余册……1949年底大陆临解放……饶宗颐……将陈梅湖韵古楼闻寒香室十二万余册藏书运至饶宗颐住香港罗便臣道处。"这个说法完全是违反常识的，与史实严重不符。

所谓陈光烈（梅湖）的韵古楼闻寒香室藏书有20万卷12万册，可能出于其后人的夸大或虚构。如果陈光烈（梅湖）的韵古楼藏书真的达到这个数量，它应该是全国排名前列的藏书楼，因为当时名满天下的宁波天一阁藏书（亚洲三大私人藏书楼之一），也不过七八万册而已，何以陈光烈（梅湖）的藏书当时竟在籍籍地区亦籍籍无闻呢？阙本旭《潮汕历代藏书楼述略》一文所附载的《潮汕地区书院藏书楼及私家藏书楼一览表》，详尽罗列了宋代至民国时期潮汕地区公私藏书楼（室）117家，其中并无陈光烈（梅湖）或韵古楼闻寒香室之名。④ 因此笔者有理由相信，所谓韵古楼的藏书，纵使曾经存在，其藏书数量应不会超过数千册，而质量亦必不入流，无甚特色。

日本侵华期间，饶先生天涯漂泊，已无余力守护天啸楼之藏书，连他父亲饶锷先生的众多重要著述手稿，如《佛国记疏证》等，皆一并渐次亡佚于战火。故网上所谓饶先生于1949年把陈光烈（梅湖）的12万册藏书由潮州运往香港罗便臣道，简直是天方夜谭：如果饶先生当年的确有这能力，为何不先把自家父亲留下的、质量俱佳的、名满粤东的天啸楼藏书运走呢？再者，1949年至1952年间，饶先生在香港生活紧绌，寄人篱下，先后居于上环永乐街伟联行的办事处阁楼上（与卫聚贤教授一起蜗居于此）和香港南北行的某阁楼小房间，绝非当时已属香港传统高尚住宅区的罗便臣道。这一点，香港潮汕社区中知道的人仍有很多。网上传闻乃是一种恶意攻击饶先生的谣言，于

---

① 参考饶锷《天啸楼藏书目序》，《饶锷文集》之《天啸楼集》卷一，第22~25页。
② 郑喜胜：《民国时期潮汕私人藏书述略》，《高校文献信息研究》（季刊）2003年第10卷第2期（总第38期），第61~62页。
③ 阙本旭：《潮汕历代藏书楼述略》，《汕头大学学报》（人文社会科学版）2006年第22卷第2期，第84页。
④ 阙本旭：《潮汕历代藏书楼述略》，《汕头大学学报》（人文社会科学版）2006年第22卷第2期，第85页。

此又可见一斑。

网上又有谣言指"近年，饶宗颐将部分来之不义藏书无偿送交香港大学冯平山图书馆馆藏"。此说大谬。考陈光烈（梅湖）1958年在香港逝世前，的确曾以高价向港大冯平山图书馆出售过他收藏的若干种古籍刊本如明本《史记测议》等，以及抄本如陈氏50年代所编修的《饶平县志补订》、《南澳县志》等。这是港大校方经办的，与饶先生无关；而这若干种书，现藏于香港大学冯平山图书馆善本书库，与饶先生或香港大学饶宗颐学术馆的藏书，没有丝毫关联。

饶先生并没有捐赠过任何自己的藏书给香港大学冯平山图书馆。饶先生于2003年，将其50年代起在中国香港、新加坡等地任教时购藏所得的全部藏书约4万册（其中线装古籍700余种，共2500册左右），捐赠给香港大学饶宗颐学术馆。而饶先生所捐赠之书籍，全部收藏于该馆内。

必须指出，在饶先生捐赠给香港大学饶宗颐学术馆的书籍中，既无任何天啸楼的藏书，亦无任何陈光烈（梅湖）所撰著述的手稿或曾经其收藏的书籍。其实，陈氏于逝世前一年，曾经自定一份所著书目清单《梅叟所著书目》，详细列明了其所撰的56种著作手稿的收藏处，包括故里韵古楼、香港荃湾鹧巢（即陈氏香港居所）、香港大学冯平山图书馆，以及一些门生、故旧家中等等。① 此外，陈光烈（梅湖）大部分藏书的下落，其实也很清楚，陈光烈（梅湖）的孙子曾在网上发表过以下证词：

> （1951年）祖父（案即陈光烈）、伯父（即陈国香）在汕头的家和祖父在大巷招抚第所珍藏的世代祖传珍贵的文献、文物、字画、著作等均焚毁于一旦，一部分散落民间。据我和乡民了解，押解人员夜晚冷了就烧古书籍、著作等取暖，好点的书稿纸就当卷烟纸吸到肚里去了，着实可惜、可怕、可恨之。真是丧失理性，丧失人性，丧尽天良，惨绝人寰。②

由此可见，陈光烈（梅湖）的著作手稿及其藏书的下落，皆与饶先生无关。而网上的指控，实属无中生有、颠倒黑白。

二 饶宗颐先生的民族志节和操守

（一）抗日战争时期逃避倭寇和汉奸的逼害，以保存民族气节

饶先生到底是怎样度过抗日战争时期的，这个课题一向未有人较详细地研究过。因

---

① 据《祖父一生所著书目录》网帖，见陈公梅湖诗文文献网。
② 据《民国总统颁的牌坊怎么不见了？》网帖注文，见陈公梅湖诗文文献网。

此，笔者做了一个初步的研究，据搜集史料所得，我们才知道，饶先生原来在整个抗日战争时期，是在不停地逃避战火的艰辛中度过的；这样做是为了要远离日本侵略者和一众汉奸的统战和统治。饶先生的这一段经历，基本上是侵略者每到之处，他便设法逃离，走避后方的历史。

1937年7月7日，抗日战争全面爆发，但当时广东地区尚未沦陷。饶先生其时在中山大学广东通志馆中任艺文纂修，颇勤于著述，先后在《禹贡》等重要学术刊物上发表《〈海录〉笔受者之考证》①等论文，另有论文集《潮州丛著初编》②等。1938年10月21日广州沦陷，中山大学迁往云南澄江。由于当时潮汕地区尚未落入敌寇之手，饶先生乃返回潮州，研究土著畲族。③

1939年6月27日，日军占领潮安城。此前，饶先生已因中山大学中文系詹安泰教授的荐举，被聘为中山大学的研究员。饶先生乃应聘前往，离开潮州，欲取道惠州，经香港，再转越南，打算乘滇越铁路至昆明；同行者有詹安泰先生（潮州饶平人）的夫人和女儿。途中，饶先生因染恶性疟疾而滞留香港。这件事詹安泰先生的儿子、我国当代著名语言学家、暨南大学中文系教授詹伯慧先生在《我所认识的饶宗颐教授》一文中，已清楚提及，谓其母在战后50多年间经常念念不忘，感谢饶先生当年在走难途中对她们的照料：

> 1938年中山大学因抗战西迁云南澄江，……父亲（案：詹安泰）先期赴任，其后我母亲与宗颐先生相约一道绕惠州经香港再转安南（今越南）取道滇越铁路上昆明。……50多年来，家母经常谈起这段往事，迄今念念不忘当初蒙宗颐先生照料绕道赴港的情景。④

此外，詹安泰先生亦有诗提到饶先生当时的经历，《寄赠饶固庵香港》有句：

> 出处关天吾始信，苍黄不染汝何贤。

下有夹注：

> 潮汕初陷时，闻敌方唼，固庵不为动。⑤

---

① 饶宗颐：《〈海录〉笔受者之考证》，载《禹贡》半月刊（第7卷第10期），（北平）禹贡学会，1937年7月，第33~35页。
② 饶宗颐：《潮州丛著初编》，列为《广州市立中山图书馆丛书》（3），广州市立中山图书馆，1938。
③ 王振泽：《饶宗颐先生学术年历简编》，（香港）艺苑出版社，2001，第15页。
④ 詹伯慧：《我所认识的饶宗颐教授》，载潮州市地方志办公室编《走近饶宗颐》，第35页。
⑤ 詹安泰：《寄赠饶固庵香港》，《詹安泰全集》第四册，上海古籍出版社，2011，第101页。

据诗句和注文可知，日本侵略者当时曾企图利诱饶先生，但他不为所动，此事当时已名闻士林。

饶先生避居香港时，曾协助王云五先生编撰《中山大词典》，又曾协助叶恭绰先生编订《全清词钞》。① 这期间蜗居于陝小的房间，作《斗室赋》② 以明志与抒怀，有"何烽燧之连延兮，悼百姓之震惌。……胡为乎苍此琼岛。……觊中兴之目睹兮，又何怨夫为迍播之民"等句，具见其民族感情与志节。1941年，因其祖母于乡间逝世，作《白云赋》③。在香港即将沦陷之时，饶先生返回揭阳；此事有叶恭绰《眼儿媚·送饶伯子归里》一词为证：

> 笛声吹断念家山。去住两都难。举头天外，愁烟惨雾，那是长安。
> 仙都路阻同心远，谁与解连环？乡关何处？巢林瘁鸟，忍说知还？

程中山谓"此词乃叶恭绰身处世积乱离之际，客中远送饶生返回海阳故里"之作。④ 案：饶先生当时并非返回已沦陷的潮州城（古名海阳），而是到潮汕人民的抗日后方揭阳。

1941年12月，日军占领香港。饶先生逃回潮州揭阳（当时是潮汕抗日的后方，并未沦陷），后在揭阳努力从事学术文化和教育工作。1942年，饶先生受坚决抗日的揭阳县县长陈暑木先生聘任，为揭阳县文献委员会主任，主编地方文史刊物《文献》创刊号（于1943年8月1日出版）。⑤

1943年秋，揭阳局势恶化，饶先生乃应聘为无锡国专（抗战时迁至广西）教授，奔赴桂林。⑥ 1944年，桂林告急，饶先生乃走入蒙山；蒙山沦陷，又避入大瑶山。⑦ 其间饶先生几乎被日军战机炸死。⑧ 其间著有《马矢赋》、《囚城赋》、《烛赋》、《瑶山诗草》（附《北流集》）等抗战文学作品。

---

① 王振泽：《饶宗颐先生学术年历简编》，第16页。
② 饶宗颐：《斗室赋》，《固庵文录》，第13～14页。
③ 饶宗颐：《白云赋》，《固庵文录》，第15～16页。
④ 程中山：《历仕三朝叶恭绰》，见（香港）《文汇报·香江诗话》，http://www.wenweipo.com；2005-01-28。
⑤ 参考王振泽《饶宗颐先生学术年历简编》，第18～19页。有关陈暑木及揭阳县文献委员会，参考《陈暑木任揭阳县长的功过》，环球潮人网，http://wh.hqcr.com/，2012-03-30。揭阳县文献委员会出版之《文献》创刊号，有潮汕历史文化中心揭阳市研究会、揭阳市潮学杂志社编辑部出版的复制版，2002年1月18日。
⑥ 参考刘开基《五载寒窗四搬迁》，载苏州大学（原无锡国专）广西校友会主编《无锡国专在广西》，出版者不详，1993，第226页。
⑦ 参考黄伟《閒、饶两教授避难蒙山追忆》及萧德浩《1944年无锡国专在蒙山的艰苦岁月》，载苏州大学（原无锡国专）广西校友会主编《无锡国专在广西》，第234～238页。
⑧ 参考郑炜明《选堂先生轶事数则》，《紫禁城》2008年第9期，总第164期，第35～37页。

抗战胜利消息传到蒙山之后，在当地避难的简又文先生和饶先生等人欣喜若狂，饶先生有《九月三日》诗一首：

> 举杯同祝中兴日，甲午而来恨始平。一事令人堪莞尔，楼船兼作受降城。①

从上述饶先生抗战时期的避难史，可以看出他作为一个中国传统读书人的民族气节：宁可冒死逃难、颠沛流离、历尽艰辛，也不愿当侵略者和一众汉奸的顺民！关于在国难当前的时候，文弱书生可如何报效国家，有一位朋友说得很好：

> 在漫长的历史长河中，文人的风骨当在国难、乱离之中凸显出来，历代文人多有忧患诗篇，气节成为评定诗人诗篇的一个道德准则。在民族存亡的危急关头，文人手无缚鸡之力，或选择投笔从戎，或不愿依附异族成为汉奸国贼而开始流亡生涯。抗日战争是中国历史上一次规模最大的民族抗战，在这个大是大非的关头，……再看看简又文、饶宗颐、梁羽生这些文弱文人当年不当亡国奴的英雄气概，就知道中国历史学者们也以自己的作为来为历史记下一笔。还是白先勇说得好，中国人的抗日最惨烈，但也最顽强。②

综上所述，我们可知，饶先生在抗日战争时期，一次又一次地投奔坚决抗日的、爱国的人士或学术组织，如叶恭绰先生、陈暑木先生、无锡国专（广西）等，在在显示饶先生在大是大非面前，取态十分明确，他的民族精神和爱国情操是十分清楚的。

抗战胜利后，饶先生受聘为广东省立文理学院（今之华南师范大学）教授，又获当时省主席宋子文聘为广东省文献委员会委员，又获聘为广东文物编印委员会委员。饶先生在抗战胜利后，一再获得省政府的聘任，已足证饶先生在抗日战争时期所表现出来的民族气节，在当时已获广泛肯定。③

近年有人在网上诬陷饶宗颐先生在抗日战争时期曾任潮汕"伪第五区秘书"，其意在污蔑饶先生于日本侵华时期曾经当过汉奸或落水文人，影响极其恶劣。海内外已有一些当代著名学者，对真相如何全不加考据，以信者恒信的态度，广作二度传播；如中国

---

① 饶宗颐：《九月三日》，载苏州大学（原无锡国专）广西校友会主编《无锡国专在广西》，第282页。
② 详参孙立川《避难蒙山的文人们——饶宗颐、简又文、梁羽生的一段难中轶事》，《文史春秋》2006年第2期，第17~19页。
③ 据档案资料《广东省文献馆筹备委员会名录》、《广东文献馆广东文物编印委员会名录》（1947年5月3日）、《广东省政府聘广东文献委员会副主任函》（1948年3月16日）、《广东省政府新聘文献委员会委员聘函》（1948年3月26日）、《广东文献委员会电知各委员任职期限》（1948年3月30日）、《广东文献委员会新聘委员聘函》（1948年3月30日）、《饶宗颐与叶玉甫主任委员来往信函》（1948年12月）等。上述档案俱藏于广东省档案馆，照片见录于广州图书馆、香港大学饶宗颐学术馆编《万古不磨意 中流自在心——饶宗颐教授学艺兼修展》图册，第10~12页。

现代史某重量级学者、常春藤名校研究员陈某，即曾于某国际研讨会的茶聚中，信口雌黄，公然诋毁饶先生为落水文人（此乃笔者当时亲耳所闻，山东大学的谭世宝教授、胡孝忠博士也在场）。事关吾师名节，必须严正澄清。笔者从此究心潮汕抗日战争时期史事，今对饶先生在这一段时期的经历，钩稽如上，以正视听。

（二）晚年倡论民族文化的复兴

事实上，饶先生对中华民族文化复兴的渴望，是源远流长的。除了在众多中华传统文化的研究领域中，建树良多之外，他在晚年更积极提倡复兴中华民族文化，以鼓励后学。例如他在1994年2月为自己所创办、主编的大型学术刊物《华学》所撰的发刊词就有这样的说法：

> 从洋务运动以来，国人对自己的传统文化已失去信心，外来的冲击，使得许多知识分子不惜放弃本位文化，向外追驰骛，久已深深动摇了国本。"知彼"的工作还没有做好，"知己"的功夫却甘自抛掷。现在，应该是反求诸己、回头是岸的时候了。①

饶先生又在2001年11月2日，在北京大学的首届"北大论坛"（亦即北京大学百年纪念论坛）的演讲中，提出了应以创建新经学为工作目标，来完成预期中21世纪中华文化的复兴。② 后于2013年7月5日，饶先生又在《人民日报》上发表《中国梦当有文化作为》一文，再一次宣扬新经学与我国文艺复兴的密切关系，强调文艺复兴运动，必须"发轫于对古典的重新发掘与认识，通过对古代文明的研究，为人类知识带来极大的启迪"，他并指出对古典并非照单全收，而应推陈出新，与现代接轨，并应给予新的诠释。③

从上举三例，可以具见饶先生晚年非常强调民族文化的自尊心和自信心，他对复兴中华民族文化的期望是殷切的，念兹在兹的。

纵观饶先生一生，青年时继承父亲的遗志，由整理乡邦文献开始，渐次深入到国史研究的各个范畴；即使在抗日战争极度艰难的时期，他仍坚持恪守中华传统文化之中士子学人的志节，贯彻始终地以中华传统文化的传承为己任；到了晚年，饶

---

① 饶宗颐：《华学·发刊辞》，载《华学》（第一期），中山大学出版社，1995，首页。
② 演讲词题为《预期的文艺复兴工作》，载"北大论坛"论文集编委会编《21世纪：人文与社会——首届"北大论坛"论文集》，北京大学出版社，2002，第25~30页。后经修订并改篇题为《新经学的提出——预期的文艺复兴工作》，载《饶宗颐二十世纪学术文集》（卷四·经术、礼乐），（台北）新文丰出版公司，2003，第7~12页。案：此文撰于21世纪初，却唯一被破例收入《饶宗颐二十世纪学术文集》中，可见饶先生对此文的特别重视。
③ 饶宗颐：《中国梦当有文化作为》，《人民日报》2013年7月5日，此文由笔者据饶先生旧文撮要改写，经饶先生审定。另有中国新闻社网上版。

先生仍贾其余勇，为积极推动中华文化的复兴而努力。饶先生堪作现当代知识分子的典范。

从上述各方面的例子，我们已可清楚地看到，饶宗颐先生的民族大义和对中华文化的钟爱。他深具气节和风骨，这是一位学者、文人在人品方面最重要的一环。而饶先生今年已虚龄99岁了，他在这方面毕生的表现，已可定论：他是很值得我们尊敬的。

三 饶宗颐先生的学术举隅

饶宗颐先生从事学术工作，至今已超过80年，以为人正派、学风严谨见称，曾经历国际学术界的长期考验，一向备受尊崇。饶先生的学术，格局恢宏，方面广博，在许多领域都具有开创性的研究成果，质量兼优，足以启迪后学。兹举手头资料，略加论述，以窥饶先生个人的学术史及其学风之一斑。

（一）饶宗颐先生补订其父饶锷先生未完成的《潮州艺文志》遗稿

考今已刊行的饶氏《潮州艺文志》，署"潮安饶锷钝盦辑、长男宗颐补订"；最早于1935～1937年刊于广州私立岭南大学的《岭南学报》第四卷第四期至第六卷第三期；后又于1994年在上海古籍出版社刊行重印本；2003年收入《二十世纪学术文集》（卷九·潮学）。饶锷先生原编初订为23卷，但他只编定了前16卷而已，内容至明代而止。饶宗颐先生后重为补订，改编为20卷（17卷正文，外编、订伪、存疑各1卷，共20卷）。今已刊诸本之正文仅13卷及饶先生后来补订之别卷1卷。我们可经常见到在饶锷先生所撰的许多条目内容之后，会有饶先生的按语和补述资料；有关诸条皆有"宗颐案"及"补"等字样为识别标记，具见饶先生早年学术工作的真迹。

从饶氏《潮州艺文志》的成书过程来看，其实可视为父子二人合著。而饶先生自我定位为"补订"，而他所亲撰的内容又清楚标识为"宗颐案"和"补"两种，明显没有掠美其父饶锷先生之意。至于饶锷先生撰辑《潮州艺文志》，约始于1923年；据郑国藩于民国二十一年（1932年）所撰的《饶君纯钩墓志铭》：

> 饶君纯钩……近十年来，留心乡邦文献，拟编《潮州艺文志》，自明以上皆脱稿，有清一代，仅定书目，而君已病矣。疾笃时，予与吴君子筠临视，君无他语，惟惓惓以是书未成为憾。①

饶锷先生卒于1932年，故知他于1923年左右已开始从事《潮州艺文志》的撰辑工作。

---

① 郑国藩：《饶君纯钩墓志铭》，载《饶锷文集》，第153～155页。

饶锷先生着手撰辑《潮州艺文志》一事，当时潮州文坛名流知之者甚众，如郑国藩、杨光祖、黄仲琴等耆宿名流，多有撰文述及。如郑国藩所撰《天啸楼集序》：

> 饶君纯钧……长于考据，著述甚富，《潮州艺文志》一书，尤其殚极精力而为之者，书未成而君病以死。①

又如杨光祖所撰《天啸楼集序》：

> 饶君纯钧……其所撰著《潮州艺文志》既未成书，……盖汲汲于没世之名，将以其身之勤而为之者也。……此《艺文志》之所以未能完稿，而予所以序其文而不禁为之欷歔叹惋也。②

又如民国广东著名学者黄仲琴于1934年所撰之《潮州艺文志序》：

> 得读先生《潮州艺文志》稿，叹为盛举，惜未终篇。宗颐学有渊源，实吾畏友。年仅十八，续成父书。③

可见饶先生续成父亲遗著，当时已是佳话。而饶锷先生的筚路蓝缕，更广为时流所称颂。

至于近年始发现的一种署款"大埔温廷敬纂录"的《潮州艺文志》，为未刊钞本，原稿谓有8卷，现存7卷，今藏于汕头图书馆。笔者因尚未寓目，故其内容如何，尚待考核。《潮州艺文志》属地方文献目录学一类的著作，因此二书内容或有相近之处，不足为怪；但二书篇幅详略不一，其用力之不同，则已是显而易见的。笔者估计温廷敬先生当年或亦曾拟纂录《潮州艺文志》，或因书未完稿而饶志已刊行，故而搁置，书稿亦未尝付梓，最终入藏汕头图书馆，亦未可知，待考。

（二）关于饶宗颐先生的敦煌学研究

饶先生的敦煌学，成名于20世纪50年代中，主要成果有：道教专著《敦煌六朝写本张天师道陵著·老子想尔注校笺》（1956）④，这是世人研究敦煌本《老子想尔注》的第一部专著。另有目录学论文《京都藤井氏有邻馆藏敦煌残卷纪略》（1957）、文选学论文《敦煌本〈文选〉斠证》（一）及（二）（1957、1958）等。

---

① 郑国藩：《天啸楼集序》，载《饶锷文集》，第3页。
② 杨光祖：《天啸楼集序》，载《饶锷文集》，第7~8页。
③ 黄仲琴：《潮州艺文志序》，载《饶宗颐二十世纪文集》卷九，潮学（上），第13册，第243页。
④ 饶宗颐：《敦煌六朝写本张天师道陵著·老子想尔注校笺》，列作《选堂丛书》（2），（香港）东南书局，1956。后有增订本，书名改为《老子想尔注校证》，上海古籍出版社，1991。

至六七十年代，饶先生敦煌学的研究重点，主要放在敦煌曲子词、敦煌琵琶谱、敦煌舞谱、敦煌白画、敦煌写卷的书法、宗教类的敦煌经卷、唐前文学作品的敦煌本子、敦煌历史等方面。在这些领域，他都有重要著作和论文的出版和发表，如《敦煌曲》（1971）、《敦煌白画》（1978）等专著，《敦煌琵琶谱读记》（1960）、《敦煌舞谱校记》（1962）、《敦煌写卷之书法》（1965）、《论敦煌陷于吐蕃之年代——依〈顿悟大乘正理决〉考证》（1971）、《曲子〈定西蕃〉——敦煌曲拾补之一》（1973）、《孝顺观念与敦煌佛曲》（1974）、《论敦煌残本〈登真隐诀〉（P. 2732）》（1965）等等，都是相关课题的学术研究史上的先行者。

八九十年代以来，饶先生在敦煌学方面继续有多种重要著作和论文发表，并积极参与和组织有关敦煌学的学术活动和研究项目，如创办香港敦煌吐鲁番研究中心，其间提携内地敦煌学界后进，不遗余力。2006年饶先生口述，由笔者助撰写成《敦煌学应扩大研究范围》一文①，明确提倡广义的敦煌学，认为敦煌学的研究范围，年代可上推至秦汉，内容则除经卷文献和石窟图像外，还须研究简牍和石刻史料等，对敦煌学界贡献极大。以上各方面可资参考的资料极多，于兹不赘；详参笔者所编《饶宗颐教授著作目录新编》②、拙著《记饶宗颐先生九五华诞研讨会——兼略述饶氏敦煌学成就》③ 及罗慧《饶宗颐教授与香港敦煌吐鲁番研究中心》④ 等书文。

饶先生敦煌学的特色，是以研究英法所藏敦煌经卷为主，结合文献，做出种种考证，从而得出许多成果。20世纪50年代至70年代末，饶先生先后在中国香港、日本、新加坡、法国、美国、中国台湾和印度等地任教或从事研究工作，与欧美日汉学界有较密切的交流，能较方便地接触到法英美日等地所藏的敦煌经卷，也因此造就了他以研究海外所藏敦煌卷子为主的敦煌学特色。但他甚少研究敦煌洞窟中的壁画，据考仅有论文《刘萨诃事迹与瑞像图》（发表于1987）、"The Vedas and the Murals of Dunhuang"（1989；笔者当时在香港中文大学中国文化研究所任饶先生的研究助理，曾协助撰译此文）等；前者涉及敦煌石窟图像考古，后者涉及印度婆罗门教的吠陀学，皆属很专门的课题。由此可见，要在敦煌文献学方面有大成就，也不一定要长居敦煌的。

顺便在这里澄清一点，有人以为法国法兰西学院1962年颁授给饶先生的汉学儒林特赏（俗称儒莲奖），是因为他在敦煌学方面的贡献，其实不然。该奖当年颁给饶先

---

① 饶宗颐口述，郑炜明：《敦煌学应扩大研究范围》，载《敦煌吐鲁番研究》第九卷，中华书局，2006，第1~5页。又见郑炜明主编《香港大学饶宗颐学术馆十周年馆庆同人论文集·敦煌学卷》，上海古籍出版社，2014，第1~7页。
② 郑炜明、林恺欣编《饶宗颐教授著作目录新编》，齐鲁书社，2011。
③ 郑炜明：《记饶宗颐先生九五华诞研讨会——兼略述饶氏敦煌学成就》，《明报月刊》（香港）2010年10月号，第63~66页；又见郑炜明主编《香港大学饶宗颐学术馆十周年馆庆同人论文集·敦煌学卷》，第414~420页。
④ 罗慧：《饶宗颐教授与香港敦煌吐鲁番研究中心》，载郑炜明主编《香港大学饶宗颐学术馆十周年馆庆同人论文集·敦煌学卷》，第388~409页。

生，主要是为了肯定和表扬饶先生在甲骨学和殷商史方面的贡献，尤其是他 1959 年 11 月在香港大学出版社出版的《殷代贞卜人物通考》这一部重要著作，当时西方汉学界共有 10 多个国家的学者曾为此书撰写了予以肯定和推介的书评。笔者异日当撰文详述此事始末。

（三）关于饶宗颐先生的李郑屋村古墓研究

九龙李郑屋村古墓，于 1955 年 8 月 9 日被发现（乃香港首次发现的中国古墓），随即由香港大学中文系林仰山教授主持发掘，饶先生当时乃中文系讲师，他在 8 月 11 日已与港大的同事简又文先生一起进入了古墓的考古现场，有关详情可参考林仰山教授当年的考古简报。① 其后，饶先生在香港大会堂为考古学会作公开演讲，已初步发表其后来专业论文内的观点。1965 年，饶先生在日本大阪大学史学会再作演讲。而罗香林先生亦于同年发表《李郑屋村与香港地区自汉至清初的沿革》② 一文。至 1969 年 1 月饶先生才在台湾中研院史语所集刊上书面发表其论文《李郑屋村古墓砖文考释》③。饶先生以古墓中砖文"薛师"二字之形体和书法，与《修尧庙碑》、《咸阳灵台碑》等东汉碑刻字体相近，作为断代的有力佐证，因此，他将古墓定为东汉时期墓葬；而"薛师"乃造砖匠的题名。至于砖文中又有"大吉番禺"和"番禺大治历"，饶先生认为"大吉"和"大治历"都是吉祥语，"砖文之'治历'与'艾历''裔历'，可能是同语异文，俱古联绵字，为汉代之成语。"饶先生据《说文》、《尔雅释诂》、《周书谥法》、《方言》、《小尔雅》等，以艾历、裔历皆可训为相，"'相'又训'治'，则'番禺大艾历'，犹言'番禺大治'"。关于李郑屋汉墓的研究，饶先生于 2005 年在笔者的助撰下，又发表了《由砖文谈东汉三国的"番禺"》一文，内容旁及东汉年代广东地区的士氏家族、番禺盐官、南投司盐都尉及深圳南投红花园"乘法口诀"砖墓主身份等④，具见先生对一个学术问题的长期关注与辐射式的研究视野。

在饶先生 1969 年发表他的论文之后，影响极大。其后有屈志仁先生的《李郑屋汉墓》⑤ 一书和罗香林先生的《香港李郑屋村汉墓之发现与出土文物》⑥ 一文（案：此文变相是

---

① Prof. F. S. Drake（林仰山教授）（1892~1974）：On the Excavation of an Ancient Tomb East of the Li Cheng Uk （李郑屋）Resettlement Area, at the End of Tonkin Street, Sham Shui Po（August 9th - 13th, 1955），见香港历史博物馆编制《李郑屋汉墓》，2005，第 61~70 页。案：此简报最早见载于香港政府出版的 1955 年度《香港年报》（Hong Kong Annual Report 1955）第十章。
② 罗香林：《李郑屋村与香港地区自汉至清初的沿革》，载《庆祝李济先生七十岁论文集》上册，（台北）清华学报社，1965，第 75~92 页。
③ 饶宗颐：《李郑屋村古墓砖文考释》，载《中央研究院历史语言研究所集刊》（第 39 本上册·《庆祝李方桂先生六十五岁论文集》），（台北）"中央研究院"历史语言研究所，1969，第 41~44 页。
④ 饶宗颐：《由砖文谈东汉三国的"番禺"》，载香港历史博物馆编制《李郑屋汉墓》，2005，第 8~11 页。
⑤ 屈志仁：《李郑屋汉墓》，香港市政局，1970。
⑥ 罗香林：《香港李郑屋村汉墓之发现与出土文物》，载《台湾大学考古人类学刊》第 37、38 期合刊（1971 年 11 月），1975，第 69~100 页。

一份相对完整详细的考古报告），大抵与饶先生的学术观点大同小异，于兹不赘。

有说饶先生的论文，脱胎自陈光烈（梅湖）的一篇《漫谈九龙李郑屋村古冢》的未刊杂文①，此说大谬。陈氏并没有亲睹遗址发掘现场，他的《漫谈九龙李郑屋村古冢》，只是在当时根据香港各大报章广泛的报道而写成，而且论点及引证皆谬误屡出。例如他说"据史志记载，此冢地实与番禺无关"，这个误判，实由于未能详检史志记载而致。又如说"番禺大治历"的大治或为道历，从而臆论墓主乃一位大道士等，颇为荒谬。总之，陈氏此文与饶先生的学术论文，性质和内容皆有重大差异，更非在同一水平上，根本不可混为一谈。

（四）关于饶宗颐先生的《中国史学上之正统论》

饶宗颐先生的《中国史学上之正统论——中国史学观念探讨之一》②自出版以来，广为史学界推崇。如复旦大学著名史学史专家朱维铮先生为这本书再版作序时所说的：

> 就寡闻所及，国内近数十年专究历史观念史的论著本就稀见，而以正统论为题进行全面系统考察的专著更未发现。我所见而又是同行公认的力作者，唯饶先生这一部。③

又如侯德仁在《近三十年来的中国史学正统论研究综述》一文中亦谓：

> 应该指出，饶宗颐先生的这部著作仍然是迄今为止对正统论研究最为全面的一部著作，当推为首位，颇具权威性。④

另有谢贵安《饶宗颐对史学正统论研究的学术贡献——〈中国史学上之正统论〉发微》一文⑤，可参考。

早于饶宗颐先生《中国史学上之正统论》出版前约一年，他在香港大学任教时期的学生赵令扬教授，也出版了所著的《关于历代正统问题之争论》⑥一书。赵书刊行于1976年，而饶先生的著作，出版于数月之后；饶先生在《中国史学上之正统论·后记》中，对赵书早于己书之刊行，表示"深喜致力之相同，尤忻其先我着鞭"，接着对赵书

---

① 见陈公梅湖诗文文献网。
② 饶宗颐：《中国史学上之正统论——中国史学观念探讨之一》，（香港）龙门书店，1977年9月初版。
③ 朱维铮：《中国史学上之正统论·序》，载饶宗颐著《中国史学上之正统论》，上海远东出版社，1996，第5页。
④ 侯德仁：《近三十年来的中国史学正统论研究综述》，《兰州学刊》2009年第7期，总第190期，第203页。
⑤ 谢贵安：《饶宗颐对史学正统论研究的学术贡献——〈中国史学上之正统论〉发微》，《史学理论研究》2005年第2期，第23~33页。
⑥ 赵令扬：《关于历代正统问题之争论》，（香港）学津出版社，1976。

有所评论:(1) 谓赵书并非全面探讨;(2) 谓赵书考正统论之起源失实;(3) 谓赵对正统论之理解有所缺失;(4) 谓己书网罗辑录资料较赵书丰富详尽,且每于辑录之资料下著有按语,以微言隐义。① 经检视二书,细加比勘后,笔者认为饶先生的著作乃一部出版在赵书之后,但内容比赵书更为充实和准确的著述。事实上,饶先生的著作16开本共397页,而赵书则为32开本共176页。因此,饶先生的著作,是在学术上超越了赵书。学术界常言后出益精,饶先生此著不失为一个上佳的例证。

(五)饶宗颐先生的历史文化散文《南澳:台海与大陆间的跳板》

饶先生的《南澳:台海与大陆间的跳板》,最早为提交1994年8月南澳"海上丝绸之路"研讨会的文章,后发表于1994年9月的香港《明报月刊》总第345期上②;此文为一篇短篇的文化散文,内容由潮汕新石器时代,谈到清初顺治康熙时的南澳和后来十七八世纪中外交流习见的工艺品祝寿屏风等。

在同一个"海上丝绸之路"研讨会上,马楚坚博士也发表了他的长篇史学论文《南澳之交通地位及其于明代海防线上转变为走私寇攘跳板之发展》③。这篇论文除了篇名巧合地同样用上了"跳板"一词之外,其性质和内容皆与饶先生的散文不同。马氏的论文以直接史料为主,集中讨论明代的海防、走私和海盗之间互为因果等关系问题。它是一篇极专门的学术论文,与饶先生的文化散文没有可比性。

顺带一提的是,以"跳板"这个意象来谈论南澳历史和文化问题的情况,并不罕见。研究抗日战争史的学者,就普遍认为日本侵略者利用南澳作为侵占潮汕地区以至华南的"跳板"。

近年有人在网上谣传一些所谓直接引用马氏的言论,谓饶先生此文乃剽窃自马氏论文,此说完全是无中生有的。据笔者所知,马楚坚教授从未说过网上所谣传的那些话;马教授并已委托律师处理此事。

学术著作的抄袭剽窃,是对一名学者最严重的指控。饶宗颐先生乃当代最重要的学者之一,如果网上的所谓"严肃指控"、其所捏造的所谓证据能够成立的话,则饶宗颐先生当早已在我国乃至于国际学术界中除名,为何至今我国和国际学术界对他仍是尊崇备至,荣誉日增?须知饶先生经过七八十年的检验,其高尚的学术道德,在学术界自有公论;饶先生堪称我国文史学界的一代大师。事实上,网上的所有指控,全属造谣漫骂,至今没有拿出过一条真凭实据来。我们相信,这些恶意中伤,是一种以栽赃嫁祸的手段,作出诬告,企图攻击学术文化界的大师,来达到一己不可告人的目的。

---

① 饶宗颐:《中国史学上之正统论·后记》,(香港)龙门书店,1977,第384页。
② 饶宗颐:《南澳:台海与大陆间的跳板》,(香港)《明报月刊》总第345期,1994年9月,第110~111页。
③ 马楚坚:《明清人物史事论析》,江西高校出版社,1996,第445~487页。

余 论

  友人谓网上谣言众多，莫衷一是，不信者恒不信，故不必认真看待。对于这个观点，笔者实未敢苟同，尤其是考虑到将来学术史书写时角度的问题，更觉不得不慎重处理。即以饶先生被人恶意中伤一事为例，海内外已有一些当代著名学者，对真相如何，全不加考证，以信者恒信的态度，广作二度传播，影响极坏；如某重量级中国现代史学者、美国某常春藤名校的研究员陈某（此人于某国际研讨会上信口雌黄，月旦饶先生为落水文人，乃笔者亲历其境之事，有山东大学谭世宝教授和胡孝忠博士等学者可作证人）等等。长此下去，试问将来有关这一段的学术文化史可以怎样写？今日笔者不得已做出考辨，不过是为他日史家储备史料而已。须知道我国史学界常有"去古未远（或时代相近），其说必有所据"这一类推论逻辑的习惯。那么百年之后或许有历史学家也会用这一种逻辑，引用今天的网上"文献"来评论今人的种种是非功过。如果我们今天在能力所及的情况下，对谣言不予以严正批驳的话，今天的谣言就可能会变成将来的信史文献了。个人认为，作为文史学者，我们有责任公平、公正地做好当代史。

责任编辑：陈景熙

从新发现的勘界碑再见证乾隆中期樟林港的蓬勃发展

黄光武*

摘　要：樟林是清代粤东重要港口，本文从新发现的一方勘界碑探讨乾隆中期樟林港的蓬勃发展以及古港岸线的历史变迁，并对相关的若干地标点做了考证。

关键词：樟林南社古港　洋船　港岸线　港墘

　　樟林是清代粤东大港，也是著名侨乡，樟林史之研究在潮学中占有一席之地。笔者乃古港樟林人氏，年间回故里探亲访友，有暇则以穿街溜巷的形式"阅读"樟林史。探索迁界时留下的残墙断壁，考察清初围屋形（延续明代建筑风格）的低矮民居、康熙年间故城遗址、洋船业勃兴时期的富商豪宅、官宦旧第、祠堂庙宇，寻找零星仅存的碎石街道……每每陶醉在《游火帝歌》的繁华幻景之中。

　　星移斗转，沧海桑田，曾经古港难为水。故乡高楼林立。儿时能勾起回忆的自然景光，历史遗存，祖辈留下的文化硬件，渐渐烟消云散，让回乡游子失忆，滋生出莫名的苦涩乡恋。

　　能在樟林的历史长河边偶然捡得一些亮丽的贝壳，却是十分的庆幸。2014年春笔者竟然在南社古港岸边的陈氏"行忠公祠"埕角发现一块乾隆三十九年（1774年）的碑刻（见图1）。字迹清晰，是"县主太爷方"亲诣勘界的勒石。

　　碑文：

　　　　本十二月十四日蒙县主太爷方亲诣勘明，并无妨碍水道。谕令各铺户取具甘结，照旧开张。日后不许再行添盖填砌开辟，有妨河道。遵谕竖石界址，毋违。特谕。

＊ 黄光武，1941年生，中山大学中文系古文字研究室副研究员。

图 1 乾隆三十九年（1774 年）碑

乾隆三十九年三月初一日立石。①

按嘉庆版《澄海县志》，乾隆三十二年（1767 年）至乾隆三十九年（1774 年）间的澄海知县为桐城举人方国柱。② 故此，碑文中提及的"县主太爷方"当为方国柱。

此碑与 2005 年在原古港墘渡头信贷社附近出土的乾隆二十四年（1759 年）樟林镇司所立的示禁碑（见图 2）内容性质一致，皆因擅填港区筑盖商铺妨碍水道通行，引起纠纷而官方介入，勒石示禁。

乾隆二十四年（1759 年）碑碑文：

---

① 碑文在日期上有疑点。撰写碑文在"十二月十四日"，立碑署"乾隆三十九年三月初一立石"，竖碑应在下一年的春天。刻工文化水平不高，或不敢擅改，致使立石先于碑文之疑问，但不碍对碑文的理解。
② 李书吉：《澄海县志》，嘉庆二十年（1815），卷二十职官表，第 9 页。

图 2 乾隆二十四年（1759 年）碑

潮州府澄海县樟林镇司加一级许为蒙批复填官港事乾隆二十四年五月二十五日蒙本县正堂王批本司申详杜廷亮、杜茂敬呈控蓝尔达蒙批复填官港，阻塞契买铺后船只出入一案缘由，据此既据两造具遵即□勒令立界竖碑永杜觊觎，此缴等因，蒙此合行饬知遵照，详由拟定章程立界勒石竖碑，嗣后该处永禁填筑盖铺。须至勒石者。

乾隆二十四年六月十二日行①

乾隆年间，樟林全赖商渔船只为业，尤其商业海运蓬勃发展而带动商业区"八街"的扩展。从乾隆七年（1742 年）官方准盖建河沟两旁铺户至嘉庆十年（1805 年）澄海

---

① 吴伙卿：《樟林古港新发掘出清代三碑刻》，载黄挺主编《潮学研究》第 13 辑，汕头大学出版社，2006，第 320~323 页。

樟林"二林通匪案"① 发生的60多年间，经济持续发展。而乾隆二碑刻石二十四年（1759年）到三十九年（1774年）这15年间，可以确认是樟林港迅猛的发展期。只要看看乾隆一朝樟林的重大建设工程，也大多是在这一时间段：二十六年（1761年）建城内社仓，三十四年（1769年）改仙桥街柴桥为大石桥，宗教文化方面的建设工程则陆续创建重修塘西、新陇、南社三山国王庙。乾隆二十四年（1759年）、三十九年（1774年）两方示禁碑的出土，虽然内容不涉樟林百业兴旺的记载，但樟林商渔业的繁荣，却从填港盖铺妨碍水道的官司案件折射出来。

乾隆二十四年（1759年）碑与三十九年（1774年）碑性质近似。但官方立石的级别有差。乾隆二十四年（1759年）碑由"本县正堂王批本司申详"。就是说樟林许镇司按照王知县的批示精神立界石，以标准的官方文件立碑示禁。而乾隆三十九年（1774年）勘界立碑由知县方国柱亲自主持。"添盖"（在有地契的原建筑左右扩张，侵占公众土地，违章添筑盖建。读者若有机会来樟林地方考察便知添盖的含义）、"填砌开辟"（现在也可见到，即在原建筑物前后左右随便砌填池塘河道扩大面积）这类事件司空见惯，也说明因商渔业的大发展，临港土地需求紧张。200多年后不知当时我们的先辈如何刁钻违章，也不清楚澄海知县的清廉程度，但可以肯定的是，"藐批复填官港"不断。政府虽作出"拟定章程，立界勒石竖碑"的禁令，但填筑盖铺的事件却一直横行，屡禁不止。过了15年，又立石警告"日后不许再行添盖填砌开辟，有妨河道"。其实，从乾隆二十四年（1759年）到三十九年（1774年）这15年里，不知发生过多少类似的违章事件。我们只是偶然发现二次立碑而已。不得不让人认为：乡民屡次违章，官司屡次摆平，法令等于一纸空文！

此二方碑石示禁文告，除了侧面反映当时樟林经济腾飞的史实外，其文献价值还在于为探索樟林南社古港岸线变迁提供可贵的资料。

笔者曾根据乾隆二十四年（1759年）示禁碑，实地考察港区地势及自然环境，找到南社港当年岸线的一个坐标点，撰写了《乾隆时期樟林南社港的地域范围及渔业新生产关系的出现——就出土乾隆二十四年樟林镇司、四十八年澄海县正堂示禁碑的解读》② 一文探索南社港岸的位置，通过被告人蓝尔达"藐批复填官港阻塞契买铺后船只出入"事件，结合碑石出土的准确地点，确定原告人杜廷亮、杜茂的契买铺后有水道，其准确位置即今"书斋前"原渡口附近一带。那么商铺的前门便是今之"五路头"路。在居民建筑未经改造之前，有数间只有一个石门框的建筑物，没有太多的装饰，这种建筑的后门便是临港货栈，至今还可在新兴街、仙桥街、洽兴街找到同类建筑物作印证。这便可判定五路头路曾是港岸线。再联系到南社国王宫埕的码头、矮墙式灰堤，再到堤

---

① 该案之始末可参照笔者《嘉庆十年澄海二林通匪案》一文，载杜经国主编《潮学研究》第5辑，汕头大学出版社，1996，第112~141页。
② 黄光武：《乾隆时期樟林南社港的地域范围及渔业新生产关系的出现——就出土乾隆二十四年樟林镇司、四十八年澄海县正堂示禁碑的解读》，载黄挺主编《潮学研究》第13辑，第98~109页。

顶大堤、"五路头"路这一大段港岸线便可勾勒出来。

经过15年的发展，如今以"连州别墅"为中心的港墘路一周的居民区，是乾隆三十九年（1774年）前后填港而形成一个新的商业区，之前还是潮涨潮落的港区呢！

这一带新区的西段在樟林颇有名声，乡民叫"关部脚"。樟林港在清代设有税口，是全粤海关的收税大户，属于占全粤海关课税1/5的澄海海关之重要税口之一。关部究竟设于何处？其遗存今不可见，只存口传"关部脚"一数百平方米范围地方。调查众说纷纭，有三处"关部"遗址传说。经过考察"关部脚"的自然地理形态，参考周围老屋年代，笔者以为出自九十三龄老人之口的一处地方较为合理。即今蓝厝祠路尾伯爷宫左侧民居。地处人常称"关部脚"之地方；处于南社港入市区河道的喇叭口，方便出入口办事，旁有一座约乾隆时代老宅，门楼筑于数级麻石阶之上，说明此处濒港为防水浸而填高建筑。所指"关部"地方几十年前已早就改造为一般民居，近日再作颠覆性的改造，正在盖四层高楼，关部旧迹难寻了。

另外尚有二说，一为蓝氏"汝南世家"大宅的附属建筑——仿西式洋楼"环港"书斋这个地方，楼上楼下风格不一，楼下尚残存清代建筑的老式构件。"环港"书斋格局太小，似不合海关衙门的排场，只存一小石门，或许是整个海关衙门的一部分，怀疑蓝姓人家建盖大宅已把海关衙门旧址买下。笔者又访问"环港"隔壁人家，说是当年蓝家想买下他们现住的地皮盖厝，人家就是不卖。大概蓝家只好就简在海关旧址基础上盖了仿西式洋楼，重点在二楼。今"环港"书斋楼下虽经改造，整体破旧但完好。又一说当年的海关衙门设于蓝氏"汝南世家"大宅西侧地方，此处尚存一清末旧屋，也不配海关衙门排场。"关部脚"作为口传地名将会叫下去，而"关部"的确凿遗址还有待考察。笔者少年时常来此挑水饮用。每当潮涨，韩江的淡水倒涌入南社港，港水几与岸平，不用涉水可取，极其方便。一水之隔，望见对岸新兴街栅门，拱形大石桥水关，连理榕，元兴典当，虫习堆脚广场……

言归正题。港墘路、"关部脚"这一片居民区在当年应属新兴商业区无疑，后来才逐渐由洽兴街所代替。至20世纪五六十年代，在港墘路、书斋前，除"行忠公祠"后墙，"连州别墅"、"环港"书斋后门外，破旧的清代的旧式商铺建筑还零落可见。《游火帝歌》有"洋货交易在外溪"的唱词，应指此处。这片新区原在港区里，填成后与原港岸之间就形成港墘路。从"五路头"路的港岸，西折杨氏宗祠、陈氏虎祠，拐折一直西行，经姑娘巷口、蓝氏江祖祠，北折土地伯爷庙、蓝氏宗祠为止的港岸线消失了。港岸线推至"行忠公祠"前。这是乾隆三十九年（1774年）前后的实际港岸线的变迁史实。

如今介绍樟林古港时，有一张摄于20世纪70年代初的标志性照片，是从新兴街娘宫码头渡口取镜的（见图3）。

这片居民区被港墘路所包围，是乾隆三十九年（1774年）前后填港造成的。以陈

图3 70年代初南社港从右到左可见行忠公祠、连州别墅、
"环港"书斋、蓝氏大宅诸建筑及"关部脚"

氏"行忠公祠"为主要建筑物，后建的还有"连州别墅"、"环港"书斋（传说的樟林海关遗址）、蓝氏大院宅。除樟林税口遗址外，值得记述的还有"行忠公祠"的历史：初是陈氏家族在清代腌制咸菜、菜脯的三间大作坊，附设二码头，北上走天津，经营南北货。至民国十一年，在作坊旧址上盖建起"行忠公祠"。乾隆三十九年（1774年）勘界碑应是当年建祠清拆旧址及近邻厝屋时被搬走当作石板铺埕使用，昔日灰工将较平滑有刻文的碑面向上平铺，笔者才有机会发现并揭示出乾隆朝南社港违章填港纠纷的历史往事，增补了一件樟林史研究的文献资料。

责任编辑：陈　椰

华侨华人

近代潮州窑釉上彩瓷：
以潮州城区、枫溪及高陂为中心

李炳炎*

摘　要：近代汕头港为潮州窑釉上彩瓷的发展提供运销便利，潮瓷经营者通过汕头港到外埠考察市场，致力于提高产品质量和产量。本文认为民国初期及抗战期间的釉上彩瓷是近代潮州窑釉上彩发展中的两个旺盛时期。抗战期间，一些艺人到各地避难时加入当地的彩瓷行业，使潮瓷的彩绘技法得于传播。

在市场作用下，潮州民间艺人、画师投身彩瓷行业，有效地提高彩绘瓷的艺术水准。在彩绘技法上吸收中国画与民间工艺美术手法，利用白胎创作的优势，生产出纹饰色彩艳丽、精致细腻的作品，这些品种繁多、纹饰丰富多彩，且具有独特潮州风格的潮彩瓷，大量销往东南亚，至今海外华人仍以釉上彩公鸡图案的斗碗作为潮瓷的象征出现于潮文化中。

关键词：近代潮州　窑釉　彩瓷　潮州城区　枫溪　高陂

潮州瓷器历来为外销的主产品，釉上彩瓷历史悠久。清中后期至近代，镇窑先后出现硬彩、粉彩、平彩（新彩）、洋彩等产品，潮窑竞相仿效。近代潮州窑釉上彩瓷顾名思义，即近代在潮州区域内生产的釉上彩瓷产品。釉上彩的工艺主要区别于釉下彩、釉中彩，它是在瓷胎釉面上，采用红、黄、绿、蓝、紫五种主色调配出的若干色彩，通过一笔点划或在轮廓线内填色彩绘出各种纹饰图案。釉上彩的工艺在全国各大瓷产区中变化不大，但从彩绘风格、瓷胎可分别出不同产区的特色。近代潮彩工艺主要为传统的釉上彩、枫溪大窑五彩、高陂釉下红绿彩等，有关这方面的研究，文献资料较少，近几

---

* 李炳炎，1962年生，文物博物副研究馆员，潮州市颐陶轩潮州窑博物馆馆长。

年，有关潮州彩绘瓷的论著有了可喜的发展①，颐陶轩潮州窑博物馆也尽一切努力，对潮州陶瓷历史的实物、文献、档案及口述历史等进行了收集、整理、研究并建立文档。本文利用馆藏资料，就近代（清末～1956 年）潮州窑釉上彩瓷三个主产区的生产经营及工艺特色等情况做初步的探讨。

一 彩绘瓷是近代潮州瓷业的重要门类

1860 年，汕头开埠后，地方政府利用交通优势、信息优势、资源优势致力发展陶瓷业。

> 陶磁器之输出额，年约三百万两。……陶磁器之制造地，以潮安属之枫溪及大埔属之高陂为最盛。……高陂、枫溪两处之人民，几全部以制造陶磁器为业。其制品之种类，分碗、盘、小皿、茶壶、痰盂、笔架筒、花瓶、汤杯、灰皿、灯台及其他家常用装饰品等类，……潮属瓷器除供地方及附近各县需用外，全部输出安南、暹罗、海峡殖民地、台湾等地。②

潮瓷以丰富的品种畅销海内外市场，经营最高峰时，"潮梅（潮州及梅州）瓷器出产，经汕头出口者，每年值五百万元，枫溪瓷为最多"③。潮州陶瓷能够在市场取得竞争优势，除改良产品质量外，得益于汕头、香港、新加坡、马来西亚等潮人瓷商的极力推销，并在外部政治环境的促进下，得以发展。④

潮州彩绘瓷清末时主要产品是釉上彩厚胎盘碗；民国初期，使用进口陶瓷色料，按照西洋画法进行彩绘的洋彩瓷器⑤逐渐兴起；20 世纪二三十年代，枫溪的中温大窑五彩及高陂的高温青花红绿彩的创烧生产，产品相对于传统的釉上彩，色彩效果更艳丽，彩料不脱落，具有独特风格，且节约成本，受到市场认可。同时，潮州的釉上彩生产采用广州等地生产的优质平彩颜料，在彩绘技法上吸收中国画与民间工艺美术手法，利用白胎创作的优势，生产出纹饰色彩艳丽、精致细腻的作品，以提高市场竞争力。

---

① 谢木崇：《潮彩溯源》，潮州内部资料，1983 年油印本；郑振强、郑鹏编《广东彩瓷·潮彩》，岭南美术出版社，2010；广东省博物馆编《南国瓷珍——潮州窑瓷器精粹》，岭南美术出版社，2011；黄挺、李炳炎主编《南国瓷珍——潮州窑研讨会论文集》，香港中文大学出版社，2012；拙作《枫溪潮州窑（1860～1956）》，岭南美术出版社，2013；李佳鸿编著《中国瓷器艺术·潮彩瓷》，黑龙江美术出版社，2013。
② 萧冠英：《六十年来之岭东纪略》，广东人民出版社，1996，据 1925 年广州培英图书印务公司影印本，第 15 页。
③ 谢雪影：《潮梅现象》，汕头时事通讯社，1935，第 120～122 页。
④ 拙作《枫溪潮州窑（1860～1956）》，第 81～118 页。
⑤ 谢木崇：《潮彩溯源》，第 12～13 页。

清末民国时期，潮州城区东门街有多家经营日本、德国及国内广州等地产的彩瓷颜料店。潮州城区北门外埠头尾的张若眉和南门第四街大房的李仰文是知名的陶瓷原料生产经营商。1935年前后，张若眉就掌握了釉上彩颜料的制作，并以"目"为商标，生产了桃红（金红）、宝石红、浓青、二绿、艳黑等20多个品种，烤彩温度为650℃~800℃，销枫溪、高陂等瓷区。① 抗战期间，由于海运被封锁，洋彩颜料无法进口，传统釉上彩又得以复兴，大埔的张玉史在古野创办河西化工厂，先后研制成功并生产了釉上西赤、莲子红、红黄、浓青、箔黄、甘青等，使瓷区釉上彩工艺得以继续发展。

抗战时期，潮汕沦陷，潮州城区及枫溪不少彩瓷匠人到漳州、港澳及东南亚等地或兴梅一带避战乱，一些在大埔居住下来的艺人与当地民众创办彩瓷加工厂，重操彩绘旧业。这些艺人迁移至各地，从事陶瓷彩绘，既丰富了所在地的陶瓷彩绘的表现形式，又扩大了潮彩技法传播的范围。

抗战胜利后，枫溪窑迅速恢复生产，汕头、香港、新加坡等经营转口贸易的潮人瓷商对潮瓷积极经营，一度出现兴旺局面。及后内战爆发，政局不稳、金融汇算瞬息万变，瓷业经营又陷于绝境。

二 潮州釉上彩瓷的工艺特征

从近代潮州彩绘瓷传世实物看，釉上彩主要产品是碗、盘、花瓶、壁瓶、筒瓶、枕头、痰盂等陈设器和日用器。装饰形式有硬彩、粉彩、平彩（新彩），笔法为勾勒填色线条、白描、没骨染画等。

潮州粉彩瓷清末时彩庄采用大埔光德、饶平九村的厚胎白瓷，生产博古纹盘碗，造型及纹饰借鉴景德镇窑工艺，其装饰为碗内着松石绿色地，外壁碗沿饰图案边，圈足饰水波纹，主体纹饰有织锦地开光，有在绿地、黄地上叠彩花蝶、蝙蝠等吉祥图案，盘的纹饰以开光或装饰花边，主体图案为人物故事、山水、花卉等。至20世纪40年代，粉彩瓷的胎质有了提高，胎薄釉白，造型及纹饰呈现多样化，器型内多装饰松石绿色边框，主体图案以粉彩花卉、花果、博古为主，色彩明亮，色调淡雅，烧造温度较高，不易脱落，枫溪吴炳顺采用高陂白胎出品的粉彩瓷风格较为明显（见图1）。

潮州釉上彩瓷于20世纪20~30年代，产品多为平彩，纹饰有山水、花鸟、人物等，精致细腻。潮州城区王显燊赠送款的山水纹椭圆盘，纹饰古朴，色调以青绿为主，层次分明，人物生动，意境深远（见图2）；清末枫溪五彩人物折沿滤钵（俗称如意

---

① 杨光远编纂《潮州陶瓷志》，潮州陶瓷志编委会，2005，第65页。

图 1　民国枫溪窑吴炳顺款五彩博古纹花口盘

尺寸：高 3.5 厘米，口径 17 厘米，底径 11 厘米（颐陶轩潮州窑博物馆藏）

图 2　民国初期潮州城区五彩山水纹盘

尺寸：高 4 厘米，口径 25 厘米，底径 15 厘米（颐陶轩潮州窑博物馆藏）

钵），通景构图，群仙纹饰，人物工笔功底深厚，形象栩栩如生，粉红色调，淡雅活泼（见图3）；清末民初，高陂出品的梅耳花口瓶，纹饰仿清代画家罗聘作品，以工笔绘制，形象生动（见图4）；枫溪荣利出品的美人如玉和海源出品的鸾凤和鸣筒瓶人物生动活泼，色彩艳丽（见图5）；高陂竞德出品的黄釉折腰开光碗胎薄釉润，黄地鲜艳匀称，开光内花卉虫草图案工笔精致（见图6）；高陂合成昌出品的薄胎盖碗，纹饰为折枝葡萄，笔法以描金勾勒渲染粉红、紫、青等颜色，有西洋水彩画之效果（见图7）；高陂沙坪源兴出品的薄胎束腰方盘纹饰以金红山水图案纹为主色调，外加折枝花装饰，具有西洋风格的装饰效果（见图8）；沈建初画的柳马纹筒瓶，其纹饰以没骨画法，色彩为黄、绿、赤渐变涂染，立体感强（见图9）；高陂同安出品的花口盘，纹饰利用写实笔法以假山及草木衬托大小梅花鹿亲昵依偎，形象生动，色彩浓淡搭配合宜，画面布局设色类似西洋画法，配于落款印章，又符合中国画绘图风格（见图10）。

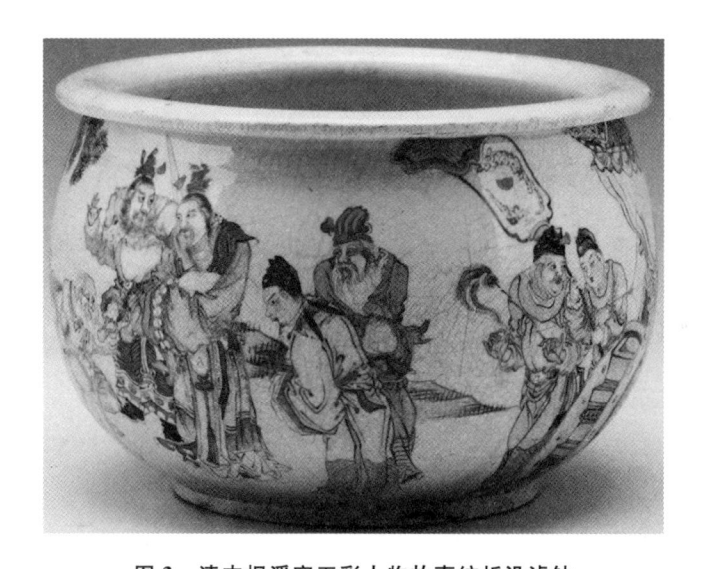

图3 清末枫溪窑五彩人物故事纹折沿滤钵

尺寸：高15厘米，口径21厘米，底径13厘米（颐陶轩潮州窑博物馆藏）

近代潮州彩瓷的纹饰，各个时期呈现出不同的工艺特征。其原因为：其一，受外埠瓷商来样定制影响。这类产品具有西方审美趣味，有着典型的繁缛图案型的装饰特点，色彩浓艳。其二，受不同教育领域的画家影响。近代潮汕的画家多自幼拜师学画或受中国画传统范本的教育，自学《芥子园画谱》、《马骀画宝：自习画谱大全》等，对花鸟、山水、人物画有了严格的训练。其三，受近代景德镇窑"珠山八友"画风的影响，有些画师以瓷当纸，作品题材包括山水、人物、花卉等，墨韵色彩均较精妙，加上题款、

图 4　民国五彩人物故事纹瓶

尺寸：高 51 厘米，口径 15 厘米，底径 14 厘米（颐陶轩潮州窑博物馆藏）

图 5　民国枫溪窑海源出品款五彩銮凤和鸣人物纹筒瓶

尺寸：高 28.5 厘米，口径 11.5 厘米，底径 11.5 厘米（颐陶轩潮州窑博物馆藏）

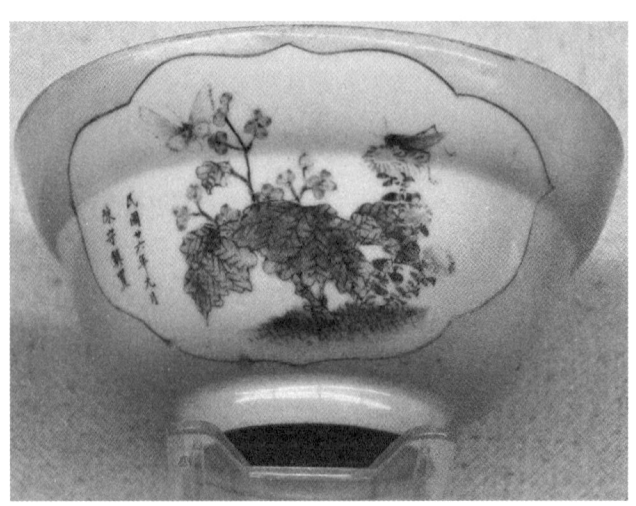

图 6　1937 年高陂窑竞德款黄地开光五彩花蝶纹折腰碗

尺寸：高 7 厘米，口径 14 厘米，底径 5 厘米（颐陶轩潮州窑博物馆藏）

图 7　民国高陂窑合成昌出品款折枝葡萄纹盖碗

尺寸：高 7 厘米，口径 12 厘米，底径 5 厘米（颐陶轩潮州窑博物馆藏）

图 8　民国高陂窑源兴出品款金红山水图案纹束腰方盘

尺寸：高 1.5 厘米，口径 17 厘米，底径 15.5 厘米（颐陶轩潮州窑博物馆藏）

印章构成一幅完整的绘画作品，出现一些类似于浅绛彩画法的作品。其四，受"海派"中国画法的影响。20 世纪 20～30 年代，求学于上海美术专门学校的潮汕学子有几十人之多，有些学成归来的画家，被陶瓷作坊聘请为彩绘师傅或从事绘画的教育，如黄家泽

图 9　民国高陂窑沈建初款柳马纹筒瓶

尺寸：高 29 厘米，口径 11.5 厘米，底径 11 厘米（颐陶轩潮州窑博物馆藏）

(1907~1985)毕业后于 1932 年回省立韩山师范学校任教，1946 年在潮州创办了潮州艺术学校①，培养了大批的绘画人才，其中有不少加入到彩瓷行列。这一时期彩绘瓷的纹饰很大一部分有明显的海派画法。其五，受岭南画派的影响。岭南画派创始人高剑父 (1879~1951)，1912 年在景德镇成立中华瓷业公司，次年因故停办，1914 年春他与一位潮州友人合资，再到景德镇设厂办瓷业公司，自任经理②，其主要助手刘群兴也曾到潮州考察胎釉原料的情况。③ 高剑父在广州创作了一批改革形的彩绘瓷，丰富了广彩的传统纹饰，面目焕然一新。潮州画师受其影响，也创作出一批具有其风格的彩绘瓷，由此可见，广、潮两地关系密切。

由上可知，近代潮州彩绘瓷呈现出对传统技法的改良和创新，具有时代意义。同时，由于画师为流动性职业，彩庄接到订单时，才聘画师作业，按件计酬，纹饰往往按市场需求或老板的意愿，画师的个性化创作受到局限，使产品的艺术品位难于体现。

---

① 潮州市地方志编纂委员会编《潮州市志》，广东人民出版社，1995，第 93 页。该校于 1947 年增办初中部，改称义安中学。
② 李焕真、曾应枫编《堆金积玉——广州彩瓷》，广东教育出版社，2011，第 70~71 页。
③ 拙作《枫溪潮州窑 (1860~1956)》，第 20 页。

图10　民国高陂窑同安出品款梅花鹿纹花口盘

尺寸：高 2 厘米，口径 25 厘米，底径 23 厘米（颐陶轩潮州窑博物馆藏）

三　近代潮州釉上彩瓷三个主产区的外销及工艺特色

（一）潮州城区

潮州城区历来是粤东地区的政治经济文化中心，至近代，汕头港开埠后潮汕政区中心逐步移往汕头。潮州城区以其政区中心和韩江水运之优势，对陶瓷业经营仍然占有重要位置。

1. 产品外销

清末咸丰、同治年间，潮州城已有四五个兼营瓷庄，进行彩瓷生产。之后，发展到十多家颇具规模的行业，其产品也逐步得到外界认可。

宣统二年（1910），南京举行全国工艺品赛会时，潮州府选送一批彩瓷工艺品参加赛会，著名的潮彩艺人廖集秋创作的一尺二寸的《百鸟朝凤》挂盘和艺人许云秋、谢梓庭创作的釉上彩人物挂盘，均获得高奖，清雅绚丽的潮州彩瓷，得到了各界知名人士的赞赏。赛会结束后，潮彩（潮州彩绘瓷）的部分精品，随即被评送往巴拿马太平洋万国博览会展出。这些作品无不引起欧美人士的注目，订货量剧增。①

市场贸易中称广府生产的釉上彩外销瓷为广彩，其知名度很高。潮州彩瓷通过展会及潮人的经营也使海内外客户逐步认识，为区别广彩，而约定将潮府（即指潮州府）的彩绘瓷称为潮彩，狭义上的潮彩指潮州老城区生产的釉上彩绘瓷。

潮州城区的画师们多到枫溪从事彩瓷工作，因彩瓷庄生产的粉彩、平彩的盘、碗白胎，采购自近邻地区之大埔、饶平，这些白胎瓷需经城区挑运至枫溪，彩绘后的产品又要运回城区，为减少运费，部分画师在潮州自创彩瓷庄；一些枫溪彩瓷庄也搬迁到潮州城内，如位于西马路的玉顺号，在店内设彩瓷作坊，筑小型烤烧圆窑，自产自销。

民国时期，潮州城区主要陶瓷行号分布于韩江码头的水平路及下水门外内街一带，商号有南成、泰兴利、泰发、荣发、成合、顺发、源盛、玉顺、德昌、成兴、公兴、顺昌、瑞合、丰兴、广兴、南方瓷厂、永昌、堃盛、通利、泉圃、大兴、成利、顺利共23家。② 这些商号以贸易为主，它们除采购江西、大埔高陂、枫溪等地产品外，有些商号为方便客户订货，兼营彩瓷。

2. 工艺特色

清末，潮州城区彩庄的粉彩瓷纹饰大多为四季花、八桃五福、五果、莲花鸳鸯、蝶、山水、人物等纹饰，器型除花瓶、花盆外，多为盘、碗，其中以碗内着松石绿色地博古盘碗为最（见图11）。

图 11　清末粉彩花卉纹花口碗

尺寸：高 7 厘米，口径 20 厘米，底径 10.5 厘米（颐陶轩潮州窑博物馆藏）

在市场作用下，一批潮州民间画师被各彩庄、瓷行聘请为彩绘师傅，这些艺人将自身熟悉的工艺技法，借鉴到彩瓷中来，把传统国画的笔法、构图及民间传统的工艺图案

---

① 谢木崇：《潮彩潮源》，第12页。
② 潮州市地方志编纂委员会编《潮州市志·商业》，第732~733页。

融汇到彩瓷的纹饰上,使潮州彩瓷的技法更为精细,构图更为完整,题材更加丰富,具有潮州民间工艺的特色,形成了近代潮州窑釉上彩的艺术风格。

清末民初,城区从事彩绘的主要艺人有:庄叔舆(1880~1951)、谢兰圃、许云秋、谢锐、蔡友、苏贵泉、苏岳贤等人。这批画师都有很高造诣,技艺熟练,对彩绘画面,都是事先做腹稿,之后白手起描。如许云秋先期在枫溪画青花瓷器,后来到潮州彩瓷庄专绘粉彩,他的作品有乞巧会乐、牛郎织女、太白醉酒等大花瓶、挂盘、餐具、壶。1949年前后的艺人有擅长于传统人物画的李锡榜(1905~1991)和擅长于山水画的蔡永青(1922~1993)等。①

主要的产品款识有:蔡海成、玉顺、陶发、陶源等。

(二) 枫溪

1. 产品外销

枫溪位于潮州城西约5公里处,有"郡西门户"之称,水路交通非常方便。

近代枫溪窑业在吴子厚、吴潮川以及佘楚岩、陆良士等的大力推动下,由原来的厚胎粗瓷转变成薄胎细瓷,使产品质量得到明显提升。② 当地人称陆良士为"做缶状元",他16岁开始学做瓷艺,21岁当家,善于经营及改良瓷艺。

> 良士继承先业,思发挥而光大之,则默察陶业所以盛衰之故。知各岛国喜景德陶,枫陶窳(粗劣)不适豪富家之用也。遂力谋改良土质、型模、藻绩胥加意焉。久之焕然改观,置之景德龙泉中,不辨楮叶矣。业陶海外者,乃不景德龙泉之求,而枫陶之求,以其价廉而物相若也。良士遂以此坐拥厚赀。③

由此可见,陆良士通过涉洋考察海外陶瓷市场后,着力改良产品的胎土、造型等,使之可与景德镇、龙泉等名瓷区的产品媲美,而且以物美价廉的竞争优势,赢得海外市场,获取厚利。民国初期,荣利号聘请许云溪画师创作了大量的釉上彩产品,有天女散花、渔翁得利以及山水、人物、博古等纹饰花瓶,畅销市场。枫溪向南街荣利瓷厂的大门口的对联为:"荣誉播五洲,竟说瓦缶胜金玉;利市占三倍,只缘宾主尽东南",可领略到主人对经营的自豪感。

枫溪知名的彩瓷庄为玉顺号。清光绪十五年(1889年),枫溪溪下人吴谋祥(字合禧),在潮城西门街(西马路)创办玉顺彩瓷庄,由于运销方便,带动枫溪人纷纷进城

---

① 谢木崇:《潮彩溯源》,第11~12页。
② 拙作《枫溪潮州窑(1860~1956)》,第59页。
③ 郑国藩:《似园文存·陆母吴太孺人九秩荣寿大庆序》,2013年广东省金山中学潮州校友会影印出版,1935,第139页。

开办彩馆,玉顺生产釉上彩盘、碗、碟等产品,其白胎主要来自高陂,也有少量来自枫溪,产品通过韩江运销各地。

2. 工艺特色

枫溪的彩绘瓷有两大类,即小窑彩和大窑彩。小窑即烤花窑烧釉上彩,小窑彩因工序多,又需多次烧成,成本较高;大窑即龙窑烧釉下或釉中彩,大窑彩一次进龙窑烧成,成本低。

清光绪元年(1875年),枫溪始创有公合成、永利、和顺3家彩馆,只有10多人,之后,随着瓷业的发展,彩馆已增加到9家,有100多人,当时色料由广州供应,名叫本彩。1911年后,才有彩馆利用外国色料进行生产,也称洋彩,彩瓷业日盛,彩馆增至17家,工人有300多人,仅釉上彩瓷器全年产值约13万元(白洋)。1915年后,枫溪在海外瓷商的促进下引进了中温洋彩(也叫枫溪大窑五彩及蓝彩),色料如海碧蓝、三鹤蓝等从日本大量进口。[①]

清末,枫溪釉上彩主要以粉彩为主,器型多为盘、碗、壶,纹饰以花卉、佛手、石榴、福、禄、寿、博古、吉祥图案等。器物胎质较厚,枫溪产白胎中温烧成,呈开片纹,彩料在釉面上易脱落。有些提梁壶以粉彩绘人物戴白通帽、执手杖,持烟斗的南洋华侨形象,这些产品主要销往东南亚(见图12)。

图12 清末枫溪窑粉彩持烟斗提梁壶

尺寸:高10厘米,口径4厘米,底径8厘米(颐陶轩潮州窑博物馆藏)

---

① 《枫溪陶瓷历史》,内部资料手抄本,1962。

近代潮州窑釉上彩瓷：以潮州城区、枫溪及高陂为中心

民国初期，由于洋彩料的进入，新彩得到发展，另外，枫溪陶瓷的质量有了质的飞跃，胎质较前密实，胎釉结合紧密，白釉及米黄釉不出现开片纹。彩绘艺人也曾采用欧、日软质瓷加彩传统人物故事纹饰（见图13）。彩绘技师多来自潮州城区的画家，画面装饰有通景、正背景、开光、多开光等形式，纹饰也丰富多彩，有山水、人物故事、仙女散花、寿星、仙人等，这一时期的作品，代表着近代枫溪窑釉上彩的较高水平（见图14）。

图13　民国枫溪窑洋瓷加彩人物故事纹盘

尺寸：高2.5厘米，口径23厘米，底径12厘米（颐陶轩潮州窑博物馆藏）

图14　民国初期枫溪窑描金彩绘观音立像

尺寸：高52厘米，底14厘米（颐陶轩潮州窑博物馆藏）

抗战期间，枫溪瓷区生产的瓷胎质量大幅下降，使彩绘瓷档次同样下降。1940年前后，枫溪瓷区利用"玻璃白"颜料粉，生产粉彩瓷，器型有盘碗、茶具、花瓶等，纹饰多以凤牡、花鸟为题材；1945年前后，采用厚胎瓷碗，彩绘公鸡、蕉树、牡丹纹饰的图案，俗称鸡蕉碗或鸡牡碗①（见图15）。抗日战争胜利后，枫溪陶瓷出现精粗并存的局面，其绘画水平明显下降，釉上彩产量较少（见图16）。

---

① 详见杨光远编纂《潮州陶瓷志》，潮州陶瓷志编委会，2005，第65页。

图 15 民国高陂窑五彩蕉叶公鸡纹花口盘

尺寸：高 4 厘米，口径 19 厘米，底径 11 厘米（颐陶轩潮州窑博物馆藏）

图 16 民国后期枫溪窑玉顺振源款五彩缠枝花卉纹盘

尺寸：高 3 厘米，口径 17 厘米，底径 8 厘米（颐陶轩潮州窑博物馆藏）

20 世纪 50 年代，枫溪釉上彩绘主要为配合瓷塑的生产，戏剧人物彩绘富丽堂皇（见图 17），另外，为参加出口商品交易会及各种展销会，创作生产适合外销要求的釉上彩日用餐具（见图 18）。这些产品质量精湛，是枫溪釉上彩继民国初期之后的又一兴旺时期，具有鲜明的地方特色。

图 17 20 世纪 50 年代枫溪窑林鸿禧塑戏剧人物西厢记·红娘

尺寸：高 22 厘米，底 8 厘米（颐陶轩潮州窑博物馆藏）

图 18 20 世纪 50 年代枫溪窑五彩描金孔雀耳瓶

（潮州市博物馆藏）

枫溪的彩绘瓷工匠众多，除师徒相传外，也聘请一些画师到枫溪进行培训，如民国初期"潮州府寺院的僧侣和浙江来的教员下去教美术。近几年来，不遗余力地改进了工艺，取得了很大效果"①。

近现代主要艺人有：精于工笔山水彩绘的吴镜河（1908～1997）、吴克仁（1916～1998），擅长人物彩绘的谢芝荣（1916～2001），以色块表现山水美景的没骨画吴维松（1922～1991）等。

主要产品款识有：荣利、如合、陶真玉、玉顺、玉顺昌记、玉顺振源、吴炳利、华艺、成合等。

（三）高陂

1. 产品外销

高陂属大埔县，位于韩江中游，距潮州约80公里，水陆交通极其便利，溯江而上可达江西、福建，顺流而下，直抵潮汕各地。高陂镇历来窑业发达，因烧制高温白瓷类玉而有"白玉城"之称。

清同治十年（1871年）大埔陶瓷"对外贸易额是3889.459两，至光绪二十六年（1900年）增至11912.478两，远程帆船当最盛时不下数百艘"。"大埔县销往南洋各地的产品，有高陂土碗100万担（每担100只）"②。

民国初期，大埔全县大多乡、保均有窑场。在民国《大埔县志》有文字记载的有甜瓜寮、洋陶坪、银溪口、葵坑、古野、桃源等29个乡村。光德、平原、桃源等地，每村窑户少则三五户，普遍有十几户，最多的有100多户，至1949年全县有窑户1036户。③ 这些窑场生产的大量瓷器，除境内市场外，主要外销，各窑家的瓷器用肩挑、手提和船运等方式运输到高陂进行运销。

大埔的瓷器产品的外销，大多由设在高陂的碗行、瓷庄购集之后，通过韩江运往潮汕后转销海内外。外埠瓷商致力于高陂陶瓷的展销推广，如大埔沙坪黄先溥创办的联兴号，生产的薄胎盘碗及茶具（见图19），产品由汕头生泰栈代理，代理商每年举办高陂国产瓷器展览会接受客户看样订货（见图20），各商号将从高陂码头运出的大埔产瓷器称为"高陂缶"。大埔各窑场生产的瓷器，其传统的销售模式主要靠自产自销、客商订货或供碗行、瓷庄购销。碗行，是外地商行与当地窑户的中间商，承担着代购、代销、仓储、中转等业务；瓷庄多为外地瓷商派员在高陂设庄，自主向各窑户采购、装运。瓷商在高陂的经营促使高陂瓷对外运销。

2. 工艺特色

清末，高陂镇有多家彩绘作坊，借运销优势，利用邻乡的白胎瓷加工彩绘，可按不

---

① 潮海关史料汇编《1912～1921年潮海关十年报告》，第102页。
② 袁光明主编《大埔陶瓷》，广东人民出版社，2008年，第245页。
③ 袁光明主编《大埔陶瓷》，第240页。

图 19 民国高陂窑大埔沙坪联兴工厂款釉上彩花口平底盘

尺寸：高 2 厘米，口径 27 厘米，底径 25 厘米（颐陶轩潮州窑博物馆藏）

图 20 20 世纪 30 年代联兴号展览纪念杯

（私人收藏）

同的器型及纹饰图案生产，方便客户订货。产品为粉彩盘、碗，其胎润实厚重，釉色洁白及蛋青均有，主要产品为碗内着松石绿色地的粉彩厚胎碗，以及粉彩厚胎花口盘，主体图案为人物故事、花蝶、花鸟、莲藻等（见图 21）。

图 21　清末高陂窑粉彩花蝶纹花口盘

尺寸：高 5 厘米，口径 20 厘米，底径 13 厘米（颐陶轩潮州窑博物馆藏）

民国初期，大埔瓷区注重对瓷器进行改良。20 世纪 30 年代，沙坪村人黄长夏（1882～1961）创办的三和瓷厂，生产的薄胎白玉玲杯，洁白透明，薄似蛋壳。在他的带动下，高陂多家作坊生产薄胎盘碗，畅销市场，受到当时权贵阶层的青睐，如竞德①瓷厂生产的黄地开光釉上彩折腰碗被南洋富商陈慈簧家族订制，新彩产品彩绘洋式图案纹饰，与海外市场的日货竞争。

抗战期间，生产青花红绿彩的洋料中断，同时潮汕沦陷后，大批彩绘工人到高陂一带避难，加入到彩绘行业中，传统釉上彩又得以恢复，主要艺人的代表有饶平沈建初、沈筑初兄弟；1949 年前后郭寿民（1925～1987）、郭甘棠（1926～2001）及郭辉煌等为代表的艺人也创作了大量的釉上彩产品。沈建初在高陂期间留下大量的釉上彩精品，有八仙过海、寿星图、踏雪访友、骑驴访友、柳马等，沈筑初的作品有风尘三侠、松鹤图、渔翁等（见图 22～图 24）。这一时期的作品还有较为精致工笔的菊花、山水、人物等釉上彩作品（见图 25～图 27）。

主要产品款识有：陶如玉、永玉、仁玉、德玉、竞德、联兴、三和、源新、永和兴记等。

---

① 竞德：意为其产品质量可与景德镇竞争。

图 22　1935 年高陂窑沈筑初款五彩风尘三侠纹瓶

尺寸：高 26.5 厘米，口径 11.5 厘米，底径 11.5 厘米（颐陶轩潮州窑博物馆藏）

图 23　1940 年高陂窑沈建初款五彩骑驴访友纹瓶

尺寸：高 51 厘米，口径 18 厘米，底径 14 厘米（颐陶轩潮州窑博物馆藏）

图 24　民国高陂窑沈建初款五彩八仙过海纹瓶

尺寸：高 57 厘米，口径 21 厘米，底径 15 厘米（颐陶轩潮州窑博物馆藏）

图 25　1937 年高陂窑五彩山水纹瓶

尺寸：高 43.5 厘米，口径 17 厘米，底径 12 厘米（颐陶轩潮州窑博物馆藏）

图 26　民国高陂窑德玉款五彩人物故事纹瓶

尺寸：高 42 厘米，口径 14 厘米，底径 12 厘米（颐陶轩潮州窑博物馆藏）

图 27　民国高陂窑陶金玉款五彩菊蝶纹筒瓶

尺寸：高 28 厘米，口径 12 厘米，底径 12 厘米（颐陶轩潮州窑博物馆藏）

四　小结

综上所述，可以得出以下结论。

清末民初，汕头港对外通商后，为潮州窑釉上彩瓷的发展提供运销便利，关系密切。潮州城区、枫溪及高陂的陶瓷产品外销，均利用韩江运往汕头转销海内外，此时潮瓷的粉彩造型、纹饰多借鉴景德镇窑。

20 世纪二三十年代，为了在海内外市场竞争，潮瓷经营者通过汕头港到外埠考察市场，致力于提高产品质量和产量。在各商埠潮人瓷商的推动下，他们采用国内外釉上彩原料生产，同时对瓷胎进行改革，生产了中温及高温的薄胎细瓷，提高了产品档次，加之在市场需求作用下，潮州民间艺人、画师投身彩瓷行业，有效地提高了彩绘瓷的艺术水准，纹饰更为丰富，除为外洋加工定制的图案外，出现了类似浅绛彩、广彩以及海派等画法的彩绘瓷，产品胎薄釉润，纹饰新颖，在彩绘技法上吸收中国画与民间工艺美术手法，利用白胎创作的优势，生产出纹饰色彩艳丽、精致细腻的作品，这些品种繁多、纹饰丰富多彩,且具有独特潮州风格的潮彩瓷,大量销往东南亚,受到追捧,有效地与景德镇等窑的产品竞争,以物美价廉的优势占领市场,赢得丰厚回报。

抗战期间,一些知名艺人到各地避难时加入当地的彩瓷行业,采用釉上彩创作了一批传统题材的作品,其空间层次、深浅变化、色彩丰富等在作品中得到充分发挥,具有极高的欣赏价值。同时,潮瓷的彩绘技法也得以传播。

近代潮州釉上彩瓷是潮瓷外销的重要品种之一,在潮州彩瓷的发展历程中起到了至关重要的作用,它从传统走向创新,在提高产品质量、丰富品种、增强市场竞争力的同时,又培养和造就了一批彩绘人才,为新中国成立之后的潮州彩瓷业奠定了基础。

责任编辑: 陈贤武

清末民国时期澄海华侨建筑对乡土建筑景观的影响

蔡文胜*

摘　要：广东省汕头市澄海区是著名侨乡。清末民国时期，不少在海外发家致富的华侨纷纷回乡修宗祠、建宅第，投资置业，兴办公益事业，在故乡留下了大量的华侨建筑。这些华侨建筑多受外来文化影响，与传统建筑形式在碰撞、交流中不断融合，对乡土建筑景观产生了深刻影响，使乡土建筑景观发生了新的变化，进入了一个新的发展时期。

关键词：华侨建筑　乡土建筑　影响　变化

　　广东省汕头市澄海区是著名侨乡。20世纪30年代国立中山大学陈国梁、卢明合编的《樟林社会概况调查》中谈及当时澄海县的情况："澄海县因为土地狭小，人口众多，生产不足以供给，所以县属各乡往南洋谋生的人都很多，樟林是各乡出洋人数最多的一处；其次是第七区的第二乡，和二区的东湖乡、冠山乡，每乡出洋人数都在千数百人以上。最少的也有一百几十人以上，但这些都是县属较小的乡村。"[①] 1989年出版的《澄海县华侨志》指出："回顾近百年的历史，澄海县所有的乡镇，包括每一个自然村，可说无处不有移居海外的人，据现在的统计，有不少自然村在外人数（包括华裔）已超过国内人数，目前全县13个镇，除边海地区的新溪、坝头、湾头等少数几个，侨外人数较少外，其他都是有大量移居海外和国内有众多侨眷户的。"[②] 众多出洋的华侨与

---

* 蔡文胜，1968年生，文博专业副研究员，汕头市澄海区博物馆副馆长，潮汕历史文化研究中心学术委员会委员。
① 陈国梁、卢明合编《樟林社会概况调查》，载汕头市政协学习和文史委员会、澄海区政协文史资料委员会编《红头船的故乡——樟林古港》，天马出版有限公司，2004，第288页。
② 澄海县侨务办公室、侨联编《澄海县华侨志》，内部印行，1989，第21页。

国内亲属一直保持着千丝万缕的联系,特别是在经济上,侨汇的大量流入成为许多地方生计和建设的重要支撑。清末民国时期,不少在海外发家致富的华侨纷纷回乡修宗祠、建宅第,投资置业,兴办公益事业,在故乡留下了大量的华侨建筑。这些华侨建筑多受外来文化影响,与传统建筑形式在碰撞、交流中不断融合,对乡土建筑景观产生了深刻影响。

一　华侨成片兴建的建筑群成为侨乡一道亮丽的风景线

许多华侨在海外发家致富之后,纷纷回乡买田建屋,在 20 世纪上半叶,形成了一个建设高潮。民国三十三年（1944 年）《广东年鉴》中就说:"粤有华侨,喜建造大屋大厦,以夸耀乡里。潮汕此风也甚,惟房屋之规模,较之他地尤为宏伟。"澄海各乡村,除了一些沿海和边区小村落之外,几乎都有华侨建筑。这些建筑除杂陈于老建筑之中外,更有择地开辟"新乡",形成颇具规模的新建筑群的。

以侨乡樟林为例,从清末开始,到南洋各国和国内经商致富者,纷纷回家乡建成连片的居住区,几十年间,整个社区的面积扩大了几乎一倍。这一时期樟林新发展的住宅区的名称大多被冠上"里"字。据樟林人陈汰余（1877～1968）《樟林乡土志略》中记载,其中由华侨建成的有:

> 樟南,旧名头冲,本为林泮田围,因犯案,乾隆时被没入官,故名"头冲"。西社郑蟹,字瑞勋,旅暹发财,长子大忠,邑庠生,于光绪三十三年,创建新村,名曰"樟南"。
>
> 梅冈里,在塘西田下。池基进士名池马,旅越南成家,于光绪三十四年创建为新村,名曰"梅冈里"。乡人但称为池处。
>
> 南盛里,旧名"布袋围",又名索铺。南社蓝鹄丑,字金升,旅叻成家,于宣统三年由园地创为新村。
>
> 元第里,在塘西田下,旧名"田下"。黄秋香号骏发,旅香港发家,于民国五年由田洋创为新村。
>
> 德和里,在塘西下围外,旧名"李娘堤"。黄岗陈欣木,旅暹发家,购此田地筑造祠堂大厦,移家来居。
>
> 常安里,在塘西下围外,原名"李娘堤"。塘西陈开河字海秋,旅暹发家,于民国七年由田洋建成新村。①

---

① 陈汰余:《樟林乡土志略》,载汕头市政协学习和文史委员会、澄海区政协文史资料委员会编《红头船的故乡——樟林古港》,第 191 页。

在以上提到的"新乡"建筑中,南盛里是较著名的一处,为旅居实叻(新加坡)华侨蓝金升于清末民初兴建的建筑群,位于澄海区东里镇观一村俗称"布袋围"的地方(见图1)。布袋围四面环水,以地形似布袋而得名。南盛里于1900年动工,1917年竣工,占地80多亩,共有宅院70座、房屋671间。建筑物以"驷马拖车"和"四点金"等潮汕传统民居为主,形成大型的民居建筑群。南盛里在片区规划上体现出先进的规划设计理念。片区中以"五巷三埕一池"为网络,构成交通路网和疏散、集中场所。五巷即"八落巷、龙眼巷、渔行巷、洋楼巷、担'粗'巷";三埕即"锡庆堂埕、三落埕、天公埕";一池即"索铺池"。南向的每条巷口都对应着一个码头,巷道宽都在3米以上,三个大埕间插其中。鳞次栉比的宅院、纵横有序的巷道、宽敞的公共活动空间,使南盛里总体上体现出一种恢宏壮观的气势。南盛里四面环水,在防涝排水系统的设计上也体现了较先进的规划设计理念。通过在周边建造高达丈余、外墙可挡水的栈房、房屋形成第一道防水线;在锡庆堂用贝灰夯筑70厘米厚的照壁、外围墙,形成第二道防水线。在所有巷口、闸门及排水沟口设置防涝"关闸",地下设高约140厘米,宽约80厘米,纵横交错的5道排水沟,形成周密的防潮排涝系统。南盛里的主人还从国外购进小型柴油发电机组,在南盛里建设一座小发电厂和水龙厂,解决该片区及"布袋围"一带的照明用电及卫生饮用水问题。另外还在南盛里外东北侧建公厕5座,保持了片区内部的清洁卫生。这些在乡村社会中都显示出其先进性,对传统乡土建筑产生了新的影响。

图1 南盛里

再如,隆都镇前美村的陈慈黉是旅居泰国著名侨商。其父陈焕荣为香港早期南北行"乾泰隆"创始人。陈慈黉自幼受其父影响,熟悉航海技术和经商之道,少即接管其父业务。1871年创设陈黉利行于泰京曼谷,又在曼谷创设火砻。与族人集资创设陈生利行(后改为陈元利行)于新加坡,联泰国、新加坡、香港、汕头经营于一环。光绪十九年(1893年),刚过50岁的陈慈黉回到故乡前溪,开始与族亲中的富商,在家乡购买田地,筑建大型宅第、宗祠,建设"新乡",经过几十年建设,形成颇具规模的聚落。整个"新乡"建筑面积近70亩,所有埕口、路道都用贝灰土舂筑。"新乡"中有陈慈黉兴建的供奉其祖父懿古的祠堂"古祖家庙"。1907年,陈慈黉委托其弟陈慈云利用祠堂"古祖家庙"开办私塾(后称小学堂)。1912年正式定名为"成德学校",由陈慈黉等任校董、陈慈云之孙陈庸斋为校长,高薪聘请名师任教,使该校成为当年隆都第一所设备先进、课程规范的完全小学。"新乡"中主要的是以陈慈黉家族建造的宅第为核心的一座座"驷马拖车"和"四点金"建筑。这些建筑较多地受到西洋建筑风格的影响,显示出中西结合的倾向,特别是以被誉为"岭南第一侨宅"的陈慈黉故居在这方面的表现尤为突出。"新乡"的建筑景观较多地以其在平面上采用"驷马拖车"和"四点金"等传统格局与立面上的双层洋楼等西洋建筑风格相结合的形式,呈现出新的建筑风貌,在整体上形成一道新的建筑景观。与前溪村内原来的寨内、寨外、西门、沟头、下底园五个聚落并列,并称为"六社"。

当年,以澄城高楚香家族、隆都陈慈黉家族、樟林蓝氏、郑氏家族等为代表兴建的华侨建筑群成为当地新的建筑文化景观。

二 华侨回乡兴建的礼制性建筑——祠堂正悄然地受到西洋建筑风格的影响

澄海的祠堂建筑至清代已蔚成风气。清嘉庆《澄海县志》中就指出:"大宗小宗,竞建祠堂,争夸壮丽,不惜资费。"① 作为华侨"寻根"意识的重要体现,便是在发家致富之后回乡营造祠堂、家庙以纪念先人,以示不忘根本。这类建筑较多地保留传统建筑形式。不少华侨以其雄厚的资力,将石雕、木雕、嵌瓷、泥塑等各种潮汕传统工艺综合运用于祠堂建筑之中,使"争夸壮丽,不惜资费"的风气进一步发展。位于澄海区莲下镇建阳村的孝天公祠便是突出的例子。据《澄海市志·人物传》记载:"陈孝天(1826~1904年),今莲下镇建阳村人。自幼失去双亲,靠当长工(俗称'春哥')度日。因生活穷苦,年轻时到樟林港,藏匿于红头船货舱,前往安南(今越南)谋生。在中圻会安城,被殷户黎氏招为女婿。37岁到西贡开办红头船行,拥有巨舰30余艘,航运于苏杭、上海、天津、大连、日本、广府、雷琼、漳泉以至东南亚之间。商贸日旺,富甲中圻。"② 陈孝天晚年回乡之后,于光绪二十二年(1896年)聘请潮汕能工巧匠,在家乡兴建"孝天公祠"。该祠占地面积872平方米,坐西北向东南,总面阔22.6米,总进深21.2米,为二进硬山顶土木结构建筑,两侧有火巷,祠前有广阔的祠埕。

---

① 李书吉纂修《澄海县志》卷6《风俗》第2页,清嘉庆甲戌刻本。
② 汕头市澄海区地方志编纂委员会编《澄海市志(1979~2003)》,方志出版社,2012,第837~838页。

据《澄海市志》记载:"该祠采用土木嵌瓷和木雕石刻等多种工艺技术,在祠堂墙壁和屋顶塑造花鸟虫鱼、飞禽走兽和人物戏出,活灵活现,栩栩如生。正龛配设以'廿四孝'为内容的精美浮雕及'千祥(羊)图'的贯脊嵌瓷,是潮州嵌瓷木雕代表作之一。"[1] 该祠不论是建筑格局还是精巧细致的建筑装饰都体现出浓厚的潮汕传统建筑风格,是一处典型的潮汕传统祠堂建筑。可惜如今精美的木雕、石雕、嵌瓷等多已缺失,只能从文字记载中遥想当年的繁华。

如果说,祠堂作为礼制性的传统建筑,在建筑形制、格局、装饰等方面仍"遵古法制",有着较强的稳定性,孝天公祠仍保留着纯粹的潮汕传统祠堂建筑风格的话,其他一些清末民初华侨兴建的祠堂则在保持祠堂主体的传统形式基础上,在某些细部装饰、材料运用以及配套建筑上悄然地受到西洋建筑风格的影响而发生了某些变化。建于清末民初的南盛里"锡庆堂"中的蓝氏通祖祠,其门楼按三门设置,正门匾额为"蓝氏通祖祠",左右门匾额为"兰芳""桂馥",火巷门匾分别是"礼门""义路"。门楼有多幅诗赋、动物、花草等石刻。整座共二进,大厅为三开间抬梁式结构建筑。大厅前有拜亭,两边为火巷,后面有后包,整座建筑既有精雕细刻的嵌瓷泥塑屋脊、飞檐翘首的屋顶,又有精细的木雕、各式各样的石刻装饰,工艺精湛。在这种传统的祠堂建筑中,特别引人注目的不仅在于其规模较大、内外埕宽阔、建筑装饰精美,而且在于其门楼及大厅、拜亭的地面不是传统的红砖或贝灰砂浆地坪做法,而是运用高级进口釉面地砖,大胆地将外来建筑材料融合进礼制性的祠堂建筑之中。到了20世纪20年代,这种中西结合的形式又得到了新的发展。位于澄海区东里镇塘西村德茂内4号的起凤陈公祠,也称陈德茂祠,坐东北向西南,总面阔14.2米,总进深27.9米,由陈德茂在泰国开同泰昌色料行的儿子陈欣木和开布行的大孙儿陈燕臣于民国十年(1921年)兴建。门上石匾为"起凤陈公祠",两侧为人物、麒麟等石浮雕,大门两侧为《朱柏庐治家格言》等书法石刻。该祠为土木结构硬山顶建筑,共二进,大厅为抬梁式,面宽三间,进深三间,横梁描金漆画。厅内柱石上雕刻对联。木雕、石雕精美。而引起我们兴趣的是与其相邻连成一体的"哲谋广居"书斋,其外观上带有明显的西洋风韵(见图2)。该书斋门上有"哲谋广居"四字,周围贴以进口瓷砖,主座为一厅二房,大厅梁架为穿斗式,两侧隔扇板上绘书法条幅6幅,厅前有拜亭,通往两侧房门上分别书"书声""琴韵"及格言。四周玻璃门窗,饰以灰塑、木雕西洋花卉,富有西洋装饰韵味,内部的中式造型与外观的西洋风格融为一体。

作为敬宗祭祖的场所,祠堂建筑的这种变化还是细微的,但已在悄然地发生。

---

[1] 汕头市澄海区地方志编纂委员会编《澄海市志(1979~2003)》,第838页。

图 2 "哲谋广居"书斋外观

三 华侨宅第、民居出现中西结合的新建筑风格

清末民国时期,因受外来文化影响,不少华侨宅第、民居呈现出中西结合的建筑新风格。假如说,作为祠堂建筑,这种变化只是细微的、局部的话,那么,作为私人空间,宅第、民居呈现出来的变化则是明显的,成为一时风尚。对此,陈达在 20 世纪 30 年代所著《南洋华侨与闽粤社会》一书中就指出:"华侨的住宅,在外观与屋内的装饰,往往有外洋的影响。"[①] 不少华侨宅第、民居往往前面主座为潮汕传统建筑,而后座则为双层西式洋楼,将传统建筑形式和西洋风格建筑组合为一体,是当时华侨宅第、民居中较普遍采用的形式。如位于澄海区隆都镇鹊巷村荣庆里由旅居安南华侨林嘉泼于清末民初所建的"潮源"侨宅、位于澄海区东里镇塘西村梅冈里由旅泰华侨王敦蓄(又名王思纯)于 20 世纪 30 年代所建的王厝后包等均采用了这种中西结合的布局形式。位于澄海区隆都镇侯邦龙湖联仁社的七落儒林第,于清宣统三年(1911 年)由旅居泰国华侨黄昌绍、黄家荣、黄昌上、黄昌涯、黄得利、黄汉钦 7 人集资兴建,并命名为"龙湖联仁社",整处建筑坐北向南,由绍合、荣合、迎合、全合、得合、隆合、发合七座构成。每座门上均题"儒林第",为潮俗"单背剑"或"双背剑"建筑格局,后包为双层楼房。七座"儒林第"结构、风格统一,联成一体,气势恢宏。建筑风格中西合璧,通廊雕梁画栋,门窗饰以灰雕图案,精巧别致。

这种力求将中西建筑风格融于一体的风尚,既是建筑主人对故乡传统的眷恋,也体现出兼收并蓄的开放心态。在这种融合中最为成功的例子是被誉为"岭南第一侨宅"

---

① 陈达:《南洋华侨与闽粤社会》,商务印书馆,2011,第 126 页。

的陈慈黉故居（见图3）。该故居是泰国华侨陈慈黉家族在家乡隆都镇前美村兴建的宅第，兴建时间自清宣统二年（1910年）延续至20世纪30年代末，占地面积25400平方米，建筑面积16000平方米，包括郎中第、善居室、寿康里和三庐4座，共有大小厅房506间。建筑布局上采用潮汕传统的"驷马拖车"格局，而在宅院外面又建起一围二层洋式楼房以代替围墙，吸收西洋的阳台、骑楼等建筑形式，成为一相对独立的结构；在装饰技法上，既有潮汕嵌瓷、木雕、石雕等传统技法，又有西洋图案、瓷砖、彩色玻璃等装饰，被有关专家认为是中西合璧的具有代表性的华侨宅第。位于前美村永宁寨外侧的仁寿里，其主人是陈慈黉胞弟陈慈祥，同样呈现出这种中西结合的风格。

图3 陈慈黉故居

四 华侨投资的金融商贸、工厂、文教、医疗建筑设施中，西洋风格尤为突出

作为著名侨乡，华侨在澄海的金融商贸、工业、文教、医疗等各种活动中都留下历史的印记。在这些相关的建筑设施中虽不乏采用传统建筑的例子，但特别引人注目的是一批带有明显西洋风格建筑的出现，较之华侨兴建的宅第、民居尤为突出，有的已经是纯粹的西洋风格建筑了。

清末民国时期，侨汇成为侨乡重要的经济来源，侨批业得到迅猛发展。在今澄海地域内出现了不少侨批局（馆）。清道光二十年（1840年），澄海东湖乡侨商黄继英委托外埔人黄松亭于汕头首创"森峰"号批馆，与其在新加坡开设的"致成"号批馆联号，收受海外华侨批信发送潮汕各地侨户。继汕头"森峰"号批馆之后，黄继英又回乡开设"致成"号批馆，这是澄海最早开设的批馆，也是潮汕早期的批馆之一。据其后人回忆："先祖于家乡东湖关爷宫前的老宅楼顶，叠起了一座木结构的小楼，一厅三房。……'致成信局'开张后，这里便成为家乡'致成信局'的发批点，担负着分发侨批的业务。清末木楼失火被毁，先辈们又在原基础上建筑了一座土木结构的小洋楼，临街的门顶砌着一个三面嵌着玻璃的灯橱，正面玻璃上又蚀刻着'致成信局'四个大字。"[1] 历经岁月沧桑，致成批馆旧址已风光不再。而位于隆都镇前沟村仙地头老厝区一巷（原隶属饶平县）的福成批局旧址，则是目前澄海地域内保存较为完整、建筑规模较大、艺术较为精美的侨批局旧址（见图4）。该批局旧址又称"明德家塾"，由泰国经营福成批局的许若明、许若德兄弟于民国二十年（1931年）兴建，取兄弟两人名字，称"明德家塾"，为福成批局在隆都所设的投递批局。该批局旧址坐北向南，是一座钢筋混凝土结构的中西结合建筑，建筑布局为潮俗"双背剑"形式，双层楼房。门匾"明德家塾"为清末民国时期书法家朱汝珍所题。整座建筑共有厅房80多间，正座、火巷、后包各有两条灰梯通往二楼，在二楼可畅通全座，后包两侧三楼设有更楼。在传统建筑中融入了较多的西洋风格。位于澄海区隆都镇店市三角街的林荣利批馆是林荣利批局设于店市的投递局，坐西向东，为钢筋混凝土结构建筑，共三层，正面各层有灰塑西洋式立柱及圆拱形窗，充满西洋建筑风韵。

图 4　福成批局旧址

---

[1] 黄少雄：《潮籍第一家批信局——"致成商号"的沉浮》，《耕余邮话》，京华出版社，2004，第21页。

在华侨回乡兴办的工厂等建筑中，较多地出现西洋风格建筑，如在隆都镇前美村中，有一处被称为"布局"的利生织布厂旧址，是清末民初著名侨商陈慈黉尝试在家乡前美村兴办工副业，与族亲合作，在村中开办的工厂。全厂共17股，慈黉本家投资12股，置有进口织布机10余台，招收村中劳动力数十名，产品内销。这是前美村侨办企业之始。现该厂的旧址占地面积290平方米，坐北向南，门面是金字形，门上灰塑西洋花卉，正面柱廊部分为钢筋混凝土结构，有灰塑英文名称。主体部分为灰木结构双层建筑，平面呈长方形。

清末民国时期的华侨建筑给澄海乡土建筑带来了一股新风，其影响所及，使一些乡村本地建筑也出现了西洋化倾向。以位于澄海区莲下镇立德村的"乐琴"间馆为例（见图5）。间馆本为乡村农余闲聊、娱乐场所。"乐琴"间馆为民国二十七年（1938年）兴建的乡村间馆。占地面积96平方米，坐东北向西南，为双层钢筋混凝土结构建筑。前为柱廊，廊柱为西洋式立柱，正面横梁有"SUNAN LOCHINHSIHN CLUB"英文字样。左侧横梁有"REPUBLIC OF CHINA"字样，右侧横梁有"BUILDAI MOUCHEN"字样。最顶端为双狮、地球，上有雄鹰，球上有"乐琴"两字。大厅正面中间开圆拱门，两侧窗户上面饰西洋花卉。整座建筑富有西洋建筑韵味，连名字也称为"CLUB（俱乐部）"。华侨建筑所带来的新时尚使乡土建筑景观发生了新的变化，进入了一个新的发展时期。

图5 "乐琴"间馆

乡土建筑作为一种文化景观，体现的是一个地区人们在特定时期的文化追求。清末民国时期澄海的华侨建筑让人们从一个侧面看到当年侨乡一带面对外来文化影响时所表现出来的开放心态，在传统与现代之间的融合、转型。俄罗斯作家果戈理说过："建筑同时还是世界的年鉴，当歌曲和传说已经缄默的时候，而它还在说话。"清末民国时期澄海华侨建筑对乡土建筑景观的影响是该地区文化转型过程最直观的体现。

责任编辑： 欧俊勇

从口述史料看马来西亚美里华人

陈俊华*

摘　要：本文以赴马来西亚美里实地考察的口述史料为基础从创业经历、参政意识、身份认同、华文教育与文化坚守等多个方面探讨美里华人社会。美里早期是个以漳泉人、潮州人、客家人、广府人、海南人为主要族群的华侨社会，华人经历了艰苦的创业历程，为美里的发展做出了重要贡献。"二战"后一系列深刻变化改变了他们的身份认同，而今美里华社通过开展传统节日活动传播华人文化、促进华文教育等多种方式，来保留华人的文化根源与推进华族文化的发展，并积极参政议政争取自身权益。

关键词：华人　口述史　美里

　　口述历史是以搜集和使用口述史料来研究历史的一种方法，它可以补充文献的不足，其记述生动鲜活、关注细节，从微观个体角度以小见大构建整体概貌。运用口述史方法开展东南亚华人研究的学者陆续增多，但口述史著作成果还不多见。目前已见的有 2003 年马来西亚南方学院的《潮人拓殖柔佛原始资料汇编》[1]，除极少部分是地方史研究者提供的撰述资料之外，大部分是南方学院师生访问柔佛当地耆老、港主后裔、潮籍名人或其后裔之后，所记录整理的文章集结而成。此外，1996 年台湾"中央研究院"近代史研究所出版了《菲律宾华侨华人访问记录》[2]，2006 年香港大学亚洲研究中心推出了《活在别处——香港印尼华人口述史》。在中国大陆，主要有在境内访谈完成的《归国华侨口述录》系列出版物。而 2014 年出版的《从森林中走来——美里华人口述历史》[3] 是

---

*　陈俊华，1967 年生，韩山师范学院研究馆员。
① 　南院华人族群与文化研究中心编纂《潮人拓殖柔佛原始资料汇编》，南方学院，2003。
② 　张存武等访问，林淑慧记录《菲律宾华侨华人访问记录》，"中央研究院"近代史研究所，1996。
③ 　黄晓坚等：《从森林中走来——美里华人口述历史》，广东人民出版社，2014。

韩山师范学院华侨华人研究所赴马来西亚美里做口述史的课题成果，笔者是该书第二作者。本文采用这次实地考察的口述史料，从创业经历、参政意识、身份认同、华文教育与文化坚守等多个方面探讨美里华人社会。

2011年9~10月间，笔者参加黄晓坚所长的研究团队，赴马来西亚美里市开展为期20天的华人口述史调研之旅，记录海外华人生命中的重要记忆。前几年，笔者曾赴新加坡、泰国征集潮人文献资料，近几年在学校开设口述历史选修课，和同学们一起做过老校友、老归侨等口述历史项目，但赴海外开展口述史研究还是第一次。在美里潮籍企业家刘绍慧先生的资助和当地历史学者田英成先生①的协助下，我们对美里市各属籍、各阶层华人近50位代表人物做了口述历史访谈，带回约120个小时的录音录像资料。其间，我们还走访砂拉越华族文化协会、美里市立图书馆，还对当地华人庙宇、义山、社区等开展实地调查。在与美里华人近距离接触记录这些第一手资料的过程中，我们加深了对海外华人社会的理解和认识。每一份口述访谈稿都是华人在海外生存发展的见证，点点滴滴却又淋漓尽致地再现了华人的历史与文化，也给了我们颇多的收获与感动。即便是在完成口述史书稿的整理之后，回想整个过程，心里仍有一股暖流在涌动。此后，我们还曾对来潮州探亲、经商的美里华人进行访谈，以增加个案。

美里是马来西亚砂拉越州的第二大城市，现有的30余万人口中以华人最多，约占35%，其他为依班族、马来族、印度族等众多民族。美里华人由福州人、兴化人、客家人、潮州人、海南人、广府人等各个籍贯的族群构成，他们与遍布在东南亚各国的华人籍贯一致，大都来自闽粤两省。美里的华人社团组织健全，经济活跃，传统文化保存得比较好，是开展海外华人调研的理想之地。而我们访谈的内容并不限于他们在美里的经历，也包括家族的移民历史、他们到达美里之前生活的回忆以及对华社、教育、信仰、文化交流的看法，涉及马来西亚的吉隆坡、槟城、马六甲、诗巫、古晋、马鲁帝、山打根等城镇乡村，也涉及新加坡、文莱、印尼、泰国、缅甸、越南等东南亚国家，因而有一定的代表性。而对美里华人的研究，除当地学者田英成、徐元福、蔡宗祥②等有所撰述外，并未受到其他华人研究学者的更多关注。所以，我们此次赴美里开展华人口述史访谈及研究，无疑拓宽了相关的领域，弥补了其间的不足。

一 华人在美里发展概况

美里是马来西亚最早的石油生产地，石油开采业是其早期的主要经济支柱。其后期

---

① 田英成（田农）博士是砂拉越州史研究学者，其研究兼及美里的历史，已出版的相关研究著作有：（1）《砂拉越华族社会结构形态》（1977），1991年再版；（2）《砂拉越华族史论集》（1986），主编；（3）《森林里的斗争——砂拉越共产组织研究》（1990）；（4）《砂拉越华族研究论文集》（1992），与饶尚东合编；（5）《砂华文学史初稿》（1994）；（6）《砂拉越华人社会的变迁》（1999）；等等。
② 徐元福、蔡宗祥：《美里省社会发展史料集》，美里笔会，1997。

的经济发展，则着重于土产、木材业、油棕种植业、造船业以及旅游业。

美里早期是个以漳泉人、潮州人、客家人、广府人、海南人为主要族群的华侨社会。早在19世纪末20世纪初，即有华人先民移居美里，当时这里只是一个小渔村，有着大量荒山野岭。华人移居美里经历过几次高潮。首先是石油开采。1910年美里发现石油后，随着石油工业的兴起，大量香港华人劳工涌入美里，使美里由一个小渔村迅速发展起来。10多年后，不少河婆人、客家人从砂拉越州的古晋等地移居美里，除从事捕鱼、零售外，他们多从事垦殖，种植树胶、胡椒、稻谷并养殖家禽家畜。① 进入50年代，由于中国大陆镇反、土改等运动，又有一批中国移民来美里谋生。60年代随着美里木材业的兴起，加上70年代周边地区的政治动荡，这里吸纳了大量再移民的华人，尤其以来自诗巫的福州人居多。他们从做木山起家，积累了大量资本，之后大规模投资油棕种植业和加工业，主导了当地支柱产业。进入90年代末及21世纪，美里大力发展房地产与旅游业，华人亦是其中的中坚力量。华人在美里的创业，经历了由最初的垦殖业、捕鱼业、零售业到伐木业、油棕业、批发业以及房地产、旅游业等支柱产业的转变，华人在当地社会经济发展中做出了重要贡献，因此，有的华人领袖被称为"东马发展之父"②。

华人在美里开拓早期，不同方言群谋生的行业是有明显区别的。正如吴亚辐所言：

> 当时在美里这一带，我们潮州人跟客家人不多，福建人就比较多，因为他们承包油田的工作。我们美里以前大体上是不同籍贯的人做不同的行业：福建人出海钻油，潮州人做杂货、做生意，海南那边来的人就开咖啡店，大埔人就卖布料，还有兴化人就做脚踏车的。那时候脚踏车流行，跟我们现在的出租车一样。总之，这几个籍贯的人都有各自的行业。③

最近几十年来，来自中国的新移民很少，而土生的年轻一代华人由留学、婚姻渠道移民新加坡、英国、澳大利亚等发达国家或地区的较多。在美里的一个华人家庭中，父母在当地，一个儿子在新加坡，另一个儿子在英国，这类情况并不鲜见，反映出以往不同的移民趋势。

二 华人创业之艰难

每一个移民家庭都有一个悲欢离合的故事。大多数华人移民离开中国时家境贫

---

① 口述史料：美里资深报人、学者徐元福，2011年9月29日，美里笔会。
② 口述史料：美里河婆公会乐龄组主任黄玉群，2011年10月7日，美里河婆公会。
③ 口述史料：马来西亚吴氏宗亲总会会长吴亚辐，2011年10月9日，美里吴氏公会。

寒，他们期望能在东南亚发财致富，然后再回到祖国故乡、回到亲人的身边，因而有一种强烈动机使他们能够吃更多的苦，比在家乡更加勤劳拼命地工作。为了自己也为了留在故乡的家人，艰苦工作、挣钱回家便成了一种使命。后来，由于政治与社会环境的一系列变化，他们经历了情感的煎熬，知道自己将要留下来，在这里传宗接代，直至老去。

  那个阶段真的很难熬，当时他们到国外其他地方去，每个人都是很爱国的，每个人都说我要回去，回中国之类的话，把他们赚的全部寄到中国了，自己却省吃俭用，在异乡这样刻苦耐劳。但到了最后，有些像我父亲这样，说要回去到最后都回不了。①

无论是客居还是明白自己将要永远住下去，美里华人这种吃苦耐劳的精神都一直延续着，在口述史料中有太多这样的例子。

  我和妹妹早上三点左右就要起来帮忙磨豆浆，用手推的磨。我妹妹她管放豆，我就管磨。那时候我才十二三岁，经常磨着磨着就睡着了。我老妈子看到了，就一桶水淋下来，我们两兄妹常常是被冷水淋醒的啦，当时好生气啊！六点钟左右，我们就拿这些粿品整条街一间一间地去卖，做完生意再去学校读书。②

  那个时候真是起早摸黑，凌晨两点就得下地割树胶。胶树很高大，树根也浮在地面上，而树胶汁又很容易凝结，你一不小心碰到头发什么的，就结成一堆了，洗也洗不去。因为天太黑了，头上要绑一盏土油灯，昏暗不明，胶树的根又高低无序，一不小心，就会跌一跤，胶汁就打到脸上、头上、眉毛上，凝结起来，狼狈不堪。还有，地上有很多蚂蚁、蝎子、虫、蛇，防不胜防。有时割到一半胶的时候，突然下起大雨来，就要赶紧收胶汁，不然变成水就没用了。那生活真的很苦，这种苦跟现在的年轻人讲不来，他们不懂。③

还有刘绍慧先生三起三落、超越常人极限奋力拼搏，终于在60岁后再见辉煌的传奇人生；黄永章回忆原本病弱的母亲在家庭大变故之后的坚强与刻苦；等等。这些都让我们感动得热泪盈眶，甚至后来负责转换口述录音的学生们在整理文字的过程中也多次忍不住流下了眼泪。口述史使华人艰难创业之故事鲜活起来，对于年青一代的教育意义也是不言而喻的。

---

 ① 口述史料：美里企业家黄少泉，2011年11月1日，潮州。
 ② 口述史料：美里潮州公会总务郑树豪，2011年10月3日，美里陈德烈寓所。
 ③ 口述史料：美里本固鲁朱祥南，2011年10月14日，高登公司。

三 身份认同的改变

海外华人给大家留下印象最深刻的有两点：一是吃苦耐劳，二是爱国爱乡。但是我们看到，这个"国"的概念已经随着形势的变化由"中国"逐渐转变为"居住国"，虽然也有两者兼而有之的情形。在"二战"前，海外华人的身份认同以华侨为主，他们认为自己是中国人，行事以中国为中心。田庆佑出生于美里，两岁时（1935年）被妈妈带回中国故乡。

> 那个时候大都是这样做的，因为来这边是为了赚钱的，如果生了孩子就要带回唐山。唐山那边有我们的房屋，有我们的家。所以，我就被带回老家诏安生活了。①

他们虽然多数是为了谋生为了致富而出国，但在国家有难时又能前仆后继共赴国难，为中国的革命事业出钱出力甚至贡献出自己的宝贵生命，黄花岗七十二烈士中有29位华侨就是大家耳熟能详的例子，之后回中国参加抗战以至战死沙场的华侨也不在少数。在海外的华侨，即使自身遭遇变故而经济拮据，也尽力资助中国故乡。但是，"二战"结束后发生的多层面、深刻变化，成为东南亚社会华人认同的重要转折点。独立使当地精英脱离殖民政权而掌握大权，当地华人不得不调整自己以适应新的环境。1957年马来亚独立以及接下来大马组建、砂拉越加入马来西亚后，华人可以得到公民身份，再加上中国政府对华人定居当地的鼓励，使当地华人逐渐认同马来西亚。但这一选择与认同也有曲折渐进的过程，认同自己是中国人的现象在东马的不少家庭里一直延续到20世纪六七十年代。杨绣莲1950年出生在美里的廉律，仍然深受中国的影响。1957年，她二姐为了理想回到中国，成为建设新中国的一员。她本人也因为向往中国、参与当地革命活动于1966年被捕入狱，在狱中仍坚持读毛选，背老三篇等。而1971年发生在中国的林彪事件是她改变思想的转折点。② 郑尚信也提到：

> 60年代我在念初中的时候，就比较清楚这些事情了，我们华校就组织了青年会啊！我们很多人就筹集钱款，然后就寄回中国去。因为那时候他们还是把中国当成祖国，虽然说是住在这里。③

美里华人对自身认同的变化历程，反映出作为中国移民后裔的历史延续性，同时它

---

① 口述史料：美里德教会儒乐社成员田庆佑，2011年10月11日，田庆佑经营的餐馆内。
② 口述史料：美里华人社团联合会妇女组名誉主任杨绣莲，2011年10月10日，华总会所。
③ 口述史料：美里培民中学校长郑尚信，2011年10月8日，培民中学。

又是本土化经验持续影响的结果。这其中，跨代的因素也很重要，所以我们在访谈中往往要首先询问受访者是第几代华人。在原侨居国出生成长的新生代，他们已经与一个新的国家社会相关联，这使他们的认同更加本土化。而今，大马华人大多不再偏向中国，如何对待中国与马来西亚之间的比赛便是一个典型例子。

> 有时候看中国跟马来西亚的羽毛球比赛，中国赢了我很高兴，可是马来西亚赢了，我儿子很高兴。①
>
> 如果现在年轻的华人去观看篮球比赛的话，当马来西亚队遇到中国队时，他们还是会毫不犹豫地支持马来西亚队的。②

许为隆说他们全家包括孩子都希望中国队赢，"可能马来西亚对我们也不怎么好，我们也没什么归宿感。"但同时也坦承像他家庭这样的情况现在已经很少了。③ 1992 年，在吉隆坡举行的汤姆斯杯羽毛球马来西亚与中国队的决赛中，马来西亚华人与其他马来西亚人一样，都为马来西亚球队加油，希望自己国家的球队胜出。从这些例子可以看出马来西亚华人认同马来西亚是主流。

眷恋中国并与祖籍地经常联系的华人主要是出生在中国、现今年龄 60 岁以上的那代人以及深受他们影响的第一代子女。他们在访谈中很自然地称中国是自己的"祖国"，但他们这种强烈的情感归属并不妨碍他们对新国家公民身份的认同，这种对故乡与亲属的情感是跨越政治意识形态的。对于本地出生的第二代或更远代际的华人而言，他们对于中国的情感很多是取决于他们在祖籍地是否有保持联系的亲人。华侨的"落叶归根"演变成华人的"落地生根"，这终究是一个符合历史发展潮流的变化。

四 参政民主意识的增强

美里是一个多元文化、多元族群的社会，每个人都拥有清晰的族群身份：马来人、华人、依班人等。在这种较强的族群意识下，华人一方面努力保持着自身的族群特征，另一方面与当地各族群人民和睦相处。沈福源回忆与其他族人的相处是相当融洽的：

> 我小时候的朋友，有很多是这里的土著，还有马来人。我们常在一起玩。那时候这里是一个乡村式的小城市，美里河还没有被污染，那个水清澈到可以看到鱼和虾在游。我们就赤足顺河而上。我们干什么事，你们知道吗？我们去翻那个泥浆，

---

① 口述史料：美里河婆公会前任会长李国馨，2011 年 10 月 13 日，柏龄公司办公室。
② 口述史料：美里议会主席、市长黄汉文，2011 年 10 月 3 日，美乐酒店餐厅。
③ 口述史料：美里潮州公会理事许为隆，2011 年 10 月 13 日，某餐厅。

抓螃蟹。美里有一个长桥，到长桥抓那个海蟹是很过瘾的。我跟那些朋友都带了一个桶去，把几十个抓螃蟹的工具放下去，然后我们就去玩水。等一下回来拉，每个工具拉上来的可不是一只，而是五六只。可惜现在就没有了。我们与土著人、马来人都和睦相处，现在我也有很多老朋友都是马来人，过年的时候我都有跟他们见面。①

朱祥南认为现在族群之间出现矛盾关乎权益与政治：

> 我做木山的时候是1970年。当时大家很单纯，土人也很单纯。我第一次接触的土人是少数民族山地加央族人，他们的屋长会讲马来话。我们到森林里，一定要拜访这些屋长、酋长。我们请土著人过来替我们工作，给他工资。有需要时帮他们铲平坡地建长屋，再给他们一些捐助物资，他们就很感激，大家相处得非常好。现在不一样了，土著年轻人有见识的多了，觉得他的权益好像被侵犯了，还有政治人物在旁边兴风作浪，搞了很多麻烦事。在报纸上时常可以看到很多这类东西：土著人在拦路，阻挠工作，要求金钱补偿，不答应他们的要求就不放你过去。②

政治问题是华人族群绕不过去的坎，马来西亚独立后尤其是20世纪70年代以来，政府推行了一系列"马来人优先"的政策，抑制华人经济和文化在当地的发展，也在一定程度上刺激了华人的参政意识，为建设平等与公平的社会做出自身的努力。

> 我们这些人的参政意识都不是很强。不过近几年来，已经有一些改变。因为早期华人觉得政治不关我们的事情，只要我们安分守己，只要我们有钱赚就可以了。可现在人们发现，政治会影响我们的生活，所以在政治方面就比较积极一点，很多人开始有参政的意识。③
> 当我留学回来的时候，我认为我们必须要建立一个人人平等的社会。这种对社会的认识和改变社会的期望，也是让我决定参政的重要原因。我觉得是出来争取我们华人的利益的时候了。虽然有人说你永远改变不了。我承认，这是一个很艰苦的工作，但是，去做总要好过没有做。④

华人参政议政是华人向所在国主流社会传递声音的有效途径，也是维护华人合法权益、表达华社诉求的重要方式。我们看到，马来西亚华人无意去挑战马来人的政治主导

---

① 口述史料：美里本固鲁朱祥南，2011年10月14日，高登公司。
② 口述史料：美里本固鲁朱祥南，2011年10月14日，高登公司。
③ 口述史料：美里兴安会馆会长陈锦鸿，2011年10月12日，兴安会馆。
④ 口述史料：美里客家公会主席江山河，2011年10月14日，客家公会。

地位，但希望政府承认与肯定华人对国家的贡献，尊重并平等地对待华人。当自身族群受到政府的歧视或排挤时，马来西亚华人已改变那种认为经济生活与政治无关的认识，意识到自己应该肩负的责任，这不仅可以提高华人的凝聚力，而且还可以提升华人融入国家社会的整体形象。

值得补充的是，我们也访谈到一段特殊的华人参政历史，从50年代开始，受国际共产主义运动的影响，不少热血青年为实现理想而上山下乡闹革命，形成了一股推翻政府的力量。上文提到的杨绣莲也是其中的一员。现任河婆公会会长温素华回忆说：

> 我从小就受到共产思想的影响。什么《钢铁是怎样炼成的》、《中国青年英雄故事》，刘胡兰是怎么样14岁就被拉去砍头的，那些都是我成长的动力。我们常常到偏僻的乡下做群众工作，夜里两三点就起床帮助群众磨豆腐。挖池塘、水井的重活，我像男同志一样毫不犹豫地跳进水里，弄得满身都是泥浆。认识我父母的人对我说："你妈要是知道你现在这个样子，会用眼泪把你身上的泥浆洗干净的！"[1]

在受到政府军队的压制后，他们走进森林坚持武装斗争。其中的最后一批人直至90年代初才与政府达成协议而走出森林，融入社会。不少人在商界打拼并最终取得成功。

> 确实，从某种意义上说，是过去艰苦环境的磨炼和群众工作的基础，成就了我今天的事业。[2]

他们保留着积极参与政治的意识，有的人还被政府委任为华人社区领袖[3]，代表华族表达诉求争取权益。[4]

五　文化坚守与华文教育

美里华社透过开展传统节日活动传播华人文化、促进华文教育等多种方式，来保留华人的文化根源与推进华族文化的发展。有的马来人以为华人保留越多的华人文化意味着他们越少融入国家社会，意味着他们偏心中国，因而常常质疑他们对国家的忠诚度，

---

[1] 口述史料：马来西亚河婆公会总会会长温素华，2011年10月7日，美里河婆公会。
[2] 口述史料：美里议会主席、市长黄汉文，2011年10月3日，美乐酒店餐厅。
[3] 在马来西亚，还保留着一套殖民地时期的华人社区领袖委任制度，履行为所在社区华人反映诉求、调解纠纷、提供法律公证的职能。华人社区领袖的额数，大致上按省、县、镇、村设置，分别是天猛公、邦曼查、本固鲁和甲必丹。
[4] 口述史料：美里中华工商总会副理事长李旭同，2011年10月12日，美里兴安公会。

其实这是一种误解。我们接触到很多位受访者都致力于推动华人文化的传播和传承，但又有着明确的马来西亚国家认同。他们表现出较大的华人情感，那是因为他们期望与主流族群——马来族平等，他们努力争取作为公民的权利，提倡自己的文化，以维护自身的尊严，同时也借此表达华人族群自身的自豪感。华人在马来西亚的文化活动很有规律：

> 每一年有一个州来主办，2009年在我们砂拉越州，2010年在柔佛州，即将到来的2011年在沙巴。11月11日，它承办这个文化节。
> 砂拉越这边是三天。三天举办了很多的活动，其中有美食节，还有各种传统的东西啦，绘画啦、书法啦、舞蹈啦，都集中在一起了，就是要把我们中华文化完全展现出来。①

华人文化显然已成为马来西亚多元文化的一个组成部分。

语言是文化的根，华文是华人文化的载体。马来西亚在华文教育上可谓一枝独秀，是除了中国以外唯一拥有幼儿园、小学、中学、大专等完整华文教育体系的国家。这得益于当地华人的巨大支持，他们在捍卫母语教育的过程中，付出了大量的心血与汗水。马来西亚的华文教育是从民族文化出发，在抗拒不合理的政治压迫下自强不息不屈不挠地发展起来的，而从来不以经济利益作为考量。

> 即使中国不强大，也要学华文。因为我们是华人，不能因为华文有用，我们才去学。②
> 如果你会华文，你去中国做生意会有帮助。但并不是单纯因为经济利益。还是因为自己本身就是一个华人，华语是自己民族的标志嘛。③

随着近年来中国经济的崛起，中文的使用价值日益提高，东南亚国家掀起了"汉语热"。这使马来西亚华人维护华人教育的环境得到改善，一些马来人、依班人也乐意学习中文。所以廉律中学校长魏巧玉说：

> 要抓紧中国和平崛起的时机。只有中国抬头，我们海外华人才有尊严。我们不是要靠中国，中国也顾不了我们，可是中华民族的强大，就是我们最大的信心！④

---

① 口述史料：美里华人社团联合会会长、广惠肇公会主席苏美光，2011年10月10日，美里华人社团联合会。
② 口述史料：美里廉律中学原校长房按民，2011年10月12日，廉律中学。
③ 口述史料：兴安公会会员郑美娇，2011年10月12日，兴安会馆。
④ 口述史料：美里廉律中学校长魏巧玉，2011年10月12日，廉律中学。

马来西亚虽然是一个多族群、多元文化的国家,但是政府的文教政策却向单元化(马来化)的最终目标逐渐挺进。在学生的升学和就业方面,政府的各种政策都向马来族学生倾斜。在大学入学资格的审核时也采用双重标准和马来人优先的原则。

> 我们华人的孩子在这里很难受到公平的教育。因为这里的大学学位预留给了马来人。十个学位里面约七个是预先留给马来人和原住民,剩下的三个学位再来给华人、印度人这些人竞争。所以华人的孩子如果要取得跟马来人孩子一样的成就的话,就要付出更多的努力。①

廉律中学和培民中学是美里仅有的两所独立中学②。虽然华文独中教学质量很好,统考文凭得到国外很多大学的承认,但是马来西亚政府却不承认华文独中的文凭。培民中学校长郑尚信说:

> 独中办得非常成功。可是马来西亚政府不珍惜我们的独中生。新加坡那边就很珍惜我们的独中生,每年都有几百个独中学生尤其是理科生跑到新加坡读书,因为有很多优惠。我们这边就有几个人在新加坡大学读物理等科系。可是这些学生读完书之后就直接在新加坡工作,都不回到马来西亚来了,这就非常可惜。因为我们华社这边培养了他们,从华小到高中十二年的华文教育,结果这些人才都流失到国外去了。所以我不明白,为什么马来西亚政府至今还不清醒。很多国家都接受我们这些独中生,可是马来西亚就是不要。马来西亚的医生不够,可是我们却有很多独中出来(深造了)的医生在台湾工作;马来西亚药剂师不够,可是却有很多独中出来(深造了)的药剂师在台湾服务。③

马来西亚政府的教育政策反映了一种狭隘的民族主义:

> 他们可能认为,你们华人社会出钱出力办教育,跟我们马来社会有何关系?但我们华社心疼啊,我们花费了金钱,为别国培养人才,这就是我们长久以来面对一个悲哀局面的所在。④

由此看来,马来西亚华社为华人学生争取平等权利可谓任重而道远。

---

① 口述史料:邱祖根,2011年10月4日,邱祖根家中。
② 1961年,马来西亚改变教育政策,对学校进行大规模改制,接受改制的学校可以获得政府的津贴。全国有60所华文中学不接受改制,坚持华语教学,于是成为独立中学。
③ 口述史料:马来西亚吴氏宗亲总会会长吴亚辐,2011年10月9日,美里吴氏公会。
④ 口述史料:美里本固鲁朱祥南,2011年10月14日,高登公司。

六 未解之谜

我们在美里依班族居住的长屋考察时，屋长提到有关该族群来源的一个古老传说：他们源自中国云南，很久很久以前，因为战乱退避台湾，再从台湾划竹筏来到马来西亚。但我们没能在长屋里寻到任何与古代中国有关的古董。无独有偶，我们采访廉律理工学院院长黄永章时，他提到他太太所属的加拉毕人可能源自中国。加拉毕人是砂拉越土著中人数最少的民族，住在靠近马来西亚与印尼边境森林密布的高山上。令人疑惑的是，加拉毕人不仅长着华人的面孔，不少人家里还有龙凤花样的大型中国陶瓷，主人们不知道这些瓷器的具体来历，只说是祖先传下来的。难道在古代就有中国人来到这里传宗接代？而在没有机械没有飞机的情况下，这些大件的中国陶瓷是如何出现在高山上的？

据新加坡南洋学者许云樵对中国古籍的研究，马来西亚华人的移民史可追溯至汉代，而唐、宋时中国和当地已有频密的商业活动和文化交流。[①] 世界上最早的马来语字典《满剌加国译语》是中国人在15世纪编撰的。据马来西亚马来语专家杨贵谊研究，郑和带领着庞大船队下西洋的时候就参考了这本字典。[②] 那么，依班人与加拉毕人有没有可能是古代中国移民的后裔呢？依班人有传说而没有实物，加拉毕人有实物而没有传说。我们希望能有专业人士去实地考察加拉毕人，看看那里的中国陶瓷是哪个朝代什么时期的。如果能断定年代，那么加拉毕人的文字与语言与那个时期就能建立起一定的关联了。在文献、口述史、实物等相互印证的情况下，就能够解开历史的面纱，发掘并还原一段故事。

从这次美里华人的口述史调研中，我们还能看到华人社团职能的改变，潮剧从辉煌到式微的演化、中国传统文化对华人为人做事的种种影响等的记录。总之，这次马来西亚美里华人的口述史之行给我们留下深刻的印记，还征集到一批文献资料，可谓满载而归，但也留下了不少遗憾。由于赴海外做口述历史的机会非常难得，为了在有限的时间里能采访到更多的对象、获取更多的资料，每位受访者大都只有一次访谈安排，也影响了访谈的深度。尽管有着这类遗憾，我们相信此行已经为国内了解美里华人的历史打开了一扇窗口，一窥美里华人为美里的发展做了怎样重要的贡献。华人研究的课题涉及方方面面，其多样性与复杂性，目前中国大陆运用口述历史方法赴海外开展华人研究的不多，希望有关部门能给国内同行提供更多这样的研究机会，使华人的历史"活"起来，我们期待有更多的研究成果出现。

责任编辑：杜式敏

---

① 许云樵：《南洋史》，新加坡世界书局，1961。
② 杨贵谊：《四夷馆人编的第一部马来语词典〈满剌加国译语〉》，《南大资讯》2003年第7期。

50年代归侨的文化自觉：
基于汕头华侨补习学校教师的口述研究

杜式敏*

摘　要：华侨学生中等补习学校于1950年设立，1966年"文革"期间被迫解散，它不但是20世纪五六十年代大批回国升学侨生进入正规中学、大学的过渡性的摇篮和桥梁，更对侨生人生道路上世界观、人生观的形成有重要影响。本文立足于华侨补校相关史料及教师的口述文本，聚焦于以下问题进行讨论：第一，华侨补习学校对归国侨生的影响有多大？第二，这些自愿回国的归侨在回国前的文化认同和回国后的文化实践与信念是怎样的？第三，这些归侨当年为什么选择回国，现在他们的故乡意识又是怎么样的？

关键词：华侨补习学校　印尼归侨　文化自觉

一　材料与方法

中国华侨华人的研究肇基于清末，发展于民国，至今已在经济学、历史学、社会学、人类学等各个领域取得了大量的研究成果。不少研究学者认为：海外华人社会是中国社会的延长线；华侨华人的文化认同不是故乡中国就是侨居国，非此即彼；在中国传统文化、宗族纽带、祖先崇拜、华语教育等方面，华侨华人则保留着"传统的中国文化"和"中国（人）性"。而部分海外人类学者，如钱江、王苍柏、芹泽知弘、市川哲、奈仓京子等人，经过深入的田野调查，在大量的访谈资料和观察解读基础上，为我

---

* 杜式敏，1974年生，文学硕士，汕头大学新闻学院党总支副书记。

们展现了新的华侨华人研究理论视角,他们提出不能只以"中国(人)性"的程度作为标准探讨华侨华人、归侨的认同问题,有时候移民的自我认同具有暧昧模糊的特性,其世界观可能会随着生活环境的改变而改变,因此应把移民群体视为动态的集团,并提出"华人网络"的概念。

受以上学者启发,笔者深入访谈了一位印尼女归侨——肖老师,她出生于1932年,1952年独身从印尼回国,同年进入北京归国华侨学生中等补习学校就读,并先后留校工作,参与创办广州补校,在中国新闻社北京总社工作,到海南岛下乡,担任汕头华侨补习学校教师,最后调到汕头侨中工作。由于特定的历史和政治背景,其人生经历在50年代的归国侨生中具有一定的代表性。本文根据肖老师的口述及自述材料,结合汕头市档案馆的一些文史材料,以其个案描述华侨补校对50年代归侨的重要影响,分析50年代归侨在回国前的文化认同、回国后的文化实践与信念,以及50年代归侨当年为什么选择回国,现在故乡意识如何等几个问题。

二 在印尼的经历

1932年,我出生在印度尼西亚一个美丽的小岛——邦加岛。这里有一个契约华工开采的大锡矿。我祖父就在这矿上谋生。一家五口的生活,主要靠我那不太识字的祖母辛勤地种植胡椒,制各式糕点维持。20世纪20年代,祖母以伟大的母爱含辛茹苦地支撑我父亲到上海暨南大学读书。我外祖父是当时英国殖民地婆罗洲(今马来西亚)山打根海关的法文翻译员,也送我母亲到上海暨南大学附属师范上学。他俩积极参加了上海工人和青年学生的革命运动,经历了五卅惨案。我父亲还曾代表华侨学生在南京把孙中山先生的灵柩合力扛上紫金山中山陵参加国葬。这是抗日战争期间,母亲拿着当年的照片告诉我和弟妹们的。我父母毕业后结婚,双双回到印尼邦加岛槟港中华学校任教。1938年迁到苏门答腊岛巨港丹榕艺林爱群学校任教。父亲任校长,是当年华侨抗日运动领导人之一。①

日本南侵之前,我时年8岁,在读三年级。全校师生每周必聚会,面对中山先生像唱国歌,读总理遗嘱。级任老师陈银兰先生常给我们讲祖国五千年文化,讲长城黄河长江,讲孙中山先生和黄花岗七十二烈士,讲岳飞、林则徐。在我们心中,祖国是神圣的。②

这是肖老师对自己家庭出身及童年时代的一部分叙述,虽然出生在印尼,但其父母的教育背景及政治立场,尤其在抗日战争时期,身边处处高奏抗日爱国的主旋律,肖老

---

① 口述史料:广东汕头华侨中学退休教师肖强,2012年1月10日,汕头市东厦路肖强寓所。
② 同上。

师耳濡目染之下，爱国主义情怀自然与日俱增，她详尽地讲述自己在侨胞中募捐抗日、参与华侨抗日筹款会义演、参加飞港华侨青年学生革命进步组织"八一社"并得到马克思主义启蒙等种种难忘的情景，反复强调自己很早就萌生了投奔新生祖国怀抱，跟着共产党干革命，建设新中国的远大理想。

> 1951年夏，我初中毕业，决心不靠父母，自己积攒回国路费，离家坐火车到内地山区华侨小学教书。1952年上半年回飞港中学上高中半工半读。回国路费攒够了，我辞别父母回国。万万没想到我当时因患浸润型肺结核病，遭到父亲的坚决反对。他说："你有病，回去只能吃番薯！不准去！"在我坚决上船时，他叫来了警察厅长抓我回去，取消了我的归国护照。我非常绝望，哭得天昏地暗。事隔几天，在赖校长和我母亲的帮助下，我乘飞机、坐火车，辗转到了雅加达，得到了该城民盟青委黄天理先生的关怀与支持，并得到了陈振苍老师的资助，我以低价卖出了母亲赐予我的传家宝——镶有八颗珍贵的金刚钻石的项链作为盘缠，改名换姓重做回国护照，在印尼首都移民厅按下指纹保证永远不回印尼的承诺，于1952年8月10日乘船投奔祖国怀抱，被广东省侨委分配到中央侨委创办的"北京归国华侨学生中等补习学校"，在党和人民政府无微不至的关怀培养下，开始了我新的人生。①

满怀着对祖国的美好向往，肖老师克服重重困难，放弃印尼国籍，顺利回到中国。在这段描述中，笔者对作为华侨抗日运动领导人的父亲坚决反对女儿回国的做法深感不解。肖老师解释说，之前父亲曾希望送自己到国内读文学的，后来的坚决反对是完全出于父亲对女儿的疼爱，当时国内生活非常艰苦，父亲担心女儿身体有恙，回国吃不消。同时，肖老师告诉我，她原名李爱莲，取"出淤泥而不染"之意；但为了重办回国护照，她只得改名换姓，"肖"是协助自己办理回国手续的班主任的姓氏，而"强"是她为自己取的，意在鼓励自己更加坚强和独立。就这样，新生的肖强以一名归侨学生的身份，来到中国翻开了人生新的一页。

三　在华侨补习学校学习和工作

对50年代的大部分归国侨生来说，华侨补习学校是他们人生道路的新起点，是培育他们成长的重要摇篮。华侨补校的曾经存在绝非只是一般学校的意义，而是一种特殊的政治现象，是20世纪五六十年代东南亚与南亚地缘政治的特定产物，具有不可忽视的重要历史意义。但至今对华侨补习学校的研究几乎是空白，能看到的仅是略略带过的一两段简介，或者只是归侨学生的片段回忆。本部分结合有关档案和肖老师的口述、自

---

① 口述史料：广东汕头华侨中学退休教师肖强，2012年1月10日，汕头市东厦路肖强寓所。

述材料，试图对华侨补校进行较详细的介绍，重点分析补校的设立对归侨学生的重要影响。这里的"华侨补校"主要包括肖老师学习和工作过的北京、广州、汕头三所华侨学生补习学校。

> 在《中国教育年鉴》中，与华侨补校有关的条目如下：
> "北京华侨学生补习学校" 该校在"文革"前的校名是北京归国华侨学生中等补习学校，成立于1950年10月。此前，为接待安置归国华侨学生，曾设立北京市华侨学生招待所，并在北京市政府干校附设华侨班。"文革"前，平均每年有千余名华侨学生在该校补习。以人数较适中的1955年为例，共接待华侨学生1398人（其中当年新回国的1098人）。安置结果：分送入普通中学的843人，占60.3%，考入高等学校的411人，占29.3%，考入中等专业学校的45人，占3.22%。经国务院批准，该校于1981年4月复办，同年12月1日开学，并改称北京华侨学生补习学校。①

1949年新中国成立以后，为了更好地安置众多的爱国归侨学生，中央人民政府华侨事务委员会即中侨委于1950年正式成立了全国第一间补校——北京归国华侨学生中等补习学校，由何香凝和廖承志直接领导。北京补校校址，从现有资料看，最初是在北京东堂子胡同25号一座大四合院，1952年初搬到西郊燕京大学，1952年秋，因燕京大学隶属教会学校被撤销，补校也迁往东城大方家胡同，1953年夏，北京补校在阜成门外大街的新校舍正式落成，结束了前期两年的"流动"办学历史，② 校名为中侨委主任何香凝亲手书写。

> 侨生是宝贝。你们怀着赤子之心远离父母，不远万里投奔祖国怀抱报效祖国。当你们学成之后，你们将会为祖国的社会主义建设与世界和平做出贡献。因为你们与世界各国人民有着千丝万缕的关系，你们是祖国通向世界各国的桥梁。希望你们积极发挥桥梁作用，多与海外亲人写信联系，向他们介绍祖国的发展和新貌。③

这是肖老师记忆中廖承志对补校学生的一段讲话，肖老师说，因为用心听，所以几十年了，每个字还记得清清楚楚。可以说，补校的创办及快速发展既是为了满足50年代海外各国侨生澎湃如潮般投奔祖国怀抱形势的需求，更体现了当时新中国政府着力树

---

① 《中国教育年鉴》编辑部编《中国教育年鉴》（1949~1981），中国大百科全书出版社，1984，第652页。
② 符国柱：《从东堂子胡同到阜城门外——北京华侨补校初创前期忆旧》，2009年11月14日。
③ 口述史料：广东汕头华侨中学退休教师肖强，2012年1月10日，汕头市东厦路肖强寓所。

立强大的国家形象,力争海外华侨的政治支持,鼓励华侨学生回国升学的良苦用心。①

　　学校配齐了由老红军、老八路等革命老一代带领下的优秀师资队伍。我们班的科任老师,有三位毕业于北京大学,还有辅仁大学、上海交通大学、南京大学、浙江大学、山东大学本科毕业的青年教师。他们皆怀着革命理想、满腔热情地哺育着我们归侨学生。食堂师傅们、校传达室工友、校医、卫生员都对我们热情可亲。虽然当时生活条件都比较艰苦,但一切都那么新奇、欣欣向荣,我们都觉得很快乐、幸福。

　　我与几位身体欠佳的同学被分配到校内病号宿舍,免去来回走读之劳。……学校立即批给我特等助学金:每月11万元,其中9万元伙食费、2万元零花钱。学校还交代食堂师傅每天早晨第二节下课后,为我和病号同学免费供应每人半磅热腾腾的鲜牛奶和两个鸡蛋。同时还给我享受公费医疗待遇,免费到北京人民医院去做医疗手术,压横膈膜神经、做气胸、取药,直到把我的肺结核病治好。

　　政治老师给我们班上课,她声泪俱下地为我们朗读方志敏同志的《可爱的中国》,全班同学为之动容。接着,每逢周一早晨全校师生大会上,一个个抗美援朝战斗英雄相继向我们报告他们保家卫国的战斗事迹。……一个个感人肺腑的真人真事不断震撼着我的灵魂。永生不忘,以至在我人生历程的风风雨雨中的每个关键时刻都有这些英雄在我脑海中显灵,为我撑腰。

　　在傅克同志的启发下,我郑重地写下了入团申请书。在"入团目的"一栏上,我真诚地写上"把我的青春和生命献给伟大的祖国"。于1953年6月11日,我正式地加入了革命队伍——新民主主义青年团。在党团的教育下,我开始明确了"一事当前,必须先人后己,先公后私,大公无私"的理念,从此奠定了我的人生态度,坚守至今。②

　　从侨情国情出发,补校在贯彻侨生教育方针政策方面发挥了重要作用。补校实行特殊政策和特殊待遇,侨生随时到校随时就读,入读和医疗一律免费,而且经济困难的学生还能够及时得到不同等级的助学金,他们接受了老一辈革命党人言传身教的爱国爱党教育,在精神和生活方面也得到了上至党和国家,下至教师员工无微不至的关怀照顾。补校不但是回国升学侨生进入正规中学、大学的过渡性的摇篮和桥梁,更对侨生人生道路上世界观、人生观的形成有重要影响。从肖老师的身上可以看到,归侨在侨居国生活时对中国"根"的认同主要是来自周遭的影响,包括侨居国的生活环境、个人家庭状

---

① 1951年7月12日,教育部颁发《关于照顾归国华侨学生入学的暂行办法》。该《办法》指出:照顾归国华侨学生入学的工作,是关系海外政治影响和华侨统一战线的重要工作,应当作为政治任务来完成。
② 口述史料:广东汕头华侨中学退休教师肖强,2012年1月10日,汕头市东厦路肖强寓所。

况、家庭教育和学校教育等，他们在想象中对祖国充满美好的向往；归国后，拥有明快饱满情绪、充满浪漫主义激情的侨生进入补校学习，生活新鲜而充实，到处洋溢着特殊关爱，他们真实感受到祖国无比温暖的精神家园，以及当时社会那种意气风发、互信互爱的氛围，各种因素交融契合，侨生的世界观、人生观和价值观得到极为明确和有效的引导和培养，政治上的高度认同和文化上的自觉不言而喻。

随着抗美援朝胜利，国民经济迅速恢复，社会风尚和社会治安良好，华侨的爱国主义热情空前高涨，侨生回国数量逐年增多，并在50年代中期达到高峰。据统计，截至1958年，先后回国的华侨学生共计5万人左右。① 回国北上是当时众多侨生的美好憧憬。但人数日众的侨生，令北京补校无力集中接待，而各地方亦难以安排进普通学校就读，在汕头市50年代有关侨务档案常可见以下类似报告："原住在我局华侨招待所侨生五十五名，近因长期未入学，加于春节开学仍未能进校，情绪极为波动，计先后逃跑或经再三劝说无效往北京等地的有十九名。""华侨学生升学存在问题：最主要问题是由于春季不招生，各校人数达饱和，插班生亦无法招收，影响思想情绪波动，造成侨生往北京等地偷跑的前所未有的空气。"② 由于回国升学侨生激增，而汕头市学校人数已满、市华侨中学校舍缺乏，无法增办新班，所以越来越多的侨生均无法解决住所和升学问题。汕头市侨务局多次建议省立华侨中学应增设校舍，以便尽量解决侨生升学问题；为帮助侨生入学，克服文化低及学科不平衡问题，侨务局亦建议在市华侨中学附设侨生补习班，在学期间回国侨生经短期补习后，按程度安插到各班。

出于对归国侨生的高度重视，并进一步发挥补校的教育基地过渡中转作用，中侨委决定在广州、集美、汕头、昆明、武汉等地创办新的补校，把北京补校的办学传统、办学经验带到各地补校，以便更多优秀侨生得以顺利升学。1953年，肖老师作为学生骨干被选拔留校工作。

> 1954年3月，由傅克同志率领我们及一批青年教师南下广州，建立广州华侨补校，担负新归国侨生的接待、教育与分配工作。③

1957年，汕头补校由广州侨补汕头分校发展起来。"由中央侨委举办，委托地方党委代管。中共汕头市委组织部、宣传部曾于1960年1月15日（60）汕头市组字第2号联合通知规定侨补的行政、人事、业务等方面统一由市教育局领导和管理。有关财务和侨务方针政策等方面由市侨务局负责领导和管理。因此，学校由中侨委和地方党委双重领导。"④

---

① 金铁宽主编《中华人民共和国教育大事记》第1卷，山东教育出版社，1995，第86页。
② 汕档，全宗号107，第1号目录，第5号案卷，检查关于市委华侨工作会议的决定执行情况（52~54）。
③ 口述史料：广东汕头华侨中学退休教师肖强，2012年1月10日，汕头市东厦路肖强寓所。
④ 汕档，全宗号107，第1号目录，第30号案卷，汕头市教育局总支、汕头市教育局联合检查组、汕头市侨务局文件（63）汕教委字第34号。

实际上，当时各地补校成为采用同一校名、招收同一生源、实行同一方针的特殊学校群体，由中侨委全额拨付经费、统一领导，是侨务系统内独立核算的教育事业单位。

广州华侨补校的工作十分繁重。廖承志同志牵扶着八十多岁的中侨委何香凝主任亲自到校视察并指导、协调各方工作并向学校全体教职员工做了重要指示，再次强调我们要像爱护自己的子弟那样无微不至地关怀和照顾归侨学生，让他们健康成长，让海外父母放心。……我负责全校侨生的接见登记注册、个人资料收集、户口建立、学生证制作与发放工作，另兼侨生贵重物品登记保管。记得在一个夏天里，我为侨生们登记保管的世界名牌照相机、贵重手表、金饰宝石等超出两千包，手风琴三百多部，每位入校侨生都要经我接见三次以上。

我在1961~1965年在汕头华侨补校工作期间，担任学生会指导员、校学生生活指导员的同时兼班级团指导员。全校七百多名学生，我熟悉并叫得出他们的名字的达90%。另外，还知道他们所在的班级、宿舍，思想学习表现，特长爱好，经济是否困难，从哪个国家回来，国内有何熟人等基本情况。至今，我仍记得他们当中五百多人。

我很心疼我们这些侨生。从1986年至今年5月，我先后前往香港、广州、深圳各三次，到珠海两次，厦门一次去看望他们，动员他们组织校友会互爱互助，并参加他们的联欢活动。生活较为艰苦的，我一个一个上门去看望，师生情深，彼此心里的话说不完。

半个世纪以来，我一直抱着一颗感恩的心为人民服务，没有懈怠，没有计较，工作不挑肥拣瘦，做到一切服从人们的需要，勤勤恳恳地埋头苦干，带领身边的伙伴和群众与时俱进。……我默默地生默默地死，但在我默默的一生中，要做出不可磨灭的贡献。这就是我的座右铭。

我一家在"文革"时期也和祖国一起受难。家里被抄了三次。母亲从印尼来看我，出不去。母亲把弟弟带回国想考音乐学院。适逢"文革"大乱，弟弟被分配到清远华侨农场，一个人吹着黑管放牧28头牛。汕头大乱中，保姆带着我老母亲和我三岁的儿子到乡下保姆家避难。老公是个正直的人。……他被当作"狗崽子"、反革命揪斗……我也被揪斗。……为了要腾出几间房子，分组斗人，我家住的三间房子马上被抽走两间。我一家三代人住在一间24平方米，西晒的房间里。我那患精神病的妹妹也被以"清理阶级队伍"为名从精神病院遣送回来，我与她及儿子、保姆挤在一张床上睡，老母亲睡在煤炉旁。我白天挨斗，每天深夜还要受妹妹的骚扰，老公又被关在牛棚里。在十分痛苦的时候，我想起了回国前赖校长给我们讲的社会发展史，他说过矛盾无时不在、无处不有，他在黑板上标示出人类社会矛盾发展规律向前与螺旋式反复向上的两个线条。又想起鲁迅先生在《深夜》一文中描写的两株不屈不挠的枣树以及小粉红花的梦："既然严冬已经来到，春天还会远吗?"心中豁然开朗起来,我相信祖国黑暗的日子不会长久,道路是曲折的,前途是光明的。①

> 因为现实和党的教育使我愈来愈深刻理解到党带领我们走的是一条漫长的,前人未走过的坎坷曲折、艰难的路。我亲身经历了斗争的反反复复,亲眼看到了斗争的复杂和残酷。

秉承这一信念,即使入党问题长达半个世纪,肖老师也没有放弃追求和努力,直到2004年3月正式被接收为中共党员。无论是在广州补校还是下放到海南农场,至1961年调到汕头补校工作,经历了"文革"等多次政治事件,肖老师始终牢记着在补校接受的思想教育,发扬师长所教导的优良作风,不断向身边敬重的楷模学习,不畏艰难,大公无私,处处坚持爱党爱国、为人民和侨胞服务的坚定方向。其起起伏伏的经历和坚强不屈的意志是那一代许多人真实的人生写照,也使我们更清楚地看到50年代归侨学生的爱国情怀之深厚,文化认同之自觉。

四 故乡意识

当年因为爱国而回国,现在回到中国生活了几十年,历经坎坷和考验,肖老师又是怎样看待中国和原侨居国呢?肖老师是这么看待的:

> 我对印尼是有感情的,我感谢那一方的山山水水养育了我,也欣赏印尼人的热情和善良;但我的故乡是中国,中国才是我的根,这里有五千年的传统文化,是无数先辈经历了不屈不挠的斗争,才换来今天的国家繁荣、社会进步、人民安居,中国是我最热爱的国家。
> 2002年我回到印尼探亲,探望当年没有回国的妹妹。我对加入了印尼国籍的侨胞深感同情,从交流中,我知道他们寄人篱下、无法恢复中国人身份的那种内心的痛。……我当年回国的时候,印尼的生活比中国优越,但现在则相反,中国的经济发展了,生活水平也超过了印尼。②

虽然年近八旬,但肖老师十分健谈,而且每句话都逻辑清晰,声音洪亮。访谈的时候,肖老师总会为笔者泡咖啡,在桌上放些巧克力,还邀请笔者尝尝她做的印尼菜。从她的言谈和经历中我看到了她对中国的认同;但笔者也发现,印尼并没有成为她褪色的记忆。

---

① 口述史料:广东汕头华侨中学退休教师肖强,2012年1月10日,汕头市东厦路肖强寓所。
② 口述史料:广东汕头华侨中学退休教师肖强,2012年1月10日,汕头市东厦路肖强寓所。

1988年，汕头市侨联印尼归侨联谊会正式成立，会员很快发展到300多人。肖老师1989年退休之后，便集中力量开展联谊会的工作，历任了六届副会长、常务副会长兼歌舞团团长工作，至2010年底换届，任名誉会长。联谊会以歌舞团为主要活动内容，排练歌舞节目，参加文艺演出，争取并协助落实归侨侨房政策、访贫问苦，为病困归侨跑腿上报筹集救济款，为70岁以上会友召开敬老年会，春节会友联欢等都是印尼归侨联谊会的主要工作。此外，联谊会还出版会刊，展示了团体的努力方向与群体风貌，弘扬中华优秀文化，介绍归侨华人典型事迹与动态，介绍东南亚歌舞艺术。

（联谊会歌舞团）团员们的爱国主义与集体主义热情得以发挥。最难得的是歌舞团的演出服装、乐器道具，以及赴外地演出的车马食宿费用，长期以来都由团员自掏腰包与相互支援。虽然大多数人是依靠较低的企业社保收入，但都能慷慨解囊。"有力出力，有钱出钱"是大家的传统意愿。我是事业单位退休的，收入比他们多些，所以理所当然地总是与几位热心人一起出大头数目、帮助困难会友、减轻联谊会负担。我们的歌舞团是一支久经考验的老义工队伍。[①]

联谊会歌舞团重视对外交流，曾自费到广东各华侨农场演出，到中国香港和新加坡参加比赛，均获好评。歌舞团还坚持收集、整理、开发、传播东南亚和汕头侨乡文化，在最后一次访谈中，笔者看到了桌上一张刚刚拍摄冲洗出来的演出合影，肖老师等几十位老头老太太身着鲜艳的印尼民族服装，手持乐器，容光焕发。肖老师告诉笔者，那是他们最近对印尼传统民族音乐——安格隆音乐功能的一次开发性尝试演出，很成功。在这里，感觉安格隆竹制乐器就是归侨对印尼第二故乡及往日经历联系的符号象征。

可以说，通过联谊会这个平台，汕头的印尼归侨相互分享独特的经历和记忆，与海外华侨保持联系和互动，促进了跨地域性的"侨"活动。

五 小结

在良好的家庭教育和浓厚的爱国主义教育氛围下成长的肖老师，怀着对新中国的无比向往和高昂的青春激情，克服重重困难，毅然回国，成为50年代的一名普通归侨。在华侨补习学校学习期间，肖老师思想上接受了老革命党人言传身教的爱国爱党教育，在精神和生活方面也得到了上至党和国家，下至教师员工无微不至的关怀照顾，从此奠定了坚定而明确的人生态度。参加工作后，肖老师身体力行，在广州补校、海南农场、汕头补校等单位积极追求进取，勇于接受磨炼，勤勤恳恳埋头苦干。与同龄人相比，她"敢说敢做"的行为方式较为突出，笔者认为这与其回国前的思想启蒙及生活经历有较

---

① 口述史料：广东汕头华侨中学退休教师肖强，2012年1月10日，汕头市东厦路肖强寓所。

大关系;而她对国家对共产党的高度认同、坚定的革命信念则与补校的教育培养密不可分,华侨补校对 50 年代归侨的历史重要性从她这一个案可见一斑。退休后,肖老师致力于汕头市侨联印尼归侨联谊会的工作,以饱满的热情参加联谊会的文艺活动,热心协助海外印尼侨胞处理华侨事务,展现了她作为归侨对第二故乡的牵挂。由于笔者能力有限,有关的访谈和观察参与还不够全面和深入,这一课题还有待日后进一步加强和研究。

责任编辑:林立

改革开放以来潮汕侨乡的社会转型：
以澄海隆都镇、潮安磷溪镇为中心的考察[*]

林伟钿[**]

摘 要：改革开放初期，海（境）外潮人与潮汕侨乡曾紧密联系，表现出老一代移民与故乡"黄昏之恋"的浓郁色彩，然而，近十余年来，潮汕侨乡却发生了巨大变迁，侨乡社会步入社会转型时期。通过对澄海隆都镇及潮安磷溪镇溪口村等侨乡村落的调查，我们发现新时期潮汕侨乡出现了"旅游贸易"、"打黑工"以及到国内经济较为发达地区打工等新的移民形态，侨胞及港澳台同胞捐赠投资侨乡的公益事业的式微，传统潮汕侨乡的变迁等现象。

关键词：改革开放 潮汕侨乡 隆都镇 溪口村 社会转型

清代乾隆、嘉庆以后，澄海樟林港由于红头船贸易而成为粤东、闽南海外移民的主要港口，出现了潮汕侨乡的雏形。自1860年汕头被迫开埠后，大量潮人通过汕头走向世界。自此，潮汕地区成为我国著名的侨乡。一个半世纪以来，特别是改革开放30多年来，潮汕侨乡借助于"侨乡优势"实现了经济社会的快速发展，社会风貌发生了显著变化，潮汕侨务部门和有关涉侨工作单位在充分发挥侨乡优势、服务当地改革开放和经济社会发展上，取得显著的成效。然而，最近十余年来，受亚洲金融风暴和全球金融危机的冲击，加之国内经济的快速发展，老一辈海外华侨故去，潮籍华侨华人与潮汕侨乡联系日渐减少，其境内外侨情发生较大变化，逐渐显现出转型中的侨乡现象。

---

[*] 2013年6月28日，潮安县的行政区域更名为潮安区行政区域，将原潮安县的磷溪镇、官塘镇、铁铺镇划归潮州市湘桥区管辖。本文暂以原行政区域"潮安县磷溪镇"名称行文。

[**] 林伟钿，1989年生，华侨大学华侨华人研究院2013级硕士研究生。本文的写作得到韩山师范学院黄晓坚教授的指导，在审稿过程中，匿名评审员也提出了数条中肯意见，在此一并致以衷心感谢。

一 学术史回顾及研究思路

关于中国侨乡研究论著，当首推20世纪30年代出版的陈达所著中文专著《南洋华侨与闽粤社会》（商务印书馆，1937）及英文专著《华南移民社会：海外移民及其对生活水平和社会变迁影响之研究》。这都是陈达在对粤东和闽南等地侨乡作了内容广泛的调查基础上完成的，为中外学者了解闽粤侨乡提供了重要的参考资料。

改革开放以来，侨乡研究成为众多学者关注的焦点，无论从专著[1]及论文[2]研究上均已取得丰硕成果。综合目前学界对于潮汕侨乡的研究可以看出，研究范围在逐渐扩展，既有宏观的比较，也有微观的个案考察，主要集中在三个方面：一是潮汕侨批、侨汇、侨宅、侨史文化；二是华侨对潮汕侨乡的捐赠、投资（大多记载到20世纪末）；三是海外潮人、社团、文化、企业及历史。而对于新时期潮汕侨乡的社会转型，特别是新移民动态，世纪之交后华侨对侨乡的捐赠、投资的变化，潮汕传统侨乡的变迁等问题的研究相对薄弱。

本文将在学术界已有研究成果的基础上，通过梳理相关文献记载，结合笔者在潮汕侨乡的实地田野调查访问，以汕头市澄海区隆都镇及潮州市潮安县磷溪镇溪口村这两个侨乡地区为中心，以时间为顺序，遵循历史发展脉络，辅以对比改革开放后潮汕其他侨乡村落的变化情况，探讨改革开放以来潮汕侨乡社会的转型情况。

二 对所调查的侨乡村落概况的描述

（一）澄海区隆都镇侨乡概况

澄海区隆都镇[3]位于汕头市澄海区西北部，镇政府设在店市，为该镇的政治、经

---

[1] 王本尊：《海外华侨华人与潮汕侨乡的发展》，中国华侨出版社，2000；庄国土：《中国侨乡研究》，厦门大学出版社，2000；俞云平、王付兵：《福建侨乡的社会变迁》，湖南人民出版社，2002；周大鸣、柯群英：《侨乡移民与地方社会》，民族出版社，2003；陈志明、丁毓玲、王连茂：《跨国网络与华南侨乡：文化、认同和社会变迁》，香港中文大学香港亚太研究所，2006；郑一省：《多重网络的渗透与扩张——海外华侨华人与闽粤侨乡互动关系研究》，世界知识出版社，2006。

[2] 王本尊：《海外华侨华人投资潮汕地区侨乡建设的过程与特点》，《华侨华人历史研究》1998年第4期；姜清波、吕碧兰：《略论近代以来的广东华侨与侨乡》，载钱江主编《世界华侨华人研究》第2辑，暨南大学出版社，2009；吴奎信：《新世纪潮汕打好"侨牌"的若干思考》，中国民系（潮人）文化国际研讨会论文汇编，中国侨联文化工作部，2011；黄晓坚：《广东潮汕地区海外移民形态的新变化》，《华侨华人历史研究》2013年第1期；黄晓坚：《中泰民间关系的演进：以隆都镇为视域的研究》，《华侨大学学报》（哲学社会科学版）2013年第3期；陈雍、黄晓坚：《传统侨乡海外联系的新动向——潮汕地区磷溪镇、隆都镇个案研究》，《八桂侨刊》2013年第2期。

[3] 隆都镇为潮汕著名侨乡，辖区地势平坦，面积34平方公里，现辖东山、南溪、上西、后沟、前沟、樟籍、前埔、鹊巷、福洋、后埔、上北、下北、后溪、前溪共14个村委会和店市居委会，包括38个自然村，46个经联社。各村落居民绝大多数属汉族，个别属少数民族，语言通行潮汕话。引自《隆都镇华侨志》编纂委员会编《隆都镇华侨志》，汕头市澄海区地方志丛书，文化走廊出版社，2013，第1~2页。

济、文化中心。该镇是潮汕闻名遐迩的侨乡,清乾隆之前,便有隆都人到海外谋生,寻求发展。该侨乡具有如下特色:"一、海外华侨众多,本镇人口仅 7 万多人,海外乡亲却逾 9 万众;二、民众与港澳台及海外的联系极为密切,持有护照者不下万人;三、侨胞对家乡的回馈很多,侨眷的学校、医院、道路、水厂等文教卫生公益事业,数不胜数;四、历史上曾涌现出以陈慈黉家族为代表的众多殷商侨领、历史名人,迄今仍遗留有不少中西合璧、极具旅游文化价值的侨宅大院,饮誉海内外;五、侨务工作做得很扎实,尤其是侨联会组织健全,镇侨联接待服务基地工作颇具特色。"①

(二) 潮安县磷溪镇溪口村侨乡概况

潮安县磷溪镇位于潮州市东南,与潮州铁铺镇、官塘镇及澄海隆都镇毗邻。该镇是潮安县重点侨乡之一,侨胞遍及世界各地。主要分布于泰国、新加坡、马来西亚、印度尼西亚、老挝、柬埔寨、越南、加拿大、美国、澳大利亚、德国等国家及港澳台地区,人数近 3 万人。在他们当中,涌现了一批创业成就辉煌的政界、商界及侨团知名人士。而"磷溪镇溪口村现辖有 7 个自然村,单纯姓刘,约 2 万人口。每个村的称呼既有一个土名,如'六亩'、'溪头'等,又有按照次序数字称呼的正名,如'溪口一村'、'溪口二村'等"②,镇政府就驻溪口村。改革开放后,旅居海外的侨胞的家乡宗亲观念甚浓,陆续回梓观光探亲,眼见家乡政通人和,各项建设事业蒸蒸日上,甚为欣慰。为使家乡建设得更好,纷纷捐资建校办学,修路建桥,建厕改水,兴建敬老院等福利事业,近 20 年来,侨胞捐资 2000 多万元。③

三 改革开放后潮人移民情况

20 世纪 70 年代以来,中国与东南亚各国逐渐恢复外交关系。改革开放后,中国与东南亚各国民间来往的大门亦经由探亲、旅游的渠道渐次开启。然而,时隔 30 余年,国内外社会政治、经济形势发生变化,此时潮汕侨乡人口向外迁移、流动的轨迹已经悄然发生变化。新时期"潮人主要的移民方向是香港和中国内地。此后潮汕人在香港一直有增无减,目前在港潮人已经超过 120 万人"④。据潮汕地区官方披露

---

① 《隆都镇华侨志》编纂委员会编《隆都镇华侨志》,序言·序三(黄晓坚),第 5 页。
② 陈耀贤:《潮州溪口村民游"蔗巷"》,《汕头日报》2007 年 3 月 18 日,第 3 版。
③ 据磷溪镇人民政府公众网·侨胞侨情,2014 年 2 月 10 日(http://www.lx.chaoan.gov.cn/about/qbqq.asp)整理而得。溪口村现包括七个村。溪口一村:辖溪口一村;溪口二村:辖溪口二村;溪口三村:辖溪口三村、松脚村 2 个自然村;溪口四村:辖溪口四村;溪口五村:辖溪口五村;溪口七村:辖涵头、田厝 2 个自然村;溪口八村:辖世德寨、深巷 2 个自然村。
④ 互联网文献:王小燕《历数潮人移民潮:搏击风浪拓天下》,天下潮商,2010 年 11 月 9 日,http://www.txcs88.cn/newspapers/PaperEssay_6014.html。

的统计数字，新中国成立至 2008 年，潮汕地区"经有关部门批准出国定居的共22311 人；出境往港澳定居的共 31530 人。此外，尚有少数潮人因上山下乡或读书在国内其他地方申请出国留学或赴港澳以后再出国而成为潮汕新移民"[1]。新中国成立到 20 世纪 70 年代末这 30 年间，由于国内外各种政治因素，此时期内潮人迁往国外的规模已经显得微不足道，而改革开放后平均每年两三千人的定居国外的规模，不仅无法与清代、民国时期的潮人海外大移民相提并论[2]，即使跟国内其他区域相比亦毫无优势可言。

隆都镇和溪口村在地理区域上相毗邻，隆都镇是潮汕的重点侨乡，溪口村则为一般侨乡，尽管二者的侨乡侨情存在若干差异，但通过调查发现，它们在新移民动态方面极为相似。

（一）改革开放早期屈指可数的新移民

改革开放初期，隆都、溪口当地侨乡人员无法依靠"移民链"的优势而衔接起中断了的移民潮。究其原因是中断了与海外潮人近 30 年的联系，加之中国与东南亚一带国家未建交或复交，外国大门未向国内侨乡打开，"就隆都镇来看，改革开放早期国外未向侨乡开放探亲政策，所以当地基本不存在新移民现象，这方面也就没有具体的统计数据，得到 20 世纪 80 年代末才出现'旅游贸易'及'打黑工'等新的移民形态"[3]。故而潮汕地区在改革开放的最初 10 年是难以见到新移民的动态的。直到 20 世纪 80 年代末 90 年代初，随着中泰、中马、中印尼、中新相继建交或复交，这时少量潮汕地区民众亦经由继承财产、婚姻等途径前往定居。隆都镇和溪口村部分村民移居海外，同时，出现了向国内（包括香港、澳门、台湾）及海外移民的趋势。

表1 1987年隆都镇在国外华侨、外籍华人暨香港同胞分布情况表

单位：人，%

国家和地区	泰国	新加坡	马来西亚	越南	柬埔寨	老挝	缅甸	美国	加拿大	中国香港	总计
人数	93615	3514	9	803	652	251	171	211	50	1115	100391
百分比	93.25	3.50	0.009	0.80	0.65	0.25	0.17	0.21	0.05	1.11	100

资料来源：《隆都镇华侨志》编纂委员会编《隆都镇华侨志》，第 25 页。

---

[1] 黄赞发、陈桂源：《潮汕华侨历史文化图录》（上），山东美术出版社，2008，第 100 页。
[2] 据汕头海关统计，1869~1934 年间，从汕头口岸净出口的人数为 140.12 万，平均每年为 21557 人次。引自赵春晨、陈历明《潮汕百年履痕》，花城出版社，2001，第 92 页。
[3] 口述史料：隆都镇副镇长、侨联主席陈伟钿，2011 年 8 月 10 日，前美村陈慈黉故居。

表 2 2010 年隆都镇各村海外华侨暨港澳台同胞分布情况表

单位：人，%

国家和地区	泰国	新加坡	马来西亚	越南	柬埔寨	老挝	缅甸	日本	美国
人数	87508	3488	102	798	527	352	55	43	1240
百分比	90.32	3.60	0.11	0.82	0.54	0.36	0.06	0.04	1.28
国家和地区	加拿大	澳大利亚	中国香港	中国澳门	中国台湾	法国	德国	其他	总计
人数	151	134	1767	57	413	169	59	23	96886
百分比	0.16	0.14	1.82	0.06	0.43	0.17	0.06	0.02	100

资料来源：《隆都镇华侨志》编纂委员会编《隆都镇华侨志》，第 26 页。

从表 1、表 2 可知，1987 年旅居香港占 1.11%，而到了 2010 年，旅居港澳台的占了 2.31%。同时，还出现了侨居欧美日等国的侨胞，而传统的侨居东南亚一带的华侨华人数减少。这仅是当地官方统计的数字，而从调查中得知，实际上隆都镇及溪口村村民流向中国港澳台、内地及澳大利亚、韩国等地人口及比例远大于上述的数据，因为很多人都是没有取得护照或港澳通行证而偷偷过去那边暂居的。

在新时期，新移民流向的转变这一现象，部分学者在 10 年前已经注意到并通过对不同侨乡的分析，将中国侨乡分为中兴型、衰退型和稳定型，并且认为潮汕侨乡属于衰退型侨乡。① 通过对这两个地区的调查，我们从中发现传统潮汕侨乡正悄然发生着社会转型。新的移民形态表现出"旅游贸易"及"打黑工"形态。

（二）"旅游贸易"形态

"'旅游贸易'源于 20 世纪 80 年代后期，当时许多精于商道的村民利用东南亚新马泰等国对华开放旅游签证的机会，持因私护照，以旅游者的身份挟带小手工艺饰品、中草药等赴国外探亲，回程则倒卖中国国内紧俏的大件家用电器如彩电、摩托车购买指标，以此解决往返旅费开销之负担，并趁机博取利润"②。

据溪口七村张绸女士介绍：她于 1998 年在潮州市区的金陵市场购买单价 13 元的一批电子手表前往泰国曼谷空堤探亲，并以出国旅游的名义，做起了手表小生意。发现商机后，不久回家乡，购置潮汕当地的一些小工艺饰品（如潮州刺绣、澄海玩具等）多次前往泰国出售，且小本生意越做越红火，但顾及家中的亲人，几年后就回家乡。③ 在访谈中笔者得知，在溪口各村中，像张绸女士这样到东南亚及港澳台做生意的人占了一

---

① 黄小坚：《广东澄海侨情变化与思考》，《华侨华人历史研究》2001 年第 4 期，第 18～29 页；黄静：《潮汕与中国传统侨乡：一个关于移民经验的类型学分析》，《华侨华人历史研究》2003 年第 1 期，第 24～36 页。
② 黄晓坚：《关于潮汕地区海内外侨情的调研与思考》，第六届海外人才与中国发展国际学术会议论文，武汉，2011 年 10 月 21 日。
③ 口述史料：磷溪镇溪口七村侨户张绸（1953 年生），2011 年 7 月 6 日，张绸女士家。

定的比例，他们一般不会选择在境外定居，只要赚了钱就回家乡，而这其中以卖潮汕的卤肉，如卤鸭肉、卤鸡肉最为好赚，因为港澳台及东南亚的潮人很多，这些地方最有市场。

而关于隆都镇村民这些年出境做"旅游贸易"的情况，隆都镇后溪村的一位村干部则这样描述：1987年他去泰国探亲，带上一些香菇、紫菜、中成药、玉器等送人，看到生意好做，就回家乡置办带去卖。那时候刚刚开始探亲，潮汕地区就已经有人做旅游的生意了。1990～1997年隆都镇去境外做旅游贸易的很多。后溪村2000多户7000多人，就有几百人做"旅游贸易"这一行，一般只要出去了就有生意可做。有时每天来回境内外三四批人。然而，1997年亚洲金融风暴，泰铢贬值，从1铢兑换0.3元，变为0.17元。该年中国规定，不能购买外国电器，以保护国有电器行业，再加上人民币升值，影响外汇收入，从而影响到生意的行情。①

由上述可知，改革开放后，传统潮汕侨乡（隆都镇、溪口村等地）改变了以往大规模定居境外移民形态，出现热衷于做短期贸易的新移民形态。从《隆都镇华侨志》的数据中可以窥见一斑（见表3）。

表3　2010年隆都镇旅外侨胞暨港澳台同胞从事职业比例表

单位：%

项目	工人	种植业	普通商人	商行主	小贩	职员	政界	文化学术界	其他	合计
百分比	10	2	38	20	5	6	3	2	14	100

资料来源：《隆都镇华侨志》编纂委员会编《隆都镇华侨志》，第27页。

由于时代和社会的发展，经济活动的范围越来越扩大，现在隆都籍的侨胞及港澳台同胞的职业比以前有所变化，经商（普通商人、商行主、小贩）占63%，这其中以"旅游贸易"形态出现的商人占了一定的比重。顺便一提的是，在隆都镇隔江对岸的潮安县江东镇的印尼华侨比较多。改革开放后，江东人陆续到印尼，在隆都和溪口的影响下，也到印尼做起短期贸易，一般做生意的人后来都比较富裕。②

（三）"打黑工"形态

在潮汕侨乡移民形态的变化中，与"旅游贸易"模式相伴的是"打黑工"新移民形态。他们一般都处于地下隐居状态，时间往往长达数年甚至逾十年，直到身份暴露

---

① 口述史料：隆都镇后溪村出国中介、旅行社代理金先生（1961年生），2011年8月16日，金先生家。
② 口述史料：溪口村职业批脚刘振愚（1925年生），2011年6月13日，溪口二村大榕树下。

被遣送回国,虽然这一群体实际上处于定居状态,但他们不仅无法取得合法的华侨身份,而且居留形态极不稳定,随时可能被遣回国。因为"旅游贸易"是利用合法出入境手续从事非法的小额国际贸易,但是以脱团、滞留不归的路径在国外务工则完全属非法行为,因此不仅所在国予以严厉取缔,还屡屡遭到侨乡公安机关的防范和打击。

在隆都镇、溪口村都有一定比例的人外出"打黑工",其情况如下。

磷溪镇溪口七村刘先生这样说,他于2002年与同村其他两人一起参加一个五人组成的散游团前往韩国,以旅游的名义抵韩后离团打工。经人介绍从事搭脚手架工作,日工资6万韩元,每月有100万至200万韩元收入。但在工地打短工属非法行为,工资无法通过正规银行汇回国内,只好通过私人账户转账。后来,他转向一家正规布厂打工,工厂老板帮外国员工向劳务部门补办正规务工手续。工资可以通过中国银行汇回国内,短短3年间赚了20多万元人民币后回国。早在他之前,溪口村不少村民借观看1988年汉城奥运会和2002年韩日世界杯的名义前往韩国,随后离团打黑工。[1]

从采访到的资料来看,隆都镇、溪口村民众前往海外打工的国家,主要是韩国、日本和澳大利亚,东南亚地区基本上没有。然而,初到外国打黑工,由于语言、饮食、文化、工厂宿舍的差异,总体上生活环境是比较恶劣的,在这种条件下,仍能吸引潮汕人过去"打黑工"是因为这些国家的工资高。

值得一提的是,官塘镇奕湖村[2]也是一个侨乡,据笔者调查得知:本村有1826人,村里30岁至60岁的青壮年男性都由该村华侨慈善家谢贤团带到内蒙古开采提炼石油,或者到深圳从事房地产建筑,这一外出打工比例占了本村人口的26%左右。[3]

由以上个案不难看出,无论是"打黑工"还是通过正规途径外出打工,这一人口的迁移在当地侨乡是占了一定比重的。这一特定群体乃是新的侨外形态,改变了传统侨乡移民形态,在新时期,更加反映出侨乡移民形态的变迁,同时也是社会转型的具体表现形式。

四 改革开放后境外潮人与侨乡的公益事业

20世纪70年代末以来,中国大陆实行对外经济开放和对内经济搞活的基本国策,迎来了海外华侨华人和港澳台同胞捐赠、投资潮汕地区侨乡建设的热潮,给潮汕侨乡带来了

---

[1] 口述史料:磷溪镇溪口七村刘先生(1956年生),2011年7月6日,刘先生家。
[2] 潮安县官塘镇奕湖村(亦称白水湖村)位于隆都镇及磷溪镇中间,是个典型的单姓谢姓村。本村出了著名的爱国侨胞谢慧如、谢贤团等人。
[3] 口述史料:官塘镇奕湖村制糖业后人谢阿婆(1924年生),2010年8月24日,奕湖村谢氏祠堂。

勃勃生机。其捐赠、投资热潮的规模之大、地区之广、覆盖面之宽,是前所未有的。① 然而前人对这方面大多记载到20世纪末,对于世纪之交后华侨对侨乡的捐赠、投资的变化的论述则较少。特别是最近十余年来海外潮人与潮汕侨乡的经济联系呈弱化的趋势:老一代华侨华人回乡越来越少,侨汇锐减,捐献稀少,投资萎缩,加速了潮汕侨乡的社会转型,这一趋势未能引起足够的重视。

"1982年澄海隆都镇落实华侨政策"② 后,海外侨胞与港澳台同胞建设澄海隆都镇、兴办公益事业的各种捐赠活动,得到了空前的发展,其捐赠款物数量之大,人数之多,影响之深,举凡家乡的教育、文化、医疗卫生、体育、修桥、造路、兴修水利、修缮庙宇、宗祠、赈灾、济贫等各种慈善、公益福利事业,他们无不关心和济助。然而,这一现象到了最近十余年却罕见,隆都镇也悄然发生着社会转型。

(一)侨捐学校和奖教助学的变化

改革开放后,隆都当地政府与海外的华侨联系更加密切频繁,激发了华侨和港澳台同胞捐资办学的热情。截至2010年侨胞捐资建设的幼儿园3所、小学15所、中学2所。华侨在隆都镇捐资的各级学校如雨后春笋般涌现出来,据隆都镇侨联统计,改革开放以来,仅华侨投资建校的资金就多达1749万元。

表4 1985~2010年隆都侨胞捐资兴学办学校简明表

单位:人

学校名称	侯邦华侨学校	后溪明诚学校	谦然学校	樟籍华侨学校	隆都初级中学	前溪许小学	东山华侨学校	后沟华侨学校	前沟华侨学校
捐资款项	泰铢65万、人民币5万	泰铢120万	人民币38万	人民币56万	港币35万	泰铢66万、人民币2万	人民币80万	泰铢929万、港币10万	泰铢359万、人民币45万
年份	1985	1986	1986	1986	1991	1991	1992	1992	1994
学校名称	前美小学	宅头华侨学校	下北学校	隆都中学	南溪小学	隆侨初级中学	隆都中心小学	前埔华侨学校	
捐资款项	港币450万、人民币约36万	泰铢500万、人民币25万	人民币20万、泰铢6万、港币1万	人民币648万	泰铢180万、港币1万	人民币300万	泰铢16万、人民币120万	港币40万、泰铢102万、人民币4万、美元100元	
年份	1994	1995	1995	1995重建	1996	2000扩建	2001重建	2002	

资料来源:《隆都镇华侨志》编纂委员会编《隆都镇华侨志》,第60页。

---

① 详见杨群熙辑《海外潮人对潮汕经济建设贡献资料》(潮汕历史资料丛编第13辑),潮汕历史文化研究中心,2004;杨群熙、吴坤祥辑编《海外潮人对潮汕教育事业贡献资料》(潮汕历史资料丛编第15辑),潮汕历史文化研究中心,2005;王本尊:《海外华侨华人投资潮汕地区侨乡建设的过程与特点》,《华侨华人历史研究》1998年第4期,第19~27页;林金枝:《海外华人在潮汕地区的投资》,《南洋问题研究》1994年第1期,第18~27页;肖效钦、甘观仕、阎志刚:《潮汕华侨、华人捐资兴学的调查研究》,《汕头大学学报》(人文科学版)1991年第3期,第28~36页。
② 汕头市归国华侨联合会、汕头市归国华侨联合会:《汕头华侨志(初稿)》,出版者不详,1990,第47页。

20世纪八九十年代侨胞捐资办学资金占改革开放以来捐资兴学侨资总数的90%，那时候人民币币值大，应是一笔巨大的善款。21世纪以来，侨资才参与兴建3所学校，无论从数量及侨资规模上都无法与之前相比。

在捐资助学的同时，旅外侨胞及港澳台同胞还积极捐资奖教助学，设立"奖教助学基金"①，由于从30年前侨胞所捐赠作为奖励优秀的教师及学生的善款到20世纪末基本用光。近十余年来，侨胞几乎没再追加捐赠善款。在这种情况下，"奖教助学基金"依然存在下来，而且呈现出可喜的面貌。这从前沟小学内的"前沟村奖教助学积极芳名榜"、后溪村金氏宗祠中的"教育基金芳名榜"等处可见一斑。据笔者调查得知：早年侨胞所设立的教育基金早已用完，为了鼓励、培养更多优秀的人才，村中的老人协会多方筹资、向本村热心教育事业的企业家、慈善家筹款，并从老人协会的日常开销中拿出一部分作为奖教助学金，这一善举持续十余年了，其中侨胞捐赠的基金不到两成。② 虽然目前隆都镇没有侨资作为教育基金，但村民普遍支持"奖教助学基金"的运作。以前都是华侨出资作为奖教助学金，现在就是本地的乡亲和华侨出资，基本是本村的钱取代了华侨的钱，芳名榜中1000元、800元、300元都是农民出资的，村民很伟大，种田的能捐300元、400元很不容易。③ 近年来，隆都镇筹集到的数百万教育基金中，仅有约1/3源于海外募捐。

（二）侨资企业的兴衰

20世纪80年代，隆都侨胞、港澳台同胞主要是捐资捐物支持家乡各项福利事业。随着家乡经济的发展，不少乡亲直接回乡投资办实业。政府也采取各种优惠政策，鼓励华侨、港澳同胞回乡投资。1979年，潘马勤、潘森才、潘崇基创建了隆都镇第一家侨资企业——福洋冷饮厂。此后几年里，隆都塑料厂、毛织厂、服装厂、腌制厂等侨资企业相继创立。"三十余年来，侨资（包括港澳台同胞）在本土投资办企业共30家，其中20世纪90年代，迎来了办厂的高峰期，仅1990年至1994年这4年里就创办了16家企业，占据所办企业总数一半有余，新世纪以来，才兴办5家企业"④。这些侨资企业的创办，为隆都农村富余劳动力提供就业机会，增加税收，繁荣市场，极大地促进了隆都经济的发展。然而侨资企业这种好景不长，特别是1997年亚洲金融风暴后，许多企业纷纷停办。目前仍在经营的侨资企业只剩下4家，其中3家是2000年后才创办的。据调查可知，21世纪以来，侨胞基本不回家乡投资，而是把资金投向国内其他地方，这也使得侨务机构不得不做出相应调整及做出对策，以应对日益弱化中的侨乡特征。

---

① 该"奖教助学基金"基本由村委及老人协会共管，如隆都镇的鹊巷、前美、樟籍、后沟、前沟、朱厝等村。
② 口述史料：金老伯（1838年生），2011年8月16日上午，隆都镇后溪村金氏宗祠。
③ 口述史料：隆都镇前沟村原"奖教助学基金会"会长吴锦京，2011年8月13日上午，前沟村华侨学校。
④ 《隆都镇华侨志》编纂委员会编《隆都镇华侨志》，第52~54页。

(三）侨乡捐赠公益事业的式微

改革开放以来，隆都镇的华侨华人、港澳台同胞对隆都侨乡现代化公益事业的直接参与，不仅在观念上使之内涵更为丰富和更具现代色彩，具备了新的功能与作用，更为感人的是他们克服种种困难努力付诸实际行动的精神。他们在家乡捐资办公益事业，直接改善了基础建设，诸如道路、桥梁建筑、医院建设、生活用水、农业灌溉、电力开发、神庙、宗祠（祠堂）、老人协会办公所、体育运动场等等，这些实际上是对发展交通事业、改善民生、改善社会风气等所进行的投资。它在一定程度上弥补了转型时期隆都当地政府财政力与功能的不足，推动社会公共设施的改善。在20世纪八九十年代迎来了侨资捐赠公益事业的"黄金期"，然而受20世纪90年代末亚洲金融风暴影响，以及海内外侨情的巨大转变，进入21世纪以来，海外侨胞、港澳台同胞无偿捐赠公益事业行为日渐式微。

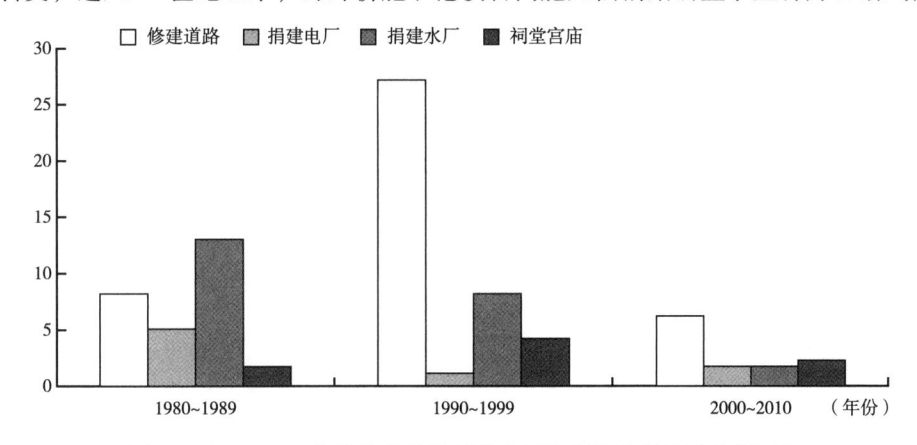

图1　1980～2010年隆都侨胞及港澳台同胞捐赠公益事业比例图＊

注：每组柱形图从左至右依次为修建道路、捐建电厂、捐建水厂、祠堂宫庙。道路单位为条，其余单位为座。

资料来源：据笔者调查资料及《隆都镇华侨志》编纂委员会编《隆都镇华侨志》，第64～65、67～69页等资料制作而成。

由图1所示，改革开放后隆都侨胞及港澳台同胞对家乡捐赠公益事业的变化情况，20世纪八九十年代，华侨及港澳台同胞对家乡的捐赠资金及筹建公益场所的数量呈上升趋势。如同外资投资办厂情况一样，1997年的亚洲金融风暴对中国大陆各侨乡的捐赠带来了极大的冲击，隆都镇同潮汕其他侨乡一样，出现了侨汇剧减、投资捐赠萎缩的现象，而且这一不可逆转的趋势在21世纪表现得更为明显。境外潮人与潮汕侨乡经济联系呈现出明显的弱化趋势。[①] 传统侨乡与海外的华侨华人、港澳台同胞的联系日渐疏远，对侨乡的捐赠公益事业日渐式微。

---

① 黄小坚：《一叶知秋——从澄海侨情变化看潮汕侨乡的蜕变》，第四届世界海外华人国际学术研讨会论文，台北，2001。

五　潮籍华侨华人与传统侨乡的变迁

海外潮人与潮汕侨乡曾保持着紧密联系，特别是改革开放的前20年间，对潮汕侨乡的社会经济发展做出了巨大贡献。在这一社会变迁期中，早期的海外潮人是侨乡经济变迁的推动力量，他们是侨乡慈善公益事业等的重要捐助者。然而，在世纪之交，潮汕侨乡与海外潮人的联系在发展上却步履维艰，"究其本质原因就在于：海外潮人已经完成其历史性的转型，即由第一代移民群体为主体的华侨社会，转变为以土生华裔为主体的华人社会；与此相对应，潮汕侨乡由原先的部分以侨汇为生活来源补充的消费型侨眷社会，转变为完全自给自足的生产型侨属社会"①。同时，21世纪以来，潮汕侨乡的社会变迁还包含了侨乡社会形态、侨乡社会观念、文化等方面。

（一）海外华侨从"落叶归根"到"落地生根"的转变

早期的潮汕华侨社会相对具有强烈的民族意识和民族特色，大多数潮籍华侨在观念上仍奉潮汕为自己的家乡，说潮汕话，唱潮剧，过传统的潮汕"节"（如七月半"普渡节"）、"日"（如施孤日、祭日）②，衣食住行，民间信仰等保持了潮汕特有的传统，他们对潮汕侨乡怀有深厚的情感，期望能"落叶归根"。然而"改革开放三十多年来，潮籍华侨在思想意识，法律身份及生活方式上逐渐融入当地的主流社会。随着第一、二代潮籍华侨年老体弱、辞世，第三、四代潮裔逐渐接替了老一辈的事业。这些潮裔从小接受的是居住国教育，大都不懂潮汕话，不懂中文，极少了解潮汕文化，已很少或没有直系亲属在侨乡，祖籍的观念和情感已非常淡薄，他们没有在侨乡的美好记忆，无法理解老侨民何以对侨乡有那么深厚的感情。他们更加适应侨居地的生活节奏和国情"③。因而外出的华侨华人及其华裔逐渐产生了"落地生根"的想法。由此潮汕侨乡一些专门处理华侨去世的一些机构组织也在悄然发生变化。如在普宁市燎原镇泥沟村，有一处专门存放该村去世华侨骨灰的地方——归根阁。据泥沟村张锦池主任介绍：以前出国的老一辈华侨都有"落叶归根"的想法，因此当地专门建了"归根阁"来存放去世华侨的骨灰，但是由于老一辈华侨日渐减少，后一辈华侨华人在国外去世也直接安葬在国外，海外华侨华人发生了从"落叶归根"到"落地生根"的转变，因而侨乡的"归根阁"

---

① 黄晓坚：《传统侨乡侨务资源可持续发展研究——以潮汕侨乡为视角》，国务院侨务办委托课题报告，未刊稿，第138页。
② 口述史料：磷溪镇溪口七村侨户张绸（1953年生），2011年7月6日，张绸女士家。张绸，澄海人，20世纪90年代以来多次到过泰国曼谷空堤。泰国空堤县刘氏公（宗）祠供奉从溪口请过去的祖宗牌位和八位神明（即"七圣夫人"、"老公"）排位。每年农历七月半"普渡节"和十一月初一祭祖，都汇集了众多在泰刘姓族人祭拜聚餐，祭拜的风俗与溪口家乡一样。
③ 马至融、姜清波：《海潮回流：海外华侨与广东改革开放》，暨南大学出版社，2008，第63页。

成为无用武之地，近几年，只要是本村去世的老人火化后都把骨灰存放至"归根阁"。①从中不难看出，潮汕侨乡的变化，其"侨性"越来越弱。

（二）归侨侨眷社会向侨属社会的转变

"中国传统侨乡已经由归侨侨眷社会转变为侨属社会。从传统侨乡的情况来看，从前华侨出国，其典型的做法是留下发妻和长子长孙在原籍供奉父母，并寄回侨汇赡养家人，因此华侨与原乡存在着密切的经济联系和人员交往。随着第一代、第二代华侨华人的相继故去，海外华社与国内侨乡社会的亲缘关系愈益疏远，侨乡民众政策意义上的归侨侨眷已经很少，其与海外的民间关系更多地体现为侨属关系，通俗地说即一般的亲戚关系。"② 目前隆都镇海外的乡亲人数比本镇常住人口还多，海内外联系是比较密切的，然而归侨侨眷在近年来都呈减少的趋势。

表5　1987~2010年隆都镇人口与侨眷人口调查

统计年份	总户数（户）	总人口数（人）	总侨户数（户）	总侨眷人数（人）	侨眷占总人口比例（%）
1987	15219	70095	8185	50537	72.1
2010	18631	76393	6018	48956	64.1
趋势	上升	上升	下降	下降	下降

资料来源：《隆都镇华侨志》编纂委员会编《隆都镇华侨志》，第42页。

在1987年至2010年这20多年间，刚好是处于改革开放跨新世纪的社会转型时期，具有一定的代表性。隆都侨乡总户数、总人口数呈上升趋势，然而出现了总侨户数、总侨眷人数及侨眷占总人口比例下降的趋势。这其中的缘由无非随着老一代华侨的故去，新生代的华裔不愿回乡，海内外的亲缘关系愈益疏远，侨乡的归侨侨眷逐渐减少，侨乡最终向侨属社会转变。这一现象在磷溪镇溪口村及普宁市泥沟村体现得更为突出。

溪口村乡贤刘乙树介绍："溪口七个村落在20世纪90年代与海外侨胞互动、来往、联系最密切，也是归侨侨眷的高峰期，家家户户都在谈论华侨与归侨。最近十多年来，难觅华侨踪影，本村归侨侨眷难以联系上老一辈的华侨，也无须华侨在经济上的救济，

---

① 口述史料：普宁市燎原镇泥沟村村委主任张锦池（1971年生），2013年2月24日上午，普宁市燎原镇泥沟村"归根阁"前。泥沟村总人口2万余人，海外华侨华人、港澳台同胞10多万人，以侨乡和文化之乡著称。

② 黄晓坚：《广东潮汕地区海外移民形态的新变化》，《华侨华人历史研究》2013年第1期。在其文中注解：在汉语词语释义中，"侨属"等同于"侨眷"，均指华侨的眷属。但在中国侨务政策上，"侨属"与"侨眷"则具有不同的含义。"侨眷"享有政策优待，限定为同华侨、归侨有抚养关系的亲属，即指"华侨、归侨在国内的配偶、父母、子女及其配偶，兄弟姐妹、祖父母、外祖父母，孙子女、外孙子女，以及同华侨、归侨有长期抚养关系的其他亲属"，属于中华人民共和国归侨侨眷权益保护法的保护对象。

因而所谓的'侨眷'身份也跟我这个非侨眷老人无任何区别。"① 从刘乙树这简短的话中可知，溪口村由归侨侨眷社会向侨属社会的转变已成为不争的事实，这一转型在普宁泥沟村侨乡引起当地干部的重视，并将之作为做实做深侨务工作的重心。

（三）新时期潮汕侨乡社会文化遗产的保护和提升

侨乡文化遗产包括侨乡物质文化遗产及非物质文化遗产，这些文化遗产在经历了改革开放30余年来，出现了不同形态的变化，正如张应龙教授指出的："从历史角度来说，侨乡文化有一个发展的过程。不同历史时期的侨乡文化有不同特点，1978年以后是侨乡文化转型时期。"② 在隆都镇存在着大量侨乡物质文化遗产，如"始建于20世纪20、30年代的中西合璧式的侨宅，具有较高的建筑艺术和欣赏价值，但或已废弃不用，或已年久失修，基本处于待保护、待利用状态。"③ 在被誉为"广东十大最美古村落"之一的普宁市重点侨乡泥沟村，同样存在许多尚未修缮的侨宅。这些物质文化遗产在转型期中的侨乡，将何去何从呢？号称"岭南第一侨宅"的隆都镇前美村陈慈黉故居开发为旅游项目，加以保护利用，对潮汕侨乡的物质文化遗产保护利用在某些方面起了示范作用。

而在潮汕非物质文化遗产的名录下，民间舞蹈、曲艺、民间美术、民俗等方面较为集中。仅以潮汕地区农村正月期间的众多民俗活动为例，在改革开放初期，其幕后往往有海外华人的推手。以游神赛会来说，早年即多有华侨回乡参与，间有出资赞助者，近10年来则难见华侨的身影。如溪口村正月十六"七圣夫人"游神赛会民俗。改革开放初期，溪口村村民组织游神赛会，当地镇、村政府都出面干预，直到1989年旅泰华侨刘祥溪回国，在其组织倡导下，华侨牵头与政府联系，并组织当地的四位贤人④带头重新组织游神赛会。由于之前政府不肯组织游神赛会，就以华侨刘祥溪的名义，偷偷游神，但是政府没有阻止。20世纪90年代初旅外华侨连续组团（70~80人）回乡参与游神，至1995年后逐渐减少，近10年来都没和华侨联系。⑤ 从早年的华侨参与游神赛会，到当下各级政府将其看成是侨乡特有的民间民俗活动，不予干预且适当予以引导规范、保护传承。如2014年春节期间，潮州市举行为期10天的青龙庙会，活动坚持"社团主办、民间唱戏、公众参与、政府指导"为原则，突出潮州传统文化元素，先后举

---

① 口述史料：刘乙树（1939年生），2013年2月25日中午，磷溪镇溪口村刘乙树家。刘乙树，男，非侨属，系乡贤，溪口村"七圣夫人钻蔗巷"活动的传承人，编有《溪口刘氏族谱》。
② 张应龙：《输入与输出：广东侨乡文化特征散论——以五邑与潮汕侨乡建筑文化为中心》，《华侨华人历史研究》2006年第3期，第63~69页。
③ 黄晓坚：《关于潮汕地区海内外侨情的调研与思考》，第六届海外人才与中国发展国际学术会议论文，武汉，2011。
④ 刘学忠、刘兴银、刘辉松、刘文亮。
⑤ 口述史料：磷溪镇溪口刘氏宗亲理事会会长刘学忠（1947年生），2013年2月25日，溪口村刘氏宗亲理事会办公室。

办 28 个潮州非物质文化遗产项目集中展示。2014 年 2 月 23 日上午，以"弘扬民俗文化　唱响潮人乡情"为主题的 2014·潮州青龙庙会"文化踩街"活动则是最好的体现。这一转变其实质是侨乡社会的转型在文化遗产层面的体现。

六　结语

潮汕侨乡乃中国著名的传统侨乡，由于旅外侨胞及港澳台同胞的存在，在中国现代化及改革开放进程中发挥过重大贡献。在改革开放早期，海（境）外潮人与潮汕侨乡曾紧密联系，表现出老一代移民与故乡"黄昏之恋"的浓郁色彩，然而，近十余年来，潮汕侨乡却发生了巨大变迁，侨乡社会步入社会转型时期，出现了"旅游贸易"、"打黑工"以及到国内经济较为发达地区打工等新的移民形态，侨胞及港澳同胞捐赠投资侨乡的公益事业的式微，传统潮汕侨乡的变迁等现象。

如果说潮籍华侨华人及港澳台同胞对潮汕侨乡社会的影响是由过去那种"爱国爱乡"一元化的形象来支撑的话，那么这种关系的维持必定含有一定的时效性，即体现在改革开放早期。随着潮籍华侨华人新生代的成长，家乡观念的淡化，以及经济全球化的进程，随着潮籍侨商对中国大陆投资环境的渐趋熟悉，原来潮籍华侨华人对侨乡的地缘与血缘优势的因素，在潮籍侨商新一轮捐赠投资布局的考虑中将进一步淡化，随着潮汕侨乡经济的发展，侨乡面貌日新月异，这一社会转型将不可逆转，且会呈现动态发展状态。

责任编辑：蔡文胜

方言、潮剧

潮州方言中一种特殊的动词重叠结构

洪 英*

摘 要：潮州方言中有一种特殊的动词重叠结构。它是由单音节动词加上固定的变韵形式重叠而成，记作"$V_变 V$ 式"，其在句子中的固定语法结构是"$V_变 V$ 式 + 结果补语"。本文从动词特征、句法功能、语法意义三个方面对这一特殊动词重叠结构进行了讨论，尝试从类型学的角度探讨了这一结构存在的认知基础。

关键词：动词重叠 动词特征 句法功能 类型学 认知

一 引言

重叠作为一种重要的语法手段，一直广泛存在于古代汉语和现代汉语中。重叠现象也一直是汉语学界研究的热点，前人研究著作颇丰，而重叠之中的动词重叠研究更是语法研究的一个热点。根据陈青松、陈安平的回顾，近 20 年来研究的方法、角度有所突破，研究的范围、视野进一步扩大，动词重叠的研究日益细致深入。动词重叠作为汉语中一种重要的语法现象，研究起步比较早。不过，"从历史的观点来看，各个时期研究动词重叠的侧重点是不同的，但都不外乎下面几个方面：一、动词重叠的形式及其语法性质；二、动词重叠的语法意义；三、动词重叠的语法功能及句式的结构特点；四、可重叠的范围；五、动词重叠的内部研究；六、动词重叠的历史研究和方言中的使用研究。近年来对于动词重叠在语义层面上的句法功能研究和在语用层面上的使用状况研究比较多，这是研究的新动态。"[①] 这种观点大致代表了 50 年来国内动词重叠研究的主

---

* 洪英，1981 年生，广东潮安人，汕头大学文学院中文系讲师。
① 陈青松、陈安平：《动词重叠研究 50 年综述》，《宁夏大学学报》2002 年第 3 期，第 21~24 页。

流。关于此类研究，相关文献颇多，此处不再赘述。

本文要报道的是潮州话里一种特殊的动词重叠结构。潮州方言属闽语潮汕片。在潮州话中，有一种使用频率很高的特殊动词重叠结构。它是由单音节动词加上固定的变韵形式重叠而成，记作"V变V式"。其变韵规律分两种情况，如果单音节动词是舒声字，那么其变韵形式为：基式声母+iŋ，声调按照一般的变调规律（变调规律见表1）。如"关"[kueŋ³³]，重叠后为[kiŋ³³kueŋ³³]。再如"放"[paŋ²¹³]，重叠后根据变调规律，实际读为[piŋ³¹paŋ²¹³]。如果单音节动词是入声字，那么其变韵形式为：基式声母+ik，声调按照一般的变调规律，如"食"[tsiaʔ⁵]，重叠后为[tsik³tsiaʔ⁵]。这种特别的重叠方式不只存在于潮州话中，也存在于潮汕片其他各次方言和其他闽方言中。在福州话中就有类似的结构，同样地以声母+iŋ为基式，只不过它表达的含义更加丰富，有表名词，表示一次性动作或行为；表示动作的草率、随便；等等。① 这种特殊的重叠式不能单独使用，其出现在句子中的固定语法结构是"V变V式+补语"，一般是"V变V式+结果补语"，如"关关掉""食食去"等。也有一些带动量补语的，如"看看一下""踢踢二下"等。尽管"动叠+补"作为一种结构形式在现代汉语的北方官话区不具有合法地位，但是在其他方言区，尤其是闽语和吴语中却是普遍存在的。

需要说明的一点的是，这个"V变V式"在句子中也要遵循潮州方言复杂的变调规律（见表1）。这个变调规律是这样的，只要是两字和两字以上的组合，前字多数要变调，最后一个字一般不变。具体的变调情况可参见表1，不再另加说明。

表1　潮州方言连读变调表

调类\调值	阴平	阳平	阴上	阳上	阴去	阳去	阴入	阳入
单字调	33	55	53	35	213	11	1	5
变调	33	213	23(35)	21	31	213	3	1

资料来源：林伦伦《广东澄海方言音系记略》，《汕头大学学报》1994年第1期，第82~91页。

值得注意的是，潮州话这个重叠式的语音结构与拟声词的重叠结构恰好有异曲同工之妙。拟声词的重叠如：[hiŋ hoŋ]叫、[piŋ poŋ]叫、[tik tiak]叫、[tsiŋ tsoŋ]叫、[khik khiak]叫等和"V变V式"的重叠规则一模一样。这不仅是潮州话的特点，也是整个闽方言区的特点。比如流行于闽语地区的象声词歌谣《砰嘭水中流》就反映了这样一种语音现象："乞涸（kih kok）木为舟，砰嘭（pin pong）水中流，院歪（inh uainh）双划桨，唦唰（si sua）到泉州。""乞涸"（kit kok）为双声词，表示钉船的声音；"砰嘭"（pin pong）也是双声词，表示水流的声音；"院歪"（inh uainh）是叠韵

---

① 郑懿德：《福州方言单音动词重叠式》，《中国语文》1983年第1期，第31~39页。

词，表示划桨摩擦发出的声音；"唦唰"（si sua）还是双声词，表示飞快的意思。①

下面本文从动词特征、句法功能、语法意义三个方面对这一特殊动词重叠结构进行讨论，尝试从类型学的角度探讨这一结构存在的认知基础。

二 动词特征、句法功能和语法意义

（一）动词特征

按照传统的分类，潮州话"$V_变 V$ 式"中的单词只能是单音节动词，多数是及物动词，如"洗、关、抢、剪、放、撞、看、收、打、走、踢"。也有少量的不及物动词，如"坐、笑、哭"等。由于其固定的语法结构，"$V_变 V$ 式"的基式动词后面首先必须能够带补语，否则重叠无法成立，从语义特征上来看，这些动词多数属于非持续性的瞬间发生的动词，如"牵、瞪、开、放"等。另外，也有一部分持续性动词，如"企、问、记、睡"等也可以出现在这样的重叠结构中。而且一般说来，"$V_变 V$ 式"的基式动词属于自控性的动词，非自控性动词如"醒、咳嗽"等是不能出现在重叠式中的。

Carlota S. Smith 提出五分法，分别是状态、活动、结束、成就、一瞬②（见表2）。

表2 五分法表

情状类别	语义特征	特点	例
状态（states）	[＋静态的]、[＋持续的]、[－完成的]	没有内在结构	知道答案、爱玛丽
活动（activities）	[＋静态的]、[＋持续的]、[－完成的]	一个均质的连续阶段和一个任意终点	笑、在公园散步
结束（accomplishments）	[－静态的]、[＋持续的]、[＋完成的]	包含连续阶段和一个天然终点	盖一幢房子、走去学校
成就（achievements）	[－静态的]、[－持续的]、[＋完成的]	状态的一种瞬间变化、结果形成一种新的状态	赢得赛跑、到达顶点
一瞬（semelfactives）	[－静态的]、[－持续的]、[－完成的]	一种瞬间的事件	轻叩、敲打

根据五分法，我们分析了潮州话的动词，结果发现活动类与一瞬类动词基本符合这一结构中动词的语义特征。但是，我们也发现这一分法并不能作为一个很好的标准，以这五类标准验证能够进入潮州话这一特殊重叠式的动词，里面不乏交叉矛盾之处。例如

---

① 周长揖：《新加坡闽南话俗语歌谣选》，厦门大学出版社，2003。
② 转引自左思民《动词的动相分类》，《华东师范大学学报》（哲学社会科学版）2009年第1期，第74~82页。

第四类的成就动词，可以说：

a. 今日几场比赛分伊单人赢赢了。（今天几场比赛都让他一个人给赢了）

但不可以说：

b. ＊我到到达山顶。（我到达山顶）

由此可见，一般的动词分类并不能提供一个确切的标准，因此我们只能从"$V_变$V式＋结果补语"这个具体的结构出发。我们发现，潮州话这一重叠结构的动词语义特征除了要符合动词重叠式［＋延续］或者［＋反复］两大特征之外，能够进入这一结构的动词还要能够从主观上或者客观上对动作的施事者或者受事者造成一定的影响。例如："食饭"这一结构中"食"的客观结果是饭被食掉。由此可以说：碗饭甲伊食食去（把饭给吃了）。又如："坐"这个动词客观上无论是对施事者还是受事者是不会造成任何影响的，但可以说：伊［tiaŋ⁶］坐一日着乞伊坐坐害去（他老坐着总有一天会坐坏身体）。这是一种主观上可以遇得到的影响，因此也可以进入到这一句式。但是一般像"是"、"有"、"闻"、"知"等动词就无法进入这一结构。

（二）句法功能

多数情况下，"$V_变$V式"在句子中充当谓语，用来叙述主语所指人物的动作行为。其固定结构中最常见的是"$V_变$V式＋结果补语"，因此后面不能再加宾语。如：

（1）碗饭甲伊食食去。（把这碗饭吃了）

（2）个阿明乞伊阿爸拍拍害。（阿明被他爸打坏了）

（3）你爱甲伊物物掉岂是？（你是不是要把它弄坏？）

少数的情况下"$V_变$V式"后面也会带上动量补语，后面同样不能带宾语，如：

（4）伊想想一下就清楚。（她想了一下就清楚了）

（5）个头甲伊敲敲一下就好。（把头敲一下就好了）

需要说明的是，这并非最常见的用法，因此不是本文讨论的重点。本文讨论的重点还是以"$V_变$V式＋结果补语"为主。从句式上看，"$V_变$V式"一般用于被动句和祈使句中，如：

（6）只鸡乞狼咬咬死。（鸡被狼咬死了）

（7）许内险险分人搬搬了。（家里差点被人搬空了）

（8）门甲伊关关掉。（把门关上）

（9）丛柑甲伊摘摘了。（这颗柑树把它全摘光）

重叠式的否定受到很大的限制，它们一般只能出现于肯定结构。名词或量词的重叠式只能出现在主语的位置，有意思的是，它们要求谓语一般不能是否定式（陆俭明，1986）。同样，潮州话这个特殊的动词重叠式在陈述句中都不能被否定。例如：

a. ＊只鸡无乞狼咬咬死。

b. ＊许内无分人搬搬了。

不过，如果用于祈使句中，这个重叠式可以用"勿爱"（不要）来进行否定。例如：
a. 门勿爱甲伊关关掉。
b. 丛勿爱柑甲伊摘摘了。

（三）语法意义

前人关于动词重叠式语法意义的研究著述颇多，朱德熙先生早就指出，"重叠式动词的语法意义主要在于表示动作的时量短或动量短，因为重叠式动词表示短时量，所以用在祈使句中，可以使口气显得缓和些"[①]，这在潮州方言的情况看来，仍然是适用的。总体来看，"$V_变 V$ 式"表短时或者动量小，所以后面只能加结果或者动量补语，而不能和持续体补语连用。如：

（10）件衫洗洗一下就白白。（衣服稍微洗一下就干净了）
（11）个面试拭拭二下就雅雅。（把脸擦两下就漂亮啦）
（12）食饭好行行二步倒好。（吃完饭还是走走好）

这里分别用"洗"、"拭"、"行"这些持续性的动词加上动量补语来表示动作持续的时间短或者动作本身的动量短。

而在不同的句式中，"$V_变 V$ 式"的语法意义也是不同的。在祈使句中，"$V_变 V$ 式"起到了减弱语气的作用。如：

（13）撮斗粪甲伊倒倒掉。（把那些垃圾倒了吧）
（14）阿妈叫你撮花沃沃一下。（妈叫你把花浇一下）

在这里，"$V_变 V$ 式"起到了缓和语气的作用，使表达的意思没有原来那么生硬。

在陈述句中，"$V_变 V$ 式"则起到了强调和加强语气的功能。如：

（15）碗饭分伊食食了去。（饭都被他吃光了）
（16）30 只鸭分人掠掠了。（30 只鸭都被人抓走了）
（17）你等下甲伊敲敲掉就死。（等一下你把它敲掉就坏了）

在这里"食食"和"掠掠"都强调了动作造成的后果，而"敲敲"则是强调了即将预见到的动作造成的后果。

总而言之，上述重叠式所表达的几重意义，无论是时长还是时频，相对于单个单词 V 而言，都是动作行为在时间上或者频率上的递减。反映在祈使句中，是语气的减弱，在陈述句中则是一种语气上的加强。从其深层语法意义来看，动词重叠式的深层语法意义是可控性。这是因为，"可控性从语义上分解为两个方面：动作主体可控制动作行为量的变化（增量、减量、不定量）；动作主体有意识从事某种活动为了察看某事的结果。"[②] 可控性也就很好地解释了为什么一个重叠结构可以表达几重意义，这是因为表层语法意义

[①] 朱德熙：《语法讲义》，商务印书馆，1982。
[②] 王华：《动词重叠式的深层语法意义》，《伊犁教育学院学报》2006 年第 2 期，第 52~56 页。

是动词重叠式的深层语法意义——可控性在某一方面的表现，而具体句子里使用的重叠式主要体现在其中一个方面。

三 认知基础

对于重叠现象，可以从不同的方面进行分析研究，近年来语言学家从认知语言学的角度对重叠产生机制所进行的研究取得了很好的成效。如张敏发现汉语和其他语言重叠式的核心意义十分相似：体词重叠多表示事物量的增加，动词重叠多表动作的持续、反复、动量增减，形容词重叠多表示性状的增减或强调程度的变化。他认为这种形式－语义的匹配是形式结构模拟意义结构的结果，是句法类象性（象似性）的反映。[①] 他指出，"若从重叠的研究中引入跨语言的类型学视角及认知语言学的观念，我们对重叠的实质、其形式意义关联等问题的认识还可大大加深。"[②] 那么，如前所述，重叠是为了表示一个特定的语义而引发的重复一个语音形式的形态构词现象。换言之，重叠是在语音与语法（或语义）的界面上运作的。因此，重叠式（词）的发现离不开语音语法两个方面的考量。下面我们从类型学的角度分别对语音和语法两个方面进行一番探讨。

（一）语音象似性

语言中的象似性即是能指与所指的特征相关联，具体一点说，也就是能指以跟所指的某种特征相近、相关的形式来指称所指。这里的"形式"，既包括语音形式，又涉及语言单位的异同、排列次序、松紧关系、重度（长度和结构复杂度）等。有的学者认为，象似性实际上指的是语言符号及其结构和它们所代表的概念内容或者外在现实及其结构之间存在着的某种相似性。如果某一语言表达式在形式、长度、复杂性和构成元素之间的相互关系上平行于这一语言表达式所编码的概念、经验或交际策略时，我们就可以说这一语言表达式具有象似的性质。[③] 本文所说的语音象似性通常称为语音象征性或者音义联觉，指某些语言形式与某些意义相关联。用语音手段表达的象似性是一种非常直接的象似性，如元音［ːi］往往象征小，如teeny（极小的）、weeny（极小的）等。从语音形式上看，"V变V式"的重叠部分，主元音均为高元音［i］。Ohala指出，从类型上看，前高元音如［iIye］、［－低沉］特征的辅音，清辅音和高调等都和"小"有着天然的联系；而相反的是后低元音如［ɑɔcɔ］，［＋低沉］特征的辅音、浊音和低调等都和"大"有关。[④] 这是由其发音的生理基础决定的，如朱晓农所说："原因很

---

① 张敏：《汉语重叠的认知语义学研究》，新时期语法学者国际学术谈论会论文，华中师范大学，1996。
② 张敏：《从类型学和认知语法的角度看汉语重叠现象》，《国外语言学》1997年第2期。
③ 张敏：《汉语方言重叠式语义模式的研究》，《中国语文研究》2001年第1期（总第12期）。
④ J. J. Ohala, "Sound symbolism", Proc. 4th Seoul International Conference on Linguistics [SICOL], 11-15 Aug 1997, pp. 98-103.

简单，其他条件不变的话，发高元音 i 时，基频要比 a 高十几个，甚至二三个赫兹。然后发 i 时口腔共鸣腔比 a 小好多，这些声学参数决定了 i 的频率要比 a 高。因此听者听 i 有尖细感，也就是高调感，而高调在这里负担起小和亲密的功能。"①

表3 世界语言表"小""大"例词

语言	小	大
Ewe	[kitsikitsi]	[gbagbagba]
Spanish	[tʃiko]	[goɾdo]
Greek	[mikros]	[markros]
French	[pətit]	[gʁɑ]

资料来源：朱晓农《亲密与高调》，《当代语言学》2004 年第 3 期，第 193~222 页。

而朱晓农在《亲密与高调》一文中同样也证明了高元音 [i] 有表小、亲密的效用。② 根据他的研究，汉语方言中有这种倾向的同样很多，详见表4。

表4 "小""大"语音分布

	小	大		小	大
北京官话	ɕiau	ta	长沙湘语	ɕiau	ta
西安官话	ɕiau	tɑ	南昌赣语	ɕiɛu	thai
扬州官话	ɕiɔ	tɑ	细		大
昆明官话	ɕiau	ta	温州吴语	sai	du
梅县客家话	sɛ	thai	广州粤语	sɐi	tai
潮州闽语	soi	tua	厦门闽语	sue	dua
苏州吴语	siæ	dəu	福州闽语	sɛ	tuai

资料来源：朱晓农《亲密与高调》，《当代语言学》2004 年第 3 期，第 193~222 页。

从表3、表4可以看出，"小"和高频、"大"和低频有着一种天然的联系，汉语方言如此，世界上其他语言亦如此。这一论断从语音学上印证了本文讨论的"V变V式"采取的高元音 [i] 作为重叠式表示短时或者动量小等语法意义的必然选择。在福州话中有一种动词重叠形式表示名词化。如动词 kuoŋ³¹（卷）重叠以后变成 kiŋ⁵² kuoŋ³¹（今卷），其中 kuoŋ³¹ 是基式，kiŋ⁵² 是重叠部分，kiŋ⁵² kuoŋ³¹ 是重叠式。虽然其语法意义和潮州话大相径庭，但不约而同地采取了同一语音形式。再如昆明话用音长来反映程度加强的例子，广西廉州方言用音高来反映强调程度，并且这种现象还广泛分布在侗台语

---

① 朱晓农：《亲密与高调》，《当代语言学》2004 年第 3 期，第 193~222 页。
② 朱晓农：《亲密与高调》，《当代语言学》2004 年第 3 期，第 193~222 页。

中。这些例子均与本文所叙述的"V变V式"重叠式用高元音 [i] 来反映强调程度有异曲同工之妙。前面说过，[i] 还有表亲密的效用，因此在潮州话中也起到了缓和语气的作用。

(二) 语法结构的重叠动因

从类型学上来看，世界上有诸多语言也有类似的结构，而且地理上毫不相干的区域，竟然也有着惊人相似的语法意义，下面是动词重叠在一些语言中所表示的意义，下列数据来自孙景涛①：

a. 相互的行为动作（藏缅语族的纳西语：马学良等，1991：517）

b. 与复数施事一致（Nisgha 语：Shaw，1987）

c. 名词化（尼日利亚的 Yoruba 语：Marantz 1982；闽方言：郑懿德，1983；贵州大方方言：李蓝，1987）

d. 反复体（越南语：Thompson，1965；北美印第安 Dakota 语：Shaw，1980）

e. 重复的起始体（澳大利亚的 Mparntwe Arrernte 语：Evans，1995）

f. 尝试体（普通话：赵元任，1968）

g. 进行体（菲律宾的 Ilokano 语：McCarthy and Prince，1986）

h. 动作加强（古希腊语、梵语：Steriade，1988）

i. 完成体（古希腊语、梵语、汉语永康方言：袁家骅等，1983：96）

j. 动作弱化（越南语：Thompson，1965）

由上面列举的动词重叠式语义类型我们看出，同样的语法形式，不仅在汉语各方言中，而且在不同语言中所表达的意义都是惊人地相似。这种类型的普遍性可以从人类认知语法的基础上得到解释。戴浩一首先提出了"重叠动因"概念，他指出语言形式的重叠对应于概念领域的重叠，而且汉语重叠式中特定形式和特定意义的对应并不是任意的，而是由语言的象似性所促动的。② Zhou 借助时间概念进一步阐释了汉语动词重叠的类象性质。他认为动词的重叠既是实质性的类象符，又是关系性的图样类象符。前者指的是语言符号和它的所指在物理上的相似性，体现为发出某一语言符号所需的时间长度和直接反映了这一符号所代表的动作的长度。③ 根据张敏的研究，这里的"物理类象性"其实就是一种"影像符"。除了拟声词，几乎每一种语言都采用的逻辑重音可以看作一种影像符，即语音的加重直接反映了强调的加重。他认为，影像符在汉语方言也有出现，分别体现在音长、音高及元音舌位的高低前后上。④ 例如上文我们所说的昆明话

---

① 孙景涛：《古代汉语构词法研究》，上海教育出版社，2008。
② Tai, James H. - Y., "Toward a cognition - based functional grammar of Chinese", In Thai and Hsueh, 1989. 汉译文见《功能主义与汉语语法》，叶蜚声等译，北京语言学院出版社，1994。
③ Zhou, Minglang, Iconicity and the concept of time: evidence from verb reduplication in Chinese, CLS 29, 1993.
④ 张敏：《从类型学和认知语法的角度看汉语重叠现象》，《国外语言学》1997 年第 2 期，第 37~45 页。

用音长来反映程度加强和广西廉州方言用音高来反映强调程度。而潮州话的"V$_变$V式"中，前一个动词用舌位较高较前的［i］表轻，其作用就在于强调后一个动词，这些都反映了人类认知观念在语言上的一致。

但正如Zhou文提醒我们，类象性的体现在不同的语言维向上可能不同，某一形式的类象性质在某一维向上可能是隐晦的，而在另一维向上则会彰显出来。① 例如景颇语里动词重叠式做谓语时都有强调和加深动作行为的意义，而做状语时则表动作行为时轻微的意义。② 根据戴浩一的"重叠动因"概念，动词的重叠式应该表增量，但是根据张敏的研究，动词重叠式是一种二叠式，而二叠形式本身具有既可表增量又可表减量的量化效应，也就是说，二叠形式本身具备表少量义的认知基础。③ 因此给潮州话这一特殊的动词重叠结构提供了一个合理的解释，无论是强调或者缓和语气，潮州话的二叠式动词都具备了这一认知基础。在藏缅语里，某些语言的动作重叠式可表动作轻微或时间短暂，如基诺语的动词重叠式则表示动作时间短暂或试行的情态。④ 由此可见，用认知的观念来解决语言问题还需具体问题具体分析，不能概以论之。

四 结语

重叠是与语音、语法或者形态构词都有密切联系的复杂语言现象，所以深入的重叠研究会给我们提供一个新的视角去考察其他方面的问题。本文描述了潮州方言一种特殊的动词重叠的"V$_变$V式"，从动词特征、句法功能、语法意义三个方面对这一特殊动词重叠进行了讨论，并试图从类型学和认知语言学的角度对这一重叠结构的形式意义做出合理的解释，意在做一个抛砖引玉的尝试。正如张敏所说的，重叠是汉语里人尽皆知的一个重要的语法现象，若不引入类型学的视野，其中某些深刻的特点是难以发现的。⑤ 本文就是一次从类型学的角度，将认知语言学的观念与具体方言语法特点结合起来讨论的尝试，我们相信，"将具体语言特性的分析、语言普遍现象的考察和认知观念结合起来，或许能为语法研究乃至整个语言学研究开辟一条新路。"⑥

责任编辑：杨　姝

---

① 转引自张敏《从类型学和认知语法的角度看汉语重叠现象》，《国外语言学》1997年第2期，第37~45页。
② 戴庆夏、徐悉艰：《景颇语语法》，中央民族学院出版社，1992。
③ 张敏：《汉语方言重叠式语义模式的研究》，《中国语文研究》2001年第1期（总第12期）。
④ 盖兴之：《基诺语简志》，民族出版社，1986。
⑤ 张敏：《汉语方言重叠式语义模式的研究》，《中国语文研究》2001年第1期（总第12期）。
⑥ 张敏：《汉语方言重叠式语义模式的研究》，《中国语文研究》2001年第1期（总第12期）。

翁著《潮汕方言》词语的文化内涵

杜 奋

摘 要：本文以翁辉东先生著《潮汕方言》的词语为研究对象，在词语变化发展中观察其文化内涵，发现随着社会经济文化各方面的发展，词语的变化速度更是日新月异。本文简要列举和分析了较有特色的类型变化。

关键词：《潮汕方言》 词语变化 文化

引 入

刊行于1943年的《潮汕方言》，是最早研究潮汕方言词的著作。作者翁辉东先生有感于"语言变迁，罔一可穷诘。虽假壤遐陬，田夫野老，囿于乡音而语不失方，转与雅、记故事相合"①。

翁辉东先生此书成于1943年，过去了半个世纪之久，当时的方言词是否保留到现在，保留了多少，在哪些领域逐渐减少甚至出现消失的现象，并由此反映出什么社会现象，这是本次调查的核心。本次调查选择1980年至1990年间出生，长期生活在潮汕地区的居民进行调查，主要职业为中学教师和在校大学生。调查词条均采自《潮汕方言》，其存在判断标准以被访者是否能理解该词意思为原则。经调查发现，在释器、释宫、释言（两字）和释言（多字）等卷中涉及潮汕民俗和潮汕农耕器具方面的方言词消失较为迅速。在释草木、释虫鱼、释鸟兽和释亲等卷中的词条保留较好。其余诸卷当中词条消失的原因多属于社会经济生产方式发生转变以及社会发展影响的结果。另外，

---

* 本文为潮州市哲学社会科学规划项目"翁辉东〈潮汕方言〉研究"的阶段性成果，项目编号：2013-A-12。
** 杜奋，1984年生，法学硕士，韩山师范学院潮学研究院职员。
① 翁辉东：《潮汕方言》，涵晖楼，1943。

翁辉东先生在整理归类潮汕方言词时把许多文读音的方言词与白读的方言词归为一类，导致出现一些词义上理解的混乱，对调查过程有一定效度的影响。总的来说，这本《潮汕方言》是翁辉东先生有感于"语言变迁"，为保留乡音耗时20余年编著而成，是一本奠基之作，切实记录了当时的潮汕方言和潮汕文化面貌。

《潮汕方言》共16卷，共收集方言词约1124条。初步统计数据显示，现存至少有词条数约649条，占《潮汕方言》词条总数的57.7%。具体统计情况（见表1）将在本文中详细说明。

表1　《潮汕方言》中的方言现存数统计情况

篇目	共有条目	现存至少	至多消失	现存百分比至少为(%)
卷一:释词	42	41	1	97.62
卷二:释言·单字	105	78	27	74.29
卷三:释言·两字	209	99	110	47.37
卷四:释言·多字	58	25	33	43.10
卷五:释言·叠字	45	24	21	53.33
卷六:释身	123	81	42	65.85
卷七:释亲	65	33	32	50.77
卷八:释宫	29	19	10	65.52
卷九:释食	54	36	18	66.67
卷十:释服	36	13	23	36.11
卷十一:释器	72	27	45	37.50
卷十二:释天	34	23	11	67.65
卷十三:释地	59	36	23	61.02
卷十四:释鸟兽	39	20	19	51.28
卷十五:释虫鱼	79	51	28	64.56
卷十六:释草木	75	43	32	57.33
总　计	1124	649	475	57.74

根据上述调查结果，经过分析可以得出潮汕地区在近半个世纪内发生较大变化，主要体现在以下几个方面。

一　潮汕方言中的生活用词

潮汕方言作为闽语语支，在汉语语言发展当中自然也会出现语言演变，有些方言词的说法发生改变，还有些已经消失。如今人们往往喜欢使用简单易懂的词语来表达复杂的意思，这体现了词汇使用上的经济性原则，如：

1. 寝见（卷三，p.91）①，俗呼作梦为枕见，寝音同枕。案《广韵》："梦本作□"注："寐中神游也。"《说文》："寐而有觉也。"辉东案，寐者寝也。寐觉，即寝见。

现多用梦见。

2. 错逆（卷三，p.92），俗以骤然惊遇为错逆。案：错古作□。《说文》："惊也。"逆。《正韵》："音谔。"《集韵》："相惊遇也。与愕同。"《后汉书·寒朗传》："二人错逆不能对。"

现多用撞着，遇着。

3. 洋盘（卷三，p.103），俗以作事不在行曰扬盼，应作洋盘，或曰洋盘脚，脚色也。案：上海亦有是语。余以为华洋甫交通之际，国人初见外人，举动不中礼节，即以洋盘呼之。有鄙夷意也。盘者，柢子也。如买卖称盘口。官场交卸称交盘。

《汉语方言大词典·第三卷》中有关于洋盘最常用的解释："〈名〉外行；傻瓜（指缺乏经验的人）。"这与翁辉东的解释相同，现今多用外行替代洋盘一词。

4. 祭馋（卷九，p.203），俗詈人贪食曰祭馋。案，祭《说文》："祀也。从示。右手持肉。"馋音谗。平声仄读如创。皮日休诗："猕猴垂馋涎。"《集韵》："饕也。通作谗。"谓人食如鬼之食。其意甚恶。而词甚典。然多出自妇人之口。

此词形容人吃相不雅，潮汕本地人基本不用。

5. 过梅（卷三，p.94），俗呼过时物曰过梅。谓其陈旧也。案白居易《咏故衫》诗："残色过梅看向尽，故香因洗嗅犹存。"辉东曰，梅者音同霉，谓经过黄梅天。衣物伤霉，必致残旧耳。

过梅一词在潮汕乡村区域仍有保留，但在潮汕城市区域现多用过时等新词替代，或者用英语 out。

---

① 翁辉东：《潮汕方言》，涵晖楼，1943。本文所取词语均来自该书。

二　潮汕方言中的民间习俗和宗教仪式

潮汕地区一直以来有着许多民间习俗，随着经济的迅猛发展，生活节奏加快，有些习俗和宗教迷信活动渐渐被简化，有的已经消失。下面所列出的这些词所反映的活动是当今比较少见甚至消失的一些民间习俗。

6. 解纸（卷三，p.98），又呼还愿为解纸。民俗于二月朔日，用金纸一束，中夹愿语，扎于神座，求平安。至冬则以牲礼报之，如阖族举办者，则大演戏剧，谓之谢平安，将所扎之纸解除，是为解纸。此春祈秋报之意。

7. 听暗卦（卷四，pp.110-111），俗于除夕，潜步出门，窃听人语以辨吉凶，曰听暗卦。案《潮州府志·岁时篇》："饶平辞岁，更阑人静。抱镜出门。潜听市人语。以卜来年休咎，谓之响卜。"潮安曰听暗卦。

科学技术和医学的发展，使得潮汕人民对于以前人生礼仪逐渐有了正确的认识，但不得不提的是，下列两个有关对刚出生婴儿所进行的仪式词语虽然逐渐消失，但潮汕人民在过去对于生命和子孙后代的重视程度由此可见一斑。

8. 开嚅（卷六，p.142），故事。婴孩产后十日举行开荤。开荤先期必须开嚅。法取历书上八卦图一页。生葱二枚。吉贝二条。龙眼干十二枚。乌糖咸菜各少许。盛于柳盘。延高寿妇人以中指裹菜叶揾糖纳小儿口拭拭之说吉祥语名曰开嚅。

9. 憩腊（卷十二，p.244），婴儿始生，七日之内，戒勿震动，俗谓憩腊。憩读如腔下去声。过期而获安全。谓之过腊。案田艺衡《春雨逸响》云："人之初生。以七日为腊。死以七日为忌。一腊而一魄成。一忌而一魄散。"又婴儿于腊内死亡者。谓之着锁。

在过去，潮汕地区宗教迷信活动较为频繁，但随着文化的发展，有些宗教活动渐渐地被人所淡化，如：

10. 靖油火（卷四，p.111）进宅之前晚，必请师公，以锅盛油，煮沸喷洒，遍及各室，迨及最后，鸣锣执磬，并擎余油，狂歧路，倾盆泼去，名靖油火，亦曰出火。

11. 功德冥斋（卷四，p.120）俗遇丧事，延僧诵经，一日以上，谓之"做功德"，潦草成事，半日而毕，谓之"做冥斋"。案：佛典术语……凡诵经礼佛，皆曰功德……

三 潮汕方言中的近代民间俗称

潮汕地区近代有许多职业俗称，由于潮汕地区行业结构的变化，有些近代职业现已名存实亡，但有小部分还是有所保留，行业规模逐渐变小，或出现其他行业词语替代而消失或转移，如：

12. 大公（卷七，p.176），俗称船夫为大公。案《辍耕录》："吾乡称舟人之老者为长年。此称呼唐已有之。杜工部诗：'长年三老歌声里。白昼摊钱高浪中。'《古今诗话》：'谓川峡以篙工为三老，乃推一船之最寿者言之耳。'因思海舶中，以司柁者为大翁，是亦长年三老之意。"

13. 司头（卷七，p.180），俗呼赌场技馆当事者为士头，应作司头。女人称司头婆。案唐·薛恁有《戏樗蒲头赋》："鉴空中之奔兆，非席上之司头。"

该词条在潮汕方言中已经很少见，但在粤方言中仍保留此说法，称为"事头婆"。

14. 花娘（卷七，p.181），俗呼娼妓为花娘。案梅圣俞诗："花娘十四能歌舞。"古韩江上游多设花艇居其中者。称蛋（疍）家姨。亦曰花娘（见张潮《韩江风月记》）。因此凡女人招摇过市者，人呼"花娘花艇"。其艇每张六扇风帆。人呼之为"六帆骚仔"。

15. 遭水（卷七，p.181），俗呼引路或领港为□水。应作遭水。案：遭，连带也。水即水路。

16. 踹皮（卷七，p.182），俗呼草药医生为踹皮。案：踹，蹠足也。《淮南子》："踹足而怒。谓以足跟作力着地也。"皮，脚皮也。俗有相人手纹者曰："一螺坐缀缀，二螺踹脚皮。"踹皮，走脚皮也。

还有一些民间俗称也逐渐消失，如：

17. 哥侪（卷七，p.181），俗呼未通姓名之人曰哥侪。此外之之词也。有若彼阿哥们语气。案：哥，一解作兄。《广韵》："今呼为兄。"侪音齌。等辈也。《列子·汤问篇》："长幼侪居。"《左传》："晋郑同侪。"又客家，凡问同行几人，曰有几侪。

该词在潮州饶平一带还保留此说法。

18. 刘阮（卷七，p.182），俗呼奸夫为老衍，应作刘阮。世谓人有艳遇者莫如刘阮。案，《神仙传》：刘晨，汉明永平中，与阮肇同入天台采药。失道，遇二女。迎归，忻然如旧。饭以胡麻。后求去。至家，子孙已七世矣。俗呼老衍曰入人内、语意逼肖而音谐。（出自南朝志怪小说集《幽明录》神仙传）

19. 四众人（卷七，p.184），俗以群众为四众人。案佛典以比丘比丘尼为出家二众。优婆塞优婆姨，为在家二众。合为四众。

四　潮汕方言中的建筑及器物名称

潮汕建筑名称的词汇保留得比较好，如火巷、外庭、天井等，但也有年代更为久远的词语发生消失，如：

20. 春手（卷八，p.187），屋旁南北厅。俗呼春手。或作伸手。春伸叠韵。案：春字本义，为动为出。动者伸也。出亦伸也。春手，或为出手。伸与春与出，固相同也。《周礼·考工记》："张皮侯而棲鹄。则蠢以功。注。春读为蠢。蠢作也，出也。"《说文》："蠢动也。"动亦伸也。俗呼春手。犹言可以伸动也。

潮汕地区器物名称的词汇，因为物品已经很少见，所以出现词汇的消失，又或者改变了说法，如：

21. 吉贝（卷十，p.213），俗呼棉花为膠播，应作吉贝。纺成条状者。呼吉贝尾。今呼棉花。上海仅称曰花。案《辍耕录》："闽广多种植木棉，纺织为布名曰吉贝。"商务《辞源》云："唐书吉贝草也。缉其花为布。粗曰贝。精曰氎。亦作古贝。南史云：林邑国出古贝。古贝者，树名也。其华成时如鹅毛。抽其绪纺之作布。与纻布不殊。亦染成五色。织为斑布。按即今之棉花。《南史》以为木本。《唐书》以为草木耳。"又《日知录》："韩文公广州记有千陀利。注家皆阙。按《梁书·海南诸国传》。千陀利国。在南海洲上，其俗与林邑、扶南略同，出斑布、吉贝、槟榔。案是为古名词，流传民间，他处未之闻也。"

22. 棰杖（卷十一，p.221），俗呼丧家孝子之杖为棰糖。应作棰杖（棰音同槌，杖音似糖，下上声）。案说文。杖击也。《前汉书·温舒传》："棰楚之下。何求不得。"棰杖义同。礼丧服。"父丧苴杖。竹也。母丧削杖。桐也。"引申之。手拎呼手杖。（糖下上声）谓手拎有似木橛。

23. 水枮（卷十一，p.224），救火水筒，呼曰水枮。仇下入声、状似朴枳铳、以铜制者佳枮。音节。古为梳篦之总名。人取其义而推广之。制为水枮。洒除垢秽。其制。外管内桿。密切如栉。《左思赋》："屯营栉比。"案动物有有栉水母。

24. 鞋楦（卷十一，p.226），俗呼鞋匠朴木为鞋楦。音酸，《正韵》音宣。案《说文》："履法也。"徐铉曰："织履模范。故曰法。"《朝野佥载》："唐杨炯。每呼朝士为麒麟楦。曰。弄假麒麟者。必修饰其形。覆之驴背。及去皮。还是驴。甚谑而虐矣。"

25. 春凳（卷十一，p.230），俗呼阔面长椅为春凳。春义同伸，见卷二春字条。得春凳之半者曰椅头。潮阳呼椅曰。细面长形者，呼长条椅。矮者呼椅子。有后戾者。呼交椅。或曰高椅。案凳。"丁邓切。音镫。"《字林》云："床属。或作橙。"俗写作櫈，字典无櫈字。然橙，俗以为柑类，误也。《正韵》："几属也。"潮人多尚春凳。椅。正韵。"音倚。俗呼坐凳为倚子。"《正字通》："坐具。后有倚者曰倚。"椅之横木，呼椅踢。凡人坐时，每以足踢于横木，故云。或以横木之两端，抵于直木，若足之踢于横木然，故曰踢紧。

26. 炕床（卷十一，p.231），俗呼两人并坐之榻为炕床。案：炕。《篇海》："音抗。坐床也。"前清显贵，有设单匡者，状如宫殿之宝座。又北人于炕下烧火取暖。呼曰火炕。

五　潮汕方言中的经济生产方式

潮汕地区经商人数众多，其经济生产方式自然随着经营理念的更新和经营规模的扩大而不断发展，如：

27. 判卖（卷三，pp.95-96），未成熟之果蔬，先时估卖。俗呼判卖。或单呼判。如判柑，判粟，判鱼崽等。此为闽语。潮俗仍习其旧。近人施某所著《闽侯杂记》云："凡田山场所，种竹木蔬果之类，不论收获多寡，于初种或收获时，估卖于人，谓之判卖。"案判。音泮。《说文》："分也。从刀。半声。"《增韵》："半也。"辉东以为判卖之行为，大体果粒卖去。枝木存在。所卖之物，只得其半。故名曰判，其或取义于是。

判卖，用现在经济术语来归类，就是期货交易当中的保值交易，但是当时的判卖它只是期货贸易的雏形。

28. 掺衫（卷十，p.209），制衣术语。除纰衫外。且有掺衫一语。案掺一语。案掺。同织。诗"掺掺女子。可以缝裳。传。犹纤纤也。疏。好手。"古诗："纤纤出素手。"掺衫者，使表里合一也。

29. 铰衫（卷十，p.209），俗呼制衣工人为裁缝。案：裁。剪也。裁用剪刀。两刃相交。因名交刀。亦即铰刀。故呼剪衣为铰衫。李贺诗："细束龙须铰刀剪。"

30. 勾云（卷十，p.211），俗呼女衣襟角之卷曲饰物为勾云。状如云头之相勾连也。案邑人杨洪简《咏翁襄敏公》诗："眉末两勾云。"

以前的制衣行业都是手工作业，现在都是以电子设备和大型机器进行批量生产。自然以前的制衣术语就会让人感觉到陌生或者出现消失现象。语言的生命取决于人类社会对它的使用。

结　语

语言不仅是人类社会得以形成的重要因素之一，而且还是人类社会得以延续发展的必要条件。法国社会心理语言学派的代表人物梅耶认为，语言学是一种社会科学，要想了解语言的变化，就必须了解社会的变化；反之亦然。了解语言的变化，也可以从中得出一些社会的变化。对《潮汕方言》中消失的方言词，我们应将其当时所表达的意思和反映的社会现实进行真实记录、整理和保存，这将是潮汕方言甚至潮汕文化研究所不可替代的珍贵资料。

责任编辑：陈凡凡

民国时期潮剧广告之研究

欧俊勇*

摘　要：民国时期的潮汕地方报纸广告记录了市民生活的状况，也真实记录了潮剧在城市休闲生活方式中的地位。本文对系列潮剧广告进行整理，以揭示潮剧在民国时期的消费和生存状况以及潮剧的转型。

关键词：民国　潮剧　广告

美国学者明恩溥（Arthur H. Smith，1845～1932）在其《中国的乡村生活》一书中详细地描绘了当时中国乡村戏剧的演出情景："在戏班到达村庄的前期，村庄上一片繁忙。不但有大量的草席供应，而且村庄周边荒芜的地方也在短短的时间内一下子变成了暂时的新拓居地。剧场旁边，则搭起了许多草棚，作为饭店、茶馆、赌场等。在这种日子里，即使这个村庄很小，其场面也像是一个很壮观的大集市。"[①] 这段透露了晚清至民国时期中国乡村剧团演出时繁荣场景的史料似乎会给研究者一个错觉——戏剧的演出空间仅限于乡村。如1923年杨柳堂在《改良潮州戏剧之我见》一文中，依然从乡村的视角来讨论潮剧的教化问题。[②] 诚则不然，随着民国时期城市消费群体的增加以及城市消费群体的文化需求，戏剧演出已经成为城市文化生活的一部分，并且成为城市消费方式的主要类型之一，受到城市消费群体的热捧。

潮剧在民国时期也同样活跃在城市空间中，成为市民休闲生活的方式，也反映了市民群体的消费主义意识形态。城市戏剧演出离不开戏院的组织，戏院在这种休闲消费方式的构建中扮演着重要的角色。戏院通过市场运作，有效地将剧团和市民群体联系在一起，当然作为信息传播的有效途径，戏院会借助报纸传媒将戏剧演出广告信息传递给市

---

* 欧俊勇，1981年生，揭阳职业技术学院学报编辑部副主任、三山国王文化研究所副所长。
① 〔美〕明恩溥（Arthur H. Smith）：《中国的乡村生活》，电子工业出版社，2012，第39页。
② 杨柳堂：《改良潮州戏剧之我见》，《潮州留省学会年刊》，1923，第1页。

民群体,以吸引更多的观众。1935年汕头出版的《农商》刊载的《谈各种广告利用法》就把报纸杂志广告列为十种有效的广告形式之一,有助于"吸引人们的注意"以"藉获薄利",并且对当时报刊广告的地位做了描述:"无论你把国内的那家报纸和什志翻开,广告所占的篇幅,比较新闻地位,这要超出几倍"[1]。可见,和其他城市一样,潮汕地区民国时期的报业为城市消费群体提供了大量的信息。

尽管近些年潮剧研究取得丰硕的成果,但更多的成果集中在戏剧文本的源流考据上和对非物质文化遗产语境下潮剧的生存情况的思考上,如曾宪通[2]、林伦伦[3]、张长虹[4]、郑守治[5]、欧俊勇[6]等人的研究成果主要集中在潮剧与方言关系上,萧遥天[7]、张伯杰[8]、田仲一成[9]、林立[10]、林瑜[11]、郑守治[12]等人的研究成果从唱腔、版本、口述历史等对潮剧版本进行考证,刘琨[13]、李莉[14]等人的研究成果主要视角关注的是潮剧作为非物质文化遗产的保护和资源开发。尽管潮剧的研究成果较为丰硕,但是对"消遣之品"[15]的潮剧研究成果较少,尤其对民国时期以戏院运作为中心的潮剧信息传播方面的研究成果较少。本文通过对民国时期地方报纸所刊潮剧广告逐则爬梳,并将之还原到20世纪国家现代转型的语境中进行思考,试图揭示潮剧现代化转型的轨迹。

一 民国时期潮剧广告概况

检阅民国时期的广告学著作,它们的观点基本上都认为广告"盖所以裨助有物销

---

[1] 金郎:《谈各种广告利用法》,《农商(创刊号)》,1935,第5~6页。
[2] 曾宪通:《明本潮州戏文〈金花女〉之语言学考察》,《方言》2005年第1期。
[3] 林伦伦:《潮汕方言与潮剧的形成》,《语言文字应用》2000年第4期。
[4] 张长虹:《潮州方言·潮调·泰语——关于泰语潮剧的本体研究》,《艺苑》2011年第2期。
[5] 郑守治:《粤东戏曲官话"正字"的历史和语音特点》,《广州社会主义学院学报》2012年第2期。
[6] 欧俊勇、黄燕璇:《明本潮州戏文〈金花女〉宾白疑句研究》,《韩山师范学院学报》2013年第2期。
[7] 萧遥天:《潮剧戏剧音乐志》,1957。
[8] 张伯杰:《潮剧声腔的起源及流变》,《音乐研究》1984年第4期。
[9] 田仲一成:《潮剧在南戏中的地位》,《戏曲研究》2007年第1期。
[10] 林立:《宣德写本〈金钗记〉与潮剧渊源》,《韩山师专学报》(社会科学版)1992年第1期。
[11] 林瑜:《口述历史:旧日的潮剧与潮州歌册——采访祖母、外祖母与婶婆》,《中山大学研究生学刊》(社会科学版)2011年第1期。
[12] 郑守治:《正字戏、潮剧〈断发记〉的剧本演变与声腔渊源(一)》,《韩山师范学院学报》2007年第5期;郑守治:《正字戏、潮剧〈断发记〉的剧本演变与声腔渊源(二)》,《韩山师范学院学报》2008年第1期;郑守治:《四百多年前的潮州话韵母系统——明代潮调剧本韵部研究》,《海南师范大学学报》(社会科学版)2012年第3期。
[13] 刘琨、陈媛:《中国潮剧的生存现状与出路》,《深圳大学学报》(人文社会科学版)2009年第3期。
[14] 李莉、江郁涛:《潮汕非物质文化遗产的保护性旅游开发探析——以潮剧为例》,《经济研究导刊》2010年第14期。
[15] 杨柳堂:《改良潮州戏剧之我见》,《潮州留省学会年刊》,1923,第1页。

售之一切商家，而佐其行市之推广者"，其目的就是"以广告博取他人之资财"①，"攫取市场，推广销路"，并认为"攫取市场的最好办法，莫如利用广告"②。商家在报纸上刊登广告是传递商业信息的手段，拓展消费群体提高商业利润是报刊广告的目的。

戏院是城市文化消费的主要空间，所刊登戏剧广告，其目的也如此，即吸引更多的市民消费群体，引导市民消费群体的休闲方式，以获得商业利益。无论是普通商业演出，还是游艺募捐演出，对于组织者来说，其目的终究是刺激消费群体的文化消费欲望，获取利润。甚至部分潮剧广告直接将戏价刊登出来，如1937年10月1日汕头大观园老赛宝丰班潮剧演出广告就分别列出了日场和夜场的戏价："日演《狄青解征衣》，夜演《别虞姬》二集。价目：日价对号一角，头等、普通12仙③；夜价对号三角，头等、普通一角。"④

报纸是民国时期的重要传媒手段，也是市民获得信息的有效途径。民国时期潮汕地区报纸众多，主要刊登潮剧广告的报纸包括《潮阳民报》、《大光报》（粤东版）、《惠来民报》、《南康日报》、《揭阳青年报》、《新潮安报》、《民国岭东日报》等七家报纸。广告数量共计166则，时间最早的潮剧广告出现在1937年10月1日《民国岭东日报》的汕头大观园老赛宝丰班潮剧广告，时间最晚的潮剧广告是1947年12月3日《新潮安报》的新华戏院老三正顺香班潮剧广告，时间跨度为10年左右。这些潮剧广告信息量丰富，涉及潮剧演出的诸多方面内容，如演出地、戏班、戏价、演员、戏目等，是民国时期潮剧史研究的重要史料（见表1）。

表1 民国潮汕地区报纸潮剧广告情况表

报纸名	广告数量（则）	戏院数量（家）	戏班数量（班）
潮阳民报	1	1	1
大光报	2	—	3
惠来民报	2	—	1
南康日报	18	1	5
揭阳青年报	85	2	7
新潮安报	17	2	2
民国岭东日报	42	3	8
合计	167	8	13

说明：统计"戏院数量"时，同一家戏院在不同报纸刊发潮剧广告时只作一家统计；统计"戏班数量"时，同一戏班在不同报纸潮剧广告出现时只作一家统计。

---

① 〔美〕暂斯敦公司（Thesystem Company）著，甘永龙编译《广告须知》，上海商务印书馆，1924，第1页。
② 冯鸿鑫编《广告学》，中华书局，1948，第1页。
③ "仙"即英文 Cents（分）的音译，民国政府发行过用"仙"为单位的硬币或纸币，如广东省造五仙镍币，正面文字"伍仙镍币"，背面文字"FIVE CENTS"。
④ 《岭东民国日报》1937年10月1日，第四版。

从表1可以看出，刊登潮剧广告最多的是《揭阳青年报》，数量为85则，最少的是《潮阳民报》，数量为1则。总体上讲，出现这种情况，一方面和报纸的存世数量多少以及戏院采取的宣传策略有关，另一方面也反映了不同地区戏院潮剧演出活动的状况。从戏院情况看，各种报纸潮剧广告涉及的戏院数量相差无几，这反映了当时演出潮剧戏院相对集中。从演出的戏班情况看，《民国岭东日报》数量最多，计8个戏班，《潮阳民报》和《惠来民报》只有1个戏班。

（一）样式和类别

民国时期潮剧广告一般和其他商业广告一起刊登在副刊上，样式相对统一，即使最早出现的潮剧广告和最晚出现的潮剧广告都大致一样。潮剧广告外框一般采用小波浪纹形式，这有别于其他的直线型外框商业广告。方框上部是演出剧院或其他组织演出机构，采用横向大字显著标明，如果潮剧演出涉及政治性主题的筹集资金活动，则往往在演出单位下方用小字说明，或者在广告的右边第一行用文字说明。广告下部分是核心信息，包括演出戏班、时间、戏目、演员、戏价、广告词以及部分附带说明等信息。戏班名称都用大字竖向标明，以引起读者视觉上的关注，原因在于戏班是整场演出的主体，也是消费者最关注的核心。戏班名右侧一般会冠以赞誉性的衔头，常见的词语是"潮剧之王"、"潮州名剧"、"潮剧冠军"等。戏班名右侧则表明"日场"、"夜场"的演出戏目，且日场和夜场戏目没有连贯性。戏名下面则注明演出集数，如1945年10月10日《岭东民国日报》刊登的汕头大观园戏院聘请老三正顺香班的演出广告，其日场演出《三白人》一集，夜场演出"新编古剧"《安邦定国》四集。① 戏价出现的情况很少，《岭东民国日报》上的戏价均置于广告的下端，分为日价和夜价，并按座次优劣等级区分。广告词主要围绕演员、演艺、舞台、服装、戏院环境等加以宣传，如"男女名角、落力拍演、布景新奇、服装艳丽"②、"院址宽阔、好戏当前、空气凉爽、请速定座"③。有意思的是，为了吸引消费者，一些广告语也别出心裁，如"拉得紧——你的心弦，抓得住——你的情绪"④、"一集有一集的妙处、一幕有一幕的精彩"⑤。演员名单也常常会出现在广告上，如1947年8月18日《南康日报》老怡梨春班广告详细注明："新伶童：蓝衣炳炎、花旦顺填、小生悦明、青衣炳昌。"⑥ 潮剧名角也常常出现在广告上，如"潮逞越著名女丑婆伶洪妙"⑦，"著名小生炳鑫（歆），花旦玉英、佳妙"⑧

---

① 《岭东民国日报》1945年10月10日，第三版。
② 《揭阳青年报》1947年7月25日，第二版。
③ 《南康日报》1947年7月26日，第二版。
④ 《南康日报》1947年7月6日，第二版。
⑤ 《南康日报》1947年6月28日，第二版。
⑥ 《南康日报》1947年8月18日，第二版。
⑦ 《南康日报》1947年7月4日，第二版。
⑧ 《新潮安报》1947年11月10日，第一版。

等，充分利用演员的号召力来吸引观众。有时候，潮剧广告也会附带一些说明，主要内容是售票和优待情况告知消费者，如1947年7月3日《南康日报》刊登的榕城大戏院老一枝香戏班演出广告附说明"优待军警免费入座"①，1947年11月4日《新潮安报》刊登的新华戏院老三正顺香班演出广告附带说明"游艺筹款，恕不送票及售半价，希为原谅"②。

按照潮剧演出性质的不同，潮剧广告总体可以分为两种类型：普通潮剧演出广告和游艺募捐潮剧广告。普通演出广告是由戏院组织的普通演出，不以各种政治性为目的的潮剧广告，这一类型的广告占绝大多数。游艺募捐潮剧广告的目的非常明确，就是通过组织潮剧演出或以潮剧演出为主的游艺活动，主要为各种政治性主题的需要筹集资金的广告类别，地点可以在戏院，也可以在公开场地。如1947年7月19日《揭阳青年报》刊登的两则潮剧广告，一是为"举行义演筹制夏季团警服"在榕城大戏院聘请老三正顺香戏班演出的广告，二是为"筹建新兵招待所"在榕城韩祠路公共运动场"一连六天"聘请老怡梨春班演出的广告。③ 可以看出，以消遣娱乐为属性的潮剧演出活动已经成为政治性主题筹款的重要方式，并且为消费者所接受。

（二）戏院

戏院是潮剧演出的空间，也是潮剧演出的组织角色，随着潮剧市场化竞争的加剧，戏院广告也不断刊出，据统计，明确在戏院演出潮剧的广告数为139则，占全部潮剧广告的83.7%，足见戏院在潮剧市场化过程中扮演着重要的角色（见表2）。

表2　戏院广告情况表

戏院名称	广告数量（则）	戏院地点
榕城大戏院	74	榕城
百乐戏院	10	榕城
新华戏院	12	潮安城
大观园戏院	36	汕头
中央戏院	4	汕头
中煌戏院	2	汕头
棉光戏院	1	潮阳县城
白宫电影院	5	潮安城

戏院为了吸引观众，不惜在舞台效果上大做文章，同时在组织潮剧名班名角演出上下足功夫。如1945年10月23日《岭东民国日报》刊登大观园戏院的老正顺香班潮剧广告：

---

① 《南康日报》1947年7月3日，第二版。
② 《新潮安报》1947年11月4日，第一版。
③ 《揭阳青年报》1947年7月19日，第二版。

本周特聘到潮剧冠军老正顺香班莅院演唱,乃为吾汕收复国土重光繁荣市区。供各界坐兴。不惜巨资聘请来院表演。查该班近来增聘演员多名,新添设备比以前更加精美,兼有长编戏剧,内容奥妙无穷,逐一紧奏(凑),滑稽百出,歌声婉转,真出人头地。诸君趁早定座,方知佳剧之妙。此白。①

戏院不惜"巨资聘请",对舞台设置进行更新,"比以前更加精美",以此吸引观众。戏院的策略还包括对剧团的赞誉,声称老正顺香班是"潮剧冠军",而且增加演员多名,剧情安排、唱腔艺术上都"出人头地",同时故设悬念,告知消费者"趁早定座,方知佳剧之妙"。又1947年7月28日《南康日报》榕城大戏院老正顺香班广告宣称:"院址宽阔,好戏当前,空气凉爽,请速定座。男女名角,落力拍演,布景新奇,服装艳丽。"戏院设施和舞台效果是潮剧市场化必不可少的环境因素。有些戏院潮剧广告甚至将导演和演员表开列出来:"著名导演师卢(吴师吾)吟词,新编初出台"②、"启者:该班(老玉梨香班)欲与潮剧界竞争,不惜钜□牺牲,特选聘著名儒家名角莅场表演,计:乌衫文彬、小生如松、女旦细梅、乌衫琴亨、花旦□茂、老丑春德、武角汤金武。场场精彩,以致连□坐位已满。兹等扩充客位起见,赠票概行停止,各界原谅。逐晚更新剧。诸君请早定座。"③ 上述广告词中,戏院开列的名导演名角名单无疑有助于吸引更多的消费者。这些信息也揭示了戏院之间的激烈竞争。

值得关注的是,推动潮剧市场化的不仅是戏院,电影院有时也介入潮剧演出活动,如白宫电影院就有5则潮剧广告,虽然都是作为"潮安救济院筹募儿童棉衣游艺大会"的演出节目,但是潮剧演出都是主演节目,"电光火景"、"绝技"等其他节目则是"配演"。白宫电影院在广告词中标明宣传老玉梨香班是"潮剧冠军","该班此次来潮献演,服装全新,声艺具(俱)佳"④。这些广告样式的宣传策略和戏院广告几无差别。这从一个侧面也反映了电影院也善于利用潮剧广告推动潮剧表演的市场化。

(三) 戏班

戏班是潮剧表演的主题,艺术水平的高低也决定了戏班的声誉。从潮剧广告中可以发现,戏院更愿意邀请那些冠以"潮剧之王"、"潮剧冠军"头衔的戏班进行商业演出,毕竟名伶汇集、声誉斐然的戏班是票房的保证,更有利于吸引消费群体。表3的统计表明,戏班对戏院商业演出并不排斥,共有13家戏班,大约占同时期戏班总数的20%。⑤

---

① 《岭东民国日报》1945年10月23日,第二版。
② 《南康日报》1947年8月16日,第二版。
③ 《岭东民国日报》1937年11月21日,第四版。
④ 《新潮安报》1947年12月3日,第一版。
⑤ 据林淳钧的统计,已知新中国成立前的潮剧戏班数量为65班,http://www.chaoju.com/lianzai/shigao100/061.htm。

表 3 戏班出现广告数量表

戏班名	出现次数
老三正顺香班	48
老怡梨春班	34
老玉梨香班	29
老源正兴班	22
老一枝香班	9
老正顺香班	8
老三正顺香名班	7
玉梨香班	4
老赛宝丰班	5
老宝顺兴班	2
老正兴班	1
新玉梨香班	1
老怡梨春名班	1

合计:戏班数 13,出现广告数 171

就戏班出现的时间序列而言,由于抗战影响,1939~1943 年的报纸没有出现潮剧广告,毕竟抗战时期潮汕沦陷,"艺人星散,一些艺人流落暹罗曼谷;正顺、老三等班则到山区苟活,多数戏班解体"①,潮剧受摧残最为严重。抗战胜利后,潮剧广告数量出现了猛增的状态,1947 年达到了 125 班次,占全部广告班次的 73.5%(见表4)。

表 4 不同时间段戏班出现情况表

年份	戏班数量	年份	戏班数量
1937	12	1943	—
1938	8	1944	2
1939	—	1945	14
1940	—	1946	10
1941	—	1947	125
1942	—		

(四)戏价

尽管戏价出现的广告并不多,仅在《岭东民国日报》1937 年 10 月 1 日、2 日、14

---

① 《潮剧志》编辑委员会编《潮剧志》,汕头大学出版社,1995,第 17 页。

日、15日出现过，但戏价问题的讨论显然极有意思，因为戏价的情况直观地揭示了潮剧的消费情况。在这4天的广告中，无论是否新出台戏曲，一律按"日价对号一角，头等、普通12仙；夜价对号三角，头等、普通一角"标准收费，戏价因表演时间段有所差异，也因座位等次有所差异。若按夜价普通座票价一角计，本月份《岭东民国日报》每份售价二分，即可购买5份。再与1937年10月13日该报新闻报道的《日用品必需品最新价格调查》①、《县府布告商民规定零售米价》② 所提供的物价信息比较，普通座位的戏价在当时可以购买到约1.79斤江西米或约1.33斤暹罗一号米（见表5）。尽管潮剧广告中只有零星的信息，但通过对比分析，可以看出潮剧票价较为适中，戏价的定位应该充分考虑到观众的承受力，尽可能满足观众的消费水平，以期吸引更多的观众进戏院观看潮剧演出。

表5 戏价与物价对比表

普通座戏价（元/场）	青糖（元/斤）	面粉（元/包）	花生仁（元/斤）	江西米（元/斤）	湖南米（元/斤）	芜湖米（元/斤）	省米（元/斤）	暹罗一号米（元/斤）
0.1	0.155	6.5	0.2	0.056	0.056	0.056	0.059	0.075

二 民国时期潮剧的现代转型

潮剧广告的出现揭示了潮剧商业化转型轨迹。城市新兴的戏院通过商业运作，将不同的戏班表演搬上了舞台，吸引了大量的观众。报刊广告的出现，使得潮剧演出信息高效地传递到市民阶层，刺激市民文化消费，以获得商业利润。至少，从戏院娴熟的广告手法、优雅的剧院环境及广告的延续性看，戏院组织的潮剧演出推动了潮剧的商业化发展。

当然，在商业化的进程中，戏院、戏班、消费者之间存在着互动关系，而这些互动关系也促进了潮剧的商业化发展。为了招徕观众，戏院和戏院之间也存在着明显的竞争关系，它们不惜在戏院环境、舞台设施、邀请潮剧名班名伶上做足文章，以期在激烈的竞争中获得商业利润。有说服力的例子是，不同戏院在同一天的报纸上刊登不同戏班演出广告，以《岭东民国日报》为例，1938年2月11日、1945年10月17日、1945年10月18日同时刊登了两家不同戏院的潮剧广告，1938年2月11日，大观园戏院广告声称聘请"潮剧之王"老三正顺香班"老丑亚秋主演"《好儿女》以及夜演《不负天

---

① 《岭东民国日报》1937年10月13日，第四版。
② 《岭东民国日报》1937年10月2日，第四版。该报道使用"百司马斤"为单位，笔者折算过程中换算为通用的"1市斤=10两"计量。

良》结局以吸引观众,而中央戏院同时聘请老正顺香班演出,声称"好戏来临,幸勿错过"①,且两家戏院的广告排版相邻,可见戏院之间也存在竞争,毕竟消费群体相对固定,同一城市的戏院必然存在竞争。这种竞争导致的结果就是,戏院必须不断改善演出环境、提升舞台效果、邀请名班名伶,促进潮剧的商业化,另一个结果则是为了迎合消费群体的口味和满足演出的新鲜感,客观上推动了戏班的流动。在榕城大戏院演出的戏班就多达7个,包括老源正兴班、老一枝香班、老三正顺香班、老怡梨春班、玉梨香班、老怡梨春名班、老正顺香班(见表6)。而老三正顺香班演出的戏院就包括了大观园戏院、榕城大戏院、新华戏院等。

表6　戏院戏班演出情况表

戏院名称	演出戏班数量	戏院名称	演出戏班数量
榕城大戏院	7	新华戏院	1
大观园戏院	6	中煌戏院	1
百乐戏院	2	白宫电影院	1
中央戏院	2	棉光戏院	1

戏院的商业运作核心就是组织戏班演出。戏班长期的演出口碑是戏院票房的最有力号召。在商业演出过程中,戏班为迎合观众需要,吸引消费者,除了经典潮剧的演出外②,还必须不断拿出新作品,巩固戏班的口碑。时人杨柳堂的一段描述称:"近来社会一般人观剧心理,多厌旧喜新。是以现时广班咸注重于新剧,日新月异,三数月辄一易之,绝少陈陈相因。"③ 因此,潮剧广告上也会不断出现"新出台"、"新编"之类的剧目广告词,如1937年11月3日老三正顺香班演出的《剪月容》就标注"新出台"字样④,1947年5月7日老玉梨香班夜场演出的《白发新娘》也标注"新出台"⑤,而1945年10月9日老三正顺香班演出的《安邦定国》注明是"新编古剧"⑥,1947年6月27日老源正兴班夜场演出的《天波轶事》、《令婆脱壳》则注明"新编宋代奇观"⑦。从潮剧发展的角度看,这些由商业化驱动所新出台或者新编的戏目也对潮剧发展有推动意义。有意思的是,为了吸引观众,戏班也会加插一些武场戏,如1947年4月15日老

---

① 《岭东民国日报》1938年2月11日,第四版。
② 如1947年5月7日百乐戏院老玉梨香班日场演出的《刘明珠》、1947年7月29日榕城大戏院演出的《双绛玉掼稞》等都是潮剧的经典戏目。
③ 杨柳堂:《改良潮州戏剧之我见》,《潮州留省学会年刊》,1923,第3页。
④ 《揭阳青年报》1937年11月3日,第三版。
⑤ 《揭阳青年报》1947年5月7日,第二版。
⑥ 《岭东民国日报》1945年10月9日,第三版。
⑦ 《南康日报》1947年6月27日,第二版。

宝顺兴班广告中夜场戏介绍"宏碧缘结局,方世玉出世,加插大武场"①,如1947年7月7日老一枝香班日场《永清打雷》剧后说明"大武行"②。武场戏融入武打场面,气势宏大,音乐视觉效果极好,也常常被搬上戏台以吸引消费者。诙谐幽默、引人发笑的滑稽剧演出也能取悦观众,1937年12月16日老三正顺香班演出的《小桃红》就在广告上注明"滑稽剧"③。当然,戏班的名角名伶表演也是吸引观众的重要方面,上文已做阐述在此不作赘言。但是来自1947年11月9日老正顺香班的广告值得关注,该广告声明"该班此次莅潮完全更换名角。著名小生炳鑫(歆),花旦玉英、佳妙连晚以来大受观众赞誉,演期无多,请早定座"④,"完全更换名角"说明潮剧演员队伍在更新和变异,这背后的很大原因是商业化的推动,戏班以新鲜的面孔、新异的表演吸引观众,缓解观众的审美疲劳。

波德里亚(Jean Baudrillard,1929~2007)在《消费社会》中认为:"广告的窍门和战略性价值就在于此:通过他人来激起每个人对物化社会的神话产生欲望。它从不与单个人说话,而是在区分性的关系中瞄准他,好似要俘获其'深层的'动机。它的行为方式总是富有戏剧性的。也就是说,它总是在阅读和解释过程中,把亲近的人、团体以及整个等级社会召唤到一起。"⑤ 在波德里亚的消费理论中,广告所起的作用就是启发消费者的消费动机,同时使"亲近的人、团体以及整个等级社会召唤到一起",贯彻其中的就是消费主义意识。近代潮汕地区商业繁荣,新兴戏院组织的地方特色的潮剧演出成为满足市民阶层感官和精神需要的场所。从"座位已满,兹等扩充客位起见,赠票概行停止"⑥、"座位无多,请早定座"⑦ 之类的广告词看,潮剧在近代潮汕城市生活中已具有极大的影响力,吸引着数量极多的消费者。戏院通过广告,将潮剧演出进行商业包装后兜售给市民阶层,以获得商业利润。通过形形色色的潮剧广告,折射出来的是潮剧成为消费者日常的主要消遣方式。从消费理论看,潮剧广告刺激着消费者的消费欲望,以其"预言性符号"⑧,提供消费指南,为消费者制造世俗化的审美生活图景,建构着市民阶层的消费意识形态。

潮剧发展的转型还表现在广泛参与到地方社会政治性募捐活动中,成为其主要募捐的游艺节目。潮剧商业化发展使得潮剧成为固定消费群体的主要休闲娱乐方式,可以获得相关的利润,地方社会政治性募捐活动显然意识到这一点,在潮剧广告中常常可以看到各种募捐活动借助以潮剧为主体的游艺活动吸引消费者,以获得各种

---

① 《揭阳青年报》1947年4月15日,第二版。
② 《揭阳青年报》1947年7月7日,第二版。
③ 《民国岭东日报》1937年12月16日,第三版。
④ 《新潮安报》1947年11月9日,第一版。
⑤ 〔法〕波德里亚:《消费社会》,刘成富、全志钢译,南京大学出版社,2001,第53页。
⑥ 《民国岭东日报》1937年12月21日,第四版。
⑦ 《民国岭东日报》1937年12月26日,第三版。
⑧ 〔法〕波德里亚:《消费社会》,刘成富、全志钢译,第137页。

社会政治性活动的经费。表7的统计表明，潮剧演出广泛地成为募捐活动的主要节目。换句话说，这类活动正是利用了潮剧表演的号召力，以获得相关的基金，而且这种活动方式颇为消费者接受。如1947年7月19日《揭阳青年报》两则广告，为募集"筹建新兵招待所"和"筹制夏季团警服"经费，分别聘请老怡梨春班和老三正顺香班进行演出。① 而1947年11月25日《新潮安报》刊登的老三正顺香班广告则表明演出为"潮安县在城镇国民学校联合基金保管委员会游艺筹款"，广告词还注明"筹募基金，事关教育，恕不送票，不售半票"②。涉及社会救济的公益性募捐活动也能看到潮剧活动的痕迹，如《新潮安报》就有5则潮剧演出广告为"潮安救济院筹募儿童棉衣"筹集资金。这说明，潮剧演出是近代潮汕社会主题性的募捐活动的主要方式，也为公众所接受。1933年2月18日《新岭东日报》的报道《建设游艺大会第四日情形》足见一斑：

> 前日（十六日）为县建设筹款游艺大会之第四日。适值天气晴明，游人激增，比前倍多。是晚潮剧演出至天明者，计老怡梨、老宝顺兴、老玉春香等班。唱者则由潮妓二十余人到场唱奏。……第四日售票数目：公园门日一千三百零二张，夜四千二百六十张；虹桥门日一千二百一十二张，夜四千九百四十八张半；朝阳门日二百五十七张，夜一千零八张。合计一万二千九百八十七张半。总共毫洋二万五千九百七十五毫。又潮剧老三正顺香班，捐助大会大洋一百元，老宝顺兴、织云剧社、老怡梨春、老玉春香、老赛桃源各捐大洋六十元。周炳记捐助五十元。③

这段新闻报道详细揭示了潮剧演出募捐活动的情形，"游人激增，比前倍多"和售票"合计一万二千九百八十七张半"的数额看，这种募捐形式显然受到观众的追捧，而戏班的捐款则表明，戏班除了提供戏剧演出外，还主动参与到募捐活动中，捐出经费。

表7 潮剧演出募捐情况表

募捐活动类型	广告数量
团警服装	34
教育	16
修葺看守所监仓	11
新兵招待所	8
救济院棉衣	5
报刊募捐	5

---

① 《揭阳青年报》1947年7月19日，第二版。
② 《新潮安报》1947年11月25日，第一版。
③ 《新岭东日报》1933年2月18日，第三版。

当然，正如杨柳堂的担忧一样，潮剧演出"与风俗人心既有关系"，从教化功能看，观众"惟对戏剧则莫不津津有味，心领神会，信之甚笃"①。戏剧演出具有商业性和意识形态属性二重性，"这种二重性造成了艺术组织和演艺场所社会角色上无可避免的矛盾和冲突"②。戏院潮剧演出必然与政府的社会管理有着密切的联系。戏院的做法是聘请律师任法律顾问来保障自身利益和应付可能出现的管理问题。如揭阳百乐戏院的一份公告称"律师许尚霖、刘硕田受任百乐大戏院常年法律顾问公告，嗣后关于上口戏院法益本律师当然依法保障之"③，又中煌戏院通告称"律师徐彰国、林泉受任中煌戏院常年法律顾问，特此通告"④。戏院这种顾虑并非多余，1933年2月25日《新岭东日报》的一则《劣官绅伙同演剧敛财》新闻揭示了潮剧演出过程中的经济纠纷：

> 凤皇乡自月之十七日起至廿三日止，在合溪墟共演潮剧七天。票价分为头等二等三等。售价则为八毫四毫三十片。闻此次演剧发起者系该乡警卫小队长钟，及后河乡资本家陈某三子陈孔昭等。其演剧目的纯为弄利，并闻此事前在潮印有两元名誉券七百张。原拟分发各社，嗣因恐当局干涉、乡人反对，于是遂行停发，舆论为斯，未审是否属实，然当此农村经济破产，贫民谋生无路之今日，坐拥巨资之资本家，不思设法救济，又而做此种敲膏吸髓之剥削举动，诚不知彼辈之良心果安何在也？⑤

这则新闻批评了警商勾结借演戏之机营私舞弊的行为，事由戏票承诺前后不一而起，牵扯出经济纠纷。除了经济纠纷外，戏院面临的问题还有潮剧演出的思想性。南京政府1912年起设社会教育司统一负责文化娱乐活动管理，各省相继成立相关的机构，对包括戏剧演出在内的娱乐活动进行严格管理。1938年2月3日，戏剧检委会在《岭东民国日报》发布的一则带有约束性的通告规则《戏剧检委会取缔淫亵潮剧，违者分别处以罚金》称：

> 本市戏剧检委会督以各戏院迩来所表演潮剧，时有淫亵情节，殊失却戏剧指导社会进化之意义，特拟具检查规则三项如下：
> 一、嗣后各戏院应将详细节目对白预报查核；
> 二、通令各戏院及戏剧公会，在演出时不得有淫词猥亵举动；
> 三、如有违检查规则第二条时，第一次处以五元以上廿元以下之罚金，第二次

---

① 杨柳堂：《改良潮州戏剧之我见》，《潮州留省学会年刊》，1923，第1页。
② 王笛：《二十世纪初的茶馆与中国城市社会生活——以成都为例》，《历史研究》2001年第5期。
③ 《揭阳青年报》1947年4月15日，第二版。
④ 《岭东民国日报》1945年10月19日，第一版。
⑤ 《新岭东日报》1933年2月25日，第三版。

处以廿元以上五十元以下之罚金,第三次停止戏院及戏班营业一个月,所有罚金以国币计算,由戏院戏班平均分担,罚金全部拨做本市救济事业之用。

此项规则昨经分饬各戏院及戏剧公会,遵照云。①

此通告所列三项规则,反映当时戏院在商业运作过程中,为吸引消费者,"时有淫亵情节",有伤社会风化,"殊失却戏剧指导社会进化之意义"。倘若违之,则戏班和戏院平均分担责任,共同承担罚金和停业整顿的风险。在此,戏剧检委会是一个对戏院、戏剧公会、戏班具有法律约束力的管理者,有权着令"各戏院及戏剧公会"共同遵守规则。商业性和意识形态属性的矛盾,使得潮剧在近代的发展过程中,被纳入社会管理。法制化的管理是潮剧近代转型的第三个特征。

三 结语

上文对民国潮汕地区戏院所刊登的潮剧广告进行分析,可以看到,潮剧广告在民国时期已经具有一定规模,而且广告手法娴熟。近代潮汕商业发展推动戏院文化空间的建设,戏院又通过潮剧广告和城市消费者建立联系。潮剧演出被广告包装成为一种可供消费的产品,在获得认同的同时,刺激着消费者的消费欲望,戏院正是通过这样的手段获得利润的。在戏院、戏班、消费者的互动过程中,形成了一套以广告为维系纽带的文化机制。这一套文化机制即使在现代消费主义的理论中依然具有很好的诠释空间②,揭示了潮剧在近代过程中的发展。

透过林林总总的潮剧广告,折射出的也是潮剧近代转型的轨迹。潮剧的商业化发展是潮剧近代转型的最主要特征,商业城市的发展产生大量城市消费者,戏院通过组织潮剧商业演出满足消费者的文化需求而获得利润。同时,潮剧演出还广泛参与到地方政治性的募捐活动中成为其主要的募捐形式,并为消费者所追崇。伴随商业化发展而产生的商业性与意识形态性的冲突,又使得潮剧纳入法制化管理的轨道上。

当然我们也清醒地意识到,潮剧广告研究对于潮剧发展整体而言只是一个极小的范畴,诸如市民阶层与审美需求、戏班建构、戏院新建与商业发展等问题都有待于发掘和研究。

责任编辑:林 立

---

① 《岭东民国日报》1938年2月3日,第三版。
② 〔美〕道格拉斯·凯尔纳:《媒体文化》,丁宁译,商务印书馆,2004,第421~422页。

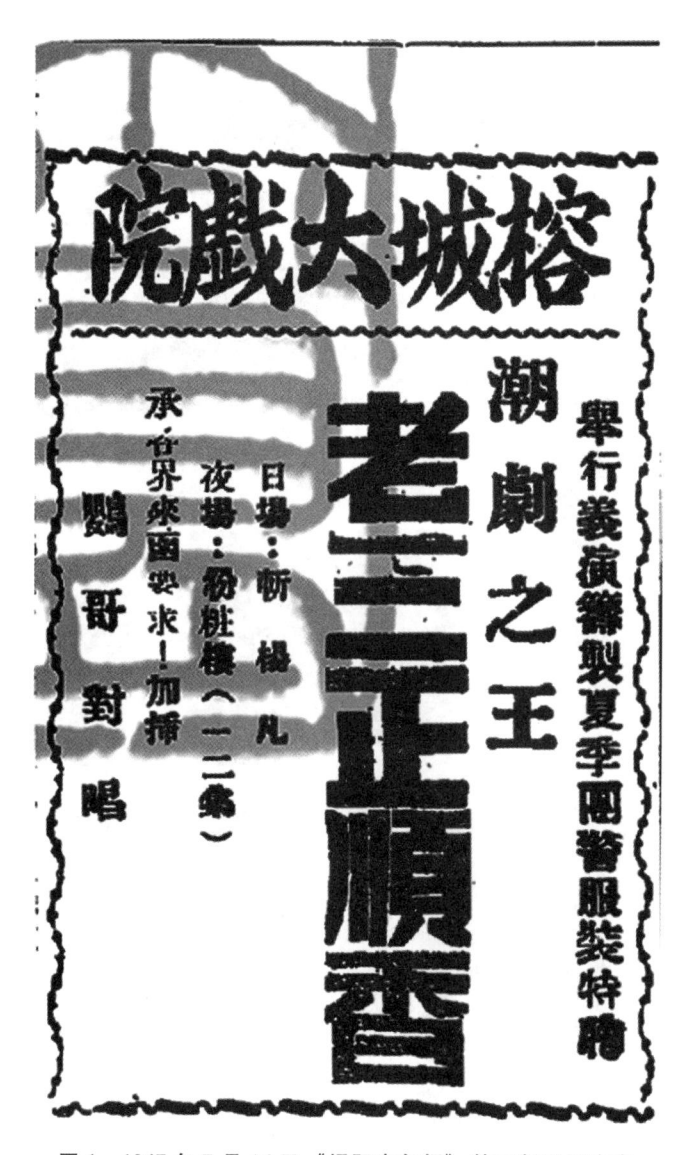

图1　1947年7月16日《揭阳青年报》第二版潮剧广告

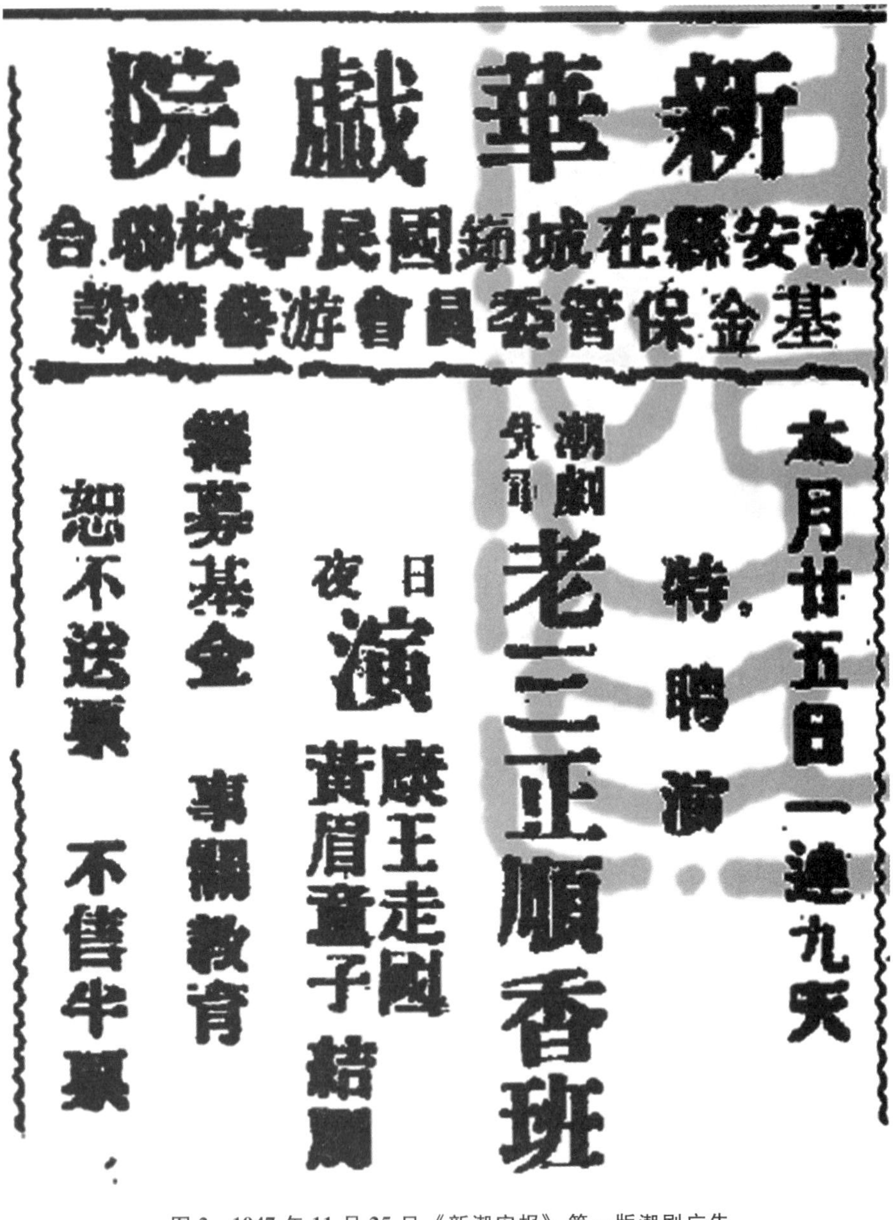

新華戲院

潮安縣在城鎮國民學校聯合
基金保管委員會游藝籌款

本月廿五日起連九天 特聘演

潮劇首屈 老三正順香班

日夜演 康王走國 黃眉童子结局

籌募基金 專輯教育
恕不送票 不售半票

图2 1947年11月25日《新潮安报》第一版潮剧广告

区域历史

宋季诗人谢翱"匿潮民间"考辨

陈新杰*

> **摘 要**：宋季，文天祥开府南剑，闽人谢翱杖策诣公，署谘事参军，其略见《登西台恸哭记》。文天祥兵败，谢翱避地浙东，卒葬于子陵台南，友人方凤撰《谢君皋羽行状》记其事。迨近现代，谢翱籍贯之争渐出，然基本属于福建的内争。1995年11月，广东的揭阳召开纪念谢翱逝世七百周年大会，嗣后出版《纪念册》，于是，谢翱的生平、葬地、后裔均与潮阳产生了关系。潮汕的读者未必尽知其详情。本文针对若干细节，梳理问题的来龙去脉，还历史以真相。
>
> **关键词**：谢翱 籍贯 葬地 后嗣

谢翱（1249～1295），字皋羽，亦作皋父，长溪人，后徙浦城。宋季，文天祥开府南剑，闽人谢翱杖策诣公，署谘事参军，其略见《登西台恸哭记》。文天祥兵败，谢翱避地浙东，卒葬于子陵台南，年四十七。友人方凤撰《谢君皋羽行状》记其事。其事本无可议，自20世纪80年代起，关于谢翱籍贯之争纷起，不过亦仅限于福建的"内部之争"。[①] 事情到了1994年，揭阳出版了《谢翱研究史料选》（以下简称《史料选》），1995年，复召开声势浩大的纪念谢翱逝世七百周年大会，嗣后出版了《揭阳市纪念南宋爱国诗人谢翱大会纪念册》（以下简称《纪念册》），谢翱的籍贯、生平、葬地、后裔均与潮阳产生了关系，潮汕的读者又未必尽知其详情。谢翱俨然为潮人矣。

---

* 陈新杰，1962年生，汕头市潮阳第一中学教师。
① 本文于潮汕历史文化研究中心"2014年潮学年会"交流，获周修东兄、陈嘉顺兄贡献宝贵意见，特致谢忱。有关争论见黄族醒、施景西《谢翱籍贯考辨》，《福建论坛》（人文社会科学版）1984年第4期；沙鸣《谢翱籍贯之争综述》，《福建史志》1997年第3期；林校生《谢翱事迹考略》，《福建师范大学学报》（哲学社会科学版）1981年第4期。

一 "粤人"之辨

这场论争最关键之处，在于谢翱的省籍。谢翱生前反复表明自己"粤人"的身份；卒后，翱友方凤状其行，吴谦作圹志，邓牧为传，已为论定。

谢翱《晞发集》卷五古体诗《广惜往日》注云：

《崇真院绝粒示儿》，宋礼部侍郎谢枋得所作也。粤人谢翱用其语为楚歌以节之。

卷十《金华洞人物古迹记》末署：

粤人谢翱记。

卷三《故园秋日曲四首》之四：

粤王山下雾如雨，吹入罗襟楚女啼。身逐千艘落南去，惟有樯乌飞向西。

卷八《元旦立春》云：

椒柏多年树，闲庭忆粤乡。发春当献岁，为客未休粮。饭后怜衰齿，行南避忌方。星周元溯历，时运可能忘。

卷六《因北游者寄峨眉家先生》之二：

江淹所治县，粤王曾种树……

谢翱何以自称粤人？福建方面的人自然明白，只是福建之外的人就不甚了了。明王应山《闽都记》一书，录闽人及仕闽官宦此类诗句颇多。如下。

宋李纲《瓯粤铭》云：

相彼瓯粤，民俗剽悍。负气尚勇，轻生喜乱。巨盗挺之，蜂附蚁从。会未期年，同恶内讧……（纲，邵武人，以故相谪居福州）。[1]

---

[1] （明）王应山纂，林家钟、刘大治校注《闽都记》卷八，福建省地方志编纂委员会整理，方志出版社，2002，第65页。

元萨天锡《越王山》云：

> 粤王故国四围山，云气犹屯虎豹关。铜兽暗随秋露泣，海鸦多背夕阳还。一时人物风尘外，千古英雄草莽间。日暮鹧鸪啼更急，荒苔野竹雨斑斑。

明车大任《登镇海楼》云：

> 粤王山拥海潮流，山上嵯峨镇海楼。花月平临关塞晚，松风长送郡城秋。遥天雁断蒹葭冷，绝岛鲸翻鼓角愁。更是何人能借箸，东来保障拱皇州。①

明林鸿《登钓龙台》云：

> 逐鹿屠龙事渺茫，空台依旧枕崇岗。衣冠神禹传苗裔，封壤宗周列职方。南粤云来螺渚白，东瓯天接虎门苍。登临送别兼怀古，不惜狂吟倒玉觞。②

此粤究何所指？《闽都记》卷二"城池总叙"载：

> 闽自无诸开国，都冶为城（今布政司东北），所从来久远。晋太康三年，置郡树牧，狭视冶城。太守严高询于郭璞，乃经始于越王山之南。③

又，上揭书卷八载：

> 越王山　周回数里，半蟠城外。闽越王建都于山之东南，故名。一名屏山，又名平山。有环峰亭，宋光宗御书。有绝学寮，丞相张浚读书其中，今废。④

又，上揭书卷十四载：

> 镇闽王庙，在钓龙台西，俗呼大庙。汉高帝五年，无诸王受册封于此，后立庙。武帝时闽粤国亡，祀废。唐大中十年复建，五代唐长兴元年，闽复追封为闽越王。宋因之……（宣和）六年，追封闽粤王为镇闽王。……国朝洪武十年，布政叶

---

① （明）王应山纂，林家钟、刘大治校注《闽都记》卷八，第63页。
② （明）王应山纂，林家钟、刘大治校注《闽都记》卷十四，第146页。
③ （明）王应山纂，林家钟、刘大治校注《闽都记》卷二，第6页。
④ （明）王应山纂，林家钟、刘大治校注《闽都记》卷八，第62页。

茂祷雨，获应以闻。下礼部议，从神故封，号"汉闽粤王之神"，左参政瞿庄为记。①

万历《浦城县志》卷一《沿革·山川》载：

越王山……旧传越王于此筑台为烽燧，其台遗址尚存。

又，上揭书卷十二《祠庙·坛壝》载：

粤王庙，在县南清湖里，即汉东粤王馀善也。尝即柘浦筑城以居，后见杀于繇王居股，浦人遂为立庙。宋绍兴十二年赐额曰昭佑，淳熙十五年封孚惠侯，年久庙废址存。

越王台，在县东越山之巅。旧志云，汉越王馀善筑台于此，以为烽燧之所。台废址存，又有行宫在东隅，今为胜果寺。②

以上粤王庙、越王台、越王山皆为闽地，瓯粤亦称闽粤、闽越也。

二 "匿潮"之辨

谢翱与广东潮阳的关系又是如何出现的？谢翱撰《书文山卷后》云：

魂飞万里程，天地隔幽明。死不从公死，生如无此生。丹心浑未化，碧血已先成。无处堪挥泪，吾今变姓名。

"吾今变姓名"一句，为后人留下想象的空间。明胡翰《谢翱传》载：

元兵取胜，宋相文天祥亡走江上，逾海至闽，檄州郡大举勤王之师。翱倾家赀，率乡兵数百人赴难，遂参军事。天祥转战闽广，至潮阳被执。翱匿民间，流离久之，间行抵勾越。③

"翱匿民间"，究竟匿于何处？康熙《潮州府志》卷十《杂记》"谢翱匿居潮阳"

---

① （明）王应山纂，林家钟、刘大治校注《闽都记》卷十四，第148页。
② 网络文献《万历浦城县志》资料，见《闽越族、闽越国都冶及泉山资料辑录》，2011-05-09，http://blog.sina.com.cn/longwenhuhua1971。
③ 潮汕历史文化中心揭阳市研究会、揭阳市谢翱研究工作小组合编《谢翱研究史料选》（简称《史料选》，下同），1995，第6~7页。

条云:

> 谢翱随文山入粤,文山五坡之败,翱匿潮民间,仓忙别文山去。追死于虎林,属所知题其阡曰:粤谢翱墓。呜呼,翱之志亦可哀矣![1]

其实,谢翱"仓忙别文山去",早于"文山入粤"之前。《登西台恸哭记》云:

> 始,故人唐宰相鲁公开府南服,余以布衣从戎。明年,别公漳水湄。后明年,公以事过张睢阳及颜杲卿所尝往来处,悲歌慷慨,卒不负其言而从之游。今其诗具在,可考也。

明黄宗羲注"明年"句云:

> 景炎二年正月,公移屯漳州龙岩县,三月至梅州。皋羽别公在是岁之春。

复注"后明年"句云:

> 祥兴元年己卯,皋羽别公后二年也。公已被执,九月北行。有吊颜杲卿诗云"常山义旗奋,范阳哽喉咽"。[2]

故称谢翱随文山至潮,溃败后"匿潮民间",实无所据。到光绪年间,此事又有具体的演绎,谢氏二十世孙撰《续修谢氏族谱序》云:

> 至宋季文丞相扶少帝航海入闽,于福安郡之百辟岩大举勤王之师,聚郡中豪杰援。吾四世祖乐耕公讳翱字皋羽,富甲八闽,智冠三杰,尽倾家赀,举族赴难,统兵随丞相勤王潮州,屯兵潮阳。及元军张弘范战攻潮阳,不能固守,退走海丰,至五坡岭而文丞相被执,公以智免,逸归潮阳,保全眷属,流离无所,遂隐居于潮阳民间。[3]

所谓"公以智免,逸归潮阳"云云,谢翱终为潮阳人矣。然谢翱"遂隐居于潮阳民间",又安有后来游历浙东、恸哭西台之举?谢翱卒于元元贞乙未年(1295 年),距宋亡(1279 年)已 16 年,最关键的是,谢翱在文天祥幕中为时甚短,地位也并不突出,

---

[1] (清)林杭学纂修《康熙潮州府志》卷 10《杂记》,潮州市地方志办公室编印,1997,第 489 页。
[2] 《史料选》,第 108 页。
[3] 二十世孙侯氏("氏"疑系"民"字之讹——引者注)《续修谢氏族谱序》(光绪十七年),载《史料选》,第 131 页。

故其葬也，友人径书"粤谢翱墓"，是当时已无所顾忌矣。

明崔世召云：

> 当先生散赀赴难，仗剑入信国之门，是时信国已东西窜落，计画半无复之。先生厕身参军记曹中，碌碌混鸡群，未闻其用一谋，试一策。而终信国之身，未尝片语及先生姓名者，其国士众人之报称，受恩之浅深可知也！不识先生此一点泪，胡为乎来哉？既（疑系"即"字之误——引者注）不然，信公稍稍引重，未几散去，遂以为不世之遇，激烈呼号以从之，亦不过田横岛上七十客之流，小丈夫行径耳！①

揭阳谢氏对此为何言之凿凿？有几个疑点澄清如下。

（一）"海门"

何以称谢翱"选择"海门匿居下来？因为谢翱《元旦舟中听潮》诗云：

> 东望拜潮水，无家在客船。一来仍一往，今日又今年。有信从天外，缘声到枕边。海门春树暖，吹浪起晴烟。

海门，通常指内河通海之处。《闽都记》中，颇多有关"海门"诗作，如下。
宋邵去华《宿鼓山》云：

> 玉磬声沉夜闻寂，天风吹送海门涛。鹤来松顶云归后，人倚栏干日正高。②

元萨天锡《望鼓山》云：

> 鼓山起千仞，乃是东海根。蛟龙穴其下，霹雳翻海门。砥柱俨不动，日夜雪浪奔。何当临绝顶，俯视浴日盆。

元黄镇成《登为崱峰》云：

> 为崱峰高万丈梯，上方高与白云齐。青山尽处海门阔，红日上来天雨低。喝水无人空晏坐，摩崖有客漫留题。飘然欲御长风至，一笑何烦过虎溪。③

---

① （明）崔世召：《晞发集序》，载《史料选》，第29页。
② （明）王应山纂，林家钟、刘大治校注《闽都记》卷十二，第115页。
③ 上二诗载（明）王应山纂，林家钟、刘大治校注《闽都记》卷十二，第118页。

元何中《登九仙山》云：

> 吾宗九仙人，炼药此山上。渺渺嘉遁心，披烟一相访。海门葱茏外，山气嶙峋状。侧日明远潮，归霞委孤嶂。尘缘误良契，仙事敦夙尚。何处乘鲤归，微风起清漾。（中，临川人）①

诸"海门"，均处福建境内，故将谢翱诗中的"海门"指实为潮阳之海门实属牵强。

潮阳县莲花峰所在海门村，于宋时称"海口"，宋末，文天祥被元兵所执，置舟中，陈梦龙伏乡兵于海口，谋夺之，不克，战死古堤。②迨明洪武年间海口始改称海门。隆庆《潮阳县志》卷之一载：

> 大明太祖高皇帝洪武二十四年（1391）城潮阳。初县无城，是年潮州卫指挥杨聚奏置潮阳守御千户所，始即所为城；至二十七年（1394）迁本所于海口村，更名海门城。寻倾废。③

（二）"白土村"

谢翱葬地在子陵台下白云原。宋方凤《谢君皋羽行状》载：

> 复爱子陵台下白云原——唐玄英处士旧隐，有终焉之志，且欲为文冢瘗所为稿。

宋吴谦《谢君皋羽圹志》载：

> 严子陵钓台南岸，唐玄英先生白云旧隐西一里，是为晞发处士谢君皋羽之墓。

元任士林《谢处士传》云：

> 初，翱无恙时，得唐方干旧隐白云村，翱曰：死必葬之。

谢氏族谱将"白云村"（或曰"白云原"）改为"白土村"，读者颇不易辨。明隆庆年

---

① （明）王应山纂，林家钟、刘大治校注《闽都记》卷四，第22页。
② （清）臧宪祖纂《康熙潮阳县志》卷十四《人物》"宋·陈梦龙传"，故宫珍本丛刊，第82页。
③ （明）黄一龙修，林大春纂《隆庆潮阳县志》卷一《县事记》，古瀛志乘丛编，潮州市地方志办公室，2005，第18页。

间，潮阳知县黄一龙撰《止抚盗安插议》云：

> 白土地方，南距海门所，北连潮阳县，接壤岗头、南塘二寨，田业俱渐耕垦。……潮阳县铺递、驿传必经于白土，白土地方间在潮阳、海门之交，诚为切要腹心之地。①

白土村系县城到海门的必经之地，谢翱既然不是隐居而是隐匿，缘何会选择在通衢附近居住？据嘉庆《潮阳县志》载："隆庆中，节奉文议招海寇许瑞、林凤于此，知县黄一龙上书具言不便，略载隆庆志。今此乡废。"② 白土村于康熙间尚存③，到嘉庆时始不复存在。

（三）"九曲水"墓葬

谢氏二十世孙撰《续修谢氏族谱序》云：

> 及卒，以公自卜海门西北岸九曲水之穴，其友詹（系"张"字之讹——引者注）鲁庵题杆（疑系"阡"字之讹——引者注）曰："宋人谢翱之墓"。事载史鉴，福、潮二志，历历可考，此四世祖之所由来也。④

按，张鲁庵，元末时人，其生活年代与谢翱恐无交集；又，序文称张鲁庵题谢翱墓曰"宋人谢翱之墓"，这亦与现存所见潮阳九曲水谢氏墓碣有异，现墓碑中间"祖墓"上无加书朝代，左书"考处士乐耕谢公"，右书"妣善人勤肃母氏""雍正十三年重修"。⑤

迨民国，刘成禺撰《世载堂杂忆》"记宋处士谢翱"条云：

> 既而访之揭阳梅都龙翔厦乡永思堂，有始祖翱公木主在焉；潮安大和都玉窖乡有《琢成集谱》，考献征文，其轶乃见。木主载：宋始祖讳翱，字皋羽，号晞发，谥乐耕。谱载宋祥兴元年戊寅十月，翱公来潮，其正室母氏生子怀壶公，已八月矣。冬十一月潮阳溃，公与妻子避居百（当系"白"字之讹——引者注）土村。元末子孙移居翔龙，追叙翱公生卒年月日时甚晰，较清初徐沁所著皋父年谱尤详。母氏年与公相若，而迟公十年卒。又载翱公墓在潮阳龙井都林沟九曲水，明正德二年丁卯十一月初六日申时葬，母氏同穴，子怀壶公祔葬焉。

---

① （清）周恒重修，张其翧等纂《光绪潮阳县志》卷二十《艺文上》。
② （清）唐文藻修《嘉庆潮阳县志》卷四《乡都》"附廓·白土（村）"，广东方志集成本，第55页。
③ （清）臧宪祖纂《康熙潮阳县志》卷二《舆地》"附廓都乡村·白土"，故宫珍本丛刊，第446页。
④ 二十世孙侯氏《续修谢氏族谱序》（光绪十七年），载《史料选》，第131页。
⑤ 《史料选》，插页彩色照片。

> 谢氏谱载：公于明正德二年葬。考公之卒，在元贞乙未间，距正德越二百有余岁矣，毋亦后世追思以公骨自浙迁潮耶？
>
> 考省志邑乘，陆秀夫墓，一在潮澳，一在崖山，一在潮郡东厢东皋。《海阳县志》东皋陆秀夫墓，明弘治十四年知府张景阳迁葬。今谢墓两见，迹颇相类。①

刘成禺实际亦意识到浙粤两处墓葬于时代上的差异，为自圆其说，乃用一句"毋亦后世追思以公骨自浙迁潮耶"，轻松地完成了地域上的跨越。至于拿陆秀夫墓类比，于逻辑上亦显牵强，自可不予理会。

今人施景西撰《谢翱疑事考辨》之"谢翱墓葬问题"说：

> 谢翱死于浙江，葬在桐庐县严子陵钓台南。有他的好友方凤所撰《谢君皋羽行状》和谢的"方外友"邓牧所撰《谢皋父传》可证。后世的《福建通志》、《福宁府志》亦已明载，本无可议。可是，近人刘禺生所著的《世载堂杂忆》提出一个新颖的材料，说"今广东潮阳、揭阳一带谢家子孙繁衍，潮阳隆井都九曲水有谢翱墓，每逢九月十八日，族人往祭之"。此说究竟如何，不可不辨。……所以谢翱死葬的地点不在潮阳、揭阳，无可怀疑。
>
> 那么潮阳、揭阳一带因有谢姓子孙繁衍，由此也建个谢的假冢，便于祭拜纪念，是可能的。因为谢翱祖籍在浦城，自己认为是南朝宋大诗人谢灵运的裔孙，王、谢巨族的后代入南朝向南流迁浦城是事实。谢灵运晚年贬官在广州，也在广州被害。谢姓在广东者本自不少。谢翱的第十世孙谢大启也曾两度在广东做官。谢翱自己即随抗元军转战到潮梅一带，客家人中的谢姓也会以谢翱为荣，子孙流布在粤闽交界处者为数不少，是不奇怪的。但绝不能从这一地方习俗出发去肯定谢墓在广东，这样只会造成混乱。②

嘉靖年间，钓台谢翱墓曾发生被侵事端，明邓椿撰《宋隐士谢翱先生墓碑记》载：

> 先生，宋之义士也。未仕，故以隐名。殁而葬此几三百年矣。世邈代更，文献无考，卒葬岁月俱不可知，惟孤冢埋没于草莽间，故里豪傅稿者辄蹲其上而穴之。郡太守后峰杨公、节推玉泉吴公，素钦先生风谊，躬诣丘陇，诛茅展拜，目击其状，即逮而罪之。令赎锸立石以表墓道，盖一举而两得也。欲垂示久远，复捐俸葺亭碑墓侧，命两峰邓子为之记。③

---

① 刘成禺撰，钱实甫点校《世载堂杂忆》，清代史料笔记丛刊，中华书局，1960，第289~291页。
② 施景西：《谢翱疑事考辨》，《福建史志》1990年第3期。
③ 《史料选》，第8页。

清徐沁《谢皋羽年谱》载：

> 至正间，杨维祯为建德理官，即其地得先生所藏故砚名玉带生者，且为文刻石以表墓，亦俱湮没。嘉靖中有里豪傅稿治家塜，据其上。郡守当涂杨金力为清复。属郡人邓椿记之，道方（当系"旁"字之讹——引者注）碑亭是也。墓前方石题"谢公之墓"，左一碣题"宋隐士谢皋羽先生墓"，右一碣业蔽莫辨。当墓为许剑亭，重建于万历末。碑文直指张养素挹、观察米万钟书，亭楔乃温陵蒋德璟天启壬戌岁题。①

可到了谢氏族谱中，此事就变为另一样子，其云：

> 山海阻隔，潮阳县远，屡经变乱，拜扫日疏，致遭来姚姓叠葬而有乾隆元年之控也。幸祖灵赫赫，方有能贤；贵天不容奸，县令吴公讳廷翰廉明公正，一经诣勘，数代祖墓得安，姚姓墓迁，仅存姚上敬一穴。于是桃山建纪念祠，春秋祭祀，以崇吴公之德。②

《世载堂杂忆》云：

> 清乾隆元年，翱墓碑字为潮阳姚氏窜易，翱十五代孙学圣等讼之官，得直，县令吴廷翰为立神道碑。③

事件记载发生于乾隆元年（1736年）的潮阳，"里豪"则是"姚姓"，最后由潮阳知县吴廷翰处理之。其实，吴廷翰任潮阳知县在雍正十年至十三年，时间上与墓碣书"雍正十三年重修"正合。

九曲水的"乐耕谢公"墓地，当时受到本地豪族潮阳姚姓的侵占，形势不妙，但揭阳谢氏巧妙地借助谢翱这一身份，博得地方长官吴廷翰的支持，成功地化解了与潮阳姚姓争夺墓地的宗族危机。

（四）"乐耕公"其人

《潮汕谢翱宗谱史料》辑有几篇序文，提到葬于九曲水的谢氏始祖称"乐耕公"，如，能者撰《玉路家谱小序》云：

> 我始祖乐耕公讳翱字皋羽，督府谘事参军，志其大节，卒（疑系"率"字之

---

① （清）徐沁编《谢皋羽年谱》（康熙间刻本），载《史料选》，第 10~17 页。
② 谢氏二十世孙撰《续修谢氏族谱序》（光绪十七年），载《史料选》，第 131 页。
③ 刘成禺撰《世载堂杂忆》，第 289 页。

讹——引者注）同昆季振旅勤王，义夫以赴国难。其后东山公分居桃都桃山乡，西河公仍居梅都翔龙之故土。……至我二世祖怀壶公，妣蔡氏，三世祖考西河公，妣池氏，葬于龙井都林沟。①

此"乐耕公讳翱字皋羽"，未必即是诗人谢翱其人。

又，臧琮撰《桃山乡永思堂谢氏重修族谱序》云：

> 谢氏称潮州著姓，而揭阳之族尤大，系出浦城梦笔山。宋祥兴间，有讳谢翱者（"者"字疑讹——引者注）乐耕者，勤王于潮，遂为潮人。此揭之始祖也。乐耕公传怀壶公，再传曰东山，曰西河，为桃山玉仓一支、翔龙口处一支。②

此言谢乐耕"勤王于潮"，而未言是随文山入潮州的诗人谢翱其人。重要的是，"谢氏谱载：公于明正德二年葬"③，在年代上颇有出入。

又，梦春撰《谢氏族谱序》云：

> 我族本自壶山公，宋季由闽之莆邑，总管潮州路，遂家，为卜居揭邑梅岗。子孙繁衍，别居不一，派分已久，经建立大宗祠，坐址大和都玉窖乡，共祀壶山公以为开基始祖。④

按，此条材料可注意者二：一是"闽之莆邑"与"浦城"有异；二是"壶山公"与"怀壶公"非同一人。又府志职官潮州路总管无谢姓者，俟考。玉窖谢氏这一支果自莆田来，则与自浦城来的谢氏又有不同。

依笔者拙见，潮阳九曲水墓主"乐耕谢公"，更似一介生前力于耕作的农夫，终于明正德间，为揭阳谢氏之"四世祖"；妇称"善人"、"勤肃"，与"乐耕谢公"名实均相匹配。

三　后嗣之辨

宋邓牧《谢皋羽传》云：

> 谢君名翱，字皋父，延平人。早事科举学，有志当世，中遭兵火，室家散亡。购得一子军伍中，相与竭力，生产仅自给。属徭役繁兴，不堪迫辱，日益愤懑成

---

① 能者撰《玉路家谱小序》（康熙己丑），载《史料选》，第128页。
② 臧琮撰《桃山乡永思堂谢氏重修族谱序》（乾隆），载《史料选》，第130页。
③ 刘成禺撰，钱实甫点校《世载堂杂忆》，第289~291页。
④ 梦春《谢氏族谱序》（嘉庆），载《史料选》，第129页。

疾，以子粗达时务，委而出游。过严陵，故旧馆焉，因娶某氏。……先是，君买地钓台下，将葬朋友无归者，至是，君葬焉。……妇茕然无依，子远在二千里外，存亡不相闻，可谓穷已。①

宋吴谦《谢君皋羽圹志》载：

无子，友人吴君思齐等归其骨，买台南地为兆域。②

明宋濂《谢翱传》云：

翱无子，其徒吴贵祠之月泉书院云。③

清徐沁《谢皋羽年谱》载：

甲午，至元三十一年，时年四十六岁。是时寓杭，娶遗人刘氏女，买屋西山。日与能文词者往还。惟牧传云，先生馆严陵故旧，因娶某氏女。又云，逮牧归杭，君挈家钱塘江上，初不知娶于杭之刘氏女。九锁山人与先生同时交好，何未之悉耶？④

本来颇为清楚的事情，偏偏有人好作新解，《世载堂杂忆》云：

翱公来潮，其正室母氏生子怀壶公，已八月矣。

方凤谓翱死年四十七，无子，当指妻刘而言。至正妻母氏，怀壶幼子，播迁何处，时地相悬，以翱荡析离居，远游交结之方凤，或未必知；即知矣，而翱既自韬（当系"蹈"字之讹——引者注）以死，方凤当能为程婴，谓翱无子，有深意存焉。

所谓"正妻母氏，怀壶幼子"，皆源于谢氏晚出之谱，安可凭据？方凤、吴谦、邓牧均谢翱挚友，所载最是可信。谢翱因"中遭兵火，室家散亡"，后"购得一子军伍中"，迨谢翱殁时，"妇茕然无依，子远在二千里外，存亡不相闻，可谓穷已"。谢翱在福建的后裔应即此子所派衍。葬于潮阳九曲水的"乐耕谢公"，亦有可能出自于此，然后再播迁潮汕，开支立派。现福建省福安市田里村谢氏供奉的谢翱神主牌，文曰："敕

---

① （宋）邓牧：《伯牙琴》，载《史料选》，第 2 页。
② 《史料选》，第 3 页。
③ 《史料选》，第 6 页。
④ （清）徐沁编《谢皋羽年谱》（康熙间刻本），载《史料选》，第 16 页。

封崇祀忠义宋谘事参军谢公翱神位"①，正与身份相合。

明王应山纂修《闽大记》卷三十"谢翱传"云：

> 谢翱，字皋羽，福安人。……为人倜傥有气节，尝思捐躯殉国难，杖策参文丞相天祥军门。宋社屋，家室散亡，购得一子，肆戎籍。徭役繁兴，不堪迫辱，乃徙延平，居建之浦城，落魄漳、泉间。后游严陵，娶杭人女刘氏。婺、台、杭、处接壤，往来其间，因与邓牧、方凤辈为方外友。……初翱亡羌时，得唐方干旧隐白云村，为建炎间江端友诸人避地处。尝言死必葬之，作《许剑录》。疾革，语其妻刘："我死，以骨归吴思齐、方凤，葬我许剑之地。"二人闻讣，与朱喜、方幼学、冯继芳、翁登、翁蘅奉榇窆穸，殉以遗文，从初志也。方凤状其行，吴谦作圹志，邓牧为传。其徒吴贵买田月泉精舍，岁时蒸尝云。②

四　结语

可以肯定的是，闽诗人谢翱墓在浙之钓台南，而不在粤之潮阳九曲水。九曲水谢氏墓亦非谢翱疑冢。当年揭阳谢氏指认九曲水"乐耕谢公"为谢翱，目的无非是保护祖墓；又或者正是受到嘉靖年间钓台南谢翱墓葬事件的启发，欲长久而又有效守护，最好的方法就是为卑微的谢乐耕冠上显赫的政治文化身份。③综观潮汕诸谢，海阳谢氏，于宋代即科名蔚起，簪缨相继。谢言，太平兴国四年（979 年）应诏进士第一，仕御史；谢时，淳熙二年（1175 年）第四甲进士。④入明，谢珪，成化戊戌（十四年，1478 年）曾彦榜进士，仕漳州府同知；谢湖，成化丁未（二十三年，1487 年）费宏榜进士，仕广西参政；谢铭，举儒士，仕本府教授。然到了清代，海阳谢氏于政治文化方面的社会影响力似乎有所下降。而明代惠来谢正蒙一族；澄海谢宗鍹、谢元汴一族，崛起略晚，世次上亦恐难以与之衔接。如此，闽诗人谢翱因其与文天祥的短暂交集以及于文学史上的声誉而受到揭阳谢氏的追崇就顺理成章了。

责任编辑：周修东

---

① 潮汕历史文化中心揭阳市研究会、揭阳市谢翱研究工作小组合编《揭阳市纪念南宋爱国诗人谢翱大会纪念册》"资料文物"照片，揭阳市潮学杂志社，1996，第 79 页。
② （明）王应山纂修《闽大记》卷三十《列传十五·名贤》"谢翱"，陈叔侗、卢和校注，福建省地方志编纂委员会整理，中国社会科学出版社，2005，第 394 页。
③ 黄挺：《潮汕近十年新编族谱》，载饶宗颐主编《潮学研究》（第二届潮学国际研讨会论文专辑），第 6 期，汕头大学出版社，1997，第 79 页。
④ （清）林杭学纂修《康熙潮州府志》卷 7《选举》，潮州市地方志办公室编印，1997，第 267 页。

普宁的置县时间及县名详考：
兼论历史的真实性问题

温建钦*

摘 要：普宁县是在明中后期特殊的历史背景下设置的，从县城的选址到都图的划分经历了一个错综复杂的历史过程。这一过程致使普宁后世出现了置县时间的三种不同说法，而每种说法背后都蕴含着特定的社会心理图景，可视为历史事实。然而，关于置县之初该县的名称也出现了不同的说法，不过这只是文献的出入问题，可以通过文献的梳理得出一种名称叫普宁的历史事实。

关键词：普宁县 置县时间 县名 历史事实

明洪武二年粤东潮州府行政区域为一府领四县（海阳、潮阳、揭阳、程乡），成化年间开始逐渐析增了饶平、惠来、大埔、平远、澄海、普宁、镇平等七个县，明末出现一府领十一县的局面。① 对于这一过程，以往的学者多从人口增长、地方动乱及反明斗争等军事活动的角度进行研究。② 近年来也有学者透过这一过程揭示王朝政府置县的"弭盗安民"设想如何与州县之间的地方利益发生矛盾，争夺财赋来源如何最后酿成了长期的地方冲突。③ 正是政区的调整析分牵扯到错综复杂的疆界划定和赋役摊派等地方

---

* 温建钦，1987年生，广东普宁人，华南师范大学历史文化学院2014级博士研究生。
① 饶宗颐：《潮州志》第一册"沿革志"，潮州地方志办公室，2005，第23~26页。
② 参见司徒尚纪《明代广东政区的形成及其与区域开发的关系》，《岭南史地论集》，广东省地图出版社，1994，第249~250页；黄挺《明清时期的韩江流域经济区》，《中国社会经济史研究》1999年第3期，第26~34页；黄挺、陈占山《潮汕史（上）》，广东人民出版社，2001，第292页；唐立宗《在"盗区"与"政区"之间——明代闽粤赣湘交界的秩序变动与地方行政演化》，台湾大学出版委员会，2002；程龙《读〈广舆图·虔镇图〉兼论明中后期粤东新增县治的军事地理意义》，《历史地理》第19辑，上海人民出版社，2003，第343~349页。
③ 参见陈贤波《"割都分治"之下——明末清初潮州属县都图争端的初步分析》，《历史人类学学刊》第三卷第二期，2005，第57~87页；陈贤波《明代中后期粤东增设新县的地方政治背景——以万历〈普宁县志略〉为中心》，《中国历史地理论丛》2010年第1期，第88~95页。

资源的重新分配等问题,① 普宁县的设置从一开始便遇到了诸多问题。而这一系列原因导致了后世对"普宁何时置县"和"普宁开县之初县名为何"产生了不同的说法。

一 普宁何时置县

这一问题,其实已有地方学者做过粗略考证。② 但是,普宁县设置时间的诸多说法背后其实蕴含着复杂的历史记忆。为了更好地探索这个问题,本文根据现有研究成果做一简单的梳理,同时,结合笔者所掌握文献,进行考证,厘清其建县线索。

(一)嘉靖四十二年说

这个说法主要依据文献为《明实录》。明嘉靖四十二年(1563年)《明实录》卷五一七载:

> 丁未,提督两广都御史张臬、纪功御史段顾言,各条陈广东善后事宜。户部覆行三事:一,潮州、海阳之辟望为倭奴入寇门户,宜设一全县,以增潮南之藩篱,应割都图者七。潮阳之洑水宜设一县,以控扼海丰、惠来、长乐三县之要冲,应割都图者四。……疏上允行,乃设澄海县于辟望所,普宁县于洑水。③

嘉靖四十二年正月二十八日(1563年2月20日)提督两广都御史张臬在平定地方动乱后上书朝廷,请求朝廷设置新县。皇帝批准,在原来潮阳县的洑水地方设置普宁县。从这条记载看来,皇帝只是批准设置普宁县,具体的设置方案显然要靠地方制定。《明实录》是以编年形式专门记载皇帝在位期间的言行以及全国性的重大历史事件的官修史籍,后世认为普宁置县时间为嘉靖四十二年的观点,应该以此为依据。不过,也正是置县方案的尚未成熟,加之明代里甲制度与割都置县产生的地方利益冲突,④ 致使地方上对普宁县认同的时间出现了差异,这为普宁出现不同的置县时间埋下了伏笔。

明万历《普宁县志略》载:"县治始于嘉靖四十二年正月。巡按御史陈、两广总制张臬题请洋乌、洑水、黄坑三都以建之。"⑤《普宁县志略》撰修于万历三十八年(1610年),离建县差不多半个世纪。显然,其关于建县时间采录于《明实录》的记载。

---

① 陈贤波:《明代中后期粤东增设新县的地方政治背景——以万历〈普宁县志略〉为中心》,《中国历史地理论丛》2010年第1期,第88页。
② 吕凡:《普宁置县年代考》,载《普宁丛考》,普宁县地方志编纂委员会办公室编,1991,第1~4页。
③ 《明实录·世宗实录》四八,"中央研究院"历史语言研究所,1962,第8490~8491页。
④ 陈贤波:《"割都分治"之下——明末清初潮州属县都图争端的初步分析》,《历史人类学学刊》2005年第三卷第二期,第87页。
⑤ (明)阮以临:《普宁县志略》卷一"建置",载广东省地方志办公室辑《广东历代方志集成》,岭南美术出版社,2009,第7页。

后世延续嘉靖四十二年普宁建县的文献还有不少。清康熙十八年（1679 年）开始纂修至乾隆四年（1739 年）完成的《明史》也认为普宁的建县时间为嘉靖四十二年，"普宁，府西南，嘉靖四十二年正月以潮阳县溊水都置。析洋乌、黄坑二都，地益之，寄治贵山都之贵屿。万历十年移治黄坑，以洋乌、溊水二都还潮阳。"① 清乾隆《普宁县志》在《疆域志》亦载："明嘉靖四十二年间，此地为潮阳西北鞭长莫及之片壤，蕉苻剽悍于疆域之中。其时经巡按陈、总制张议建城分官以隶之。""……遂于嘉靖四十二年定以洋乌、溊水、黄坑三都为一县，号曰普宁。"②

民国《潮州志》的《大事志》中载："四十二年置澄海、普宁二县。"③ 其《沿革志》在"普宁县明嘉靖四十二年"条载："据黄廷相议，初拟析揭阳霖田一都合洋、溊、黄三都建邑，后廷议，仅可潮阳三都，遂于嘉靖四十二年定以三都置为县。"④

我们知道，实录是当时人记当时事，而《明史》修于清代，所以由以上不难推知，万历《普宁县志略》、《明史》和乾隆《普宁县志》及民国《潮州志》都可能沿用了《明实录》的说法。而万历《普宁县志略》和乾隆《普宁县志》在建置或疆域里面采用《明实录》的记载，无意中宣扬了普宁正统性的一面。《明史》修撰者的史料来源主要来自《明实录》，而饶宗颐的《潮州志》一一梳理了各个时期出现的不同文献。

（二）嘉靖四十三年说

万历《广东通志》对普宁有这样的记载：

> 普宁县本潮阳辖地，嘉靖四十三年巡按陈联芳、总督张臬疏言洋乌溊黄坑三都离潮阳一百七十余里，势难遥制，重以山寇屡扰。自三十八年以后，民善锋镝。今虽会兵平之，宜割三都设县治，以便统驭，取名曰普宁。⑤

《广东通志》既然把总督张臬上书设置新县的时间说成是明嘉靖四十三年（1564 年），这显然与《明实录》的记载有所出入，可能修志者采用的是民间流传的说法。同一时期的惠来知县游之光在潮州府城的开元寺普宁行馆撰写的碑记是这样说的："按普宁之设，自嘉靖三十四年始。何以设？为寇贼之盘踞设也。"⑥ 这里的三十四年可以做

---

① （明）张廷玉：《明史》卷四十五"地理志"，《钦定四库全书》第 297 册，上海古籍出版社，1987，第 590 页。
② （清）萧麟趾：《普宁县志》卷一"疆域志"，载广东省地方志办公室辑《广东历代方志集成》，第 101 页。
③ 饶宗颐：《潮州志》第一册"大事志"，潮州地方志办公室，2005，第 257 页。
④ 饶宗颐：《潮州志》第一册"沿革志"，第 105 页。
⑤ （明）郭棐：《广东通志》卷三十九"郡县志二十六"，载广东省地方史志办公室辑《广东历代方志集成省部（五）》，第 917 页。
⑥ （明）阮以临：《普宁县志略》卷五"庙寺"，载广东省地方志办公室辑《广东历代方志集成》，第 24 页。

两种解释：第一，民间口传为三十四年，游之光照之；第二，三十四为四十三的误写。不管前者还是后者都与《广东通志》的说法是相呼应的，因为省志的修撰往往也依赖于地方提供的信息。清代顺治年间吴颖纂修的《潮州府志》亦载："明嘉靖四十三年析潮阳洋乌、戎水、黄坑三都置县贵屿名普宁。"① 就能够为此解释做另外的一个佐证。

这一说法，影响了后代史志的修撰。清代顾祖禹在修《读史方舆纪要》似乎也采取了这一说法，"嘉靖四十三年析潮阳县之洋乌、戎水、黄坑三都地置县于贵屿，名安普县。"② 雍正年间曾署普宁知县的蓝鼎元也是这样认为的，"普宁为县，始于明嘉靖四十三年始，割潮阳之洋乌、戎水、黄坑，建置普邑。"③《清一统志》亦载："明嘉靖四十三年置普安县，万历中改名，属潮州府。"④

值得注意的是，嘉靖四十三年设置普宁县的说法蕴含着一定的逻辑思维，上引四十二年说，只是《明实录》关于皇帝批准提督两广都御史张臬、纪功御史段顾言上书的记载。但地方上收到圣旨，行政区域的划分和地方行政机关的设置及行政人员的派遣，这恐怕需要一个过程。如果从这个角度出发，嘉靖四十三年说或许正反映了地方开始认同的时间。这一认同的时间开始自然以口述的方式在社会上得以流传，后来慢慢被一些文献记载者所采用。万历《广东通志》把上书的时间说成是嘉靖四十三年，显然是受社会口述传说影响的结果。

（三）明嘉靖四十五年说

明隆庆《潮阳县志》卷一载：

> 四十五年复析潮阳置普宁。先是饶平抚盗张琏以三饶叛，分部流劫江、闽二省。而海、程、潮、惠黠贼王伯宣、林朝曦、陈八、黄启荐等复与连和为掎角之势。于是督抚都御史张臬会兵剿之。及琏等伏诛，因建议善后之策，以海、程边地分置澄海、平远二县；而析潮之洋乌、戎水、黄坑三都置县，曰普宁。至是，铨曹始注长吏至。然未有城郭、廨署，徒寄居人家。行事议者颇不便之，谓宜止将极西都里并入揭阳，其近揭阳者，仍旧。则彼此亦足以相制，即普宁不设焉可也。⑤

---

① （清）吴颖：《潮州府志》卷一"地理部·建置考"，载中国科学院图书馆选编《稀见中国方志汇刊》第44册，中国书店出版社，1992，第876页。
② （清）顾祖禹：《读史方舆纪要》卷一百零三"普宁"，载王云五主编《万有文库》，商务印书馆，1929，第4286页。
③ （清）蓝鼎元：《论潮普割地事宜书》，载郑焕隆校注《蓝鼎元论潮文集》，海天出版社，1993，第186页。
④ （清）和珅等纂修《大清一统志》卷四百四十，《影印文渊阁四库全书》，上海古籍出版社，1987，第124页；（清）穆彰阿、潘锡恩等纂修《嘉庆重修一统志》卷四百四十六，载续修四库全书编纂委员会编《续修四库全书》，上海古籍出版社，第532页。
⑤ （明）黄一龙修，林大春纂《潮阳县志》卷一"建置·沿革志"，《天一阁藏明代方志选》，新丰出版有限公司，1985年，第10页。

普宁的设置是在平定张琏等地方盗贼叛乱的社会背景下进行的。但是在置县之初却没有相应的行政配置，只好寄人篱下，非常不方便。林大春认为，想要管理好地方只要把潮阳县的最西部并入揭阳，同样也能达到治理的效果，其实普宁县是可以不设置的。值得注意的是，"至是，铨曹始注长吏至"是隆庆《潮阳县志》认定四十五年说的重要依据。朝廷派的第一个普宁知县赵钺正是嘉靖四十四年走马上任的，上任之初连办公地址都没有，只能借住于贵屿的民舍。[1] 这样到了嘉靖四十五年可能才析潮阳建普宁，此时潮阳地方社会不得不开始接受普宁存在的事实。

其实该说法，正反映了普宁县刚设置时地方士绅复杂的心理，因为这一设置，牵涉众多的利益。[2] 正如蓝鼎元所评论的："虽曰屡亩丈量，一都已赢赋额，亦潮邑官绅士庶，于心有不甘，故逞其强有力而夺之还也。"[3] 或许，这一事实直至嘉靖四十五年才被潮阳地方社会的人们慢慢认可。正如民国《潮州志》载普宁置县"潮阳林、唐、周三志俱作四十五年；或四十二年奉准立县，至四十五年始开县。"[4] 从现行流传的四十五年说的文献看来，似乎只有潮阳各个时期的地方志和饶宗颐《潮州志》采百家之说才持这一种说法。

以上各种文献所载的说法，表面上似有出入，其实不然，这出入的背后正揭示出普宁置县之初地方社会十分复杂的历史事实。正如黄廷相所言："边境鞭长莫及，藏污纳垢。……洋、泷二都豪右利于离潮之远，得以肆横自由；不利于属普之近，而有所顾忌。"[5] 自提督两广都御史张臬上书置普宁县之后，朝廷于明嘉靖四十二年批准设置，而这只是从国家层面对普宁县的设置，这一政策要具体落实到地方社会，还需要一个过程，一个县的设立必须要有配套的行政设施及行政人员的派遣，更重要的是涉及都图的划分。所以从地方社会的层面来说，或许正是嘉靖四十三年才是普宁置县加以推行的时候。至于四十五年之说，这也正反映了普宁新县设立之初，潮阳的民众并没有马上认同，直到嘉靖四十五年地方社会的民众才开始慢慢接受的事实。这也是《潮阳县志》及其他一些潮阳的文献认为四十五年的原因。

不同的文本体现了不同的历史记忆，《实录》是"从国家的观点出发"；地方志"披露的则是地方对来自朝廷的中央政策的反应及执行情况"[6]。从这个角度出发，其实不难理解不同说法的背后折射的是不同的历史记忆图像。四十二年说反映的是国家置县决定及普宁各个时期统治者展示合法性的图像；四十三年说展示了普宁地方社

---

[1] （明）阮以临：《普宁县志略》卷二"官师·名宦传"，广东省地方志办公室辑《广东历代方志集成》，第16~17页。
[2] 参见陈贤波《"割都分治"之下——明末清初潮州属县都图争端的初步分析》，《历史人类学学刊》2005年第三卷第二期，第57~87页。
[3] （清）蓝鼎元：《论潮普割地事宜书》，载郑焕隆校注《蓝鼎元论潮文集》，第187页。
[4] 饶宗颐：《潮州志》第一册"沿革志"，第106页。
[5] （清）黄廷相：《普宁黄廷相请复洋戎二都议》，载饶宗颐《潮州志》卷一"大事志"，第112页。
[6] 〔加〕卜正民：《明代的社会与国家》，"前言"，陈时龙译，黄山书社，2009，第20页。

会开始自我认同的开始；四十五年说则彰显出潮阳地方社会不得不认同新县事实的开始。

二 普宁县名考

《普宁丛考》曾收录了学者陈竞飞的《去思碑与普宁县名》一文，① 该文对普宁县名做了考证。陈文以1986年11月在潮阳县贵屿区北林乡发现的《去思碑》为材料结合《明实录》对"普宁县初名安普县"进行了订误，认为：普宁县建置一开始就称普宁县。陈文的考证非常有意义，但尚未很好厘清文献之间的关系，本节在陈文的基础上重新梳理相关的文献，从而更有力地进行论证。

（一）普安（安普）之流传

《读史方舆纪要》有以下记载：

> 府西南百二十里，西北至揭阳七十里。嘉靖四十三年析潮阳县之洋乌、戍水、黄坑三都地。置县于贵屿，名安普县。万历三年改筑城基于后屿，十年以二都还潮阳。止存黄坑一都，改曰普宁县。十四年城成，因移治焉。南去旧治二十里，城周三里，有编户十四里。②

《读史方舆纪要》明确点出了嘉靖四十三年设安普县，万历十年改为普宁县。康熙年间，顾祖禹参与《大清一统志》的编修。在此期间，顾祖禹利用工作之便，遍查徐氏传世楼藏书，为《读史方舆纪要》的修撰，积累了大量资料。从中不难看出《大清一统志》也认为普宁开始为安普的缘由。

民国《潮州志》有以下记载：

> 嘉靖四十二年：方舆纪要嘉靖四十二年析潮阳置名普安。明史地理志嘉靖四十二年正月以潮阳县戍水都置析洋乌、黄坑二都。地益之寄治贵山都之贵屿［按郭子章郡县释名普宁隆庆间（按此误）析潮阳置取普遍宁谧之议］。
>
> 万历十年：方舆纪要万历十年以洋乌、戍水二都还潮阳，改名普宁。明史是年移治黄坑。③

---

① 陈竞飞：《去思碑与普宁县名》，载《普宁丛考》，普宁县地方志编纂委员会办公室编，1991，第19~20页。
② （清）顾祖禹：《读史方舆纪要》，载王云五主编《万有文库》，商务印书馆，1929，第4286页。
③ 饶宗颐：《潮州志》第一册"大事志"，第105页。

饶宗颐在编《潮州志》的时候，旁征博引。这里明确提到了方舆纪要，认为普宁刚开始为普安。上引方舆纪要载的明明是安普，不知何种原因，饶老在此且写作普安。不过不管怎样，饶老给我们梳理了普宁始为普安（安普）的文献资料。

而后编的一系列资料都延续普安这一说法。如："明析置普安县改曰普宁"①、"普宁县：明万历十三年（1585）以普安县改名"②、"明嘉靖四十三年（1564）析潮阳县洋乌、戎水、黄坑三都置普安县。万历十三年（1585）改称普宁"③等等。甚至有著名的学者在利用普宁相关资料时，也没有做多大考证，就直接用了普安的资料，如"普宁，原名普安，万历十年改普宁"。④

（二）普宁并非普安（安普）

上引《明世宗实录》明确开县之初为普宁，从现在能看到的文献来看，它算是最接近事实的时间。同时，它又是当事人记当时事，所以可信度较高。

明代郭子章（1643~1618年）在万历年间撰成的《郡县释名》对自明季以来广东潮州府新增县的县名做了详细的解释：

> 饶平县，成化年间置，县治在三饶也。三饶：上饶、中饶、下饶，今县治在下饶也，曰三饶太平矣……平远县，嘉靖间置，闽近武平，江近安远，故曰平远，以其为武平、安远藩蔽也。澄海县，嘉靖间置，取海宇澄清之义也。故闽漳州之县，又曰海澄，皆此意也。普宁县，嘉靖间析潮阳置，取普遍宁谧之义也。⑤

郭子章在解释新增各县的时候显然很小心，所用的置县时间均是某某年间，因为这些新增县的时间有好几个颇受争议，普宁就是其中之一。他在解释普宁县名的时候，认为普宁乃取"普遍宁谧"之意，从这一点来看普安（安普）之说是站不住脚的。

明万历三十八年《普宁县志略》所载："赐名普宁，是潮之剖为普也。"⑥

郭子章生于嘉靖二十一年（1541年），隆庆五年考中进士，万历二十六年（1598年）封兵部尚书，卒于万历四十六年（1618年）。他曾于万历十年至十四年（1582~1586年）任潮州知府。《郡县释名》是其撰写的一部关于万历时期南京十三布政司及其所辖各府、州、县名称来历的著作。⑦显然，《郡县释名》比《普宁县志

---

① 臧励和：《中国古今地名大辞典》，香港商务印书馆，1982，第900页。
② 复旦大学历史地理研究所：《中国历史地名辞典》，江西教育出版社，1986，第881页。
③ 戴均良：《中国古今地名大词典》下，上海辞书出版社，2005，第2912页。
④ 陈春声、肖文评：《聚落形态与社会转型：明清之际韩江流域地方动乱之历史影响》，《史学月刊》2011年第2期，第57页。
⑤ （明）郭子章：《潮中杂纪》卷一"郡县释名"，潮州地方志办公室影印，2003，第9页。
⑥ （明）阮以临：《普宁县志略》卷一"建置"，载广东省地方志办公室辑《广东历代方志集成》，第7页。
⑦ 华林甫：《郭子章及其〈郡县释名〉述论》，《中国历史地理论丛》1995年第3期，第236页。

略》要早，而《普宁县志略》亦为明万历三十八年的文献。所以，不论是郭子章的《郡县释名》还是《普宁县志略》都是明朝的文献，离置县时间比清代的《读史方舆纪要》要早得多。诚然，作为明朝人解释明朝地名，要比清朝人的解释更为接近地名命名的原始含义。①

另外，可以佐证的史料还有《去思碑》。从陈竞飞的文章中，我们得知《去思碑》的碑文如下：

> 父母赵侯，讳钺，号怀泉，福建长汀人。嘉靖乙丑，受命知普宁事。普城未建，寓治潮之贵屿。时艰民瘵，侯悯之。处官犹家，爱民如子；廉激庶顽，惠流分土。普潮士民，戴若召杜。比调，留恸震野。爰今勒石志思，媲美甘棠，以永终誉。②

嘉靖乙丑年即嘉靖四十四年，第一任普宁知县上任。从碑文中明确看出记载的"知普宁事"，并非知"普安事"。但问题是此碑立于明朝万历元年癸酉（1573年），亦就是说从明嘉靖四十二年（1563年）至万历元年癸酉（1573年）之间有一段时间需要佐证。

隆庆六年八月二十七日（1572年10月3日）广东御史杨一桂向朝廷上奏广东防守事实，指出"惠之永安、长宁，潮之普宁、澄海，虽建设县治，但有名无实"，请求皇上拨经费修这些县的县城，以固防守，结果朝廷的批复是"修城不用帑金"③。值得注意的是，这里称普宁的时间，刚好介于1563—1573年之间。另外，上引林大春隆庆《潮阳县志》也已称普宁。这就进一步佐证了普宁一开始就是普宁，并无普安（安普）之称。

三 结语

政区的变动，往往与时代的特点相联系，为当时的政治形势服务，这是划分政区的重要原则。④ 自明初以来，粤东地区人口增长和经济发展。到了明中后期，人口和经济发展到了一定程度，但以此相应的却是地区社会动荡，山贼海盗猖獗。⑤ 旧政区的治理出现了一系列问题，于是新县的设置便应运而生。不过，这只是研究者与官修文献一

---

① 华林甫：《郭子章及其〈郡县释名〉述论》，《中国历史地理论丛》1995年第3期，第242页。
② 杨希翼、苏俊德、杨希耿等：《去思碑》，转引自陈竞飞《去思碑与普宁县名》，载《普宁丛考》，普宁县地方志编纂委员会办公室编，1991，第19~20页。
③ 《明实录·神宗实录》卷五一，"中央研究院"历史语言研究所，1962，第179~180页。
④ 司徒尚纪：《明代广东政区的形成及其与区域开发的关系》，《岭南史地论集》，广东省地图出版社，1994，第249页。
⑤ 黄挺：《潮汕文化源流》，广东高等教育出版社，1997，第33页。

样，站在长远效益的角度出发来解读地方置县的背景。其实，政区变动背后还有更深层的地方运作机制需要探讨。① 正是这错综复杂的社会情境塑造了普宁何时建县的不同历史记忆，以致出现建县时间的"四十二年说"、"四十三年说"和"四十五年说"等结果。这反映在事实层面则是普宁县从设立到稳定运作，经历了虚县到实县反反复复的过程。这一过程也影响了文献的记载，出现置县之初县名是普宁还是普安（安普）的不同说法。

后现代史学家认为，"一切历史都是思想史"，怀疑历史的真实性。对此，王明珂通过"社会情境"和"历史心性"进行了解释，他认为两者及其变迁都是"历史事实"。② 于本文来说，普宁置县的三种历史记忆都展现了"社会情境"和"历史心性"的关系，我们无须拘泥于究竟普宁是何时建县的正确考证。然而，我们却需要展示每种记忆背后的社会心理图景，这就是我们所要解释的历史事实。不过，对于普宁建县之初是普宁还是安普（普安）的名称，与以上不同的是，却能够实实在在地考证出其真正的叫法。

责任编辑：林 瀚

---

① 具体的可参见陈贤波《"割都分治"之下——明末清初潮州属县都图争端的初步分析》，《历史人类学学刊》2005 年第三卷第二期，第 57~87 页。
② 王明珂：《历史事实、历史记忆与历史心性》，《历史研究》2001 年第 5 期，第 136 页。

清代闽粤沿海的海域治理：以"澳甲"为中心[*]

李 坚[**]

摘　要：澳长制为南宋时期国家治理中国南部海域的一项重要举措。清时期澳长制与基层里甲制度进一步结合，将船户编甲与船只编甲紧密结合，并逐步职能化，进一步形成澳甲制；同时，将施行范围从沿海海域延伸至内河航道，设立了内河澳甲，协助管理内河船只。

关键词：澳甲　澳长　船政

澳甲制为历史时期施行于中国南部沿海地区的一项涉及海防及船政的管理制度，融合了中国传统乡村社会保甲法及民兵政策的理念。它产生于南宋时期南部海域抗击海盗的过程中。在历史时期，澳甲制成为地方州（府）县官员治理沿海岛屿、维持海道秩序的重要举措，管见所及，学界尚未有关于澳甲制度的专门研究。[①] 有鉴于此，本文对澳甲制度的源流及演变进行梳理。

一　澳长制的形成及南宋南方沿海的海域治理

从现有的史料看，澳甲制最早施行于南宋初期的福建沿海地区，由出任福建兵马钤

---

[*] 项目支持：潮州市 2013 年哲学社会科学规划项目"清代韩江渡口研究"阶段性成果，项目编号 2013-A-14；韩山师范学院 2012 年潮学研究专项课题"清代韩江的渡口及船政管理"阶段性成果之一，项目编号 CS201205。

[**] 李坚，1981 年生，广东潮州人，韩山师范学院潮学研究院助理研究员，研究方向为社会史、潮汕史。

[①] 重要者如杨培娜《濒海生计与王朝秩序——明清闽粤沿海地方社会变迁研究》（中山大学 2009 年博士学位论文，第 186~191 页），李坚《宋代中国南部边疆的海防建置——以潮州为视角》[《宋史研究论丛》（第十四辑），2013]，分别就清代澳甲制、宋代澳长制进行讨论，不足之处是对于澳长制的源流及发展演变，缺乏一个完整的考述。

辖（1167~1168年）的郑兴裔所提出。南宋初期中国南部的福建及广东沿海，海盗为患，而这些地区自北宋以来海防力量一直都较为薄弱。南宋政权建立以后，在李纲的建议下，南部沿海区域的海防建设逐步展开。除了创建水军寨、增设水军、改进战船等基础设备外，民间武装力量也出现在地方官员构建海防的蓝图当中。

为应对福建沿海的海盗，郑兴裔提出施行澳长制，指出："海之大不知几千万里，不逞之徒乘风猝至，觇其无备，坏民居、夺民食，海滨郡县屡被焚劫。朝廷征兵以剿之，而调遣于内地，岂能朝发夕至。兵甫四集而海上之寇又飞云掣电，牵率以遁。若欲从而追击之，则巨浪之中不能坐立，安能与之格斗哉。及夫守备解严，而肆劫者如故，我来则彼去，我去则彼来，军士疲于奔命。"①

郑兴裔指出，官军往往无法对突发的海盗事件及时应对。即便与海盗发生遭遇战，官军也无必胜的把握，"巨浪之中不能坐立"。主要内容有以下两点：其一是水军驻扎地远离濒海地区；其二，水军缺乏深海作战经验。

对此，郑兴裔提出解决办法，"为今之计，莫若令沿海之民自为捍守，濒海州县各有屿、澳。澳置一长，择地方之习知武艺者而任之，仍令结为保伍，旦夕训练。以追则迅，以战则克。如其无事则尽力于农，不仰食于县官。一旦寇至，澳长径率其众御之，不使登劫。彼皆有父母、妻子、兄弟、室家之系，驱之必力。更责其两邻互相策应，如有能杀贼者，州县第其劳以赏之，容隐坐视者罚无赦。"②

令濒海地区的民众结为保伍，同时推选武艺高强者任澳长，赋予其率众抗击海盗的职责。郑兴裔所提请施行的澳长制，实质是民兵政策。类似的民兵政策在福建地区有其根源。北宋元丰元年（1078年），大臣蹇周辅奏请令福建民户结成保甲，按户抽取枪杖手，于农隙时教阅，有捕盗职责，维持基层治安，成效显著。③ 南宋初南方各地纷纷成立忠义巡社，抗击草寇、兵匪等，福建有保伍法，为忠义巡社之一。"福建保伍者，乡村自相团结，而立豪户为首领，所以备盗也。闽中人素勇悍，在熙宁间有枪杖手五千余人，建炎初尝用之，绍兴后废。建炎元年八月，又用张诚伯言，置诸路忠义巡社，其制甚备。绍兴初，言者以为扰民，遂罢，惟福建独存。"④ 从枪杖手到保伍法，反映出民兵政策的延续性及发展。

而保伍法与澳长制，均是令乡村民户"结为保伍"、"自为捍守"，自我武装，以达到维持地方秩序的目的，其实质仍是民兵政策。其区别主要在施行的区域上，澳长制主要在濒海泊船区域及岛屿。郑兴裔提请置澳长，考虑到澳长与地方正规军兵相比有其自身独特的优势，如澳长多为地方土豪，熟识地方形势，"不仰食于县官"，能够更及时

---

① （宋）郑兴裔：《郑忠肃奏议遗集》卷上《请置澳长御海寇疏》，文渊阁四库全书本。
② （宋）郑兴裔：《郑忠肃奏议遗集》卷上《请置澳长御海寇疏》，文渊阁四库全书本。相关内容还可参考《宋史》卷四六五《郑兴裔》，中华书局，1985，第13593~13595页。
③ （元）脱脱：《宋史》卷一九一《兵五·乡兵二》，第4763页。
④ （宋）李心传：《建炎以来朝野杂记》甲集卷18《福建保伍》，中华书局，2010，第419页。

地对海盗施以打击等等。他将澳长制的施行，视为抗击海盗的重要举措。

从保伍法到澳长制的实施，并非个案，在广南东路地区，情形与福建大体相似。嘉祐六年（1061年），广、惠、梅、潮、循五州率先按户抽取枪杖手，后进一步结为保甲。① 这一制度在两宋之际得到培育，形成了大大小小的地方团体，地方民兵首领往往在抗击盗贼，维持地方稳定方面发挥重要作用。② 以聚落的首领、统率等地方土豪，通过自我武装、相互协作，成为南宋以降广南东路地区维护地方治安的重要且经常性的方式。③

南宋初，为抗击海盗，不少广东官员尝试在沿海地区推广民兵政策。绍兴五年（1135年），广东帅臣连南夫奏请，按地域令沿海居民结社，其法"五百人结为一社，不及三百人以下，附近社推材勇物力人为社首，其次为副社首，备坐圣旨，给帖差捕。盖滨海之民熟知海贼所向，平时无力往擒尔。今既听其会合，如擒获近上首领，许保奏优与补官，其谁不乐为用。"④ 社首由地方上的"材勇物力人"担任，由官府赋予追捕海盗的职能，许诺论功行赏，将这些基层力量纳入到官方的海防体系之中。

不难发现，"社首"、"澳长"均源于北宋时团结民兵的理念，虽然在施行的具体情节上有所区别，但在实际中这些"澳长"、"社首"往往能够协助官府应对来自海上武装力量的威胁。南宋初期，在连南夫与郑兴裔等官员的大力推动下，民间武装愈发普遍地参与到抗击海盗的行动当中，得到地方官员的认可。

据隆兴元年（1163年）地方官员调查，当时海盗遍布闽粤沿海，"窃见二广及泉、福州多有海贼啸聚，其始皆由居民停藏资给，日月既久，遂为海道之害。如福州山门、潮州沙尾、惠州潦落、广州大奚山、高州碙（冈）州皆是停贼之所。官兵未至，村民为贼耳目者往之前期告报，遂至出没不常，无从擒捕。乞行下沿海州县严行禁止，以五家互相为保，不得停隐贼人及与贼船交易，一家有犯，五家均受其罪，所贵海道肃清，免官司追捕之劳。"⑤

要切断沿海村民与海盗之间的往来，必须借助保甲的连坐。因此，利用澳长对沿海渔民的行为进行监督，成为地方官员的选择。淳熙九年（1182年）为处理大奚山盐寇问题，利用了地方的澳长参与剿捕，同时监视地方民户的行动。

---

① （元）脱脱：《宋史》卷一九一《兵五·乡兵二》，第4746~4747页。
② 李坚：《土豪、动乱与王朝变迁——宋代闽粤赣边区基层社会的演变》，《韩山师范学院学报》2008年第4期，第23~29页。
③ 南宋乾道元年（1165年），德庆府知州莫廷秀指出，"二广诸州多与江西接境，江西之民以兴贩私茶、盐为业，劫杀平民，而二广诸州军兵孱弱，惟赖土豪，号曰'统率'者，聚兵保伍以遏绝之"。（《宋会要辑稿》兵一之二二）；绍熙元年（1190年），臣僚指出："岭南地广人稀，每岁冬月盗贼尤剧，商旅不敢行于道。臣尝熟询其故，盖由江西、湖南之游手，每至冬间相率入岭，名曰'经纪'，皆设为旅装，出没村落，啸聚险隘，伺便剽掠。……广南兵卒寡弱，所恃以御盗者，常藉首领，盖广南之俗随方为团，团有首领，凡遇警则合诸团以把截界分。所谓首领者，能因其俗而激用之，诚除盗之一助也。"（《宋会要辑稿》兵一三之三七）。
④ （宋）李心传：《建炎以来系年要录》卷八八"绍兴五年四月戊午"，中华书局，1956，第1471页。
⑤ （清）徐松：《宋会要辑稿》兵一三之二。

十一月，"诏广东经略司晓谕：大奚山民户，各依元降指挥，只许用八尺面船采捕为生，不得增置大船。仍递相结甲，不得停着他处逃亡人。如有逃亡人，令澳长民户收捉，申解经略司，重与支赏。"①

次年五月，"大奚山私盐大盛，令广东帅臣遵依节次已降指挥，常切督责弹压，官并澳长等严行禁约，毋得依前停着逃亡等人贩卖私盐。如有违犯，除犯人依条施行外，仰本司将弹压官并澳长船主具申尚书省，取旨施行，仍出榜晓谕。"②

而福建大员真德秀、包恢亦相继在闽粤沿海区域大力剿捕海盗，针对海盗问题提出的海防举措，包括澳长等在内的民间武装力量，成为官府剿捕海盗的重要力量。③

南宋嘉定年间（1208~1224年），真德秀在围捕闽粤沿海南澳岛海域的海盗行动中，潮州"柘林部长林四"参与了剿捕南澳岛海盗的军事行动，"据（潮州）水军寨及小江巡检司申，贼船复在大坭海劫掠漳州陈使头过番船货，掳去水手纲首九十一人。使回深澳抛泊，出没行劫，因依当具申本路经略安抚使司及移文漳州，乞发兵船前来会合，沿海驻扎官军船只并力收捕。至五月初四日，又据小江巡检状缴到：东界新埭柘林部长林四等状称：四月二十四日早蓦被贼船一十余只乘载五六百人，持枪杖上岸劫掠，复使船到柘林澳，掳去盐纲船二只。目今见在深澳抛泊出没行劫。"④

所提到的被掳去盐纲船的柘林澳，是潮州辖内的濒海小岛，也是潮州的盐产区之一，因此"柘林部长林四"应该就是在柘林澳的民间武装领袖。在发生了劫掠事件后，林四第一时间将情况反映给了其上属的小江巡检司。在处理上述海盗问题时，这些民间武装力量的机动性及适应性，正是国家正规军队所不具备的，也正是地方官员们所需要的。在潮州海域，类似于柘林的澳屿不在少数，见于文献的如"深澳"、"南洋"、"沙尾"、"莱芜"、"吴田"等等。

明代东南沿海地区长期困扰于倭寇问题，在历史条件下，澳长制在基层防卫及船只监控方面的优势较为明显，通常成为地方官府在正规军以外的维持海道秩序的重要措施。

明嘉靖十五年（1536年），福建巡按御史白贲，为了对倭寇有所防备，提请了数条建议，其中之一，是对沿海及海岛的渔民进行姓名登记，并推选澳长。"海澳舟居之民所有见丁皆令报官，折立澳长一人，小甲二人，籍记澳民姓名。一船被劫，澳长小甲即率众追之。仍禁制澳民不得下海通番。"⑤ 白贲的建议中，澳长被赋予维持基层治安以及监控渔

---

① （清）徐松：《宋会要辑稿》刑法二之一二一。
② （清）徐松：《宋会要辑稿》食货二八之一九。
③ （宋）包恢：《敝帚稿略》卷一《防海寇申省状（福建提刑）》，《宋集珍本丛刊》第78册，线装书局，2004，第490~494页；（宋）真德秀：《西山真文忠公文集》卷十五《申尚书省乞措置收捕海盗》，万有文库本，商务印书馆，1937，第252~253页。
④ （宋）真德秀：《西山真文忠公文集》卷十五《申尚书省乞措置收捕海盗》，万有文库本，第252~253页。
⑤ 《明世宗实录》卷一百八十九，"嘉靖十五年七月壬午"。

民行为的职能。此后,都御史朱纨为杜绝福建沿海海沧及月港两个海上走私贸易港口与倭寇的往来,也采纳了施行澳长制的建议,"以海沧、月港等澳耆民充捕盗扑之备倭"。①

同样,万历四十年,福建巡抚丁继嗣指出:"欲绝勾引,必清海贩,欲清海贩,必先自势豪之家,有犯必处之重典。"强调基层保甲制度的重要性,连坐之法必须坚决执行。"沿海县分,挨次编为保甲,凡船埠船匠籍名在官,如有异船异货拿获,一家有罪十家连坐。"② 这当中,责任落于澳甲。

而在天启年间,曹履泰任泉州同安知县,为应对来自郑芝龙集团等海上势力的威胁,他大量招募沿海的渔民壮丁,进行编甲,对各个聚落的澳甲、澳长,有详细的要求,具体如下:

> 一、粮饷。遇有警报,本县飞檄到澳。澳长即时点集出水。以是日为始,每人日给银三分。如五日以内获有贼船首级者,除功赏另行外,口粮每人日加二分,钱粮俱本乡自处给发。
> 一、器械。有自备者,有官给者,及火药等项,澳长各先料理。毋至临时方请,致误事机。
> 一、功次。凡凶贼执械拒敌者,俱听澳民登时斩首,赴县报功。寨游将领敢邀抢及买求者,禀明申究。如真正被掳,不持兵仗逃水自匿,或偃伏船舱者,不许妄杀。此又是各人自存心地,毋造冥业,何俟余言。
> 一、卤获。凡牵获贼船,惟神飞、百子诸大火器,报官存用。其余刀枪及一切所有之物,俱听有功员役,自行分取,以为剿贼之资。
> 一、船只。凡以击贼致有损坏者,即官为估计给价赔修;所获贼船,各存该澳;一面整理给澳长收管,以便急需。
> 一、应援。凡澳口邻近,倘有贼船分舟宗突入者,左右澳长,俱须督率澳兵,前后邀击,毋得坐视。③

可见,明代所推行的澳长制,基本沿袭了宋代该区域的澳长制,白贲及曹履泰等官员对滨海地区及岛屿澳长的倚重,显然出自地方的社会传统,并非首创。

二 从澳长制到澳甲制:清代前期澳甲制的完善

上文就南宋时期南方沿海的海域治理进行讨论,从澳长制的创建过程看,澳长主要

---

① (明)胡宗宪:《筹海图编》卷四,中华书局,2007。
② (明)王在晋:《海防纂要》卷九,明万历刻本。
③ (明)曹履泰:《靖海纪略》卷之四《编造渔舟壮丁示》,载台湾银行经济研究室辑《台湾文献丛刊》第33种。

职能体现于两个方面,其一是协调地方官员管理区域内的船只,监控船户行动;其二是在海盗侵犯时加入地方官员的统一军事行动,特殊情况下可率众迎击海盗。其基本的理念,是根植于中国传统乡村社会的保甲及民兵制度。澳长制的产生,与历史时期的海面局势以及国家的军事布防密切相关。清政权建立以后,随着康熙后期海面局势的稳定以及随之而来的航运业的兴起,澳长制所具有的基层防卫意义被极大地削弱了。

清代所施行的澳甲制,一方面,借鉴了澳长在基层的船只编甲及登记管理方面的经验,进一步将其规范化与职能化;另一方面,则消除了宋元明时期澳长作为军事武装力量的威胁。具体而言,清代对船只、船户管理的条例较之宋元明时期更为完备,依托于地方保甲制度所产生的澳甲,为新时期船政管理的重要辅助。这是澳长制在清时期的一个变化。"澳甲"一名的由来,更为突出的正是基层的保甲制度。

康熙四十六年(1707年),福建沿海地区的出洋船只进行编甲,所有出洋船只,包括商船及渔船,十船编为一甲,同时施行甲内连坐:

"四十六年,议准福建渔船桅听其用双用单,各省渔船止许单桅。欲出洋者将十船编为一甲,取具一船为匪余船并坐,连环保结,若船主在籍而船出洋生事者,罪坐船主。……又议准福建商船值渔期欲出海取鱼者,赴地方官呈明换领渔照,取具澳甲、里族各长并邻右保结,同船连环互结,准其入海取鱼。竢渔期过后将渔照缴销仍换给商照,该地方官将换给船照缘由汇报上司存案,如过期不归,即行察究,永不许出海取鱼。"①

乾隆初期,广东"凡大、中、小三项出海商、渔船只,各州县必须照陆上保甲制度编排,十船为一甲,互相保结。一船犯案,他船必须举报。若一甲中无人举首,即予连坐。十甲为一澳,设澳长一名,如船在一百五十分号上,则设澳长两名分管。其商船按双桅、单桅分甲合对。澳长由各州县选殷实并无过犯重役之人取结承充。五年一换。如在任内怠玩滋事,随时裁革,另举他人。澳甲设立后,其他水练埠保名色,一律革除。各州县每年将澳长姓名、年籍、所管船只,甲数号数造册缴查"②。

通过这种以船只为单位进行编甲的方式,实际上将澳甲(长)与船只紧密地联系在一起。而清代以前的编甲,则通常是以地域聚落为单位进行的,选取的澳长更多的是带有地方强人角色的私人武装力量首领。事实上,编甲以及连坐,正是地方保甲制度的要义,这两个内容推行于沿海地区的澳长制施行范围,用于对船只、船户的管理,标志着清代澳甲制的形成,也反映了清代船只管理制度的完善。

清代的船只管理,实际上是采用船只及船户的交叉管理方式,通过海关、州县衙门

---

① (清)允祹纂修《钦定大清会典则例》卷一百十四《海禁》,文渊阁四库全书本。
② (清)黄恩彤:《粤东省例新纂》卷三,转引自叶显恩、谭棣华、罗一星《广东航运史(古代部分)》,人民交通出版社,1989,第198页。

等水运管理机构的协作,从而实现对船只的形制、航程等信息的登记,以及航道秩序的维持。依照规定,所有船只均必须在官府处登记,同时获取"牌票",有了"牌票"便具备官府承认的营运资格。① 牌票事实上可以理解为州县给予船户及其船只的备案凭证,船户在申请牌票的这一过程中,同时也被纳入到官府的监管之下,船户必须履行相应的职责,其私人船只也必须按照规定进行登记。依照条文,渡口船只大小、航程、载人额数、渡夫的姓名、往来的渡口等信息必须登记在案。"每船置大白粉牌一面,将渡夫姓名、往来埠坊、船身梁头丈尺、水程里数、载人、收钱各数目,及归何处捕巡、河泊所等官管理,逐一开载"②。

另外,船户还必须由"身家殷实"之人承充,或由地方绅士对其进行担保,其邻接户族亦互为担保。③ 透过一系列的举措,以达到对境内河道及出海船只的监管,这其中,基层的澳甲无疑起到重要的作用。

在施行出海船只的管理制度当中,澳甲制事实上是基层保甲制向近海海域的延伸,所施行的理念依然是地方的秩序及管理制度的施行点。澳甲(长)由州县遴选可靠之人充任,履行官府的使命,把甲内船只、船户的行为纳入官府的规定之内。此外,澳甲(长)必须为甲内的商船、渔船进行担保,包括渔户制造出洋的捕鱼船只之前的责任担保及画押。澳甲(长)对出海船只管理方面的职能,简单而言有以下几个方面。

(一) 对出洋渔船的担保

"(康熙)四十二年覆准出洋渔船只许用单桅,梁头不得过一丈,舵水人等不得过二十名,取鱼不得越出本省境界。未造船时,先行具呈州县,该州县询供确实,取具澳甲、户族、里长、邻右当堂画押保结,方许成造。造完报县验明印烙字号、姓名,然后给照。其照内仍将船户舵水年貌、籍贯开列以便汛口地方官弁察验。"④

(二) 对出洋商船的担保

"覆准商贾船许用双桅,其梁头不得过一丈八尺,舵水人等不得过二十八名,其一丈六七尺梁头者不得过二十四名,一丈四五尺梁头者不得过十六名,一丈二三尺梁头者不得过十四名。于未造船时亦具呈该州县取供严察,确系殷实良民亲身出洋船户取具澳甲、里族各长并邻右当堂画押保结,然后准其成造,造完该州县亲验烙号刊名,然后给照。"⑤

---

① (清) 金廷烈:《澄海县志》卷之七《津梁》。
② (清) 黄思彤:《粤东省例新纂》卷三,引自《广东航运史(古代部分)》,第198页。
③ 叶显恩、谭棣华、罗一星:《广东航运史(古代部分)》,第199页。
④ (清) 允裪纂修《钦定大清会典则例》卷二十四《海防》,文渊阁四库全书本。
⑤ (清) 允裪纂修《钦定大清会典则例》卷二十四《海防》,文渊阁四库全书本。

(三) 对船户行为的担保

"沿海等省商、渔船只取具澳甲族邻保结,报官准造,完日由官验明给照。商船将船主、舵工、水手年貌、籍贯并填照内,出洋时取具,各船互结至汛口照验放行。渔船止填船主年貌、籍贯,至泛口查明舵工、水手名数,官为填注。倘有租船出洋为匪,将船主、澳甲分别治罪。"①

"闽省不法棍徒,如有充作客头,在沿海地方引诱偷渡之人,包揽过台,索取银两,用小船载出澳口复上大船者,为首发近边充军,为从及澳甲、地保、船户、舵工人等知而不举者,俱杖一百,徒三年,均不准折赎。"②

(四) 对近海地区船只的稽查

"内洋采捕小艇责令澳甲稽查,至内河一切船只于船尾设立粉牌,责令埠头查察。其渔船网户水次搭棚趁食之民均归就近保甲管束。"③

三 清代中后期内河澳甲的出现及其演变

清代澳甲的职能并非仅仅体现在沿海海域的管理方面,随着18世纪航运业的兴起,航行于内河航道的船只数量更为庞大,为此,内河澳甲的出现,有助于内河航运管理。

乾隆三十一年(1766年),广东率先将船只编甲推行至境内的内河航道区域:"粤东商渔大小船只,每州县不下一二千,易致匪徒窜迹,窃劫为害。现通饬各府州县,将境内所有商船渔艇按数编排。十船设一甲长,十甲设一澳长。无论船身大小,令于篷桅头艕书刊某州县某号某甲某人某船字样。除商船载明船主、柁水、贸易何地、往返何时。凡属渔船,必使出捕定有方向,收港定有限期。配盐食米,定有章程。俾内河外海,无不明书标识之船。渔户水手,无不按籍可稽之人。倘有夕船混入,一目了然,哨巡不难即(缉)捕。"④

依照规定,内河的澳甲负责船只的登记造册等具体事项,这样做自然是有助于官府维持河道的秩序,客观上也促进了内河船只管理的完善。

河道澳甲另外一个职能,是替地方官府揽纳、承充各种使用船只的差使,如大小官员迎来送往等,雇佣船只的价码,有明确的规定。笔者依据粤东韩江沿岸出土的航运碑刻,有关于内河澳甲的相关内容:"为此示谕各州县船户及船头澳甲差役人等知悉,嗣

---

① (清)张廷玉:《皇朝文献通考》卷十九,文渊阁四库全书本。
② 马建石、杨育棠主编《大清律例通考校注》卷二十《兵津关津》,中国政法大学出版社,1992,第622页。
③ (清)张廷玉:《皇朝文献通考》卷十九,文渊阁四库全书本。
④ 《清高宗实录》卷七百七十二,"乾隆三十一年十一月"。

后凡遇文武衙门过往官员，出有印封雇用船只，务照现在加给船价章程。按照水手多寡，凡逆水如用水手四名，每站给钱六百七十五文。水手三名每站给钱五百零六文。水手二名者，每站给钱三百三十七文。下水概行八折算给。"①

在广东内河航运较为发达的广州及佛山，有类似澳甲的船行组织，其规章可供参考。据载，广东地区于乾隆十五年（1750年）颁行了"船行规条"："详各属境内，照省城、佛山之例，查召身家殷实、堪充船行三人，并取邻户族甘结，如行联名保结。详报批示，给与示簿，准其承充。毋庸输课，给发牙帖。凡船只到埠，揽载行户，询明该户及所雇水手姓名住址，并取同帮船户与在船水手连环保结存行，分析登簿。其无保结之船，概不许其揽载。客商雇舡开行月日、姓名、籍贯、货物行囊、船价、填给舡票。登注循环簿内，按月呈缴该州县查核。"②

船行的设立虽基于商业货运需求，不过船行的负责人的遴选，与澳甲（长）一样，都必须是地方州县所认可的"可靠"之人，通过这些人实现对航运船只的具体监管，二者实有异曲同工之处，亦即是规范船只的管理，这是18世纪以来航运业发展的必然趋势。

另一方面，虽然内河澳甲与沿海澳甲在维持航运秩序以及协助船只登记管理方面，发挥作用，但二者之间仍有一定的差别，内河澳甲承担了地方官府的船只使用的差使。

清代的内河澳甲的具体施行及发展，各个地区情况并非一致。下文将以近年出土的粤东韩江碑刻文献为主要材料，考察晚清韩江内河澳甲的发展演变。

虽然内河澳甲设立的初衷是为了改善内河船政，维持航运秩序，不过，澳甲通常由地方州县选定，与兵役、衙役同为州县差役，而非船户自行推选。内河澳甲的这一身份导致在实际的管理过程中，常常会借机向船户勒索。事实上，地方差役通常在与百姓打交道的过程当中以非法的手段收取"例费"。虽然针对衙役、吏员们贪赃惩戒的法律条规非常完备，但是难以监督控制。个中原因，与清代地方财政高度集权有关。地方政府完全得不到满足地方行政开销的费用，甚至包括为中央政府征税和运送税金的费用。这迫使各级地方政府从各种"陋规"当中获取经费，以非法的手段谋求酬偿。③

这种情况屡见不鲜："澳长藉端勒索，最为船只往来之害，情殊可恶"④，"潮郡澳甲舞弊营私，久为船户之害"。⑤

据韩江船户的控诉，澳甲通常借着官府差船的机会，向雇佣的船只索要额外的钱财，这种情况由来已久。乾隆五十九年，嘉应州船户罗恩发，大埔县船户吴凌云等常年

---

① （清）周成绍：《道府宪县主严禁碑（嘉庆二年，1797）》，碑存潮州市博物馆，碑文据韩山师范学院潮学研究院藏碑刻拓片释读，下同。
② 见《粤东案例》手抄本，转引自《广东航运史（古代部分）》，第199页。
③ 参见瞿同祖《清代地方政府》，法律出版社，2011，第78～123、333页。
④ （清）周成绍：《道府宪县主严禁碑（嘉庆二年，1797）》，碑存潮州市博物馆。
⑤ （清）张铣：《奉道宪碑记（同治五年，1866）》，碑存潮州市博物馆。

往返于韩江河段的船户，由于不堪澳甲的侵扰，联名请求潮州知府裁夺。"缘发等潮嘉子民，地居僻壤，山多田少，惟赖操舟度活，撑驾各船，希图赁载货物。每到埠头市镇，空船湾泊，多被兵役假名差使勒索大小花红。□有嘉属之兴、长，潮属之大埔、丰顺、留隍，适遇空船扬帆回棹，差使乘风坐艇，拦河滥封，许者放，忤者兜，甚至不遂，酿成祸端。即岐岭之三篷、六篷到彼停泊，该处澳长勒索免差安班礼钱，自三四百至五六百不等。即大埔之三河名设对差，所有船只到彼处，每船勒索规礼钱二三百文。以至潮城北门、上水、下水各门外，多设澳长。每坐无篷小艇，三五成群，或遇高头、梢马、湖寮等船，空船湾泊，勒索规礼钱二百文，称为'挂号'、'大挥'名色。稍不遂，即将篙桨抽搁，船行不得。若逢长差短遣□百般刁难。更有重害之六篷、三篷，无论空船湾泊，即勒索免差礼银，重轻不等，许者放，忤者兜，寻衅差务，逗留日久，或克扣贴站船价，以至水手乏人，中途赶不及站，害累匪轻，不胜枚举。虽蒙各宪三令五申，严令杜绝。奈日久法弛，故智复萌，扰害更甚。"①

同治五年（1865年），大埔县船户张格、何忠顺等亦不堪澳甲的勒索行径，"民等撑船营生，屡被澳甲勒索，不堪其扰"②。"缘顺等船只终年在郡城往来，遇有差务，而船差、馆甲长每借海主封条，多方舞弊，用一捉十，有钱则将船释放，无钱则将船留难。明明当差之船，已经封足，犹恣意勒索，不饱不休。船户之受害，实难言罄。"③

由于有嘉庆二年的禁令在前，看来似乎效用有限。同治六年，船户进一步要求永远裁革澳甲，设立船行以取代之。具体过程，"民等撑船营生，屡被澳甲勒索，不堪其扰。迫叩崇阶，蒙宪天俯察民困，破除数十年锢弊，救民水火，垂示□□，心镜悬河，口碑载道，就示郡城，遵示设立上河公所，民等愚蠢无知，不堪裁用。议举大埔县廪生童缵勋、长乐县候补把总叶禄、大埔县增生邱德光，职员连宣德等为董事。又设立下河公所，商请海阳县生员梁鸿运、功职赵秀美、许连和等均皆谙练公务，公正勤慎，民等素所深信，堪为局董，所有一切公事，自当禀商委员大爷指示遵行。凡有存积公项津贴差使规条，另单由委员呈电外，伏乞赐准，给发示谕，俾得开办。"④

潮州府航运船只的供应差委等由原来的澳甲更换为由船户自发组织的"公所"。依照要求，设立的公所有两处，以广济桥为分界线，分上河公所及下河公所，上河为广济桥往韩江上游方向的大埔、兴宁等处，下河为韩江下游等县船只。各船户聘请谙练地方事务的地方士绅（生员、贡生、廪生等）充任局董，处理官府对于船只的日常差使。

"凡遇往来一应大小差使，需用船只，统由船局雇备，不准澳甲干预，所有船局应办事宜，均着遵照新定规条，妥为办理。嗣后各船户等务宜安分营生，奉公守法，遇有

---

① （清）周成绍：《道府宪县主严禁碑（嘉庆二年，1797）》，碑存潮州市博物馆。
② （清）佚名：《奉府宪华永远示禁（同治五年，1866）》。
③ （清）张铣：《奉道宪碑记（同治五年，1866）》。
④ （清）佚名：《奉府宪华永远示禁（同治五年，1866）》。

应当差使，不得推诿延误。"①

至此，韩江的内河澳甲为公所所取代。由公所接替澳甲为官府提供运输服务。公所的成立与晚清时期全国各地普遍设立行业公所的趋势所暗合。② 事实上，内河澳甲的裁革，除了与官府之间的差使职能转移外，其原本的监管船只以及船户的职能，也随之被对应的政府职能部门所取代，这实际上反映了晚清时期航运管理的现代化。内河澳甲与沿海澳甲，在晚清社会变迁的时势下，逐渐为形式各样的航运业公会所取代，乃至消亡。

四 结语

本文对澳甲制在中国南部海域数百年间的发展演变进行了梳理。澳长制始于南宋中国南部沿海地区抗击海盗的过程，广泛施行于广州与泉州之间的沿海贸易区，其目的是利用澳长在地方上的强人角色，切断船户、船只与海盗之间的联系，同时，也借助于澳长的军事武装力量抗击海盗。此一融入保甲与民兵政策理念的制度在历史时期应对海盗及倭寇的过程当中发挥了重要作用。

以宋代而言，澳长制的推行范围主要在福建泉州及广东广州之间的海域，其实质为民兵政策，带有基层防卫的性质，严格说来应当属于应对海盗的策略，不能称之为制度，这种策略是广东、福建两地在应对盗贼侵扰的过程中逐渐形成。澳长有保卫乡土、抗击海盗的职责，同时澳长也必须担负起对船户及船只的监管职责，以配合官府的军事行动。明代东南沿海地区的倭寇问题，使澳长制得以推广。清时期澳长制与基层里甲制度进一步结合，随着海盗活动的式微，澳甲制度的作用主要体现于沿海及内河地区的船只管理上，军事功能淡化。清代的澳甲制也逐步职能化。在晚清社会变迁的时势下，逐渐为形式各样的航运业公会所取代，乃至消亡。

责任编辑：林　瀚

---

① （清）张铣：《奉道宪碑记（同治五年，1866）》。
② 马敏：《官商之间——社会剧变中的近代绅商》，华中师范大学出版社，2003，第251~254页。

韩江流域竹木生产、贸易研究（1644～1949）*

林 瀚**

摘 要： 闽粤边界山区山林资源的丰富与韩江水运交通的便利，使得竹木贸易成为韩江流域重要的流通货物，本文通过方志、碑刻等文献的记载，考察了流域内竹木的产地、种类、种植培育等问题，并就竹木的贸易网络及衍生品作初步梳理，同时讨论竹木砍伐对韩江流域环境问题的影响。

关键词： 韩江 潮州 竹木生产 竹木贸易

一 引子：竹木门外说竹木

2001年7月，潮州正进行着旧城改造，施工人员一如往常一样对城基进行清理。当清理到竹木门外北侧紧靠城墙处，6通并排在一起的石碑露出地面[①]，之后，在东门外又出土了3通碑刻，这9通碑刻，时间最早的是清嘉庆二年（1797年），

---

* 本文的资料收集及写作，得到业师福建师范大学教授谢重光老师、韩山师范学院中文系副教授吴榕青老师，师弟李国平、许学谦等的热情指点和帮助，汕头大学图书馆陈嘉顺兄、潮州市谢慧如图书馆陈贤武老师在2014年潮学年会上也对拙作提出批评及修改意见，谨致谢忱！

** 林瀚，1986年生，广东汕头人，历史学硕士，泉州海外交通史博物馆助理馆员，潮汕历史文化研究中心青年委员会委员，研究方向为东南区域史、海洋史、船舶史。

① 在潮州古城东门及竹木门出土的9通碑刻，因潮州旧城改造，首先由刘守震老师发现，后急忙告知韩山师范学院的吴榕青老师，吴师得知此消息后，马上将此情况报告给潮州市博物馆，最终使得这批碑刻得到及时抢救。石碑被发现的具体过程，可参见《潮州日报》2001年9月14日《六块"示禁碑"重见天日》、2001年11月8日《挖树坑挖出"潮州史"》、2001年11月9日《三块石碑重现"东关税口"》及2001年9月24日《汕头特区晚报》所做的追踪报道。榕青师在碑刻被送往博物馆后，曾多次前往潮州市博物馆抄录。2004年，韩山师范学院李财波先生等人亦到博物馆制作拓片，并撰写《从碑刻看清代中期以后韩江的航运纠纷》一文，可惜该文刊印时并未将此碑文一并公布。为了了解这些碑刻的全貌，2010年，笔者与李国平师弟、许学谦师弟前往潮州市博物馆，对此9通碑刻进行拓制并做了释读，谨此说明。

最晚的为同治六年（1867年），时间跨度达半个多世纪。这些碑刻主要涉及当时韩江上游汀梅客商到潮州后，在船运码头所发生的纠纷。① 它们的出土，从一个侧面保留了清代中后期潮客的经济贸易状况，也在某种程度上让我们窥视到清中后期潮州地方社会历史图景中的部分片段。其中刊立于嘉庆二十四年（1819年）的《奉列宪禁碑》引起笔者的兴趣，为了较全面地了解当时纠纷的缘由及事件的发展过程，兹将碑文迻录于下：

奉列宪禁碑② （嘉庆二十四年，1819）

调署潮州府海阳县正堂加十级纪录十次记大功四次沈○○为朋勒浮扣，禁弛弊萌，佥叩严示禁款，勒石永垂事。嘉庆二十四年三月二十八日，据大埔、丰顺二县监生梁文林、萧娘合、曾顺合、余长发、钟川合、杨集源、杨开曾佥呈词，称：埔、丰二邑，山多田少，全赖竹木、柴炭营生。生等历贩响炭来潮发售，籴米回乡，以资民食。前因奸牙朋踞府城内外，窥炭船至，拦河封兜，包买包卖，带工多人，抽捡炭枝，如狼如虎，不及议价，即自秤上铺。且每篓一秤，现扣五觔上数，每百觔又折七十觔算价伸银。其银价收入，则照米行时价，若向收钱，不照炭价结算之钱交收，即将结数伸银照时价出作炭钱，则浮加三百文。嘉庆二年，经监生梁材赴前府宪韩批：市廛买卖，自应照时价公平交易，何得加减出入，渔利病民？据呈是否实情，摄理海阳县即查明严禁具报，但未蒙查禁。嘉庆四年，又经杨复兴等以短折浮噬等事赴控，前道宪胡批：洪阿福等把持行市，勒抽客货，殊属不法，仰海阳县照例查禁，奈怙终不悛，胆敢赂房，沉案搁禁，愈控愈横。嘉庆五年，又经杨开生以恨控兜吞，吁追示禁等事赴控。前○县宪沈批：该承即送案示禁各在案。幸煌煌张挂，铺铺贸易公平，处处歌功颂德，无如迩年来奸牙藐视，日久禁弛，故弊复萌，肆然无惧，恣意浮扣。现本月十五日纠勒银价九百二十文算出，较米行时价，又加钱一百文。似此奸牙等身居法地，目无王章，把持行市，拦河封兜，包买包卖，自秤自议，炭觔扣减以入，银价浮多使出，纵工抽捡，朋党分噬，种种侵亏，情何以堪？势得佥叩恩准，严示禁款，勒石于开元前、下水门、竹木门、北门等处，永垂不朽。庶牙行知儆，商民得便，等情到县。当批，候照案示禁，出示晓谕在案。合行出示晓谕。为示谕：牙行商贩人等知悉，嗣后买卖炭觔，务须照时价秉公交易，照数平秤，有觔有算，不折不扣，毋得借包工为名，带伙多人，抽取勒索。其炭价钱银照府城米行市价出入，一体交收，不得克扣短折，侵渔亏累，滋起讼端。自示之后，倘狡诈牙狯仍敢藐视禁令，

---

① 关于韩江码头纠纷，李财波在《从碑刻看清代中期以后韩江的航运纠纷》一文中曾有过初步分析，惜当时未将碑文公布于世，具体参见王晶主编《潮汕区域文化研究》，暨南大学出版社，2008，第414~420页。
② 碑刻材料：嘉庆二十四年（1819）《奉列宪禁碑》，潮州市博物馆。该碑发现于竹木门外，高148厘米，宽69厘米。有额，楷书，字径7厘米。正文楷书竖刻，22行，每行35字，字径3厘米。

肆意滋扰,许商人指名禀赴○本县以凭从重究办,决不宽贷。各宜凛遵,毋违,特示。嘉庆二十四年闰四月廿四日示。

这通碑刻所涉及的案件,缘起于大埔、丰顺二县客民在潮州进行竹木、柴炭贸易时,屡受地方奸牙侵夺之事。历史上,大埔、丰顺两邑因山多田少,生民多以贩卖竹木、柴炭营生,而潮郡本地奸牙却又把持行市,多方勒索侵夺,其所用方式有:拦河封兜、包买包卖、自秤自议、短折浮噬等,致使两邑客民久受其害,虽自嘉庆二年、四年、五年等屡次控诸官府,但仍禁而不止,监生梁文林、萧娘合、曾顺合、余长发、钟川合、杨集源、杨开曾等人不得不于嘉庆二十四年再次联合起来,诉诸有司,海阳县知县沈德溥查明案情后即颁布晓谕,并勒石于开元前、下水门、竹木门、北门等处,同时严禁本地牙行抽取勒索、刻扣短折,如埔、顺两邑商民再受侵累,准许商人指名赴县呈控。

自南宋绍定五年(1232年)汀州改食潮盐后,便带动了潮州与韩江上游的非产盐区之间的物资交流,上游的杉竹木、木炭、土纸等物资也顺流运到潮州。关于韩江流域竹木贸易的研究状况,其实已有学者对此问题稍作涉及①,但仍有继续探讨的空间。有鉴于此,本文拟从方志、碑铭等资料的记载,对韩江流域竹木的生产与流通,并就竹木砍伐与韩江流域环境问题的关系做一梳理。惟愿以此拙文,抛砖引玉。

二 竹木的产地、种类及培育

(一) 竹木的产地与种类

闽粤交界地区,山谷陡绝,林木资源丰富,潮汕竹木来源,皆取于此。福建长汀、永定、上杭、武平,广东梅县、平远、蕉岭、大埔、丰顺,皆盛产竹木,其种类亦繁多。木之属,汀州所出有松、柏、椤、檬、枫、桐、桧、杉、桑柘、槐、檀、乌桕、棕榈、樟、梻、山橘、金荆、柯木等;② 嘉应州则有松、柏、杉、槐、梧桐、柳、杨、

---

① 学界对韩江流域竹木贸易的探讨,就笔者所能寓目到的有刘正刚《汀江流域与韩江三角洲的经济发展》,《中国社会经济史研究》1995年第2期;肖文评《明末清初粤东北的山林开发与环境保护——以大埔县〈湖寮田山记〉研究为中心》,《古今农业》2005年第1期;《民间碑刻与乡村社会生活变迁:以明清时期大埔县湖寮双坑村为例》,《农业考古》2009年第3期。此外,黄挺、陈占山的《潮汕史(上)》,黄桂的《潮州的社会传统与经济发展》,张鸿祥的《长汀城关传统社会研究》以及周雪香的《明清闽粤边客家地区的社会经济变迁》等书的部分章节对此也有相关论述。
② (清)曾曰瑛等修、李绂等纂:乾隆《汀州府志》卷八《物产》,第8~10页,(同治六年刊本),成文出版社,1967,第86~87页。

桧、榆、桑、榕、椿、棕、榖树、樟、枫、檀、柯、苦楝、乌桕、木棉、布惊、泡树等。① 其木多为立屋架梁造船之用。竹之属，闽西有慈竹、笙竹、箭竹、苦竹、紫竹、凤尾竹、观音竹、人面竹、含竹、猫竹、黄竹、江南竹、斑竹、苦油竹、石竹、筋竹、定光杖竹、箬竹、车竿竹等；② 粤东亦有绿竹、猫竹、笙竹、斑竹、高南竹、麻竹、笏竹、人面竹、黄竹、苦竹、箬竹、观音竹、甜竹、箭竹、毯竹、紫竹、单竹等。③ 所产之竹，除搭棚及建筑外，还被用于编制各种日常器具用品。此外，长汀、上杭、连城等县所产竹类，还成为造纸的主要原料，制成的纸张多由汕头出口运销各地，产额甚巨。关于造纸一项，笔者曾有专文做过介绍。④

闽省杉木运往潮城者，以武平、长汀、永定为巨。康咏在《鄞江杂咏》中就曾写道：卅载升平鸡犬安，诸公更莫怨凋残。贫家自恋山居好，杉木千头竹万竿。其自注云："汀郡在万山中，土瘠民贫，土产以竹木为大宗。"⑤ 民国《武平县志》载："杉，又呼沙木，邑产最多。普通架造制器皆用此材。编排运往潮、汕为最大产品。年久油杉制棺板，尤值重价。"⑥ 在长汀物产中，向以林木为出产大宗，"杉木一项，昔时运售潮汕佛广者，岁以十数万计。"⑦ 据乾隆《永定县志》载："杉木利用最溥，三十年来连筏细载运卖漳潮"。永定所出杉木，又以笙竹岐岭所出较为有名，其"营销韩江一带，供造物制器之用。其它乡村出售寿板者亦颇有之。……松柴大量运售潮属，年以巨万计"⑧。永邑出产木材，多在峰市进行装运，据说当时峰市专营木材生意的有"三裕木江"、下洋"罗可怡号"等木行。⑨

粤东竹木之产，多出自大埔、丰顺、蕉岭、惠来等地。而大埔、蕉岭两地，又以线背、大麻、白沙、将军桥地方所产尤多。⑩ 如上引碑文就提到："嘉庆二十四年三月二十八日，据大埔、丰顺二县监生梁文林、萧娘合、曾顺合、余长发、钟川合、杨集源、杨开曾金呈词，称：埔、丰二邑，山多田少，全赖竹木、柴炭营生。生等历贩响炭来潮

---

① （清）吴宗焯修，温仲和纂光绪《嘉应州志》卷六《物产》，第6页，（光绪二十四年刊本），成文出版社，1968，第75页。
② （清）曾曰瑛等修，李绂等纂乾隆《汀州府志》卷八《物产》，第87~88页。
③ （清）吴宗焯修，温仲和纂光绪《嘉应州志》卷六《物产》，第75~76页。
④ 林瀚：《闽粤边界纸张的流动——从唐史标〈潮州汀龙会馆志〉谈去》，载《潮青学刊》（第二辑），社会科学文献出版社，2013，第53~70页。
⑤ 康咏：《漫斋诗稿》卷五《辛庚杂钞》下，丁酉年《鄞江杂咏》（八首），潮州市湘桥文星印刷厂，第75页。
⑥ 丘复主纂，林绂庭、谢伯镕协纂民国《武平县志》卷八《物产志》，福建省武平县志编纂委员会整理出版，1986，第162页。
⑦ 黄恺元、欧阳英等修，邓光瀛、丘复等纂民国《长汀县志》卷十八《实业志》，第2页，中国地方志集成本，上海书店出版社，2000，第494页。
⑧ 张超南、林上楠纂民国《永定县志》卷十九《实业志》，第2页，《中国地方志集成·福建府县志辑》第36册，上海书店出版社，2000，第671页。
⑨ 永定县地方志编纂委员会编《永定县志》卷七《林业》，中国科学技术出版社，1994，第243页。
⑩ 萧冠英：《六十年之岭东纪略》（重印版），广东人民出版社，1996，第17页。

发售,籴米回乡,以资民食。"① 汕头及附近县份建筑所用材木,以及厨房燃用的柴炭,也多由嘉属各县及大埔所出杉材供应。由于大埔地处万山之中,山多田少,"其间耕桑之地,不过山阻水涯,总计之得十一耳。故民生生计甚难,其不沾寸土则十室而九也。"② 民国《大埔县志》亦称:"吾邑地面山岭重叠,可事耕作之地仅十之二三,其所靠以生产者,端在林业,故凡邑内山冈,除高山峻岭不易登陟者外,十居六七皆苍翠葱茏,受益不少。"③ 当时由韩江上游下至意溪,以蔡家围为集散之所,"竹林之盛,以岭东论,当首推大埔之高陂,上自宋翁坑、下至黄竹居,沿河一带,四十余里,产箖竹为最多,相传有伐不尽高陂竹之谣,可见年有二三百万元之出息,亦非全虚。"④ 又由于韩江中上游山区天然物产的优势,埔邑山居乡民以"烧山治畬,栽植旱禾、油茶、油桐、杉松以供日食"⑤。正是土田较少,人竞经商,故而在吴、越、荆、闽、豫章等地,多有大埔商人的身影,他们各以资本之多寡,以争锱铢利益。尤其是长治甲民,更是足迹几遍天下。

(二) 竹木的种植培育

关于闽西杉木的种植方式,《临汀汇考》一书曾有过详细的记载:"初栽插时跨山弥谷,栉比相属,动辄数十里,十年后不止以谷量也,以故素封之家不窥市井,不行异邑,坐而待收,利赀数世,胥以此为富给之资。……长汀则潮州商来计山论值,运至滨,泛筏而下,县中沿流乡村多以此致富。"⑥ 而粤东地区竹木的栽种方法,在民国《大埔县志》中也有详细的论述,山民根据竹木的生长特性,采取了不同的培植方式,兹选取数种略作介绍:

> 杉,宜于较阴之地,栽种者于上年冬间,预将山中杂草纵火焚烧净尽,至惊蛰、春分时候,觅山中砍去之老杉头根际丛生嫩荪长约尺余稍有茸根者劈下,用耕土调成糊状蘸其根,置阴处,俟采劈积有成数时,趁春雨连绵挑至山间,锄松其土,更妙。如是约五年,则杉高及丈,葱翠成林矣。杉有油杉、白茵杉二种,白茵杉十五六年可供建筑桷桶之用,油杉约二十余年可供建筑,三十余年可供棺木之用。白茵杉易长,质轻而价廉,本邑建筑家罕用,多出口运潮汕,间销售邑内。植杉以保安、岩上、兰沙、大产各甲为多,其他各甲虽有之,无

---

① 碑刻材料:嘉庆二十四年(1819)《奉列宪禁碑》,潮州市博物馆。
② 王演畴:《大埔县义田记》,见温廷敬纂民国《大埔县志》卷三十六《金石志》,1943,国家图书馆藏。
③ 邹进之修,温廷敬纂民国《大埔县志》卷十《民生志》,第20页。
④ 萧冠英:《六十年来之岭东纪略》,广东人民出版社,1995,第47页。
⑤ (清)蔺璠纂修乾隆《大埔县志》卷十《风土志·民风》,第7~8页,岭南美术出版社,2009,第704页。
⑥ (清)杨澜撰《临汀汇考》卷四《物产》,第6页,福建省图书馆藏道光本。

大宗出口者，不过供其近地需要而已。①

泥竹，此竹宜于河岸常遭洪水之地，遭一次水浸，则泥土增厚一次，而竹愈增茂盛故也。植此竹者无须若何之人工，但生笋时注意除去害虫而已。择竹之老者逐年陆续砍之，束之成捆，练成为排，运潮汕售卖，作竹篾之用，沿大河各地均有之，以高陂为最多。

黄竹，此竹宜于山冈，栽植者将遍山泥土掘松，采竹种栽之，次年根际即生新笋，约距丈许植一株，五年之后，可以成林。老者陆续砍伐，十年之后，则每年均有相等之出产，其利永远无穷。其砍伐运销与泥竹同，惟栽种颇费人工，每年砍去之竹头，须挖去，并须逐年锄土复其根际方能茂盛。此竹者以高陂附近纵横十数里内为最多，其余各乡甚罕。②

这些运往潮州的竹木，一部分提供做立屋架梁之用；而烧炭造纸，制瓷炼铁也耗费了大量的木材。乾隆《揭阳县志》就曾写道："揭所产惟土杉，凡作屋樑之用者，皆取于闽。"③ 此为建屋架梁所用木材之一例，除此之外，近代城市电力的发展与推广，在早期电柱架设的选材上，也多以杉木为之，而在炼铁制瓷方面，竹木也是主要的燃料，这从文献的记载中尚能钩稽一二。在上杭县，"有铁炉七座，每座火夫炭工运矿担沙，制铁不下数百人，计工人数千，产铁甚盛。"④ 潮州窑的瓷器生产，早在宋代便颇具规模，其产品除供地方及附近各县需用外，还大量销往闽浙京沪各地，海外则运往东南亚、中东及日本、朝鲜等国。自汕头开埠后，陶瓷更是与纸、糖、夏布三种成为汕头四大输出品。韩江流域内主要瓷器产地除了枫溪和高陂两地较为出名外，潮属饶平上饶之九村、浮山之汤溪、揭阳之棉湖、普宁之鲤湖等处皆有出产，嘉属百侯、兴宁等地也有烧制，而汀州所辖峰市、洪山、坎市、古竹、湖雷等乡镇也有一些民窑，较著者有洪山半径之碗窑，峰市之风炉窑，古竹之缸钵窑，⑤ 密集的窑炉瓷场，也大量消耗着大量的竹木、柴炭。

三 竹木的流动与贸易网络的形成

由于得韩江之利，闽粤山区所出之木材，多由韩江顺流而下。永定所出材木，多是砍伐后直接以原木投入溪中，流至大埔之车上；由武平、上杭来者，则悉数放流至石

---

① 邹进之修，温廷敬纂民国《大埔县志》卷十《民生志》，第20页。
② 邹进之修，温廷敬纂民国《大埔县志》卷十《民生志》，第22页。
③ （清）刘业勤纂修乾隆《揭阳县志》卷七《物产》，第6页，成文出版社，1974，第899页。
④ 张汉修，丘复纂民国《上杭县志》卷十《实业志》，第8页，《中国地方志集成·福建府县志辑》第36册，上海书店出版社，2000，第130页。
⑤ 何达宏原作，蒋晟整理《永定的手工业》，载《永定文史资料》第18辑，1999，第93页。

上，然后由车上、石上两地缚为树筏，放至大埔县城，复由大埔之魏沙或潮安之意溪排工，装成大木筏，结队成群，由韩江放流而下。当时经峰市至大埔县之木材，年额在 10 万元以上。而用民船输出之木材，枋板有二三万块，材木达三四万枝。其中向台湾出口者殊不少，据台湾总督府之统计，由汕头输出之杉树全枝者，年约 5000 立方尺，至 2 万立方尺，杉板则 3 万至 6 万平方尺。① 在峰市的"三益木纲"为潮州人经营，与峰市人的"怀顺纲"、连城人的"连城纲"统称为峰市三大木纲。据统计，每天从峰市出口的木材一般都在 100 立方米以上，为木纲服务的工人常年在三四百人。上杭官庄、矶头、太拔等地盛产木材和毛竹，每到秋冬农闲季节，大批竹木以排筏运往广东，放排时，把 10~15 根木（竹）扎为一席，5~6 席为一排，称木（竹）排，每个排筏的总长度 20~30 米，排筏首尾各由一人撑驶，顺水漂流而下，一排次运量 20~25 立方米。因棉花滩河道险阻，只得拆卸后逐支流放至广东石市，再结排运往潮州汕头，或通过海运至香港、澳门。② 在张鸿祥所著《长汀城关传统社会研究》一书中，也记载到："自古以来，长汀的木材以水运为主。全县各林区砍伐的木材，大多利用小溪河趁春潮水涨之机，'小河赶羊'到江河边集材，从汀江运销广东潮、汕一带。采运木材和毛竹由山主砍伐或由木商向山主购买成木，雇工砍伐，扛运到小溪边流放到汀江河畔聚集，然后钉成木排，沿汀江韩江放运到潮、汕一带，再转口到广东沿海的各处港口。"③ 除了以上三邑有木材出口外，上杭杉木也在闽西木材出口产量中占有一定的份额，据民国《上杭县志》的记载："旧时杉木运售潮汕、佛山等处，年达十数万。（北区盛产杉木，古田里商人购买古杉制造枋板，选择足油木料施以工作尺寸，合度运往漳厦潮汕发售，亦有运售于粤东佛山而得重价者。）"④

清末大埔村居之人，"伐木做柴，连舸载至府城归行售卖，其大木可作栋梁者，连数百枝为排，运至蔡家围贸易，多获厚货。"⑤ 大埔所产竹类，有绿竹、黄竹、猫儿竹等，这些又以高陂出产最多，运潮州销售，每年约值 30 万元，又竹壳一项，年值亦数千元。⑥ 其中猫儿竹，一般从恭洲将原竹运售潮汕，但量不是很多，一般是将新竹砍为制纸原料，老竹则造成竹器出口运售，据说此竹笋味道极佳，植此竹者以长富甲各乡为最普遍。⑦ 丰顺竹类之输出，有菉竹、茭竹等，"菉竹，种于山者，俗称蜡皮，因其茎皮色变黄售价较高故名，邑属沿韩江十里之地，山皆种竹，岁输出意溪集散，分销下游

---

① 萧冠英：《六十年之岭东纪略》，第 17 页。
② 上杭县地方志编纂委员会《上杭县志》卷九《交通·水运》，福建人民出版社，1993，第 296 页。
③ 张鸿祥：《长汀城关传统社会研究》，载劳格文主编《客家传统社会丛书（20）》，国际客家学会、海外华人资料研究中心、法国远东学院，2003，第 168 页。
④ 张汉修，丘复纂：民国《上杭县志》卷十《实业志》，第 127 页。
⑤ （清）张鸿恩、岑傅霖修，饶于磐等纂同治《大埔县志》卷十二《物产》，第 3 页，清光绪二年（1876）刻本，岭南美术出版社，2009，第 427 页。
⑥ 邹进之修，温廷敬纂民国《大埔县志》卷十《民生志》，第 29 页。
⑦ 邹进之修，温廷敬纂民国《大埔县志》卷十《民生志》，第 23 页。

各地，达六七十万元；茭竹，俗呼坭竹，邑属沿江及产溪低洼地皆植之，以其不忌水浸也。岁输意溪亦十余万元，专用以削香枝，故意溪通称为香枝竹。"① 丰顺的木材，则分合柴、散柴、松毛三种，韩江沿岸各乡及产溪一水出产最多，岁运销潮州下游值百余万元。杉木及杉板，大龙华、沙田、马图各乡产最多，四乡次之，均运销梅县、大埔、潮阳、澄海、揭阳等地。棺木以沙田乡出产为多，专运销黄冈、东陇集散地。②

韩江主干道与各支流的沟联也将流域内部竹木的运输联结起来，并构成一竹木贸易网，而潮州城因其所处地利，也成为韩江流域竹木贸易的转运中心。民国时潮州城内的竹木柴炭类商号就有：创丰煤炭行，交通柴行，汪胜昌（纸伞），何嘉兴桶铺，财利柴秤店，三材杉行，安裕柴店，标合船具店，洽利灯笼铺，吉发杉行，康记柴炭行，合兴柴行，名利炭店，刘扬元笔店，扬合木器，丽源炭店，日合船具店，日利炭店，高陞纸遮店，秀合船具店，丹桂堂笔店，腾昌纸遮店，香盛香枝行，志成笔店，志盛笔店，奇珍笔庄，荣膺阁笔店，荣顺柴行，声兴乐器店等。③ 而较早在潮州设立商号的竹木类店铺，则有以下几家（见表1）。

表1 潮州城竹木商号一览

所属行业	商号名称	开业时间	店址
杉业	和顺	光绪十七年（1891年）	下水门外
杉业	福康	宣统三年（1911年）	下水门外
山货竹器	财利	道光二十三年（1843年）	南涧池
山货竹器	正记	光绪二十八年（1902年）	下水门街
木屐	财利	宣统三年（1911年）	—
长生桨	炳合	光绪十六年（1890年）	下水门外
长生桨	泰成	宣统二年（1910年）	—
纸遮	汪胜昌	康熙五十一年（1712年）	考院衙街
纸遮	廖高升	咸丰二年（1852年）	上东堤
笔墨	陈登科	乾隆四十八年（1783年）	昌黎路
笔墨	晋兰亭	光绪三年（1877年）	昌黎路
家私	嘉丰	同治十年（1871年）	仙街头

资料来源：许振声《潮州城老字号摭谈》，载政协潮州市委员会文史资料编辑组编《潮州文史资料》第21辑，2001，第154~155页。

---

① 刘禹轮、李唐编纂民国《丰顺县志》卷十二《物产》，第9页，汕头铸字局梅县分局承印本，1943，国家图书馆藏。
② 刘禹轮、李唐编纂民国《丰顺县志》卷十三《物产》，第10页。
③ 翁兆荣：《清末至民国潮州（府）名牌商号集句》，载政协潮州市委员会文史资料编辑组编《潮州文史资料》第8辑，1989，第117~131页。

延至民国末年,随着商业经济的发展与贸易往来的需要,潮州城内各商号根据自身经营性质的差异,也组成不同门类的同业公会,其中关于竹木类的同业公会有以下四个(见表2)。

表2 潮安县城竹木同业公会简况(1948年3月)

机构名称(同业公会)	成立时间	地址	会员数(家)	主持人
杉业	1945年9月	下水门外内街31号	21	黄开泉
炭商业	1945年10月29日	下水门外炳坤号	28	张云衢
香枝商业	1946年11月26日	潮安县意溪乡	58	陈仰之
柴商业	1945年10月24日	北堤顶	26	严庆森

资料来源:潮州市工商业联合会编《潮州市工商联会志》,内部发行,1986,第11~12页。

四 竹木的衍生品:木炭与竹制品

关于木炭,在乾隆《大埔县志》之"方产"条中就记载着:"炭:有二种,一俗呼响炭,人家所用;一俗呼水炭,铁匠所用。出岩上、保安、源高等处。"① 大埔木炭,多以杂木为之,用篓装出口,销售潮州,各乡皆有出产,每年值十余万元。② 丰顺县亦多木炭出口,"木炭,邑属四乡皆有出产,岁运出口百余万担,产大龙华、沙田、汤坑、布心、潘田各乡为多"。③ 而木炭,又多由松树等烧制而成,"松,邑属到处遍植成林。松针俗呼松毛,多运销枫溪,为瓷窑燃料,其干则烧成木炭,或砍柴运销下游各属为燃料,岁输出数百万担,为农村经济之基本活力"。④ 烧炭之法,多取杂木为之,就山设窑,砍山柴,截形等长之木棒竖置窑内,封其窑门,然后以柴枝、柴叶就旁边所附一小窑焚之。小窑内设一窗与大窑相通,火焰自其窗传入大窑,则大窑内所置之木炭自能燃烧,至相当时间连小窑门亦封之,俟其所出之烟成白色时,连烟窗亦封之,隔二三日火熄而炭成。以篦篓装之出口,运潮汕售卖。凡种山柴者,初次栽檬树及包衣椆等,宜十一二年砍伐,以后宜十五六年砍伐一次。若初次蓄之太老,则所遗树根增殖不蕃。每次砍伐后,不宜烧山,烧则树头尽枯矣。但每年芟除蔓草一次,以免无用之小灌木及一切杂生荆棘侵僭,新苗仍可不少。邑中种杂木者,各乡皆有,唯高陂附近,凡有碗窑之地较少。⑤

---

① (清)蔺璘纂修乾隆《大埔县志》卷十《风土志·方产》,第706页。
② 邹进之修,温廷敬纂民国《大埔县志》卷十《民生志》,第29页。
③ 刘禹轮、李唐编纂民国《丰顺县志》卷十三《物产》,第10页。
④ 刘禹轮、李唐编纂民国《丰顺县志》卷十二《物产》,第7页。
⑤ 邹进之修,温廷敬纂民国《大埔县志》卷十《民生志》,第21~22页。

至于竹木制品,"椅棹匜杓之类最多,出长兴虚,潮郡所用,大半埔制。"① 民国《大埔县志》亦载:"锅盖、桶子各项,运潮州销售,沿大河各处均有,但无大宗出品,每年约值万余元。"② 大埔县内所产竹器,以竹篾制成穀笪、篮等,运潮州销售,长富甲之黄富、坑头、甜竹各乡出品,每年值二三万元。③ 与此同时,县内还形成了制作雨笠、竹席、纸扇等行业。当时雨笠业以同仁、甲崧坑乡为最大,兰沙、甲黄、乡兰等乡亦有之。其制作工艺及乡间状况大致为"破竹成细篾,编之为筏,两筏间垫以箬叶,或油纸,缠锁其边缘,札其顶尖,遂以成货。在崧坑乡者,家庭中十居五六操此业,不拘晨昏,偶有余暇,辄从事于此,以其工作轻易,且任作多寡,皆可取值,故一乡之中若是,其普遍也"④。其制成品由商人收购,运往外地销售。而织席业则主要集中在高陂附近的上坪坝、罗车两乡,"采旱地栽植之莞草剖之,曝干为原料,其制作次序,以绳为纲,木架为机,贯绳于机上,一人司其机,一人贯草,于竹片横穿纲绳间,复去其竹片,司机者力压其机以织之,长度已足,乃齐其边缘,即成席出售。"⑤ 在大埔大麻甲、恭洲附近村庄,还形成了制扇的行业,无论男女老幼,除了农田劳作之外,其他闲暇时间便被利用起来制作纸扇,其制作分四项:

(一)制骨,截猫儿竹,劈之为薄片,每二十片为一束,外附厚片,一端穿孔,贯以牛角,所剡之角钉,用热钳钳之,使钉之两端膨大,是为扇骨。

(二)制纸,采山间之穀树皮,混往次所切下之零碎纸角,用碓舂之,或两手持竹片,频频敲之,使成糊状,调以植物制之胶水,使成稀薄液,然后取布制之纸簾,四边套以木边者平置之,将其稀薄液用杓舀注簾上,适可而止,注液时,手即频频摇荡,使其平匀,余水滴去,举簾曝之,待干乃揭下,是为纱纸,遇自制不足,则向他处购买。

(三)制糊,用一种浆果之桐实,俗呼烂屎桐,切之捣之,滤其汁,是为桲汁,非桲柿之果汁,即为制扇之糊。

(四)糊扇,先将纱纸切成扇面状,平置木板间,刷以桲汁,此将扇骨置纸上,匀其间隔,次再加纸覆骨之面,刷以桲汁,即置日下曝干,干时再两面反复刷桲汁,又曝之,再晒干,然后摺之,切其尾端余纸,乃成为扇。⑥

丰顺县盛产竹子,故而竹制品亦多,竹器如箩筐之类产产溪乡,专运销潮汕,簟椅

---

① (清)蔺璘纂修乾隆《大埔县志》卷十《风土志·方产》,第706页。
② 邹进之修,温廷敬纂民国《大埔县志》卷十《民生志》,第29页。
③ 邹进之修,温廷敬纂民国《大埔县志》卷十《民生志》,第30页。
④ 邹进之修,温廷敬纂民国《大埔县志》卷十《民生志》,第26~27页。
⑤ 邹进之修,温廷敬纂民国《大埔县志》卷十《民生志》,第27页。
⑥ 邹进之修,温廷敬纂民国《大埔县志》卷十《民生志》,第27页。

凳之类产黄碴，足供本邑之用。① 此外，还有"青皮竹，皮色深青，高三丈许，质最柔软，用以织灯笼筐最多，值亦最贵，以产溪出者为最良。有凤尾竹，俗呼甕竹，大可盈尺，高二三丈，色黄秀美，状似猫竹，凡船篷、风帆竹，皆用其材，邑属韩江岸多有之。笔竹，即箭竹，俗呼笔管竹，邑北鄙村民砍作笔管，以五百枝结束为一球，售于笔铺。箬竹，俗呼叶子竹，野生山中，高二三尺，茎小而叶大，邑北鄙村民终年采其叶以为生，晒干结束成把，谓之叶脯，运销潮汕为船篷、雨笠、糖篓材料，其利甚薄。筒子竹，生溪涧中，高五六尺，大者如指皮，有纹脉，邑人吹铜笛者所用之竹筒即取其茎之嫩者晒干所制"②。由于邑内竹子种类繁多，山民根据竹子的特性，或取其茎，或取其叶，用于不同的用途，可谓物尽其用，当时沙田乡内山所产笔管，也多销往潮州笔铺。③

在潮州城内的竹木制品店，则主要集中在义安路，在这600米长的路段内百工汇集，作坊林立，其中木杂器行业铺号分工细致，且各擅胜场。廖合利、何嘉兴、何嘉利等几家专制五桶（脚桶、腰桶、马桶、水桶、面桶）等木器嫁妆。长兴、史记等几家新式家私店，工人大都是潮阳县人。荣兴号、荣兴上记、邱添发等几家善制木神主、神牌。以金声兴号为代表的几家则专工制鼓。独家相传的则有专制斗、升等木器量具的杨嘉丰号。抗战前每年农历十月十五日，米业公会定例在开元寺义仓内神农庙对全行业批发、零售所用的量器进行统一鉴定，目的在保护买卖双方利益。鉴定会请量斗名师谢辉石当众对量具进行校验，如有误差出入，均由杨嘉丰当场修改。④ 除此之外，潮州城内的纸遮业、木屐业也值得一提，作为旧时日常必需品，此两项亦占一定份额。新中国成立前的纸遮业商号有30多家，职工（包括外工）500人左右，年产纸遮100万支，约70%销往南洋各地，30%内销。纸遮业的主要原料苗竹、桐油产自闽西各县及广东兴梅地区，丝纸则由湖南郴州及广东兴宁提供，柿水除了一小部分由潮安铁铺一带生产外，大部分靠闽西的上杭、长汀两县供应。潮州城内纸遮业最著者首推汪胜昌号，传其祖上在清初由江西婺源逃荒南下，大约在康熙年间在潮州城落户，并开创此商号，其所产"鹦哥牌"双料纸遮，因遮面质润而不粘，爽而不脆，遮骨的竹料选用上乘并作防蛀处理，经久耐用，享誉海内外。潮州日常木屐的需求量亦极大，在新中国成立前有近百家，木屐店的店主大多自己制作，店址也即是工场，边产边销，亦工亦商，民间称之为"工夫铺"。早期木屐形制简单，一片头部略圆的长方形木板，底下顶上二块木饼为前、后跟，屐面穿上一片棕绳（即屐皮）便成，而且在民间还有一种"接屐脚"的工艺，

---

① 刘禹轮、李唐编纂民国《丰顺县志》卷十三《物产》，第10页。
② 刘禹轮、李唐编纂民国《丰顺县志》卷十二《物产》，第9~11页。
③ 刘禹轮、李唐编纂民国《丰顺县志》卷十三《物产》，第10页。
④ 王显群：《百业汇聚，竞秀争妍——潮州手工业街义安路杂忆》，载政协潮州市委员会文史资编辑组编《潮州文史资料》第12辑，1994，第172页。

即把磨损的屐下木饼换上新的，直至屐面绳断不能再穿为止。①

而处汀江流域的长汀、上杭等县，因竹木繁盛，其竹木制品亦夥。如桌、椅、橱、柜、床、凳、甑、桶这些普通日常用品，皆质粗而耐用；而像花床、太师椅、香桌、屏风之类的，其雕镂工艺也极为精细，这些用品一般都是在本地自产自销。民国初年，闽西当地还出现了仿制西式家具形制的现象，当然，随着制作工艺的改进，也使工价提高了许多。民国《长汀县志》便载："改制如铁床式、书案、衣橱、小椅等，工价皆提高，比前涨至四五倍，木工业颇发达。"②民国《上杭县志》亦称："近年有仿西式帆布沙发，不用帆布而用光润竹片隔之者，舒卷自如，价省而耐用，亦佳制也。"③长汀的竹器制品，以斗笠、纸伞较为出名。据说，当时长汀油纸伞相较于毗邻的广东潮汕地区及赣州生产的伞来说，显得更加精致、轻巧、耐用。由于油纸伞的价格要比斗笠而言会更贵一些，所以旧时除了商人、教书先生、富裕的人家会购用外，一般的普通百姓，还是以斗笠作为雨具来使用。④在上杭的竹制品中，以温泰湖的竹锁较为出名，其色坚泽如铜，其铭文为竟陵钟惺所刻，相传制锁技艺传授给了邹氏跟林氏，后来除了邹氏父子世守其业外，没有其他的传人了。杭邑竹器"衷其黄而矫，合之，柔之以药，和之以胶，制为文具、玩具诸小品，质似象牙而素过之，素似黄杨而坚泽又过之"⑤。其制品丝毫不逊色于三吴地区所产，在乾隆年间，还曾被作为贡品上贡朝廷。除了竹锁一项外，其他诸如雨笠、簸箕、潘篮、穀笪、粪箕、撮斗、箩篓、篮樾之类，也多有制作售卖，以供乡里之用。其竹椅，刻有关于三国的故事，人物形象颇为生动，广受民众的喜爱，在清朝末年，以高招盛、何桂盛两家所制较为有名。此外，还有竹笼一项，就篾织花，有极为工致的，民国时人曾感慨，如果能够经过改良，用织篾席，完全可以与安徽、江西的产品相颉颃。另外，在东路磜下、南路黄坑等处，还采用山藤制成茶桶，用以盛放茶壶，也颇为便利。

五　竹木的砍伐与环境问题

山民迫于生活压力或在财富利益的驱动下，也不免对山林资源进行过度开发，导致"山濯濯童矣"⑥的景象出现。而这一现象，至迟在明嘉靖年间就已经开始显现，"嘉靖壬午以来，邻乡某甲伐木抄纸，于时里耆邬宗召、黄伯珙等赴县呈罢，弗遂，厥谋反词

---

① 许振声：《潮州城纸遮、木屐两行业话旧》，载政协潮州市委员会文史资编辑组编《潮州文史资料》第10辑，1991，第166~169页。
② 黄恺元、欧阳英等修，邓光瀛、丘复等纂民国《长汀县志》卷十八《实业志》，第496页。
③ 张汉修，丘复纂民国《上杭县志》卷十《实业志》，第129页。
④ 张鸿祥：《长汀城关传统社会研究》，第86~89页。
⑤ 张汉修，丘复纂民国《上杭县志》卷十《实业志》，第129页。
⑥ （清）蔺璞纂修乾隆《大埔县志》卷一《水利》，第69页。

告大尹方公琦秉公勘断，山公六社金宪江公汇、太守汤公哶咸可其议，百姓称平且德之不衰也。越十年，壬寅某甲复据前山招商伐木，煽炉至于己酉，山就童而泽缘涸"①。而到万历年间，这一状况仍在延续，王演畴任大埔令时，曾访诸山野乡民，从他与山民的一番对话中，可见"樵采"对山林的破坏程度："不佞偶承乏度岭而南入境，峰头石上，见男妇老弱皆樵采，负戴相错于道，黧面跣足，披烈日，履嵯岩，走且如鹜。甫下车，进邑父老闻焉：古称男耕女织，今皆以力事，人岂非农桑无地，故以樵负当耕织与？良苦矣。父老为予言：君侯谓其苦，此犹乐事，彼之生计在樵所从来矣。今道旁之山且将童，非深入不能得。"②

由此长期的樵采砍伐，也造成严重的水土流失，河道日益淤积，每逢山洪暴发，沿江郡县便几成泽国，此种惨象史不乏书。对此，地方长官虽有留意，并立碑禁毁山林，但于此仍不免显得力不从心，水土流失的现象一直未有大的改观，且有愈演愈烈的趋势。从乾隆到咸丰，再到光绪年间，一直是地区经济发展与环境逐渐恶化的博弈过程。"顾数十年来，上游开垦山童而土疏，洪流挟沙过辄淤垫，河身日高，堤身日卑，诚地方之隐忧焉。"③居潮卅载的陈坤对此也感叹道："潮郡地方有大患者三，洪水、洋人、风俗是也。韩江上承循、梅、汀、赣之流，而下注于海，两岸筑堤，以为田庐保障。每岁至夏秋之际，霪雨不休，山水暴涨，横流冲决，小民辄有荡析之忧。"④ 吕玉璜在《黄霁青太守（明府）商办浚江方略赋呈》（其一）也提到沙泥入江，壅垫河身的情况："沧海桑田事可忧，狂澜动复涨春秋。三州土易书生负，上策河烦太守筹。烧草劚畬泥就下，芟藤开町槔争流。梅江江浅韩江隘，大好同时两路修。"而本诗的附注，也值得我们加以留意："韩江自凤栖塘上溯嘉应，沿岸多开山畬，沙泥草槔屯积江上。雨后风前，漫流而下，江路日浅。禁止濒江不得开垦，于水道不无少补。"⑤ 而在《嘉应州志》中，已对松竹草木对水土涵养的作用有较清醒的认识："坑达山泉导之即可灌溉，乃往者山中草木翁翳，雨渍根荄，土脉滋润，泉源渟蓄，虽旱不竭。自樵采日繁，草木根荄，俱被剗拔，山土松浮，骤雨倾注，众山浊流汹涌而出，顷刻溪流泛溢，冲溃堤工，雨止即涸，略旱而涓滴无存，故近山坑之田多被山水冲坏，为河为沙碛至不可复垦，其害甚巨，此宜培植草木以蓄发泉源，而后旱可不竭，雨亦不致山水陡发也。"⑥山林草木的培护，不仅可以涵养水分，而且还能起到防止水土流失的效果，"樵采"前后对环境的影响亦形成鲜明的对比。

---

① 邹进之修，温廷敬纂民国《大埔县志》卷三十六《金石志》，贺一宏：《湖寮田山记》，第14页。
② 邹进之修，温廷敬纂民国《大埔县志》卷三十六《金石志》，王演畴：《大埔县义田记》，第23页。
③ （清）周硕勋纂修乾隆《潮州府志》卷二十《堤防》，第1页，潮州市方志办影印本，2001，第288页。
④ （清）陈坤：《治潮刍言》，收入《如不及斋丛书》，转引自谢湜《陈坤〈如不及斋丛书〉与清代咸同年间潮州社会》，载《潮学研究》第14辑，花城出版社，2008，页144。
⑤ 温廷敬辑，吴二持、蔡启贤校点《潮州诗萃》，汕头大学出版社，2000，第809页。
⑥ （清）吴宗焯修，温仲和纂光绪《嘉应州志》卷五《水利》，第1~2页，成文出版社，1968，第66页。

直到1903年的《岭东日报》中，还报道因山土流失淤垫河床的情况："嘉应产杉，伐木开山，山崩土裂，春水暴涨，泥沙即顺流而下，虽日日浚河，于事仍属无济。"① 面对这一状况，不止水土流失导致航道淤塞，而且只伐不种的现状也使原来葱茏茂盛的山林资源日渐匮乏，萧冠英就此曾谈到："从来山林，只有伐采，未闻有培植林木，故年来产业有每况愈下之势。吾人犹不觉其缺乏者，因地势气候暖和，当冬季之际，既绝无用之充暖房之燃料，而建筑房舍，又多用土砂石灰砖墙，柴木仅供爨事之用，所需不多也。"② 山林、竹林风景已不如从前繁盛，这又是地方官长所应重视并改善的，就此他也发出呼吁："以多山之岭东各县，倘执政者能极力奖励培植森林，则非特历年之水患流沙可免，而地方之生产富力，亦必从而增加，由此联合各县出而瀹韩江，及附近之溪河，岂止方便运输，而公私经济之增高，亦不知达于何限。吾愿地方人民与当局，慎毋忽此伟大事业，而置之别图也。"③ 山林伐采严重的现象不止出现在粤东，闽西山区状况也大致如此，当时上杭一县，"邑中诸山多一望濯濯，旧时耕山之民，竹树成林，附近村落联合团体订立禁条，盗斫有罚，春分前盗挖竹笋者罚尤严厉，乡人遵守罔敢逾越，近则人心不古，盗砍盗挖，公然无惧，耕山者亦徒恃天成，不加人力，……今已稀少，即建筑材料，将来恐有供不应求之势，竹麻产生年减一年。"④ 针对这一情形，在民国初年，上杭县内先后筹建了中都丘氏万济庄、上白沙华氏裕源公司，此后，又设立了工会苗圃，于培护山林颇为致力，也取得了一定的成效。

六　简短的结语

通过对方志及调查资料的爬梳，对韩江流域一带竹木的产地、种类、培护、衍生品乃至贸易网络的形成有一大概认识。而在生活压力或财富利益的驱动下，山民的过度砍伐以及不注意及时种植新苗，也导致环境问题的产生，造成山区水土流失的加重及河道的日益淤塞，进而又对来往船只的航行以至堤坝的防洪保护造成持续的影响，这些都是值得我们进行反思的。

责任编辑：吴孟显

---

① 《潮嘉新闻》，《岭东日报》光绪二十九年十月十八日，第3版，岭东日报馆刊印。
② 萧冠英：《六十年来之岭东纪略》，第47页。
③ 萧冠英：《六十年来之岭东纪略》，第17页。
④ 张汉修，丘复纂民国《上杭县志》卷十《实业志》，第127页。

韩江六篷船被花艇化成因初探

林壁荣*

摘　要：从清代乾嘉以来，众多官宦名士、诗人参与宣传，集体助推使六篷船艳事远播，成为一个时期社会关注对象，使韩江风月名闻遐迩，一时引发文人骚客趋之若鹜。本文通过对史籍爬梳剔抉，指出在六篷船现象中，猎奇、猎艳的刺激性、悬念性，在某种程度上满足或迎合部分人的猎奇刺激心理，满足大众的好奇心理。而风月场所人物故事化、文学化的叙事手法赋予六篷船现象中更多的故事性、曲折性，吸引了更多观众的注意力。

关键词：六篷船　花艇化现象　传播

　　韩江六篷船本是水上运输工具，经常往来于韩江和兴梅河道，清道光时梅州人杨懋建在《梦华琐簿》书中述："嘉应之水曰梅江，达潮州以入海。往来皆乘六篷船，如浙之江山船。"[①] 道光十三年正月桐城姚柬之就任揭阳令时，从广州出发行东江水路，经梅州就是乘坐六篷船入潮州的，姚柬之觉得此种六篷船简陋至极，即由此而有"不解自潮来者何以艳称此船"[②] 之言，彼时六篷船在韩江盛行可见一斑。

　　韩江六篷船何时被说成载妓花艇、水上风月场所的代称呢？如民国时期饶宗颐先生总纂审订的、由林德侯辑纂的《潮州志·丛谈志》上说的："湘子桥下之六篷船，比于珠江之紫洞红楼也，六篷船者，花舫也"。修志者并附按语，道出个中原因：

　　　　吾潮位岭东重镇，居粤闽赣之要冲。当太平盛时，人易为乐。而城东临河一带，即漳汀嘉赣诸州货运转输之枢纽。在昔商贾辐辏，市舶连云，榷馆傍岸，

---
* 林壁荣，1964年生，长期任职于宣传文化部门，现供职于揭阳市邮政局。
① 杨懋建：《京尘杂录·卷四·梦华琐簿》，道光二十二年（1842）刊本。
② 姚柬之：《伯山日记》，光绪戊申（1857）刊镌，第31页。

挑贩络绎，茶居酒帘闹其上，水榭笙歌喧其下，官绅士庶之所登临，篙工民侠之所游憩，此六篷歌妓所以不亚秦淮、珠江，而名士题咏，骚客品花，踵相接也。①

上文在揭示商贾贸易带来的城市生活繁荣的同时，也透露了"六篷歌妓"娱乐活动的繁荣，且非韩江上独有，在珠江、秦淮河也同样出现。值得关注的是，作者将"六篷"和"歌妓"联系在一起，以指代花艇。

但韩江六篷船即花艇一说，笔者通过对有关文献资料梳理，试图解释这一现象被广为流传的原因。

一 六篷船为花艇事迹的传播过程

在明清时期潮汕陆路尚未发达的条件下，作为交通运输工具的六篷船就一直游弋于韩江。无须讳言，由于水上运输业的发达，地方经济的发展和生活水平的提高，在此期间，活跃在韩江水上的色情业也随之应时而生，沿河上至兴梅、下达汕头的一些六篷船，受利益驱动，参考珠江花艇式样，进行改造升级，专门提供特色服务，由此形成了一个畸形的新产业。

清林大川在《韩江记》卷三《游艇》一文中记有："湘江（韩江之别称）近年游艇，花样翻新，悉仿珠江格式，内有数艇，毫无朱漆气，雅淡宜人。"② 原来是寻常的水运工具，因有市场需求，被改装成游艇后，颇具气质，没有土豪味道，更显得几分雅致，这样的六篷船《潮州志》中有具体描述：

其形势昂首巨腹而缩尾，首长约身之半，前后五舱，首舱，居则设门并几席之属，行则并篷去之以施篙棹。中舱，为款客之所，两旁垂以湘帘，虽宽不能旋马，而明敞若轩庭。前后分为燕寝、几榻衾枕、奁具熏笼。红闺雅器，无不精备。卷帘初入，见锦绣夺目，芬芳袭人，不类尘寰。然此犹丽景之常，更有解事者，屏除罗绮，卧处横施竹榻，布帷角枕，极其朴素。榻左右各立高几，悬名人书画，几上位置胆瓶、彝鼎，闲倚篷牕，焚香插花，居然有名士风味。对榻设局脚床二，非诗人不延坐。船联制作颇佳，如"春水三篙湘子渡，红栏一曲女儿花"；"凉借清风明借月，动观流水静观山"；"买笑那无天上客，消魂真有画中人"；"蝴蝶恋花花作国，鸳鸯戏水水为乡"。③

---

① 饶宗颐：《潮州志·丛谈志二·事部·六篷船》，民国潮州修志馆，1949，第 28 ~ 29 页。
② 林大川：《韩江记》（卷三），钓月山房藏板，咸丰丁巳（1857）夏镌，第 19 ~ 23 页。
③ 饶宗颐：《潮州志·丛谈志二·事部·六篷船》，第 29 页。

应该说，上面所指的韩江六篷船，装修后含蓄而不失豪华，内部设施齐全，便成为水上高级娱乐和情色场所。明清时期，六篷船为花艇事迹常常见诸各类文献。

（一）本地人诗歌创作方面

早在明嘉靖十三年（1534年）甲午科举人、授湖北竹溪县知县的潮阳凤山人陈钥，有诗二首记录其风情：

鳄溪词①
其一
年来断肠木兰舟，蜑雨蛮烟水上楼。
二十四桥春月夜，泥人风味超扬州。
其二
棹歌画舫睹金钗，蜑女如花醉客怀。
柳叶桃根他日梦，风流曾否记秦淮。

陈钥诗隐约透露了画舫与蜑家女的关系，当时潮州湘桥六篷船林立，诗人以木兰舟比六篷船，以风流秦淮与泥人扬州拟湘桥画舫花林。又大埔人张对墀（1749～1808）在《潮州竹枝词》里云："蜑船无数大江（韩江）中，蜑妇（六篷妓女）如花倩倚风。多嚼槟榔当户立，一笑一迎玉齿红。"清代郑昌时《韩江竹枝词》有一首说："东西弦管暮纷纷，闽粤新腔取次闻。不隔城根衣带水，马头歌调送行云。"下有自注："潮近闽，歌参闽腔。韩江舟户又尚马头调云。"② 注中说的"韩江舟户"即指蜑家，"马头调"为蜑歌。一些蜑户女卖笑营生，穿梭于韩江黄金水道，形成乾嘉时期有名的六篷船风景。

及至清光绪二十四年（1898年），主讲于潮阳东山书院的丘逢甲，写了四首七律诗咏名桥，其第一首云："垒洲廿四水西东，十八红船铁索中。世变屡新潮汐改，驿程依旧粤闽通。五州鱼菜行官帖，两岸莺花集妓篷。莫怪桥名工附会，江山原已属韩公。"③ 该诗描述潮州城事，重点写到广济桥两岸妓篷汇集的热闹景色。

从明朝人陈钥到清末丘逢甲的诗中，可知这一水上产业的生存时间至少从明代末期一直延伸到清代末期，成为韩江上独有的风景。

（二）民间故事、逸闻传播方面

西湖山上的一座"花冢"，据说埋葬着韩江船上侠妓魏阿星。传说阿星性情豪爽，

---

① 陈新杰：《凤山文献录的整理与初步研究》，花城出版社，2009，第177～178页。
② 郑昌时：《韩江闻见录》，上海古籍出版社，1995，第286页。
③ 丘逢甲：《丘逢甲集》，岳麓书社，2001，第246页。

某文士落魄潮州，阿星解囊相救。文士曾得了重病，阿星为伊求佛问医，服侍了三个月，病愈后又送盘缠作返家之资。文士发迹后重游旧地，而阿星已于多年前香消玉殒，文士于是江边追往抚昔，涕泪交加，写下了"重来阮肇逢仙处，不见崔郎乞水家"的诗句，侠骨柔肠，使六篷船侠妓魏阿星与幕客的故事远播于大江南北。①

乾嘉时期会稽人宗芥驭（1736~1815），名圣垣，与《潮嘉风月记》的作者俞蛟是浙江山阴同乡，又是宦游好友。宗圣垣官摄南澳司马篆时，艳遇韩江六篷船妓宝娘，老翁少女，有情人终成眷属。宗圣垣善诗，此事有《定情诗》八首，广为传诵。②

记载中的六篷船妓人物，除魏阿星、宝娘外，有名姓的尚有濮小姑、曾春姑、曾九娘等数十位，其中色艺双绝、善解人意者，燕瘦环肥，均各擅胜场，但大多红颜薄命，命运悲惨，晚景凄凉。

这类风月场所的逸闻轶事，情节生动曲折，充满想象力，最为人所津津乐道，也为故事的传播提供了重要的版本。值得强调的是，这些民间故事、逸闻都是以韩江六篷船为叙事空间展开的，女主人翁都是来自韩江上的六篷船妓。

（三）掌故、笔记采集印行方面

地方文人对六篷船妓也颇为关注，常常将其搜罗到笔记小说中。如林大川刊镌于咸丰七年（1857年）的《韩江记》、《西湖记》等均不惜以大量篇幅采录六篷船事迹。此类掌故、笔记都为学界熟知，此不作赘言。

（四）外地人对六篷船为花艇事迹的关注和传播

值得注意的是，饶宗颐《潮州志》中六篷船事迹采录，在文末载明源于《潮嘉风月记》、《韩江记》、《粟香二笔》诸书籍。沿坡溯流，很明显，对于六篷船的描述，志中资料来源全部引用于清代俞蛟《梦厂杂著》卷十中《潮嘉风月记·六篷船》词条，从俞蛟的撰述中，潮嘉风月录除六篷船外，还有工夫茶等，足见其人对潮梅地区风土人情甚为了解。

俞蛟（1751~?），字清源，号梦厂居士，浙江山阴人，清乾隆五十八年（1793年）曾任兴宁县典史，由于俞蛟长期充任幕僚和佐杂小吏，其生平足迹所到，北至直隶，南达两广，闻广识博。作为潮嘉风月情事的目击者（不排除是参与者），俞蛟《潮嘉风月记》卷中记潮州妓船人物故事甚多。

韩江沿岸人文底蕴丰厚，风景名胜众多，"往回千余里，处处修篁夹岸。每乘此船，与粉白黛绿者凭栏偶坐，听深林各种野鸟声，顿忘作客，是何异古之迷香洞？非胸

---

① 饶宗颐：《潮州志·丛谈志二·事部·六篷船》，第30~31页。
② 俞蛟：《梦厂杂著·潮嘉风月记·六篷船（卷十）》，北京古籍出版社，2001，第218~219页。

有卓识，安得不为之惑？谚云：'少不入广'，故欤？"① 相信在俞蛟眼中，这里不失为一处温柔梦乡，如果没有一定修持定力，长期居住，还将会丧失进取心，但至少是一个可以让游客发呆的地方。

潮州是个好地方，笔者不是在夸饰乡土，就连长期生活在人间天堂的苏州人、清末学者叶昌炽乘船往梅州途中，见一路重岩峭壁，青紫万状，竟然发出"故乡无此好湖山也"② 的感叹。风月无边，对于风流名士来说，此情此景，的确充满诱惑。

有关韩江六篷船风月情事，在外地文人除俞蛟外，同时期的大名士如袁枚、赵翼等江浙籍文人才子，也予以高度关注，各人所著笔记载有其事。

著名史学家赵翼在《檐曝杂记》卷四记述《广东蜑船》时云："闻潮州之绿篷船（应为六篷船，音六误记为绿——引者注）较有佳者，女郎未笄，多扮作僮奴侍侧，官吏亦无不为所染也。"③ 可知早在清乾隆时期，潮州六篷船的盛行和格调。

袁枚在《随园诗话》卷十六云："相传潮州六篷船人物殊胜，犹未信也。后见毗陵太守李宁圃《程江竹枝词》云：'程江几曲接韩江，水腻风微荡小船。为恐晨曦惊晓梦，四围黄篾悄无窗。''江上潇潇暮雨时，家家篷底理哀丝。怪他楚调兼潮调，半唱销魂绝妙词。'读之，方悔潮阳之未到也。"④

这李宁圃竹枝词中对六篷船风月情事有何渲染，船中人物故事情节又是如何曲折生动，惹得时已76岁的随园老人有"方悔潮阳之未到也"之叹呢？

在袁枚六篷船的诗事中，毗陵太守李宁圃是个很重要的人物，李宁圃《潮州竹枝》："销魂种子阿侬佳，开袂千金莫浪夸。高卷篷窗陈午宴，争夸老衍貌如花。"⑤

六篷船上"老衍"即为嫖客，李宁圃如此熟练地运用潮汕的方言词入诗中，令人叹绝，非对此地风土人情了解相当深刻者，不大可能如此娴熟运用这一方言词入诗。

李宁圃（？~1806），名廷敬，字景叔，沧州（今河北沧县）人。乾隆四十年（1775年）进士，前后十任苏松太守。袁枚《小仓山房诗集》中乾隆五十六年（1791年）的《送李宁圃太守调任松江》有句："金陵贤守去吴淞，才送春归又送公。"⑥

可知袁和李关系较为密切，过从甚密，酬唱相和、殆无虚日。李宁圃还是"平远山房书画集会"创始人，于书、画士尤多奖进。时与袁枚、王文治、洪亮吉辈以诗文相雄长，商榷古今经史疑义，恒达旦不寐。晚年益嗜书，丹铅不离手。金石、书法、昆

---

① 俞蛟：《梦厂杂著·潮嘉风月记·六篷船（卷十）》，第200页。
② 叶昌炽：《缘督庐日记》，吉林文史出版社，2011，第501页。
③ 赵翼：《檐曝杂记》（卷四），中华书局，1982，第62页。
④ 袁枚：《袁枚全集·随园诗话》（卷十六，第63则），江苏古籍出版社，1993，第545页。
⑤ 袁枚：《随园诗话补遗》（卷二），人民文学出版社，1962，第606页。
⑥ 郑幸：《袁枚年谱新编》，上海世纪出版集团，2011，第561、509页。

曲诸方面皆有著述，并有较深的研究。

而且，李宁圃的另一首《潮州竹枝词》云："金尽床头眼尚青，天涯断梗寄浮萍，红颜侠骨今谁是，好买黄金铸阿星。"就是在说韩江六篷船上人物阿星故事。①

二 韩江六篷船非全花艇

苏州震泽人、乾隆三十七年（1772年）登进士的杨复吉在嘉庆二十年（1815年）为赵翼《檐曝杂记》跋中，就针对韩江上的六篷船为花艇时指出：

> 潮嘉风月记，盖仿余澹心《板桥杂记》而作也。陈蜒户琐事，非不娓娓可听，顾才出墨池便登雪岭，文人月旦每多失实，所见不逮所闻，作者恐亦未能免俗耳。

实际上，在韩江从事渔业及水上运输，并以船为家的疍民有自己独特的文化，是一个大群体。因市场供需关系的原因，部分疍家艇船转型经营，不少疍家女子由于生活所迫，以歌妓为生，当属正常现象。

又清末兴宁人胡曦《西河龙户录》载："六篷船屋皆盆花盆草，则尚是龙户当日遗俗。"疍女居船喜盆栽花草美化家居环境，本属自然。至于疍俗家有男未聘，则置盆草于船梢，有女待字闺中，浮家泛宅非比岸上，人家船尾处置一盆花以示招亲习俗，不能因船上栽花而贴上"花船"标识。

光绪十二年丙戌十月十一日，时为广东学政汪鸣銮的幕僚叶昌炽从上海乘轮船到汕头后，就雇用六篷船，沿韩江水道往潮州府城。叶昌炽在日记中记六篷船形制"船形前高后俯，舱门洞门帆布用布六幅左右，翅张随风大小以为损益"②。叶昌炽一行乘坐的六篷船为较大形客船。

清末民初江阴名人金武祥（1841~1924）于清光绪年间，以"班捐"至粤候补，自言曾两至潮州，在其所著《粟香三笔》卷六"六篷船"中说："所谓六篷船者，往来官商皆乘之。如钱塘江之江山船，舍此无他船可乘也。然六篷船则朴质无华，首尾直通，无前后外舱之别。"③

而更多的六篷船，形制略小，船上篷式用闭合式篾篷遮阳，如清嘉应黄鸿藻太守《题韩江坐钓图》诗注中称"每张两帆，如鸟振翼，俗呼蝴蝶篷"。韩江六篷船非指花艇足见一斑。

---

① 饶宗颐：《潮州志·丛谈志二·事部·六篷船》，第30~31页。
② 叶昌炽：《缘督庐日记》，吉林文史出版社，2011，第506页。
③ 金武祥：《湘生随笔》，中共中央党校出版社，1998，第13~14页。

三　韩江六篷船声名远播的原因

从清代乾嘉以来，众多官宦名士、诗人参与宣传，集体助推使六篷船艳事远播，成为一个时期社会关注对象，使韩江风月名闻遐迩，一时引发文人骚客趋之若鹜。

韩江六篷船现象是先在之物，历史上的六篷船现象作为社会记忆储存起来，同时也经过大众记忆不断"被建构"的过程，它的保存与延续需要借助各种各样的话语形式来进行维持。

在六篷船现象中，猎奇、猎艳的刺激性、悬念性，在某种程度上满足或迎合了部分人的猎奇刺激心理，满足了大众的好奇心理。

风月场所人物故事化、文学化的叙事手法赋予六篷船现象中更多的故事性、曲折性，吸引了更多观众的注意力。

没有身份识别、低门槛至平民参与模式，容易亲身参与传播互动，表达个人意愿的冲动等，吸引了更多的参与者，满足了社会中人们的某些心理欲求（可以借鉴使用与满足理论），比如"自我实现"的需要。

所以，像袁枚、赵翼这类清代文坛大腕的叙述都谈到了六篷船故事，开掘对受众心理的迎合，也就是说，在六篷船现象传播中调动故事性因素的力量去满足受众审美心理，其传播效果意味着有较高质量和传播覆盖面广的实现，进而受众对六篷船故事的关注度和反馈率会相应加强和抬升。

由上文的叙述可见，六篷船故事的宣传者、曝料者主要是俞蛟；李宁圃是运用诗歌这一载体进行渲染传播者；袁枚在《随园诗话》中将之采入诗篇，是鼓吹者；赵翼以史料笔记采编入书，为宣传韩江六篷船的推手，乃至清末徐珂编撰入轶事掌故①，均深化和提炼出了六篷船故事的记忆点。

施拉姆在大众传播过程模式中指出，在信息传播中每个接受者都扮演着译码、释码和编码的角色，个人在群体内，讯息得到再解释或加工。② 当受众以一种传播者的姿态进行信息反馈时，此时我们再来看这个"再传播"的传播效果——六篷船是花艇的说法，就这样被创造出来，六篷船被花艇化现象也就得到全社会的广泛关注和普遍认同了。

责任编辑：陈贤武

---

① 徐珂：《清稗类钞·娼妓类》，中华书局，1986，第5180~5212页。
② 〔美〕韦尔伯·施拉姆：《大众传播媒介与社会发展》，金燕宁等译，华夏出版社，1990。

红船湾、常关与"海关地"：
潮海常关验货厂沿革略考

周修东[*]

> **摘　要**：汕头老市区永泰路和西堤路交界处的"海关地"，从清同治年间红船湾泊水坪地到潮州常关验货厂，历经市政建设的产权置换，再到居民区，几经演变，最终产权归于地方政府，居民得以安居乐业，从中折射出时代的变迁和城市的发展，同时也反映了潮海关在时局变化中地位升降的境况。
>
> **关键词**：汕头　红船湾　潮海常关　验货场　沿革

在汕头老市区永泰路（原"永泰直街"）和西堤路交界处一处住宅区的巷口墙上，钉着一块"海关地"门牌，路人隐约猜想这个地方可能与汕头海关历史有关，而住在这里的居民则或多或少知道这块地皮原属海关所有，据说在巷里曾经立有一块"潮海新关地界"[①]石碑，20世纪80年代还曾存世。到2007年初，关史陈列馆筹备办同人专程前往寻找该地界碑，只是风雨沧桑，人事已非，该碑已经杳无踪迹了。

翻开潮海关档案，"海关地"的渊源依然历历可见，宛如昨日云烟。现在就让我们一起重温那段尘封已久的历史吧。

一　常关与会馆的填地协议

清末，在现在"海关地"居民住宅区附近，原来是一个红头船停泊的港湾，故称

---

[*] 周修东，1965年生，汕头海关办公室副调研员兼关史陈列馆馆长。
[①] 广东省档案馆藏潮海关档案全宗413（甲）卷第8950号：《函致本关监督刘》（第八千九百五十号）："查常关自归海关兼管以来，凡属常关范围以内之房产地业，皆竖有界石，镌明'潮海新关地界'字样，向由本关管业。"是知该地界碑刻"潮海新关地界"字样。

"红船湾",岸边为潮州常关的查验场所。潮州常关的前身是潮州粤海新关,原先在咸丰三年(1853年)创设于妈屿岛,到了同治元年十一月十四日(1863年1月5日)晚,海盗郭泳馨(一作"钦")等数十人驾船洗劫岛上海关银行——高广恒银号,劫走新关存储备解饷银6万两和银号存款2万余两①,为安全起见,高广恒银号急忙搬迁到汕头市区,常关也借机把全部业务从妈屿岛迁入市区内。常关总部设在沙汕汛炮台(即现老妈宫旁原人民银行处)附近,老妈宫斜对面,即现在新关街所在位置。而常关验货厂刚开始则设在两条绑在一起、停放在红船湾的趸船上,作为外班作业的场所办公。后来因工作需要增加了顶棚,趸船周围的海坦就被认为是海关关产。常关验货厂负责民船货物查验,常关总口则办理所有单证的签发。

光绪十九年(1893年),汕头万年丰会馆以该地为汕头进出口货物集散地,船舶辐辏,万商云集,是当时汕头埠商业开发的黄金地段,便上禀两广总督和粤海关监督,批准会馆在红船湾坪地濒海地方进行填筑,新填土地留出部分地段作为马路和常关建造验货厂地基外,剩下地段都给予会馆管业纳租。

万年丰会馆又称"六邑会馆",约在清同治五年(1866年),普宁人、署潮州镇总兵方耀倡导潮属海阳、潮阳、揭阳、饶平、澄海、普宁六县商民创建。内有两广总督瑞麟"万年丰"题匾,所以又称"万年丰会馆"。②该会馆是汕头最有势力的会馆,外国人称之为"汕头公会"。

潮州常关和万年丰会馆为此达成一项协议:会馆承诺填筑验货厂周围一片海滩,留出2丈宽的地段作为马路用地,划出5丈宽地段由海关建造一新验货厂,同时每年提供200元作为维修基金;而作为回报,其余土地则免费给该会馆管业出租。填地和筑堤工作开始于1889年3月,至1897年2月完成。③ 万年丰会馆在填地上建造了馆舍、天后庙、瑞文庄公祠和花园。该馆址就在现在商平路95号附近,即在永泰路和安平路之间商平路的地段,新中国成立后作为商平小学校址,20世纪80年代拆毁改建新校舍。

澄海县令于当年特地在常关验货厂北侧立了一块地界碑作为标志。这块界碑已佚,但在1908年编写的《汕头常关地位与工作报告》中,可以抄录到当时刻下的碑文:

> 汕头关湾泊红船水坪地,现经万年丰会馆绅董禀奉关督宪,准填于濒海,岸上除马路二丈外,划出五丈由新关建造验货厂,其余地段均归会馆管业纳租,其红船

---

① 晏端书:《晏端书等审明叠窃盗郭泳馨等正法由》(同治二年八月十九日),台北"故宫博物院"图书文献处所藏军机处档摺件。
② 饶宗颐总纂、林德侯分纂:《潮州志补编》第一册《古迹志》卷二《馆·万年丰会馆》,潮州海外联谊会、《潮州志补编》整理小组编印,2012,第83页。
③ 甘博:《1892~1901年潮海关十年报告》,载中国海关学会汕头海关小组、汕头市地方志编纂委员会办公室编《潮海关史料汇编》,1988,第53页。

湾泊右畔以丁家毗连公路划直，竖石为界。光绪十九年十月吉日澄海县立界。①

潮州粤海新关所建的验货厂，配套建有小轮船码头和避风塘，遇上狂风暴雨的天气时，避风塘为运载货物等待查验的驳船提供庇护所，也是海关灯塔补给船、供水船、轻便快艇和舢板等的安全停泊处。② 光绪二十七年（1901年），汕头常关关卡划归潮海关税务司管理，税务司对常关范围以内房产地业重新树立地界碑，刻上"潮海新关地界"字样，由潮海关负责产权管理。

光绪三十年（1904年）③，随着商贸的进一步发展，汕头地价涌涨，其时两广总督岑春煊迫于经费紧张，以省库需款为名，派员到汕头清理填筑海坪地段，缴验印契执照，无契者按土地补缴款项，否则当作无效建筑，取消业权。借机变卖官地套现，以解资金紧蹙的困境。会馆租用的这块红船湾坪地本属填海坦而建，圈地为界，无契可缴验，经呈请变通处理，除会馆及其配套设施的地基外，其余地皮被两广总督充公，并以2000银两重新租给其他用户，款项解省入库。会馆为弥补其损失，在光绪三十二年（1906年）拆除了原先的馆所和花园，在这地块上除留下一部分地基重建会馆和天后庙外，余下地段分割成小块，通过抽签公开拍卖，每平方丈150至200两，卖得总价约30000两。④

二 常关规划重建与西堤马路填筑

1907年8月，因新关街的常关总口准备进行维修和扩建，全体职员搬迁到常关验货厂办公，验货厂也就成为常关总口的办公场所。常关总口迁至验货厂办公还有另一个原因：常关总口位于验货厂的东北向，步行约15分钟，"两个办公地点分开导致浪费很多时间，对商人也十分不便，况且也导致税务司对他们的工作无法实际监管。对这种状况，署理税务司夏立士已做了有益的改进，在上述当日（光绪三十三年六月二十五日，1907年8月3日）将总部迁往验货厂，从而使货物查验、单证签发、税费征收都

---

① 潮海关署理税务司夏立士（A. H. Harris）指导、验货员康普金（W. H. Campkin）撰写、杨伟译《汕头常关地位与工作报告》，载杨伟编《潮海关档案选译》，中国海关出版社，2013，第119页。
② 甘博：《1892~1901年潮海关十年报告》，载《潮海关史料汇编》，第53页。
③ 署理潮海关税务司师范西呈报《光绪三十一年（1905）汕头口华洋贸易情形论略》称："经万年丰会馆于十一月间变价，计售银二十五万四千两，约之则每方丈值银约一百七十元。"据知会馆变价出售馆地在1904年。
④ 潮海关署理税务司夏立士（A. H. Harris）指导、验货员康普金（W. H. Campkin）撰写、杨伟译《汕头常关地位与工作报告》，载杨伟编《潮海关档案选译》，第121页。
《潮州志补编·古迹志》卷二《馆·万年丰会馆》第83页称："初馆址占地极广，光绪末年省库奇绌，总督岑春煊派员莅汕清理海坦，以馆地占筑无契呈验，馆中董事乃议缩小馆屋，变价补缴，重行新建，即今之会馆也。"

能在同一个办公室进行,因此能够对旧房进行维修和扩建,以备日后作为新常关办公之需。"① 1918 年,汕头发生大地震,常关验货厂被严重震坏,常关总部只能租赁附近民房作为办公场所,但毕竟不是长久之计,1919 年潮海关呈报总署,申请重建常关办公楼,并绘制了建设计划草图。

1921 年 8 月,潮海关税务司伟克非致函潮海关监督陈其尤,商请将常关船澳(避风塘)予以填筑,除留为另建新式办公场所外,其余地皮予以出售,加上将新关街的旧常关总口房屋出售金额,用以建造新常关办事处和船艇停泊处,如果上述款项不够开支,则由税务司呈请总税务司先行垫付;并请监督转函汕头市政厅长,代聘工务局测量师前来常关测量填筑起讫地点。陈其尤复函表示赞同,经潮海关会同工务局派员一起到现场进行测绘,在图纸上标明红线点内为常关所有地域,黄线点内地域则作为建筑马路的界限。并呈送市政厅备案。② 潮海关报经海关总署审核,总税务司安格联于 1925 年 10 月批准潮海关重建常关办公场所的请示。

就在潮海关准备筹资施工时,情况却发生了变化,汕头市政厅为了加强市政建设,成立了堤工处,启动对西堤堤岸的填筑计划,其终点距离原有堤岸约 300 英尺,超出 1917 年巡工司所划定的汕头口岸线有 150 英尺之长,也就是把潮海关原来报经总署核批的常关办公场所重建范围包括进去。

1926 年 5 月,堤工处未经海关协商同意,竖立木牌于重建常关地址之上,公然招人承买该地段地址,经潮海关税务司函请监督交涉制止③,堤工处提出将常关验货厂关址与该处地产进行对换。6 月 8 日,税务司贺智兰会同潮海关监督刘灏,与堤工处郑科长前往对换地段杉排街附近进行会勘,认为该处较原关址偏僻,货物查验进出不够便利,提出在永兴街口即潮阳码头附近酌为交换。④ 堤工处私下盘算,觉得永兴街口地段比常关关址所在永泰街口地段更为值钱,不愿出让利益,其思路便又回到在永泰街填筑处就近置换上来。

经潮海关监督出面协调和反复商讨,潮海关税务司同意如下条件:一、潮海常关可以不设船坞,惟将来填筑南堤时潮海关船坞(避风塘)应仍保留,不能视同一律,应由汕头堤工处呈准国民政府予以书面保证;二、旧常关全部房屋及地基产权仍归常关管理,自行变卖作为建筑新常关工费之用;三、汕头堤工处将旧常关验货厂面向海边地段,即永泰直街与西堤马路交点内方的新填坦地,作为换筑新常关及验货厂之处,面积计横向 116 英尺,竖向 190 英尺,交换时由汕头堤工处给予正式契据,以示确定为常关物业,俾免他人借口侵占;四、汕头堤工处与潮海常关所换之地,未经会同丈量立界之前,将旧有

---

① 潮海关署理税务司夏立士(A. H. Harris)指导、验货员康普金(W. H. Campkin)撰写、杨伟译《汕头常关地位与工作报告》,载杨伟编《潮海关档案选译》,第 139 页。
② 广东省档案馆藏潮海关档案全宗 413(甲)卷第 8950 号:《函致本关监督刘》(第八千九百五十号)。
③ 同上。
④ 广东省档案馆藏潮海关档案全宗 349 卷第 7331 号:《函致本关税务司》。

常关前面关地保留一半作为担保，等到新填坦地完全告竣交换后，再交由堤工处处置。①

堤工处认为潮海关提出将常关已填之地留一半作为担保一事，恐怕妨碍其拍卖，并认为市政厅与海关同属政府机关，既以诚信交换，似无须留地担保之必要②。经堤工处呈报省政府批准，同意汕头堤工处与潮海关税务司交换常关官地，1927年12月29日，汕头堤工处处长陈楚楠出具《保证书》（特字第1号），送呈潮海关税务司留档，以资保证而昭信守。1928年2月7日，经海关总署核准，同意将常关验货厂和避风塘与堤工处调换新填海坦③。这项置换地块事情终于得到解决，但由于这项置换的迁延和时局的变化，使得潮海常关办公场所的建设一波三折，最终宣告夭折。

三　海关地演变居民区

因常关办公场所经与堤工处调换新填海坦，须搬迁办公场所，经海关总署同意就近租房作为临时办公地点。潮海常关向汕头合盛宝记租用其自置产业仁和街口坐南向北三层门面洋楼一座，计楼上下门窗户扇、浮沉砖石、晒台、玻璃门窗、楼梯、厝顶槛角、楼板并水井一应俱备，议定每年租金除军警国债等一切杂捐费后，实纳租金大洋银500元整，分作四季缴纳。1928年12月3日，税务司古禄编呈文向总税务司报告租房情况。④12月24日，潮海关税务司呈文海关总署，汇报常关验货厂地址出卖给李就合一事，其售价为20000墨西哥元。⑤

虽然海坦填地（即"海关地"）置换成功，但是在这片"海关地"上，潮海关却迟迟未能动工建造常关办公场所，到了1931年1月1日，财政部关务署下令将50里外常关关卡全部裁撤，移交潮海关管理。潮海关于1931年3月接管50里外常关卡口后，于6月1日撤销常关办事处，成立分卡办事处，同年成立民船管理处。1934年1月27日，为便于对进出汕头港民船的稽查管理，民船办事处迁到妈屿岛办公。1939年6月，日军侵占汕头，潮海关撤退曲江，在汕海关业务全部停顿。由于上述机构变革和政局纷扰的原因，"海关地"也就作为旷地而日就荒废。抗日战争胜利后，"海关地"为返汕贫民搭建篷寮杂居，一时无法清退。

1948年9月，三泰市后街下段段内商号住户为协助政府维护市容交通卫生起见，成立"三泰市后街下段街路沟渠委员会"，着手对该段街道进行修筑，因"海关地"地址毗连该段街道计长18.3丈，若依照该会先后决案，以每店面阔1丈，认缴修筑费金

---

① 广东省档案馆藏潮海关档案全宗414（甲）卷第9183号：《函复本关监督宋》（十六年一月十四日）。
② 广东省档案馆藏潮海关档案全宗351卷7630号附件：陈楚楠《呈为呈请核转备案事》（民国十六年一月十八日）。
③ 广东省档案馆藏潮海关档案全宗147卷208号：总税务司令2982号。
④ 第二历史档案馆藏海关总署档案全宗679（3）/2000：潮海关呈总税务司文第6471号。
⑤ 第二历史档案馆藏海关总署档案全宗679（3）/2000：潮海关呈总税务司文6476号。

券110元，计算约需缴款2000元，但地属关有，又系空地，酌减为补助工程费金券500元。故于10月5日由值日委员建通船务行代表杨秀忠等致函潮海关税务司饶诗要求拨付修筑费，并称"查该地篷寮杂居，往来道路多毗连本段街道，若遇冬防时期，防卫顿生障碍，失窃堪虞。再经决定在贵关未将该地建筑楼房之前，由本会暂行建筑围墙一片，并于街口建筑栅门乙座，藉资预防"。这时，"海关地"无法收回使用，却变成了潮海关管理上的负担。

潮海关因为常关已经撤销多年，没有重新建设常关办事处的必要，再加上该地离潮海关办公大楼和宿舍大院有一段距离，不方便统一管理，而且海关又一时无法清退棚屋，于是便在1949年3月9日，与汕头市信合营造厂订立合约，由该厂在外马路海关大院东南角空地上建造平房22座，海关则以"海关地"地基转让该厂作为建筑费。当时，永和街14号昌泰行郑守馀、中山路153号荣万泰号许寿山两家商号作为担保，出具《保证书》，表示"愿担保汕头信合营造厂承建潮海关平房22座，工程须照鉴定图则及说明书，作至完妥，如中间有违约滥造情事，本号愿负完全责任"①。

后因"海关地"上搭建棚屋的居民拒不搬迁，信合营造厂无法将该地基变现，工程被迫中止，当时22座平房已建成了地基和部分水泥柱。新中国成立后，信合营造厂向汕头人民法院提出诉讼，经法院于1951年11月22日以人字第13号《和解书》判决，由海关补贴工程费300万元（1955年3月1日起第二套人民币1元等于第一套人民币1万元），已建水泥柱全部归海关所有，原合约取消。1953年12月17日，汕头海关将西堤路"海关地"移交给汕头市人民政府建设局，已建好部分水泥柱的22座平房地基连同旷地也于1954年移交给公安11师使用，后来产权转移给了汕头边防检查站。

四　小结

在汕头开埠前后，红船湾泊的水坪地为汕头开埠前后国内民船（大都为红头船）的聚集地，汕头内港南堤（即海滨路客运港至西堤轮渡间的老港区）尚未开发，因此红船湾坪地也就成为政府管理民船进出口货物检验及征税机构——潮州常关查验场的驻在地，这片坪地也俨然成为常关关产。常关与万年丰会馆的合作使常关得以建成新的验货厂和获得一笔维修基金；而作为回报，万年丰会馆则获得在填地上建造了馆舍、天后庙、瑞文庄公祠和花园。这时候潮州常关作为粤海关的派出机构还是较为强势。但是随着时局的变化，在清末省府财政困难情况下，万年丰会馆拥有的地产除会馆及其配套设施的地基外，其余地皮被两广总督充公；而在国民政府东征胜利后汕头市政厅地位转为强势，以市政建设为名，潮海关接手的常关验货厂产权被迫置换，也导致常关办公场所和新验货厂迟迟无法建设。这时候潮海关的地位受到民族主义的挑战而趋于弱势。新中

---

① 1949年4月9日《保证书》，本关档案室藏。

红船湾、常关与"海关地"：潮海常关验货厂沿革略考

国成立后，所有关产收归国有，统筹安排，海关地基"海关地"也就划归了地方政府。

"海关地"从红船湾坪地到潮州常关验货厂、再到居民区，几经演变，最终产权归于地方政府，居民得以安居乐业，从中折射出时代的变迁和城市的发展，同时也反映了潮海关在时局变化中地位升降的境况。

现在红船湾的名字已经无人记起，常关的一砖一瓦也无处可寻，但"海关地"的门牌依旧醒目，仍然见证着这段汕头开埠曾经有过的历史云烟，让我们去追寻、去缅怀、去思索……近日，媒体报道西堤公园将重新进行设计建设，西堤公园就在原来红船湾海坪地的范围内，如果将该公园命名为"红船湾公园"，或许更有侨乡文化内涵和历史意义吧。

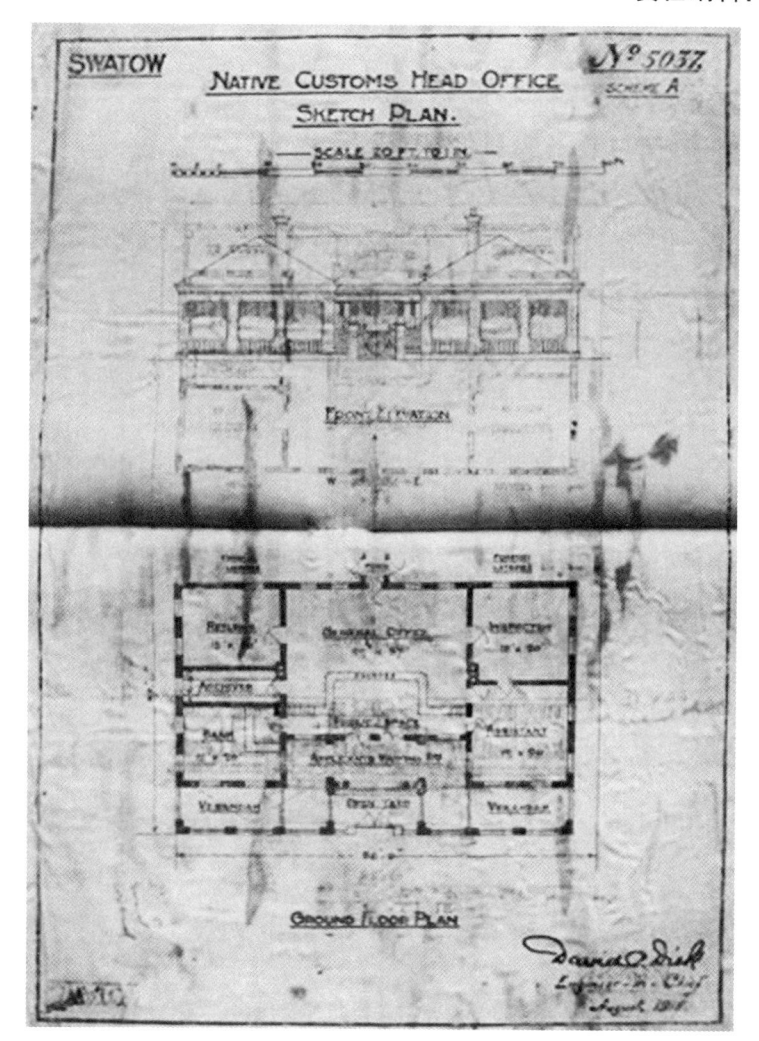

责任编辑：曾旭波

图1 1918年8月潮海关拟建常关草图

区域历史 | 193

图 2　常关总口和验货厂

图 3　潮州常关验货厂及船澳

发给保证书事本处於民国十六年三月七日奉
建设厅第二零六号令开奉
广东省政府第一五八二号批开汕头堤工处与潮海关税务司交换常关关地第一条条件潮海常关可以不设船澳惟将来填筑南堤时海关船澳应保留不能视同一律第二条条件旧常关全部房屋地基仍归常关管业为拨助建筑新常关关费之用既经该厅分别核明可行应予令等因奉此相应录送
潮海关税务司
查照以资保证而昭信守此致

汕头堤工处

计开该地长壹佰玖拾陆英尺阔壹佰壹拾陆英尺共面积贰佰贰拾井零肆拾方尺

汕头堤工处处长陈楚楠 [印]

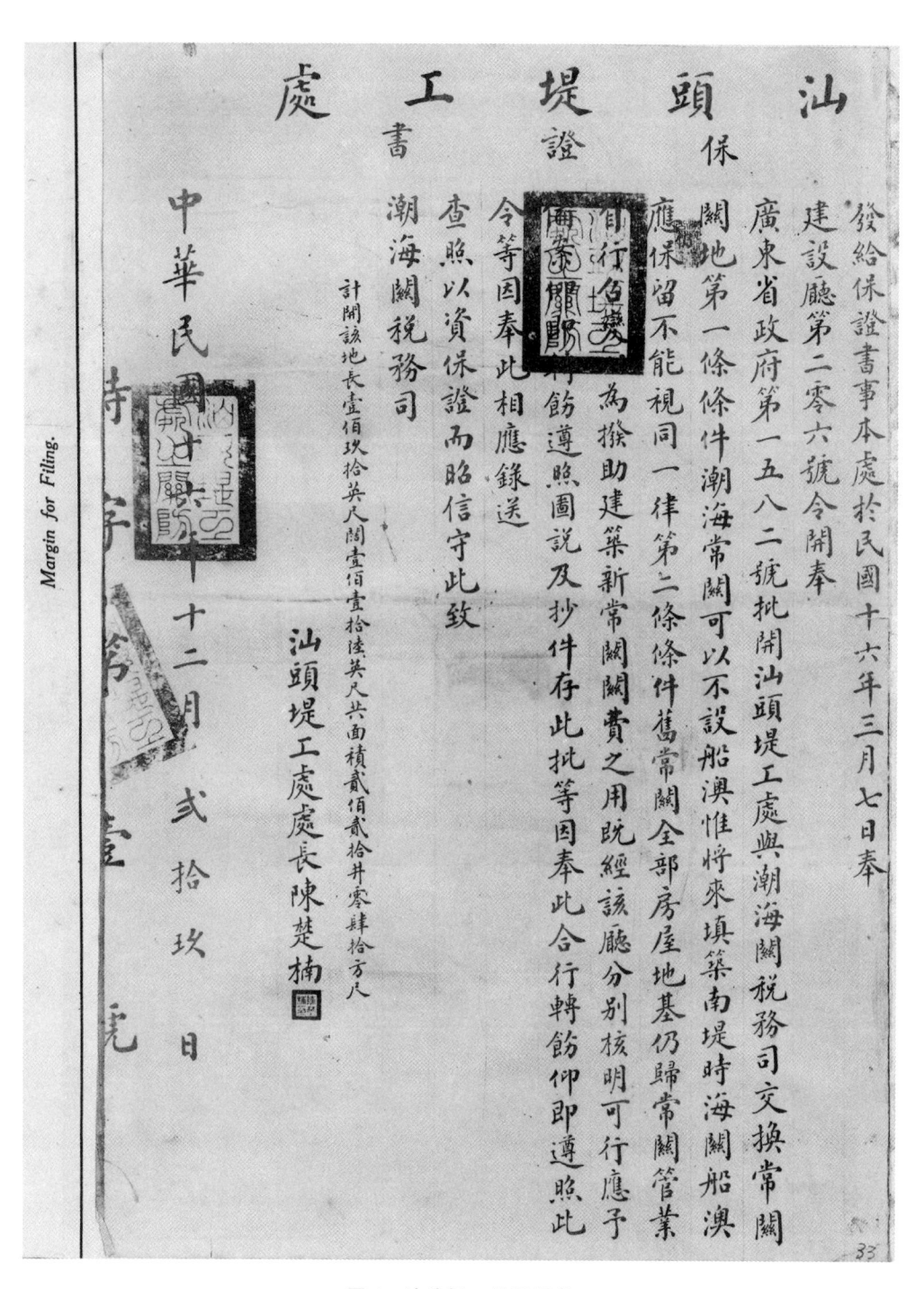

中华民国廿六年十二月贰拾玖日

图 4　汕头堤工处保证书

图 5　汕头市商平路小学

图 6　西堤"海关地"

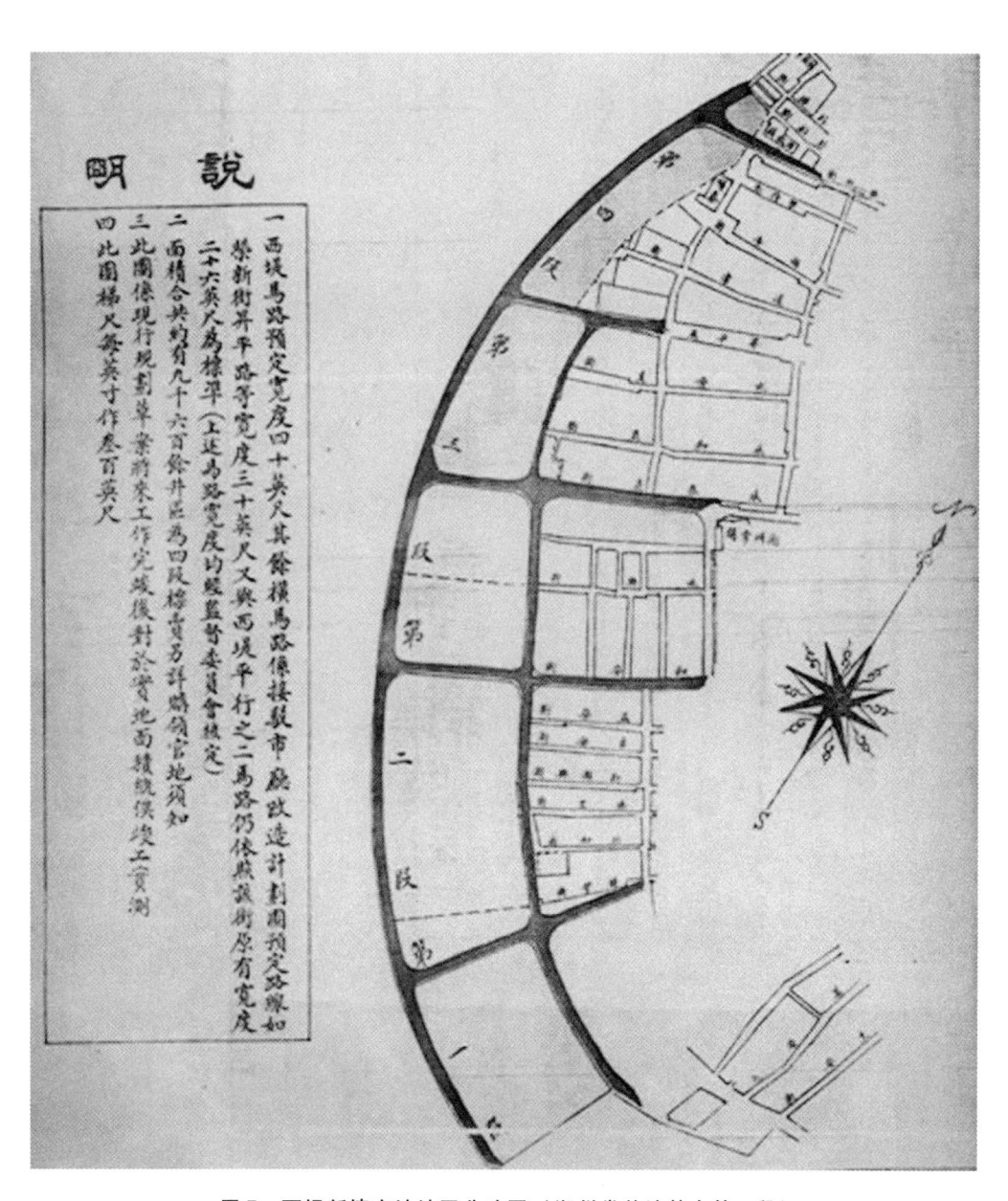

红船湾、常关与"海关地":潮海常关验货厂沿革略考

说明

一、西堤马路预定宽度四十英尺其馀横马路俱接驳市厂旧改造计划图预定路线如榮新街并平路等宽度三十英尺又與西堤平行之二马路仍係照設街原有宽度二十六英尺為標準（上述馬路宽度均經藍督委員會核定）

二、面積合共約有九十六百餘井此為四段標售另許購領官地須知

三、此圖係現行規劃草案俟承工作完竣後對於實地面積繼續俟竣工實測

四、此圖橫尺等英寸作叁百英尺

图7 西堤新填官地地区分略图（潮州常关地基在第三段）

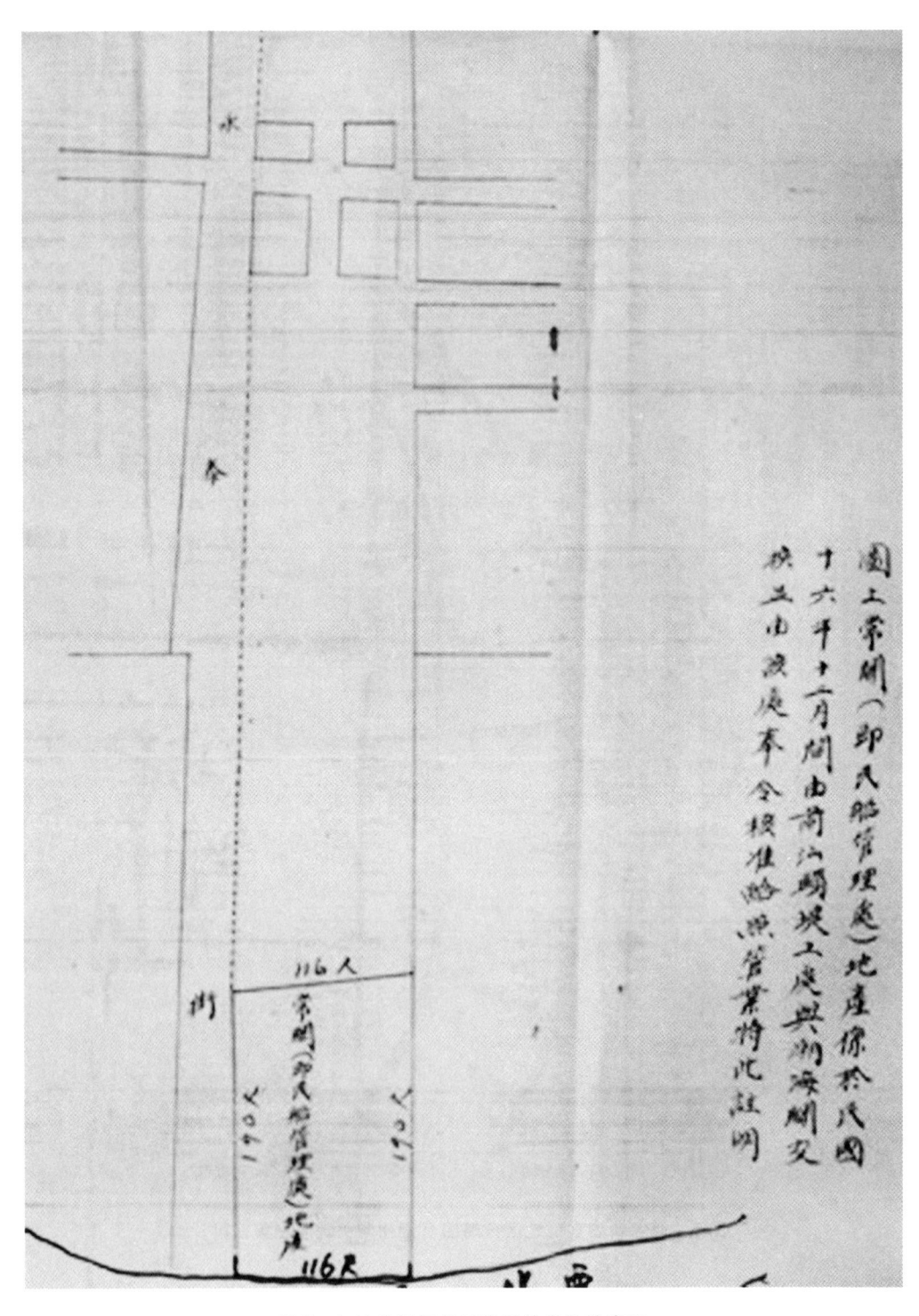

图上常关（即民船管理处）地产係於民国十六年十一月间由商江赐坡土地与潮海关交换五由波废奉令根据照典管业特此証明

图8　与汕头堤工处置换后的常关地产图

红船湾、常关与"海关地":潮海常关验货厂沿革略考

图 9　原永泰路和商平路交界(商平路小学左侧)常关总口遗址处的建筑

撕毁壁报案：
汕头南华学院跟潮海关的一场公案[*]

曾旭波[**]

摘　要：1946年10月31日，汕头南华学院学生在市区各主要路段张贴"庆祝主席六秩大寿"的宣传壁报，其中一张壁报贴在外马路潮海关第二号宿舍的围墙外，被潮海关关警发现，遂被关警撕毁。事件发生后，由于当事双方对事件的处理意见、处理办法等产生矛盾及争议，引起新闻媒体的关注报道，在媒体有意无意的引导下，事件进一步升级，双方对簿公堂。事件最终虽然不了了之，但事件发生之后，当事双方对事件的不同处理态度所引起的争执，汕头市政府的"和事佬"行为与媒体及市民"看热闹"心态一一形成鲜明对照。这也许能给我们从另一角度去了解和审视民国时期汕头埠的市况民情。

关键词：南华学院　潮海关　撕毁　壁报案

　　1946年10月31日，汕头南华学院学生在市区各主要路段张贴"庆祝主席六秩大寿"的宣传壁报，其中一张壁报贴在外马路潮海关第二号宿舍的围墙外，被潮海关关警发现，遂被关警撕毁。事件发生后，由于当事双方对事件的处理意见、处理办法等产生矛盾及争议，引起新闻媒体的关注报道，在媒体有意无意的引导下，事件进一步升级，双方对簿公堂。

　　撕报事件最终虽然不了了之，撕报事件所引起的"地震波"亦随着时间的流逝而很快烟消云散。当年的那些报道仍然躺在旧报堆里和潮海关的档案中。或许因为事件在

---

[*] 本文主要参考资料为《潮海关综合资料1934.5~1948.6（二）》：679/17324专题卷，系由汕头海关关史陈列馆馆长周修东先生提供，在此深表感谢！相关南华学院的材料可参见《南华学院院报》1947年第1期、1948年第2期。

[**] 曾旭波，1961年生，现工作于潮汕历史文化研究中心。

当年高度的政治敏感性而让人们不便谈起,而随着 1949 年的政权更迭及之后众所周知的原因,"撕报事件"亦跟其他许许多多历史事件一样,有待人们在存留的历史文献中去重新发现、挖掘、整理、复原,让这一尘封已久的历史事件重新回到它本来的历史位置。

一 撕报事件的发生

1946 年 10 月 31 日,是中华民国国民政府委员会主席蒋介石(中正)六秩寿诞,时值我国抗战胜利一周年之际,全国各地均有举行各种庆祝活动。当天,汕头南华学院学生到市区各主要路段张贴"庆祝主席六秩大寿"的宣传壁报,其中一张壁报便贴在外马路潮海关第二号宿舍的围墙外。壁报张贴不久,被潮海关关警发现,遂被关警撕毁。

本来,撕毁一张壁报根本不算什么事,最多也就小事一桩。然而,因为它是一张"庆祝主席六秩大寿"的宣传壁报,事件的性质也就发生了根本性的变化。

假如事件发生后,当事双方均以息事宁人的态度协商处理,也不至于被上纲上线而演变成政治公案。但历史事件的发生,并不以我们的意志为转移。由于当事双方对事件的处理意见、处理办法等产生矛盾及争议,引起新闻媒体的关注报道,在媒体有意无意的引导下,事件进一步升级,双方对簿公堂。

二 当事双方对事件处理的不同态度及由此引起的争执

(一)南华学院对撕报事件的应对

南华学院于 1938 年 10 月由民国知名教育家钟鲁斋博士与其同学曾友豪博士在香港创办。之后,应当时国民政府教育部之国人办大学应设于国内的规定,1939 年 9 月,原设香港的南华学院迁来梅县,在梅县城郊古田林屋租用民房正式招生开学,学生除来自本省外,还有的来自江西、福建等地。1940 年春,南华学院又由古田迁至附城锦江亭侧欧阳氏大厦上课。并奉梅县县政府令准划出城北教溪口西岩及北岩(即今梅县华侨中学地址)一带占地面积千亩左右建新校舍,于同年 9 月动工兴建校舍。11 月,学院奉教育部指令准予立案。1942 年,即迁城北教溪口新校上课。1945 年 8 月抗战胜利,一年后的 7 月,南华学院开始从梅县城北教溪口移迁汕头市区,借用原汕头市立女中校址,于 10 月 1 日正式开学上课。[①]

作为有史以来汕头乃至岭东唯一的一所高等学府,学院的开办,吸引了岭东各地的

---

① 《南华学院院报》1947 年第 1 期,第 1 页。

莘莘学子来校就读，亦汇聚了许多本地或外地的精英人才来校执教。如文史系有饶宗颐、黄晸吾、沈达材、龚宏煕、池振宜、黄泽浦、高承志、张问强；商会系有熊素村、谢柏坚、杜周南、黄刚、潘汝瑶、丘勤修、钟采盘、陈欣实、朱洋发、黄理丹、蔡亚萍；农经系有黄遵庚、罗翊侯、吴顺友、何崇柏等，① 可谓人才济济。

1946年10月31日，南华学院移迁汕头刚刚开学一个月，借助为蒋介石的庆寿活动，实亦有为自己做宣传以扩大影响之用意。

壁报事件发生之后，南华学院随即派出学生代表到潮海关交涉，并于第二天（11月1日）上午10时，召开全体会员大会，议决致函汕头市政府，由汕头市政府发函向潮海关方面严重交涉。时任汕头市市长翁桂清，接到南华学院的书面函件，马上以市长名义于11月2日向潮海关总署杨税务司致函，② 以汕头市政府公函（四教字第2211号）形式，全文转发南华学院的函件：

  现准
  私立南华学院函称：
  现据本院学生自治会本年十一月一日呈称："本会于本年十月三十一日蒋主席六秩大寿良辰，经汕头各界庆祝蒋主席六秩大寿大会筹备处指定在本市外马路潮海关附近一带为工作地区，工作完毕后，据报所贴庆祝蒋主席壁报玉照标语等件被人私（撕）毁，当即驰赴该地查据岗警（第一分局三十八号警士轮值该地服务）报称撕毁者系潮海关人员，闻系之下，不胜骇异，即向海关提出质问，该杨税务司竟认为该地张贴标语，殊觉肮脏，有碍观瞻，系本人饬警所为云云。值兹全国热烈庆祝蒋主席丰功伟绩六秩大庆良辰，该杨某如此所为，藐视领袖，无理至极。爰于本（十一）月一日上午十时，召开全体会员大会，决议向潮海关严重交涉，促其履行条件一、在本市各报登报向汕头各界大会筹备处及本院道歉，二、在撕毁地点鸣炮，三、献书（数额由大会酌定）；并限二十四小时内答复等议，记录在案。除登报摄影外，恳转请予以惩处，以维法纪"等情前来。据此，查属实在该杨税务司饬警撕毁庆祝主席六秩大寿壁报等件，藐视领袖，目无法纪，相应附送摄影二张，函达查照，请祈派员交涉，以示惩戒，实为公便。并希见复。
  等由，相应函达
  查照办理见复为荷。此致潮海关税务司杨
市长翁桂清

---

① 《南华学院院报》1948年第2期，第8~10页。
② 参见《潮海关综合资料1934.5~1948.6（二）》：679/17324专题卷，附件一。

（二）潮海关对南华学院事件处理态度的回应

作为事件的肇始方，潮海关在事件发生后，一开始尚未意识到事态可能的严重性，只是向学生代表口头表达歉意，并说明撕报的原因是海关关警日前奉有命令，不准在该墙张贴广告，一时不加审办，将其撕毁。① 当接到汕头市政府的书面函件之后，潮海关方面方意识到事态的严重性，遂责成总监察长夏怡森和关警队长林孟尧马上将事件原因及经过写成书面材料上报潮海关总署。

1946 年 11 月 3 日，事件发生后第 3 天，总监察长夏怡森和关警队长林孟尧分别向潮海关总署呈报报告。总监察长夏怡森在报告中称："此次关警无知，撕毁标语，深引为憾。关于主席寿诞标语，不准取下之命令，曾由二等监察员梁乃康传谕关警队长遵照在案。但不幸于传令之前，此事已经发生，该关警等未经报告，无知擅为，殊属可责。谅因过分勤职，有以致此，但敢保证此事乃出于无知，决无亵渎元首之意。"② 队长林孟尧称："窃职于十月二十九日奉谕着派关警洗刷海关范围内四周围墙，以壮观瞻，经于二十九日开始工作，不料于三十一日所派之关警蔡振国、余伟锋将贴在二号宿舍墙上标语洗刷，因毁撕标语，致引起误会。查该项标语初拟贴于北门墙上，当时被守卫关警林略目睹，将其制止，不料该项标语改贴于近二号宿舍，致被毁撕。理合将经过情形报请察核"③。

1946 年 11 月 4 日，潮海关总署以"潮字第 335 号"公函回复汕头市政府称："贵府本年十一月二日四教字第 2211 号公函，以准私立南华学院函称本关关警撕毁该院张贴庆祝主席六秩大寿壁报，请派员交涉，以示惩戒等由，转请查照办理见复等由。准此。查外马路本关关员宿舍围墙近来贴有商业广告甚多，林林总总，殊碍观瞻，以故本税务司于上月二十九日曾饬关警将贴在该墙之广告洗刷，并禁止以后在该墙张贴。不料上月三十一日本市私立南华学院学生因庆祝主席六秩大寿，在该围墙贴有壁报一幅，关警不识文字，以既奉有命令，不准在该墙张贴，故将其撕去，此乃关警缺乏常识，一时误会所致，并非有意亵渎领袖及侮辱该院，此事发生后，该院学生曾派代表数人来关质问，当经详为解释，并对该代表等表示歉意，一面将该关警记大过一次，以资儆戒。"④ 海关方面亦对南华学院方面提出的处理意见一并向汕头市政府做出回复："贵府转来该院公函，向本关提出三项，促即履行。该院学生爱国心切，深堪敬佩。惟海关系属政府机关，似不能因一二关警一时之过误影响政府威严。"⑤

---

① 汕头市政府公函（四教字第 2211 号，民国三十五年十一月二日），见《潮海关综合资料 1934.5～1948.6（二）》：679/17324 专题卷。
② 参见《潮海关综合资料 1934.5～1948.6（二）》：679/17324 专题卷，附件二之一。
③ 参见《潮海关综合资料 1934.5～1948.6（二）》：679/17324 专题卷，附件二之二。
④ 致汕头市政府公函（潮字第 335 号，民国三十五年十一月四日），见《潮海关综合资料 1934.5～1948.6（二）》：679/17324 专题卷。
⑤ 致汕头市政府公函（潮字第 335 号，民国三十五年十一月四日），见《潮海关综合资料 1934.5～1948.6（二）》：679/17324 专题卷。

(三) 双方由此引起争执

南华学院方面接到由市政府代转潮海关的解释函，对潮海关"惟海关系属政府机关，似不能因一二关警一时之过误影响政府威严"的辩解词不能接受，表示要抗争到底。

为了调解双方的争执，汕头市政府于1946年11月9日上午，特派第四课管教育的吴股长一行到潮海关总署，告知潮海关方面，政府拟代为斡旋。同日下午，潮海关遂派副税务司刘崇瑸前往市政府，与李主任秘书及吴股长共同商讨解决办法。刘副税务司除再一次将经过详情予以当面向李秘书解释外，对政府出面调解潮海关与南华学院的纠纷深表谢忱。

李秘书亦介绍南华学院方面之前仍坚持要求海关当局履行他们提出的三个条件，经李与该院谢主任面谈之后，学院方面对解决办法已经有松动，承诺可将第一条（即登报道歉一节）撤销；第二条拟由海关当局饬令肇事关警在撕毁壁报地方鸣炮，并由市政府派员监督执行；至于第三条（即献书），可由李秘书另行函请报告办理并知照南华学院。

刘副税务司听了李秘书介绍南华学院方面同意将原来三个条件修改为两个，便请李秘书转达自己的意见，促请李告知南华学院可否也将第二条随同撤销？但南华学院方面不再同意，刘即回海关报告。

1946年11月11日，刘副税务司再次到市政府跟李秘书和吴股长解释，并请市政府向南华学院方面转达，此次事件既系出于关警无知，一时误撕壁报所致，自应由该关警个人负责，海关方面拟由当事人亲赴该院道歉剖白，并请李秘书转达对方，如无异议，即可照此办理。

李秘书考虑到第二天是假日，事情能尽快解决便尽快解决，遂决定派吴股长于即日下午随同关警队长率领当事关警蔡振国、余伟锋等人前往南华学院，携带鞭炮，亲向该院当局道歉。但学院方面突然改变主意，拒绝前一天承诺的解决办法。

经刘副税务司促请李、吴两人向南华学院方面了解改变意见原因，才知道，原来同意撤销登报道歉一节，是南华学院谢主任的意见，并不是院方领导及学生自治会的意见。南华学院当局认为，事情发生后，他们曾派学生代表至海关询问，贵关税务司亲言，此事系本人饬关警所为，本人可负全责，关警系奉命工作，应税务司负其全责。至敝院所提出之三项要求，应请税务司履行，并限于本月十三日下午二时前作具体答复。关于第一条要求，应由税务司登报道歉；第二条应由税务司献书，多寡不论；第三条鸣炮，应在撕毁处，多寡不论，时间亦由自定。吴还告知，院方不仅坚持潮海关必须登报道歉，还认为海关方面有意拖延，决定将已印就的有关撕报事件传单送发全国各地。①

---

① 参见《潮海关综合资料 1934.5～1948.6（二）》：679/17324 专题卷，附件三、四。

南华学院于 11 月 11 日拒绝潮海关关警上门道歉，当天，又以"南训字第四九一号"公函呈报汕头市政府，对拒绝潮海关关警上门道歉一事进行辩解称："本会所提出之三项申悔条件，海关税务司完全拒绝，殊属非是。查潮海关清理围墙，原意仅在洗刷商业广告及各种秽物，本会遵命出版祝寿专刊，意义至为重大，其性质安可以广告或秽物视之。而杨税务司云，旨在洗刷广告，而又饬警撕毁壁报，其亵渎元首，焉能以一二虚谎之词狡辩脱卸，此其一；若谓关警不识文字，则海关录用关警向极严格，非小学毕业已难入选，而蔡、余二警又确系奉命撕毁，且杨税务司于首次接见本会代表时已直认不讳，并谓可代该警负起全责云云，何得又淆混虚实，希图脱卸，此其二；若谓海关乃系政府机关，不能因关警之过误而影响政府之威严，似此文过饰非之言，尤非如杨税务司者所应尔，若图以政府机关之威严说辞，则今后该关更可藉此而横行无忌，况元首乃国家之代表，其尊严神圣，如以政府机关威严为藉口，而肆加亵渎，则杨税务司之居心又不无可议，此其三；此次之事，证据确凿，事实明显，且关警既系奉命撕毁，杨税务司为施令之主管，则不容推诿，杨税务司实应一己承当，立予申悔，决不能以关警不识字、政府机关之威严等模糊影响之谎词，以图脱卸，此其四。总之，杨税务司如能诚意履行申悔之条件，则及时悔过，犹情有可宥，今且拒绝此极易履行之条件，复图狡辩，则其亵渎元首，实难曲护，本会一本拥护元首爱护学校之初衷，矢志声讨，贯彻始终，杨税务司若一意拖延，不作具体之接收，决予有效之对付，以申正义，以平公愤"①。1946 年 11 月 25 日，汕头市政府将南华学院"南训字第四九一号"函转给潮海关总署，潮海关总署遂于 1946 年 12 月 3 日以"潮字第三九二号"公函回复汕头市政府，复在复函"事由"称"南华学院提出之三项申悔条件，除道歉外，其他鸣炮、捐书两项未便接受"，并就南华学院所列四项理由一一回应：

1. 本关清壁运动系在蒋主席寿辰前数日举行，有致总监察长手令为凭，事实俱在，关警执行命令，误撕专刊，实出无心，不能谓本关饬其专毁南华学院之壁报。

2. 关警系抗战期间在梅县内地招考程度不深，虽仅识之无，实缺乏常识，难免无过误之处，该院来函谓蔡、余二警确系奉命撕毁等语，本关查无其事，未悉何所根据，查十月三十日下午，学生代表来关面谈时，该代表请将关警招来追究，本税务司以该案尚未查明，何得当场交出关警，且海关办事向循正轨，分别由基层负责，本案有关关警当直接负责，而本税务司及夏总监察长与梁监察员则间接负责。该代表不明此点，以为负责即系负起全责，实属误会，如照该代表等所云，则本关所有上级机关如总税务司署、关务署、财政部均须负责矣。事理昭然，何得谓为淆混虚实，希图脱卸？

3. 凡在海关服务职员，如违犯关章，则受财政部处分，如触犯国法或警律，则受

---

① 参见汕头市政府公函（四社字第二四〇七号，民国三十五年十一月二十五日），载《潮海关综合资料 1934.5～1948.6（二）》：679/17324 专题卷。

法院裁判，或警局拘留，南华学院学生及院长要求本关鸣炮及捐书，查无先例可援，并为关章所未载，法律所未闻，本关就政府机关之立场，势难接受，且本关经费为预算所限，非先请示总署核准不能开支，试问鸣炮、捐书之款，从何而来？若向总署请示，则该学院限定时刻答复何从办理？如不请示，而以该学院地位迫海关动用公款，职责所在，本关未便照办。

4. 该学院未明海关组织，未彻查该事真相，徒以意气用事，肆行诬蔑，诚非最高学府学养深醇之学生所宜出此。总之，本关除函请市政府代向该院道歉外，对于鸣炮、捐书非奉有上宪明令，不能办理。①

三 媒体报道及由此引起社会各界对事件的关注和反应

（一）汕头新闻媒体的关注和报道

抗战胜利后，汕头埠的报业迅速发展。一些在汕头沦陷时期停办或迁离汕头的报纸在复员后很快复刊或迁回汕头，如《岭东民国日报》、《汕报》、《星华日报》；原来在内地发行的报纸亦纷纷迁到汕头出版，如《光华日报》、《天行报》、《新潮汕报》、《商报》；一些较大型的跨区域报纸如《和平日报》、《大光报》、《中国报》、《建国日报》等亦都来汕出版汕头版；此外，还有一些新创办的报纸如《光明日报》、《华侨日报》、《原子能报》、《青年日报》、《宇宙光报》等等。汕头市一时间有10多家报纸，对于一座只有10多万人口的城市来说，报业不可谓不发达。媒体的发达，其好处是有竞争，对新闻事件能及时报道，而这往往也使一些普通事件被迅速放大而致当事者难以下台阶，撕报事件就是一个典型例子。

1946年10月31日至11月1日两天，汕头市各大报纸均大篇幅刊登庆祝蒋介石六十寿辰的文章，各种献词和祝寿诗文铺天盖地。《岭东民国日报》更是连续两天开设祝寿专版。撕报事件发生后，自然成为媒体关注的焦点。《汕报》、《星华日报》、《光华日报》、《大光报》、《华侨日报》、《原子能报》等报纸积极关注、跟踪报道。各种报纸在对事件的报道描述上基本亦算客观，但我们从部分报纸标题还是可看出它们的立场有意无意间站在南华学院一边。如《海关撕毁祝寿专刊案复文数点希图卸责南华学院据理驳诉》（《华侨日报》1946年11月11日）、《关警撕破祝寿壁报南大所提要求海关仅表示歉意》（《光华日报》1946年11月6日）、《南华提两项要求，仍遭海关拒绝》（《光华日报》1946年12月4日）、《海关撕毁南华壁报案海关拒绝鸣炮捐书》（《华侨日报》1946年12月4日）。

---

① 参见《潮海关综合资料1934.5～1948.6（二）》；679/17324专题卷，呈总税务司附件六。

（二）社会各界的反应

媒体的报道自然引来读者及民众的关注。1946年11月15日《大光报》以《祝寿壁报撕报案南华决再进一步交涉，郭立侬函请依法起诉》为标题，全文刊登市民郭立侬给南华学院的公开函，认为潮海关杨税务司饬关警撕毁祝寿壁报，已经构成侮辱国家元首罪，建议南华学院应该到法院起诉，并电请南京监察院、财政部及公务员惩戒委员会严办：

南华学院员生公鉴：

迳启者，今叠阅报载贵院以海关杨税务司饬警毁损贵院祝寿壁报事，足见热情拥护元首，佩甚！立侬与海关员警素不相识，惟主席不仅为国家现任元首，且为领导抗战胜利领袖，中外同钦。苟如杨税务司之主张谓海关为政府机关，不能因关警之过失而影响政府之威严等情，该关既损毁主席肖像在前，复公然侮辱中华民国国民政府，依法应受刑法处断。查刑法第一百六十条，载明侮辱中华民国、而公然损坏除去或侮辱国旗国章者，处一年以下有期徒刑，拘役或三百元以下罚金，意图侮辱创立中华民国之孙先生，而公然损毁除去或侮辱其遗像亦同。贵院前所提出之三项条件，全系消极办法，应依上项发条，状请地方法院检察处检察官提起公诉。公务员犯法尤应请法官从重处断，并应将该关承认损毁主席肖像不法行为电请公务员惩戒委员会、财政部、监察院予以严厉处罚，以尽人民拥护元首天职。谨陈管见，敬请使用是荷。专此并颂

公安

市民郭立侬谨启

此文一经刊登，南华学院方面显然更无退却的余地。本来南华学院与潮海关双方在11月11日之后，争执的主要焦点已经集中在要不要登报道歉这一项，现在半路杀出个程咬金，南华学院院长钟鲁斋读了公开函，亲自以"弟钟鲁斋印"署名回复郭立侬的公开函，表示"决心交涉到底"。①

1946年11月19日，《大光报》在做相关报道时，以《关警撕壁报案闻海关拟献金道歉》，披露说"兹据调查所得税务司拟致函该校道歉，并献中正图书馆图书二百万元，经该校同意，日间当可解决"②。当天，潮海关税务司公署随即给《大光报》社致函说："贵报本月十九日第三版新闻栏内刊载关警撕壁报案，闻海关拟献金道歉之新闻一段，查关于本关关警误撕南大学院壁报一事，前准汕头市政府转来该校公函业经本关详复，并请市府代致歉忱，去后至献书代金，除上月三十日本关派出代表向汕头市各界

---

① 《撕报事件与郭立侬》，《原子能报》1946年11月20日。
② 参见《潮海关综合资料1934.5～1948.6（二）》：679/17324专题卷，潮海关呈总税务司附件一。

献书敬祝主席六秩大寿筹备会，所献之国币十万零九千元外，以后并无再捐献之事。贵报所载与事实不符"①。

1946年11月20日，《原子能报》刊登署名"高山"的文章《撕报事件与郭立侬》，对"市民郭立侬"及其给南华学院的公开函发表后的影响进行分析。文中认为，对于郭立侬这位市民，许多人只知道他是一名医治花柳的医生，在汕头执业很久了。其实，他是上海医科大学医学博士，中央卫生局注册医师。抗战期间，他在大后方主持各机关部队医务，经历甚多，与外界接触酬酢广泛，是一位不可小视之人物。这次"关于海关杨税务司饬关警撕毁南华学院祝寿壁报，引起纠纷事件，日来已呈可能结束之趋势，所争者只有海关登报道歉问题。乃报上忽有郭立侬主张认真严重交涉之函件，一般市民对此事之注视力，又增加紧张成分，事态本身或将缘此再起波澜"。

果不其然，《汕报》于1946年11月27日，以《海关撕毁壁报风潮未息南华决定对策》为题，披露南华学院学生会以海关对所提条件故意延宕，特于昨天上午开会讨论对策，决议：（一）向法院起诉；（二）发快邮代电向社会人士呼吁；（三）派代表分谒市党部、市政府、临参会、三民主义青年团等各机关，请主持正义；（四）定今天下午二时假服务餐室招待本市新闻界。

为了息事宁人，两天后的11月29日，已经莅汕考察工作多天的广东省教育厅厅长姚宝猷，应杨税务司之前亲临嘱托调停事宜②，特地在汕头联谊社召见南华学院训导长黄廷柱及学生代表刘天楼、温秉枢等人，提出五点指示：（一）提高警觉性；（二）提防看热闹之社会人心；（三）提高同情心；（四）提高理智作用；（五）尊重并等候法院裁判，院方交涉工作应告一段落。③

姚厅长的晓谕，似乎起了作用。停寂了二十多天，1946年12月21日，《汕报》又发表了"海关撕毁祝寿专刊案，法院迟未办理，南华学院请求提起公诉"为题的新闻，以"南华学院来稿"方式称："法庭迟未拘判，而杨明新已调他职，恐有藉故逃避，特向法院呈状，略谓据被告关警蔡振国指证：（一）系奉杨税务司明新命令，由队长率领前往撕毁南华学院庆祝主席六秩大寿壁报，并认撕毁壁报中元首肖像；（二）奉杨税务司令撕毁南华学院祝寿专刊，并无奉令撕去其他广告；（三）蔡振国曾在省立梅州中学肄业，以上口供核与被告杨明新前复市府转南华学院复函中谓系令关警洗刷墙壁广告及关警不识字为猾辩饰非。查告诉人曾呈附该墙壁上所贴之中央戏院等广告无撕去之影片，及被撕壁报之影片，对照之下，显足证明被告杨明新存心故意，在众人观看壁报之下，公然撕毁壁报及主席肖像之行为，确实触犯公然侮辱中华民国元首蒋主席暨南华学院及毁损文书等罪，无疑本案业蒙服讯明确，事关侮辱国家元首等，自不能任其逍遥法外，况查被

---

① 参见《潮海关综合资料1934.5~1948.6（二）》：679/17324专题卷，潮海关呈总税务司附件一。
② 参见《潮海关综合资料1934.5~1948.6（二）》：679/17324专题卷，杨明新呈总税务司函。
③ 《大光报》及《星华日报》1946年11月29日。

告杨明新已调他职，或将有藉故逃避罪犯之嫌，告诉人除将本案审讯经过国府及层宪外，再急叩钧核，恳请迅将被告杨明新等拘押，依法以公然侮辱元首及南华学院暨毁损文书等罪提起公诉，科处重刑，以彰国法。深盼各界正义人士共护国法，予以严厉声讨"①。

我们在潮海关税务司长杨明新上报海关总署的函件中，见其对此的回应："职阅悉之下，以该警所供显与事实不符，深为诧异，即令饬林队长及当时参加洗刷之关警将实情呈复，旋据余、蔡二警报称，系奉林队长口头令洗刷南华学院壁报，撕去一半时，又由林队长率领回关云云。惟据林队长报告，并未有口头命令洗刷南华学院壁报，余、蔡二警所报实属荒谬等语，据此。更证以关警张舜歆、张十雜、黄金康、张英四人报告，当日上午约十时许，由林队长率领前往南门宿舍洗刷墙壁，当时林队长在场监督约三十分钟，即转视北门，可知撕毁寿刊之时，林队长已离开该处，足见该警所报，系属虚伪。后经密查，始悉该警系汕市讼棍蔡亚萍律师族侄，该律师受南华学院学生贿买，唆使蔡警诬供，希图陷害，殊堪痛恨，拟将该警革职，以示惩戒。至关于撕毁元首肖像一事，探悉法院方面，以现行刑法如侮辱国父遗像，即应治罪，惟对于撕毁国府主席肖像，律无专条，已专案呈请司法部核示去后，故本案将来是否成立，刻尚未知。若南华学院援引刑法第三百八十条'毁弃、损坏他人文书，或致令不堪使用，足以生损坏于公众或他人'之条文，控告职关撕毁寿刊，则职关宿舍围墙，系海关产业，已遍书禁止贴招字样，该院学生并非文盲，未经海关许可，擅行标贴，则职关亦可依照刑法第三百五十八条，控以侵占之罪。故关于此点，似不重要"②。

四 没有结局的结局

1946年12月下旬之后，有关撕报事件的新闻再没有在汕头各报上出现，我们在相关专题档案中，也未发现有进一步的资料。事件的发生和结局似乎来得突然，去得也突然。事件最终虽然不了了之，但事件发生之后，当事双方对事件的不同处理态度所引起的争执，汕头市政府的"和事佬"行为与媒体及市民"看热闹"心态一一形成鲜明对照。

通过对事件本身的梳理，一方面为我们从另一角度去了解和审视民国时期汕头埠的市况民情提供一扇窗口；另一方面，撕报事件本来亦可以不成为"事件"，只因被撕的海报内容特殊，在当年其所不能"撕"早已是一种社会共识，而这种"社会共识"在1949年政权更迭后的相当长时间里也一直仍是共识。因此，撕报事件或许又能给我们提供另一扇窗口，即认识这种跨越政权而存在的"社会共识"的历史渊源。

责任编辑：陈嘉顺

---

① 《汕报》1946年12月21日。
② 参见《潮海关综合资料 1934.5~1948.6（二）》：679/17324 专题卷，杨明新呈总税务司函。

历 史 文 献

浅析畲族"招兵节"经书的文化价值

石中坚[*]

摘　要：潮州凤凰山畲族至今还保留着传统的"招兵节"这一世代相传的民族节日。它的主旨是传承"盘瓠"精神，正如楹联所写的："清香明烛缅先祖，甘茗美酒敬驸王"。这是畲族聚居地独有的。贯穿整个过程的是畲族人民对"盘瓠王"的崇敬和怀念，期望畲乡人畜兴旺，未来繁荣昌盛，具有深刻而丰富的文化内涵。本文试图对招兵节活动过程中所用的经书内容做简要介绍，并对其文化价值进行探讨。

关键词：畲族　招兵节　经书　价值

潮州凤凰山是全国畲族公认的祖居地。尽管潮州凤凰山畲族人口目前只有2000多人，但其深厚的文化底蕴，包括语言、民歌、戏剧、风俗习惯等对广东凤凰山区以外的分散于7省范围内的70多万畲族人口的文化产生重大而深远的影响。

招兵节[①]是畲族独特的文化现象，集凤凰山畲族文化之大成，同时也包含粤北、闽、浙、赣、皖等地畲族现在还保留的祭祖、请祖、奏名传法等祭祀仪式和祈福型法事、禳灾型法事，以及清醮道场等相关情节和仪式。招兵节由凤凰山畲族各村自主举行，每3年或5年1次，持续时间3至5天。

一　招兵节的活动过程

凤凰山畲族招兵节民俗文化活动主要在凤凰山区两端2市2县2区的范围内开展。在此范围内有石古坪、李工坑、山犁、碗窑、蓝屋、凤坪6个畲族村和黄竹洋、岭脚、雷厝山3个畲族自然村。

---

[*] 石中坚，1962年生，韩山师范学院副教授。
① 凤凰山畲族招兵节与其他地区的"招兵节"有很大的差别。

（一）活动内容

招兵节属于氏族神灵的宗教活动，它的生命力在于它的定时①、隆重②和神圣③，与潮汕地区汉族乡村每年固定的"老爷日"的做法有所不同。

招兵节活动由世袭的畲族法师主持。整个活动共30个分项④。本村没有法师主持的，最后要增加一项发兵仪式。⑤

（二）神坛、神像、法器与服饰

（1）神坛，在村中宗祠前面搭招兵台，并设置神坛"间山法院"，两侧有联"间山断案集千祥，王母驱邪迎百福"。

（2）神像，在祠堂大厅正面和左右两侧悬挂九帧神态怪异的神像。

（3）法器，包括：龙角、音磬、木鱼、铃刀、印（玺碟）、杯、马鞭、中鼓、斗锣、亢锣、大小钹。

（4）服饰，法师服饰有：长袍、法帽（毗卢冠）、马褂、袈裟⑥。

（三）基本程序

1. 起师与奏文书

招兵节第一部分从起师到消灾忏这段法事，主要是由法师及其助手在祠堂大厅"道场"的"神坛"举行。这个阶段大概有以下几个分项，分别是：起师；大请神；奏文书；请佛；开光明经；消灾忏。

2. 安龙与祭祀

招兵节活动主要有安龙、做供、安灶神、开公王忏、安井、拜田君等仪式。安龙，即请来盘瓠王进公厅；做供，即供养神明、佛祖，祭祀祖先；安灶神，即法师把各路神明请齐之后，将平安符发给各家贴灶头；开公王忏，即在公厅内祭祀；安井，即祭祀井神；拜田君，即祀奉主管田园的神明。

3. 招兵

法师把到达的兵马旗帜交给在旁恭候的武士（男丁），接送到大厅。当听一声兵

---

① 定时是指活动的开展时间一般在农历冬至节前后。
② 隆重是指招兵节活动举族动员，搭有招兵台，场面宏大。
③ 神圣是指招兵节是否举行、什么时候举行要经过"择日"，卜杯，并视祠堂的坐向而定。
④ 30个分项分别是：起师；大请神；奏文书；请佛；开光明经；消灾忏；请龙；安龙；安灶君；开公王忏；安井；拜田君；做供；打路引；给施；招兵；上香；请爷爷；开三奶经；奢谷；舂米；赏兵粮；赏酒肉；安兵；光灯谢土；诵慈悲经；诵观音经；油火烧邪；收邪；送佛；谢师。
⑤ 2011年12月26日在凤凰山麓的李工坑畲族村举行的招兵节便是这样。因该村没有自己的法师，要请来自凤坪村的蓝金炮法师主持此法会，故最后必须增加此一环节。
⑥ 袈裟系白色布料制成。上面分布有小格，黑色布边，上绘道教真人画像。法师在光灯谢土的环节中就要穿袈裟。

到,顿时鼓声大作,全场欢欣雀跃。接旗的武士用一种特殊的步法:先是左脚往后一蹬,再两脚交叉跑步前进。① 然后把请来的东、南、西、北、中、左、右和总旗共 8 路兵马安顿于村中。

4. 收邪与谢师

法师在收邪之前,要做一项有关油火烧邪的仪式。其做法是热油于釜,百沸而沃之以水,绿火腾上,法师以袖收之,至病人见魔之所,启其袖而数放之,碧焰满空,物遭之而不燃也,此所谓之阴火。在招兵节中展示这一程序是法师为了清净道坛,具有驱邪之意。

送佛、谢师,招兵的程序完成之后,全村各户还得并备上三牲果品祭拜祖先。在光灯谢土、诵慈悲经、诵观音经这些环节中,法师要奏请普庵祖师②和慈悲娘娘。

(四)法师与经书

法师是整个招兵节活动的指挥者,同时也是实施者。可以这样说,没有法师是办不成招兵节的。主持招兵节的法师都是经过长期的训练,耳闻目睹,反复实践,最后由上一辈法师传授经书的要领,以及心经,再由族中多位长老联名推举,举办隆重的仪式才有资格成为一名招兵节的主持法师。主持法师对经文内容及其使用场合做到"人经合一",到哪个仪式诵何经文、配合何心经、手语(也称手印或手诀,下同)等都要自如运用。

法师的"法力"来自列代祖师附法力于其身,借助心经(即咒语)与书经(按经书所写大声诵出),并配合手语。法师上香、念咒、诵经之后所画的"符"能退病、消灾、安龙等。

二 经书的基本内容

招兵节经书共有 24 部。全部绵纸线装,用楷书自上而下书写,从右至左竖读。每页 6 行,每行 5 至 18 字不等。因经书长期使用,出现了较为严重的破损情况。经蓝金炮法师的同意,笔者将经书扫描后,按原格式排版、打印并装订成册。这样,蓝法师一干人外出做法时可带打印本,而无须带着原经书。这样原经书得到较好的保护。

---

① 据了解,这是模仿猎犬跑动的姿势。蹬腿的动作,则是猎犬的腿被伤时的动作,这是纪念盘瓠王打猎时猎犬被山羊撞伤这一情节的,表达了畲族同胞对盘瓠王的怀念。
② 普庵祖师俗姓余,名印肃,号普庵,生于宋徽宗政和五年(1115 年)十一月二十七日。明永乐皇帝评说普庵:"万行圆融,六通具足,端严自在,变化无方,哲学悟于群迷,普利益于庶类,如溥甘霖于六合,膏泽均沾,犹现满月于千江,光辉旁烛。"
2009 年 3 月 23 日,笔者在丰顺县潭江镇凤坪畲族村调研中,世袭法师蓝金炮做如上介绍。

纵观用于招兵节各个环节中的24部经书，每部经书的内容相对独立而又相互联系，为便于掌握，笔者将其分为四大类。

（一）用于祭祀仪式

用于祭祀仪式的经书有5部。分别是《百拜经文一卷》《奉请招兵书壹本》《上屋奏表套语》《奉请生魂书》《光明宝忏壹部》。

祭祀意为敬神、求神和祭拜祖先，以对神灵致敬和献礼，以虔敬的动作膜拜它，请神灵帮助人们达到单靠人力难以实现的愿望。用于祭祀仪式的经书，诵时有一人独诵，亦有众人合诵；有一经诵一遍，亦有一经诵多遍。诵经的方式多样化，主要有心诵、形诵、神诵、心祝、密祝等。

（二）用于祈福法事

用于祈福法事或仪式的经书共有10部。分别是《大慈大悲劝善经文壹部》《观音佛母娘娘经壹卷》《观音救苦经壹部》《佛母娘娘经一卷》《三奶夫人国母娘娘经壹卷》《普庵祖师光灯谢土真经一卷》《诸品经卷壹部》《安灶君经文一卷》《安井经文壹卷》《北斗龙王经卷壹部》。

祈福是在信仰基础上演绎发展而成的宗教活动。招兵节活动过程中，会为人们祈福消灾而设坛祭祀神灵。通过教化，净化心灵，并把信众的美好心愿传达给神灵，祈求神灵保佑人们实现一切美好的愿望。祈祷国泰民安、风调雨顺、财源茂盛、身体健康、全家平安、万事如意，帮助人们实现美好的愿望。

（三）用于禳灾法事

用于禳灾法事的经书共有6部。分别是《安佛逍遥经卷》《慈悲消灾经文壹卷》《消灾经文一卷》《安龙镇宅宝忏全卷》《安龙镇宅八杨经书壹部》《佛说蝗虫经文壹部》。

禳灾指行使法术解除面临的灾难。以道教为主的畲族招兵节将禳解灾害作为法术内容，大凡生活中遇到的一切天灾人祸等均在禳解范围之内。消除自然灾害的有禳星、禳火、禳水、禳风、禳旱、禳日蚀、禳地震等等；消除社会问题的有禳讼事、禳时疫、禳盗贼等等。甚至日常生活中发生噩梦、路见伏尸、禽兽入室、鸦啼等视为不祥之预兆事，皆有专门禳解之法。

（四）用于清醮道场

用于清醮道场的经书共有3部。分别是《北斗施孤龙王经文》、《超度孤魂经文壹部》与《福主公王经忏一卷》。清醮，也称做醮，是招兵节活动的一个很重要的组成部分，招兵节活动过程有专门的做醮施孤仪式，超度孤魂野鬼。

《北斗施孤龙王经文》与《超度孤魂经文壹部》在招兵节活动的某个程序中,告诉畲村境内的孤魂野鬼,村里在做醮,欢迎它们参加。通过吟诵此二部经书,让它们接受教诲,得到安息,早日超度成仙,不要为害畲村。醮的种类很多,祭祈仪式也十分复杂,但目的明确,都是在祈求国泰民安、风调雨顺、民生乐利、畲村平安、人畜兴旺。

《福主公王经忏一卷》用于招兵节过程中安抚乡中诸神,即老爷宫的土地爷、伯公爷、门神、灶神等众位神祇,祈求保佑畲村平安,当好畲村的保护神。本经也用于正常的祭神活动,如每年的"老爷日"祭祖,或到乡中的土地爷宫祭拜,都要用到此经。

三 经书的文化价值

传说法师施法源自普庵祖师。普庵祖师对密宗法门很有修持,特别是手印与咒语很灵验,具有消灾祛病的法力。法师不论做何法事,都需"净坛",并配合手印和咒语。经书是整个招兵节的核心内容。现存的 24 部招兵节经书系凤坪畲族村第十四代法师蓝名凯民国丁亥年(1947)照旧本重抄。由于原旧本灭失,更凸显该经书的文化价值。

(一) 文献的唯一性

从掌握的材料看,凤凰山畲族招兵节是全国各地畲族独有的民俗活动。以前凤凰山区各畲族村由于都有自己的法师主持招兵节仪式,有为举办招兵节所用的经文,因而频繁举行。有资料显示,各村每年至少举行一次。后来随着大量畲族同胞向外迁移,凤凰山区畲族人口锐减,有的村落几乎要空置。人口偏少的情况较为突出。没有一定人口数量的村落,招兵节这样大型的活动是无法举行的。

新中国成立以后至 1993 年这段时间,各村基本上都停止举行。只有凤坪村在春节期间结合当地民俗活动在本村范围内举行。而以前有自己的法师主持招兵节的石古坪村,1952 年以后再也没有出现了。我们多次深入石古坪村寻找法师的后裔,也找到他们家传的经书。由于破"四旧"时大部分经书被毁,现存只有 4 册,且虫蛀得很厉害,纸质退化,破烂不堪,于是只能封存起来。没有经书和法师,今天石古坪村与其他的 6 个畲族村一样无法自主举行招兵节活动。活动要开展也只能请蓝金炮一干人代劳了。

现仍保存完整的只有蓝金炮家中的 24 卷(部)经书。广东省民族研究院马建钊院长对此经书非常重视,多次指示要妥善保护。遵照马院长的指示,笔者和雷楠先生将经书以条目的形式整理,与书籍、讲唱、铭刻等文献类别上报并收录在《中国少数民族古籍总目》中。

(二) 传承的世袭性

在畲族村法师和经书都是世代嫡系传承的,其传承受家族发展的影响。许多本来就有法师和经书的畲乡,由于没嫡系传承人,或其他条件不允许而中断。凤坪村的法师与经书之所以能保存至今，除了好的传统做法之外，很重要的一条是有传承的条件。十四代法师蓝名凯老先生写得一手好字，并按原经书抄写、装订，使经书得到很好的传承。儿子蓝金炮天资聪颖，有较好的文化基础，通过诸位族长的确认，成为第十五代法师。

相比之下，石古坪村的情况就不一样了，老法师去世时儿子太小，无法将法事的内容传授，经书也在政治运动中严重损坏。遗存的几本也无法妥善保存。石古坪这一支的招兵节活动失传。

经书的保存和使用都是通过嫡系代代相传。作为招兵节"衣钵"的传承人必须要通过一系列的仪式加以确认。据原丰顺县民族与宗教事务局局长蓝瑞汤介绍：蓝金炮法师要继承此经文，除由上一任法师确定外，还必须得到各位护法长老的见证和一致认可才算完成。只有合法传承的法师才有资格使用此经书。

（三）功能的独特性

24部经文在招兵节中各有专门用途。《百拜经文一卷》是所有经文的本经，用于一切法会奏请教主太上老君及列代法师，保佑法会圆满成功，祈求诸神降福于民。招兵节活动的全过程都要用此经，也用于一般的祈福法事。该经书用于招兵节活动开头奉请太上老君等诸神明和东南西北中五营兵马，庇佑招兵节顺利进行。五营兵马分别以"青、赤、白、黑、黄"五色旗为代表，指引五路兵马"飞云走马"赴道场。此经在招兵节活动中是最主要的经书。

在特殊情况下，招兵节中还有"上屋奏表"这样一个环节。这时就要用到《上屋奏表套语》。"上屋奏表"是指法师的法坛不是在地上，而是设在屋顶。法师在屋顶施法，念诵经文。《上屋奏表套语》是只有在出现特殊事件的情况下才能使用的书经。如只有当村中个别家庭内部或邻里之间发生矛盾或纠纷，闹得不能调解，或者与外村发生争斗等重大事件时，为防止事态恶化，招兵节活动才会增加"上屋奏表"这一项内容。[①] 这种解决问题的方法在其他场合确实很少见。

《光明宝忏壹部》则专门用于"开光"仪式。为诸如佛像、八卦、经书、汽车、石狮等重要物品开光。经开光的物品才具有法力。不在招兵节活动期间，如有桥梁、道路、祠堂、水井、行铺乃至学校的开光等祈福型法事，也要请法师吟诵此经。祈求平安、祥和，达到镇土退煞的目的。甚至连消除蝗虫等虫害，使畲乡年年有好收成，丰衣足食，过上美满生活等愿望，也可通过念诵经文《佛说蝗虫经文壹部》来实现。

此外还有作为"请柬"，具有引路的标示功能，为所请法魂指明去处的《奉请生魂书》。其里面包含列代法师的名讳，一代一代往上念。只有大型法会才按上面这种方法

---

① 此仪式有其特殊性，详见拙文《凤凰山招兵节之上屋奏表探析》，刊于《广西民族大学学报》2013年第2期。

一位一位请来,如果时间短,则通常采用"总请"的形式,用一句话就把历代法师请到奉请生魂。

(四) 形式的神秘性

畲族招兵节的神秘之处在于通过对书经和心经的吟诵来达到人们祈福的目的。就是生产、生活中出现的问题,也可以通过吟诵经文的形式来"解决"。法师可以通过奏请诸佛菩萨[①]降临畲乡,赐福畲民,保佑畲乡合境安宁,五谷丰登,六畜兴旺,消除一切灾难。为达到这样的目的,经中多处劝世人立身处世要行善,以得到诸佛的赞赏。

"安龙"与"收邪"是招兵节活动的一个重要环节。法师在厅堂的地上铺开一张新草席,在草席的四角及中央五个方位分别念动咒语,喝令一切妖邪伏法。当卜得圣杯时,表示妖邪已至。法师即刻念动咒语,打着镇妖手诀(印),往席上一压。最后,向席中抛下一些食物,迅即卷捆起来,快步将席包送往村外,抛于山沟之中,把妖邪赶出村外。在这一节,法师召唤五方妖邪的步法和手诀十分精彩。

挖井,以前在畲村中非常普遍,村中的饮用水基本上都要从井中取,是生活的重要组成部分。招兵节活动中有专门的安井仪式。如村中有准备新挖井的,可请法师为其测地挖井。按法师测定的地方开挖,一定能得到优质的地下水。挖井完成之后,还要举行专门的祭井仪式。

畲乡以农耕为生,要靠天吃饭。除天时之外,病虫害是影响丰收的重要因素。历史上畲村多蝗害。蝗虫的灾害历来是畲族同胞所重视的。出现蝗虫之灾时,他们有专门的驱蝗虫经文可应对。招兵节有专门的消除蝗灾仪式,借用神力消除蝗虫等虫害,使畲乡年年有好的收成。如果那一年有虫害发生,又没有举办招兵节活动,那么也可专门请法师做法事驱虫。虽然病虫害种类不断增加和变异,但畲民对经文的驱虫作用仍深信不疑。

种种愿望的实现,或许仅仅是巧合,但畲族同胞都认为经文很有效力。经文在畲族同胞心中有着崇高的地位。

(五) 范围的广泛性

招兵节经书内容广泛:有劝诫世人,行善积德,诸恶心莫为,专门劝人行善的;有以净明间山正法,显灵为民治病、驱邪、护妇、保童、消灾、度厄以济世的;有为谢土专用的。在招兵节活动过程中,有专门为村中有需求的人家提供"安灶""安井"的经书。在招兵节以外的情况,如有新建房子、新建炉灶或新挖水井的人家,也可请法师专门为之做法,举行安灶、安井法事。法师会念本经请灶神、井神保佑,主人合家平安,丰衣足食,灶火旺盛,人丁兴旺,祈福畲村;有用于奏请各路神明保佑招兵节活动顺利

---

① 见饶宗颐总纂《潮州志》,潮州修志馆,1949。

进行，并对各路神明的不远万里降临畲乡表示感谢的经文；此外还有用于治病的。"……惟词旨表现，不离跋杯与画符，不问医生问鬼神……"[①] 以前畲民生病，首选的办法或者最后没有办法的办法就是请法师为之驱邪。如果恰逢有招兵节活动，那么法师可以在仪式中为所有需要驱邪消灾的人一并施法。否则就要请法师专门为之办理了。但不论在何种情况下，驱邪都离不开相应的经文。

可见经书的使用并不只局限于招兵节的活动中。实际上，涉及畲族同胞生活的方方面面，从生产到生活，从大小疾病的医治到祈求合境平安，从驱虫保丰收到为村际邻里化纷止争等。

四 结束语

潮州凤凰山畲族历史悠久，底蕴深厚，是全国畲族文化的"根"。凤凰山畲族文化是畲族人民在漫长的岁月里繁衍生息，以其独特的智慧不断积淀而创造出来的亘古不绝、一脉相承的璀璨文化，招兵节文化是畲族优秀传统文化的重要组成部分。招兵节经书是研究畲族文化最宝贵的"活化石"。它保存了许多畲族先民最原始的语言、畲歌、戏剧、舞蹈和风俗。而经书是招兵节活动的灵魂，具有独特而又珍贵的历史、文化和学术价值。

我们要深入探索招兵节经书的文化内涵，挖掘其文化价值。要切实加强理论研究与学术交流，深入挖掘、整理、抢救、保护凤凰山畲族非物质文化遗产，推动凤凰山畲族文化的传承和发展，为弘扬中华民族优秀传统文化做出应有的贡献。

责任编辑：欧俊勇

[①] 见饶宗颐总纂《潮州志》，潮州修志馆，1949。

甲申国变后潮州落花诗创作探析

黄晓丹*

摘　要：乙酉年春末，在度过了甲申国变后的第一个春天之后，僻居海隅的潮州诗人们，以敏感的笔触第一时间记录下明末清初这场改朝换代的历史风浪带给他们的心灵震荡。其中，黄锦、陈衍虞、郭辅畿等人所作堪为代表。甲申国变后的潮州落花诗，传达着诗人们面对神州陆沉的忧愤之情以及对山河恢复的美好寄望。潮州诗人以诗歌反映时代脉搏，他们在国变后集体鲜明地借落花诗来书写所历所感，是一种"有意味"的创作行为。

关键词：落花诗　潮州　甲申国变

一　黍离之悲：落花诗主题意蕴的突变

落花诗，是一个以吟咏题材命名的诗歌类别，它以落花为吟咏对象和诗歌的主体内容，经常寄寓着"伤春"、"惜时"、"羁旅离别"、"士不遇"、"生死"等主题。而在明末清初，由于时代鼎革，政治升降，落花作为一种特定的诗歌意象和文学符号，被寄寓独特的政治意识，落花诗创作达到前所未有的繁荣，涌现出如江浙抗清诗人归庄、湖湘遗民诗人王夫之等人创作的落花大型组诗，对后世产生深远的影响。

而值得研究的是，僻居海隅的潮州诗人们，却在归庄、王夫之之前，以敏感的笔触，第一时间记录下明末清初这场改朝换代的历史风浪带给他们的心灵震荡，赋予落花诗黍离之悲的主题意蕴。

---

* 黄晓丹，1981年生，潮汕历史文化研究中心《潮汕文库》编辑部项目助理。

崇祯十七年（1644年）三月，闯王李自成以农民部队推翻明朝统治，占据京师，崇祯帝上吊自杀。山海关守将吴三桂，引清军入关打败李自成等军。同年，多尔衮迎顺治帝入关内，在燕京再次即位，并定燕京为帝都。这就是影响中国历史进程的重大事件甲申之变。

乙酉年春末，在度过了甲申国变后第一个春天之后，乞病归田的潮州诗人黄锦①作了六首《落花诗》，一时在潮州诗坛上掀起一股落花诗风。郭辅畿②《黄绸庵落花诗序》称"庚是吟者多如麻"③，其《落花吟和韵自序》又道"乙酉春，同社人以年伯黄绸庵先生诗六首相示，更取瑶泉申相国韵，互酬迭和"④，可惜序言未点明唱和者及结社名称，于今传文献中，仅可见陆卿⑤《落花步黄绸庵宗伯韵》六首、陈衍虞⑥《落花诗三十首》、郭辅畿《落花诗和韵选二十四首》为当时唱和之作。⑦

落花诗经明中期吴中诗人沈周、文徵明、唐寅的踵事增华，已是为诗人们所熟悉的传统诗歌题材。而万历年间任首辅的苏州人申时行的加入，更直接提高了落花诗的知名度，促进了这一诗歌题材在士子中的传播。申时行有《落花十首》、《落花后二十首》，取平水韵上下平声三十韵共成三十律，这种押韵方式以三十律结成组诗，层出不穷，极尽对落花吟咏开拓之能事，遂成为竞相效仿的体例。

而黄锦起初所作六首落花诗，亦以平水韵为顺序，依次自"东"韵作到"鱼"韵。可见，黄锦似乎也有作满三十韵的构想，或许一时间不易完成，便先成六首，流传而出。诗传至陈衍虞，"乃踵而增之，漫成平韵三十咏"。陈衍虞《落花诗三十首》前六首步黄锦之韵，而有趣的是，现存黄锦落花诗除一般提到的六首外，还有三首，这三首恰又是步陈衍虞落花诗其七、其八、其十一之韵。由此可推测，陈衍虞落花诗三十首回传，又引起黄锦共鸣，令其不能作罢，赓而续之。

关于诗歌的主旨，陈衍虞自序其《落花诗三十首》道：

> 风景不殊，山河顿异。已叹神州陆沉，又愤残疆沦蹠。往日之名封胜迹，多断

---

① 黄锦（1575～1658），字孚元，号绸庵，潮州饶平人，居郡城。天启进士，崇祯时任吏礼二部侍郎、南京礼部尚书，崇祯十五年乞病归田。福唐二王时起为尚书。著有《笔耕堂集》。传见乾隆《潮州府文苑传》、康熙《饶平县志人物传》。
② 郭辅畿（1616～1648），字容署，潮州饶平人。明崇祯十五年举人。入京应试，因战乱，途中为吴六奇所害。著有《洗砚堂文集》、《秋架草》、《情谱》、《楚音集》。传见康熙《饶平县志人物传》。
③ 郭辅畿：《洗砚堂辑钞》，清刻本，汕头图书馆藏。
④ 同上。
⑤ 陆卿（生卒不详），字青芷，一字汉东，潮州饶平人，陆宽子。崇祯己卯举人。桂王时官兵科给事中，监军。著有《回风草堂集》、《夏草》等。传见康熙《饶平县志人物传》。
⑥ 陈衍虞（1599～1688），字伯宗，号园公，潮州海阳人。明崇祯壬午举人，附名复社，又与同志结京社、晋社、偶社，盟友众多。入清历官番禺教谕、广西平乐县知县。著有《莲山诗集》。传见光绪《海阳县志人物传》。
⑦ 孙淑彦《罗万杰先生年谱》将其《江上落花》五首系年于甲申，观其诗意，该组诗当为罗万杰巡游湖湘一带时所作，寄游子思乡之情，并非甲申前后所作。

送零烟残雨,即半壁之绣馆丽园,亦削色于鲸氛兔雾。悲乎!芳时易度,逝波不停。惧劫火之欲烧,冀光华之再旦。泚笔赋此,几欲发曼声于雍门,非徒寄痴情于锦国者矣。①

而郭辅畿则有《落花诗和韵三十首》序:

> 矧夫鸦啄灵根,鸳戕珠树。故园蔓草,旧屋寒烟。楚苑即长蘼芜,汉陵方冷麦饭。愁闻漏火,忍见销铜,听风雨于燕子矶边,徒伤金粉;想音尘于墨花台畔,弗续人琴。呜呼悲已!回首旧欢,宛如昨日;还思往事,顿是前朝。阅兴废而壮志将灰,历艰难而雄心殆尽。所谓思牵肠直,忧使眉皱;感慨百年,词非一指,文难骂鬼,诗易穷人。世之哀吾志者,吊禾黍之离离,悼断香兮漠漠;庶无訾于牧之之感旧,与卫玠之言愁矣夫!②

陈衍虞称自己作落花诗,是"几欲发曼声于雍门",是借以面向首都城门而悲歌,而非寄情于锦绣香国,郭辅畿称是"吊禾黍之离离,悼断香兮漠漠",皆开宗明义地指出他们的落花诗政治创作意图。虽然潮州远在粤东地区,陈衍虞和郭辅畿也只是普通的士子,但面对巨大的世事变化,仍有强烈的物是人非之感。因此,谢宗锟在为陈衍虞的《落花诗》作序时亦指出:

> 园公(按:陈衍虞号)五岳方寸,有如许无可奈何之事,特借绮语以销之,请为园公忏悔,则读斯什者毋认作柳七郎晓风残月。③

谢宗锟提醒读者,这些落花诗寄托遥深,不可当为一般的咏花诗看待。

相比而言,黄锦所作几首主题较为含晦。但诗中如"摇落敢言天有忓,芳菲还纪色无双。从今别却繁华日,一片春心未肯降"(其三)、"天道此时惊代谢,人间一瞬判荣枯。又知华丽终消歇,退向丘阿狎蘼芜"(其七)④之语,哀婉沉痛,容易让人直接联系到世局的大变化以及作者退居乡间的复杂心情。

落花诗,这个传统的咏物诗题材,通过潮州诗人群体的集体抒写,已呈现出主题意蕴的新变,家国兴亡、黍离之悲,这层感情的注入,也使得明末清初的落花诗与明中期的落花诗在美感特质上有所不同,显得更为深沉悲惋。

---

① 曾楚楠主编《莲山诗文集点注》,中华诗词出版社,2006,第387页。
② 郭辅畿:《洗砚堂辑钞》卷三,清刻本,汕头市图书馆藏,第18页。
③ 曾楚楠主编《莲山诗文集点注》,第28页。
④ 黄锦:《笔耕堂诗集》,清钞本,广东省立中山图书馆藏。

二　落花诗折射潮州士人群体的强烈忧患意识

落花诗之创作，与潮州的思想文化氛围息息相关。明代的潮州，士风鼎盛，潮人在中原政治文化舞台上担任的角色越来越重要。特别是在明末，从科举入仕晋升的贤士激增，如崇祯元年（1628年）戊辰科，全潮州地域同榜登第的进士就达八人之多，号称潮州"戊辰八贤"。正如温丹铭在《明季潮州忠逸传序》中所述：

> 吾潮有明一代人才为盛……其声气之所及，常与中原相应和，至其末季，炎运告终，天南流播，以粤桂滇黔为尾闾，而吾潮实其要冲。其间人士之黾勉从王，崎岖尽瘁。及其无成则以死继之，或乃遁荒海外枯槁深山，至无位于朝而终守不仕之节者，比比也。①

甲申国变后潮州落花诗创作之及时，不只是"声气之所及，与中原相应和"，可以说是开风气之先，启发后来众多遗民的落花诗创作。这正折射了明末潮州士人群体，与中央政治关系之密切，面对国家兴亡，表现出强烈的社会政治忧患意识。

落花诗的首倡者黄锦，虽然在甲申之变前，即崇祯十五年已经乞病归田，隐居林下。但身为京官多年，老臣之心昭然。纵然身在江湖之上，仍心存魏阙。其《绚庵居士自述》言：

> 甲申五月，闻闯贼陷京师，烈宗皇帝遇害，痛悼欲绝，为家人持防救甦，乃设御灵家中，朝夕哭泣。②

而国变之后，在朝任职的潮人官要，如辜朝荐、郭之奇、李士淳、罗万杰等人，也均潜遁故里，阴相联结而谋求恢复之策。他们的回乡活动，更直接在潮州本土酝酿一股忧时念乱的气氛，即使是普通的士子，亦感染良多。

陈衍虞当时只是一介未授官名的举人，但与上述这些潮籍官员关系密切，其思想行动无不受之影响。其《落花诗》第二十二首写道："鹦鹉惊闻人事变，啾啾犹自泣徽皇"、第二十七首写道："佳丽不污秋士眼，飘摇偏动杞人心"，在感叹身世的同时，亦谦卑地表达一名受传统儒家思想教育的士子的家国观念。

另一方面，眼前日益升级的动荡局势也让诗人们忧心忡忡，直接促动诗人们的文学创作。甲申之变后的一年来，潮州社会虽还未直接受大顺军或清兵劫火，但混乱的无政

---

① 温廷敬：《明季潮州忠逸传》，民国二十年铅印本，汕头市图书馆藏。
② 黄锦：《绚庵居士自述》，清雍正刻本，广东省立中山图书馆藏。

府状态,使海盗山贼有机可乘,地方武装势力乘势抬头,拥兵自重,攻城扰民活动更为猖狂,社会时局亦更为动荡不安。陈衍虞在乙酉年春夏之际作《病中感赋五首》,自序言"闽祸以来,豺虎盈郊,兵荒竝告",诗中注释亦云"海口黄海如攻城陷邑,山贼继之"。其《落花诗》自序亦言"惧劫火之欲烧,冀光华之再旦",一方面对眼前的战势感到忧虑,另一方面则寄希望于光复。

三 "落花"与"亡明":意象的选择

明末清初是落花诗主题开始出现变异的时代,这期间的落花诗创作地域广阔,人数众多,而都在同一主题的笼罩之下。这不禁令人思考:天地之大,品类何盛,为什么"落花"会成为甲申之后潮州诗人们抒写黍离之悲的特殊载体之一,"物"与"情"之间,其"相值相取"之处是什么?

历来有学者认为,"落花"意象本身就是一个巨大的政治隐喻,所指向的是整个朱明王朝的灭亡。比如朱则杰教授在鉴赏王夫之《落花诗》时所指出的:

> 因为花色红,红即朱,所以诗歌借咏落花,凭吊朱明王朝的灭亡,同时抒写自己的民族气节。①

刘梦溪教授在鉴赏钱谦益《红豆诗》时也曾讲过:

> "红豆"之"红",射朱明之"朱",红者,朱红也。②

其实"红"字之影射"朱明"的说法出自 20 世纪初蔡元培先生《石头记索隐》中对于《红楼梦》之"红"的考索。蔡元培将《红楼梦》当作一部政治现实的讽喻之作,认为是反清复明者的杰构,"石头记"影射金陵石头城,"红"则影射朱明王朝,其言:

> 书中红字,多影朱字。朱者,明也,汉也。宝玉有爱红之癖,言以满人而爱汉族文化也;好吃人口上胭脂,言拾汉人唾余也。
> 宝玉在大观园中所居曰"怡红院",即爱红之义。所谓曹雪芹于悼红轩中增删本书,则吊明之义也,本书有《红楼梦曲》以此。③

---

① 钱仲联等:《元明清诗鉴赏辞典(清·近代)》,上海辞书出版社,1994,第 931 页。
② 邓小军:《诗史释证》,中华书局,2004,第 489 页。
③ 王国维、蔡元培、胡适:《三大师谈红楼梦》,上海三联书店,2007,第 62 页。

当然这是一种"作者之用心未必然，读者之用心何必不然"的解读方法。确实"落红"意象本身与朱明王朝的衰亡两者之间可以令人产生极为契合的联想，虽然从潮州诗人的落花诗作，甚至后来归庄、王夫之等湖湘诗人们的落花诗作来看，并没有作者直接点明"落红"关合"亡朱"，但是他们落花诗序言却明确自我标榜"山河顿异"、"雍门之悲"、"禾黍离离"等字眼，主旨昭然若揭。而且，诗人以诗歌反映对时代脉搏的深切感受，他们在国变后集体鲜明地借落花诗来书写所历所感，这种意识，是文学家所特有的敏感所在，即使题目序言未加点明，也并非题下没有此意。正如王夫之在《诗广传》中所言：

> 天地之际，新故之迹，荣落之观，流止之几，欣厌之色，形于吾心以外者，化也；生于吾心以内者，心也；相值而相取，一俯一仰之际，几与为通，而浡然兴矣。

"落花"与处于时代更替中的诗人们的情愫之间恰是这种"物"与"人"、"景"与"情"的"相值相取"。明末清初的落花诗创作者，他们自身都怀有匡国济世的抱负，甚至亲自投入到复明的具体武装斗争中，这些人的身份、遭际决定了他们在国变后创作的作品，表现出强烈的社会政治忧患意识。在这种背景下，他们书写落花诗实在是一种"有意味"的创作行为。

这种借落花诗寄托家国兴亡之感的主题倾向在甲申国变之后，在诗坛上悄然延播，最终在1660年前后，湖湘遗民诗人将之发扬光大。他们的创作数量之大，人数之多，前所未有，而其中王夫之一人所作九十九首（《正落花诗十首》、《续落花诗三十首》、《广落花诗三十首》、《寄咏落花十首》、《落花浑体十首》、《补落花诗九首》），寄托遥深，内蕴丰富，将落花诗创作推向了历史的最高峰。

责任编辑：杨映红

《诗存随笔录》初探

杨映红[*]

摘 要：《诗存随笔录》是晚清岁贡澄海陈舜的存世手稿。手稿以诗的形式记载了民国初年的澄海乡村生活，尤其是1918～1921年的民情风俗、地理风光、社会心理以及澄海乡民所经受的兵匪之乱、自然天灾等。《诗存随笔录》提供了一些史的事实，帮助我们了解了更多的民国历史信息，可以证史、补史之不足；就文学而言，也堪当一段诗史。作为文本存在的《诗存随笔录》手稿，纯用毛笔书写，本身亦是极美的艺术品。《诗存随笔录》有可贵的文史价值，很值得我们探究。

关键词：《诗存随笔录》 民国初期 澄海乡村 文史价值

2012年，澄海陈氏历史文化研究会将溪南十三乡陈氏先祖、晚清岁贡陈舜留存于民间的手抄稿《诗存随笔录》加以整理影印。笔者承蒙陈孝彻先生惠赠了一本影印本[①]，捧读之余，不胜感慨。一本《诗存随笔录》，载录了一段湮没于风烟里的艰难岁月，撩开了20世纪一二十年代澄海乡村生活面纱的一角，走进其中，民国初年的社会生活，那时的一些人与事，历历在目。

一 《诗存随笔录》及其作者

关于《诗存随笔录》及作者陈舜其人，张金浩先生曾撰文介绍[②]，不过在方志中笔

---

[*] 杨映红，1973年生，汕头职业技术学院人文社科系副教授。
[①] 本文所引陈舜诗文作品，皆来自此影印本，在此谨对陈孝彻先生的惠赠及提供相关史料，致以谢忱！《诗存随笔录》原文无标点，引用时标点符号均为笔者所加。
[②] 张金浩：《光绪澄海岁贡陈舜及其手稿〈诗存随笔录〉》，载陈景熙主编《汕头收藏（潮汕文献征集与收藏会议特刊）》2005年第2期，第50～52页。

者尚未见到相关记载。《诗存随笔录》原稿纯用毛笔书写，字体娟秀，清朗有致，观其文本本身，便是极美的书法作品。由于手稿曾被水所浸，前后部分均有缺失，只存下中间大部分，未损坏的作品，字迹清晰，一一可辨。诗稿篇目以写作时间先后顺序抄录，分别载录了1918～1921年四年间陈舜创作的诗歌（随笔）。作者在每一首诗中，凡是言及要事要闻的，均有旁白补注，所以整部诗集，其实也可当生活记事本看。全稿的篇数分别是：1918年所作的，因手稿前部分缺损，目录页看不到，只剩后半部分内容，存87题（计116首）；1919年所作的，保存完整，计173首；1920年所作的，保存完整，计145首；1921年所作的，目录页原载107首，但因后半部分手稿已缺损，仅存52题（计96首）。全册手稿合计诗文共530首（篇）。

陈舜（1864～？）①，名亿寿，一名蕴生，陈舜为号。澄海溪南岱美村人，晚清岁贡。② 据陈舜诗中随笔，陈舜出身于书香门第。康熙年间的溪南神童陈春英是其族祖。陈春英七岁便能出口成章，后来官拜翰林院，诗才"当年名望冠词林"③。陈舜的外祖父是嘉庆时名人黄蟾桂，有手抄稿《立雪山房文集》存世（现珍藏于澄海博物馆）。今存民国时期的儿童启蒙教材《澄海乡土韵言》（1914年编）则是其胞弟陈亿梧（一名伟生，号陈淲）的作品。陈舜一生以教授作生涯。与南盛里当时的主人蓝春晖交情很深，任蓝家西席七年，长期住在南盛里④，常往返于溪南与樟林之间。自嘲身为"四朝人"⑤ 无啥本事，但也协助族亲营建了乡邑的陈氏书院、昭德堂、苏北享祠、世昌堂以及大宗祠，聊可自我宽慰。⑥ 陈舜有一妻一妾，正室生三女，侧室生一女一子，58岁方得儿子。其家庭的生活情况，下文再详及。

二 《诗存随笔录》中的生活风云

陈舜的《诗存随笔录》主要以诗的形式记载了民国初年的澄海乡村生活，尤其是1918～1921年的民情风俗、地理风光、社会心理以及澄海乡民所经受的兵匪之乱、自然天灾等，记录形象而具体。捧读《诗存随笔录》，仿佛走进历史教科书之外的一个世界，民国初期澄海的乡民所经受的生活风雨，纷纷扑面而来。

（一）兵匪之乱

无论是国家大事，还是柴米油盐，陈舜都一一反映在诗歌里。1918年的诗作，较

---

① 陈舜的生年时间，可见其1918年作的《初度感怀》，时年55岁，诗中自注：余甲子年生。
② 《世昌堂落成燕宾志喜》诗中云"丹廷射策孙承祖，敢讽略增族有光"，句中自注：余与先祖父岁贡。
③ 参见《胞弟伟生购得族祖太史公（春英）墨迹赋此志贺》。
④ 参见《原韵和吴鹤笙茂才樟江旅次偶成》，诗中自注：余住樟林南盛里27年。
⑤ 参见《感世集句》诗中自注：余经清末及民国初与洪宪又近来民国共四朝。
⑥ 参见1921年作的《初度感怀》。

多地展现了护法战争①期间南北军于澄海境内驻扎时乡民的生活状况。诗人将史笔与诗情糅合在一起，记述了南北军兵驻乡扰民的重要画面，如实再现了战争中的澄海乡村生活图景。如《黄冈失守南军退扎樟林鸡翁山及新埠狮山感赋三律》：

话到南军慨弗禁，黄冈失守北军侵。
风声鹤唳惊奔败，兔走乌飞避捉擒。
岂是沟深垒不固，何难破釜舟频沉。（自注：两军相距一坑）
师行三月乏粮食，莫怪睊睊没战心。（自注：吕司令三阅月不给口食，军中皆有怨心，不战而退）

地当战线费徘徊，愁看军人数往来。
扰攘干戈未定息，安闲鸡犬尚惊猜。（自注：军人乏食，抢杀乡间家畜）
蓬茅多棘难长守，草木皆兵剧可哀。（自注：盗贼又肆，人心十分仓皇）
任是山深林密处，也应无计避危灾。

鸡山屯扎又狮山，梓里相离咫尺间。
祸福吉凶凭运气，安危治乱系瀛寰。
军营徙越栖云岭（自注：即大月山，距樟二十五里，越日军营徙于此），镇守险逾分水关。（自注：北军屯扎处）
毕竟知谁得鹿死，总期安抚勿强蛮。

极为平实的语言，再现了南北军驻军澄海境内的情形，反映了百姓在战乱中所承受的苦楚。一首《端午即事有感》，则记录了1918年的端午节极为罕见的情形：

岁岁端阳作胜游，今年风景不相侔。
在家无事惊驰檄，（自注：南北对垒，南军多驻本乡）闭户谁人敢竞舟。（自注：避军人索挑担）
彩线赤符难矫俗，艾糕蒲酒暂消愁。
共和世界知何日，南北干戈尚未休。

由于村里驻军，端阳节到了，村民怕被军兵抓去挑担，是日竟然都闭户在家不敢外出。可想而知，其时的澄海乡村，尤其是澄海饶平相交界的乡村，治安是多么的混乱。

---

① 1917年7月至1918年5月，以孙中山为首的资产阶级革命党人为维护临时约法、恢复国会，联合西南军阀共同进行了反对北洋军阀独裁统治的斗争，史称护法战争。

在 1918 年作的《杂感》长诗中，诗人写道："时会迁流本可伤，不先不后费思量。……天灾人祸踵相连，百感千思几欲颠。地震（自注：阅四月，余未息）山怀（自注：洪水二次）几险害，兵凶盗炽势缠绵。鸿嗷失所安难得，（自注：地震屋倾或因军兵而移徙）狼进后门拒在前。半日小安半日福，一军未去一军来。不如草木无忧惧，即彼鸡豚亦戚哀。（自注：军人强夺民畜而食）……户户家家各闭门（自注：避军骚扰），无分白昼与黄昏。间关惶恐何堪问，（自注：人皆仓惶，余于本乡略有安顿，因小安）祠庙摧残不敢言。（自注：本乡祠庙皆驻军，户牖有被代薪不敢过问）昧昧虽毋须过虑，怅怅那不欲销魂。虔心默祝乱先定，快饮升平酒一樽。"自然天灾频仍，人间世道更是混乱，混战时期的军兵多无人道，无论是乡民还是家畜，随时都有性命之虞。

对于那些尽量不扰民的军兵，诗人并不忘记上一笔，他作《送第十五营军兵》，并在诗中注曰："驻本乡二世祖祠，此队稍有人格。"

1919 年农历八月，陈舜作《月夜过狮山偶成》："只因公暇趁宵征，赢得满身带月明。莫虑哥哥行不得，狮山山后驻军兵。"诗中反映了一年过去，澄海境内的驻军并未撤离。

有些诗，陈舜不是直接写时事，只写一己的感慨，但在诗人的感怆中，依然可体会到历史的画面。如 1920 年作的《七夕放歌》："我不知今年七夕之良辰良不良，但见洪水浩浩荡荡山怀陵又襄。我不知今年七夕之节巧不巧，但见军兵角逐地当战线征徭难避人危殃（注：粤军逐桂军）。数天之前地复震，凶多吉少偏有信（注：初三早地震，初五兵即到）……"

战火中的人的内心世界，在诗稿中一一展开，读之动情。又如《感事》：

群悲军政太偏颇，君子小人唤奈何。
徭役烦劳输犬豕，往来扰攘是干戈。（自注：捉乡人挑军械）
梁非盛世惊舟造，路值衰时见棘多。（自注：东里排渡通军往来。兵盗同）
一句禽言记忆否，欲行不得也哥哥。

心之所向，情之所系。当得知粤军攻破惠州城，南军胜利在望时，他作《闻粤军攻破惠州》：

闻道粤军取惠州，吾潮从此可优游。
奇兵屡出陈平策，定计多凭邓禹谋。
逐北真如破竹势，征西不共戴天仇。
英雄务冀成王业，仅得偏安死岂休。

一首首诗，引出一段段尘封的历史。为了尽量呈现出历史的真实面貌，诗人在诗中时常穿插着一些补注，力求事有本原，言有出处，一首首平实叙来的诗篇，变成一件件生动真实的故事，让人真切感受到历史的呼吸与脉搏。

（二）自然天灾（地震、洪水、咸潮等）

除了人祸，对自然天灾的反映，也是《诗存随笔录》中的一个重要内容。1918～1921年期间澄海所经受的地震、洪水、咸潮、旱灾等自然灾害，陈舜都不忘用笔载录下来。

1918年2月13日下午2时30分，潮汕发生大地震，震级为7.25级。澄海、汕头、南澳受灾最重。① 这次地震是宋治平四年（1067年）以来潮汕地区较为强烈的地震，史志多有记载，但此后的余震具体情况及居民生活如何，地方史志却是语焉不详的。由于1918年诗的前半部分缺失，我们只能看到陈舜从三月份开始写的诗。《三月廿八亥刻风雨大作又再震旅斋感作》便载录了当时大地震的余威：

地□摇荡那堪看，八十五天尚未安。（自注：自元月初三至今八十五日，或昼或夜并无间日）

客夜思怀长达旦，旅斋风雨倍生寒。

怕逢灾异连三月，恐兆忧危不一端。

世事纷纷何日定，通宵无寐独盘桓。

三个月过去了，余震未息。地震还未停歇②，是年的四月、五月，大水、咸潮又接踵而来。四月水患多，天气也极为诡异，《四月二十大水寓朴祖祠编户扇以居眠口占两截》、《二一雷雨交作水又大涨再感占一截》、《四月杪凉甚即事口占》等诗均做了记录。如《四月杪凉甚即事口占》："我澄殊气候，盛夏或重裘。当此黄梅月，寒于淡菊秋。朋呼防密雨，家近阻洪流。日况长如岁，弥添旅客愁。"

农历五月到了，兵患、水灾依旧。《五月初二夜即事》："潇潇风雨彻深更，旅馆凄凉梦不成。屈指三天端午节，几番辗转到天明。狮山山下驻军兵，（自注：书院及新埠皆驻兵）洪水初回未尽平。（自注：大水半月始退）荆棘盈途泥又滑，朝来仔细认归程。（自注：明日回家度节）"。由于村里有驻军，端午节到了，村民怕被军兵抓去挑担，是日均闭门在家不敢出外。这一罕见的节日情形被诗人记录了下来："岁岁端阳作胜游，今年风景不相侔。在家无事惊驰檄，闭户谁人敢竞舟。彩线赤符难矫俗，艾糕蒲酒暂消愁。共和世界知何日，南北干戈尚未休。"（《端午即事有感》）

五月底，台风光临，引起咸潮，诗人作《五月廿二飓风咸潮俱作感占》："风潮夜

---

① 参见《澄海县志·卷一·大事记》，广东人民出版社，1992，第31页。
② 1918年作的《杂感》长诗中，也有自注：阅四月，余未息。

继日,平地忽生波。慎审人何罪,昊天屡惊瘥。"并自注:"自元月初三至今,地震、军扰、洪水、飓风、咸潮、劫盗俱起"。兵荒马乱之际,天灾犹未息,是时的澄海乡民,唯有苦叹奈何,"群悲军政太偏颇,君子小人唤奈何。徭役烦劳输犬豕,(注:捉乡人挑军械)往来扰攘是干戈。梁非盛世惊舟造,(注:东里排渡通军往来)路值衰时见棘多。一句禽言记忆否,欲行不得也哥哥!"(《感事》)

1918 年的夏日,大雨又再滂沱。诗人写下《旅夜苦雨放歌》:"我不知今年天灾地异多几多,只见地震潮溢飓风洪水又干戈……"诗中自注:"正月初三至今未息地震;五月廿二咸潮;五月廿二六月廿二飓风;四五六月皆旅居入水。"

直至 1921 年,地震、水涝之灾未曾停息多少,1921 年 4 月,水灾又来,诗人作《水涨枕上偶成》:"本来四月是清明,廿日纷纷雨竟多。群说西畴稻欲熟,最堪虑处水成波。"夏天到了,天却又大旱大热,因而,诗人忍不住《放言》:"天灾流行历过飓风兼洪水地震三十八月未尝夷……"

(三) 民情风俗

《诗存随笔录》中,还有不少涉及澄海乡土风情与民俗事象的诗篇。

1. 旧式文人与华侨的生活

由旧社会而新时代的陈舜,用他的诗笔,生动展现了民国初期旧式文人的生计,其家庭成员及生活情状等我们也得以窥见一斑。

对于家庭生活,陈舜不厌烦琐,感事辄咏。在诗稿中,我们可以了解到,陈舜兄弟和睦、夫妻情深。1919 年,结婚 34 年的发妻因积火引暑一疾而亡,年仅 53 岁。陈舜痛失爱妻,作《悼亡室余孺人首七即焚灵前》,高度评述了妻子不平凡的一生,并且在此后相关的节日里,无论是七夕、中秋、重阳、除夕,还是妻子的诞辰、忌日、两人的结婚日等,无不念情神伤,哀悼不已。仅在妻子去世的当年,陈舜就写了 30 多首悼亡诗。1920 年,陈舜的三女儿出阁,他作《送三女璇瑶儿出阁(十一月廿四日)》:"上年嫁二姊,今日汝于归……";1921 年,陈舜的侍妾生下男孩,58 岁方始得子,他喜不自禁,作《弄璋喜咏》:"五十八龄泰运开,喜符兰梦产男孩。高堂在昔望孙切,侧室于兹诞子来……"

在诗中,我们还了解到其时的澄海华侨家庭生活的一面。陈舜的大女婿随其父在越南营生,并在岘港置了别室。1918 年年底,大女婿自越南岘港归来,陈舜的大女儿在澄海家乡已为其生了一儿,才刚三岁。他作诗打趣女婿:"岘江旅次即为家,得意归来气色嘉。最好三龄聪慧子,门前嬉笑问阿爹。"(《长婿许本川自岘港归》)1919 年,陈舜的次女珮瑶出阁,夫婿郑翼燊曾经是陈舜的学生,17 岁即赴暹罗经商。陈舜二女儿出嫁,婚事行的是新礼。不过令人感觉惊讶的是,二女儿出嫁八天,其丈夫郑翼燊才从泰国赶到家。[①]

1920 年,陈舜收到大女婿从安南、二女婿从暹罗寄来的平安批,大感欣慰,作

---

① 参见《送次女珮瑶儿出阁》、《喜次婿郑翼燊暹归作》二诗,诗中随笔:"次女于归八天,婿方到家。"

《即以东复》回女婿：

> 起来喜鹊百千声，接连两书自两甥。
> 为报平安凭纸笔，更传顺适是舟程。
> 东床坦腹才皆卓，南港从心运并亨。（自注：长婿住安南，次婿住暹谷）
> 卜我他年娱老境，好夸玉润又冰清。
> 长途利便信佳哉，到处妙施偶傥才。
> 独我未能先变计，两人已逐渐生财。
> 心多安遂冬而夏，岁有隙间去又回。
> 愿祝君家均稇载，合看得意早归来。

1921年，陈舜的次女珮瑶赴暹罗协助夫君，陈舜作《送次女珮瑶儿之暹》以壮行，这首诗恰好是手稿的最后一篇，由于诗文前后残缺，笔者只辨得第二、第三句："大志竟从女子持。竭力助夫罗斛岛……"

樟林的南盛里是新加坡富商蓝金生于1900年起用17年的时间投资兴建而成。据当地老人回忆，南盛里是澄海历史上第一个家庭使用电灯照明的地方。1913年，蓝家人蓝春晖特从新加坡购进英国制造的小型柴油发电机组，在南盛里蓝氏家院及布袋围一带装设电灯，发电照明，直至1941年。①

陈舜与南盛里当时的主人蓝春晖交情很深，任蓝家西席七年。而在西席七年期间，就住在蓝春晖精心营筑的"旭园"里。在兵荒马乱的1918年，"旭园"的日常伙食一直都不错。陈舜55岁生日时，东家蓝春晖还在"旭园"专门为陈舜设宴庆贺。课余的陈舜常逗留"旭园"，视之为桃源，也为之留下了一些诗篇。如1918作的《旭园即景》："竹摇清影罩楼门，桂树松香满旭园。风报新秋凉未冷，朝朝游骋到黄昏。"可以想见，当时的"旭园"非常幽雅别致。

1918年夏，为避兵乱，蓝春晖决定举家迁往新加坡，临行之际，特许陈舜可永远住蓝氏祖祠，并且把南盛里家中各事，托付给陈舜代理。陈舜有感于东家之厚情，特别作《蓝春晖东翁之新加坡临行送别》：

> 只因兵乱切驱驰，岂必问君何所之。（自注：新加坡屋宇宽敞，故合家偕往避兵）
> 握手叮咛留久处，知心缱绻托临歧。（自注：特留永远住贵祠，各事托余代理）
> 南洋此去风多顺，西席于今日佛仔。

---

① 陈为峰：《走进南盛里》，《汕头特区晚报》2011年10月10日。

倘是干戈歌载戟，早烦鱼雁约归期。

1920 年春，蓝春晖自新加坡汇来新年批银，惠贶甚周，陈舜很是感动，因作《蓝春晖翁惠贶压腰银拈此寄谢》：

疏财曾得几，远远独君身。
海润霑千里，宇宽庇万人。
有生知遇少，与汝感情真。
册字当鸣谢，寸心藉此申。

而让陈舜意想不到的是，也就在 1920 年当年，"旭园"竟然被蓝春晖的二弟毁掉。想到东家蓝春晖的一番心血被无辜破坏，陈舜实在感愤不已，专门写下《游旭园楼见其倾倒感愤而作》一诗：

无端摧坏旭园楼，（自注：被其仲弟摧去）不想当初费计谋。（自注：春晖东翁营筑）
同室操戈先伏兆，故宫黍离岂殊忧。
难兄友爱式相好，傲弟骄矜信有犹。
回首七年西席乐，祗今触目代生愁。
……

2. 地方节俗与文化

传统节俗，像春节、清明、端阳、七夕、中元、中秋、重阳、除夕等，这些节日，在诗人的笔下皆有所表现。如 1919 年作的《除夕大雨感赋》："围炉时节乐晴天，何意通宵竟沛然。岂是人人多旧染，故从处处急清湔。半生往事如流水，一世惬心看过年。闭户忍寒无别趣，儿童笑数压岁钱。"由诗中可知，澄海人过除夕，是时已有"围炉"与给"压岁钱"之风俗。

农历六月初六是天贶节，1920 年，陈舜为 1919 年去世的亡妻举办"过桥"仪式，并作《天贶日送亡室余孺人》，诗序中交代，潮俗迷信佛言，认为人死后必于天贶日过奈何桥。人死之后，要在六月初六"过桥"，这在民国时期的澄海乡村，已是普遍的民俗。

身为旧式文人的陈舜到了民国，依然只过农历的新年，他把春节呼为"元旦"，在 1920 年农历新年的第一天，他作《元旦闷雨》。1921 年正月初一，又作《元日作》："千门万户影曈曈，符写新桃焕彩红。去岁未经嬉化日，今年似得乐春风。染能除旧方移俗，礼备奉先重报功。一瓣心香无别祝，从兹世界渐康隆。"新年到来，家家户户贴对联的习俗跃然纸上。

地方宗祠建设，往往体现着乡社宗族伦理观念。陈舜自言平生无啥本事，但终究也协助族亲营建了乡邑的陈氏书院、昭德堂、苏北享祠、世昌堂以及大宗祠，聊可自我宽慰。① 其主持营建的溪南陈氏五世祖祠"世昌堂"，于1919年五月十二子刻兴工，十月初三进祠。

潮汕纸影发展到民国初期，已达到很高的艺术水平。陈舜的《影戏》诗，形象地给我们展现了当时的纸影流行情况：

《影戏》其一
裁成数寸小形骸，肢体五官男女该。
此物逢场常作戏，非人底事好登台。
分明木偶无他技，刻画梨园似有才。
知是内中许借著，声和动惹四邻来。

《影戏》其二
莫谓本来柴也愚，得教歌曲管弦俱。
居然哑子能言语，奇矣僵尸竟步趋。
体格迥异革制造，（注：五十年前影戏用革造，故名。革戏宜于夜。）眼看远胜纸描摹。（注：以火照纸，亦名纸戏）
相沿又道影中戏，（注：今用木作，尚依旧称），名号从今必改呼

《影戏》诗作于1920年。通过诗歌，我们也认识了民国初期"纸影"表演的特征、"纸影"在乡村盛行的情状，以及"纸影"的造型与制作材料等不少历史信息。而通过诗注，我们还知道，用革制造的民间"纸影"，在当时，已经淘汰了50年。

《诗存随笔录》中还记载了一些民间社团情况。1918年作的《原韵和吴鹤笙茂才樟江旅次偶成》一诗中，诗人自注曾经结社，与杨茂才、张明经、李仰莲等人是社友，得闲还常与吴鹤笙、黄斗南、蔡少阁、郑宝珊、洪仰山等相唱和。1921年，陈舜作《赠东湖青年励志社》："东湖自古称仁里，青年励志益人己。德行学问相观摩，吾澄风会从此美。余因题数言以助远近后生知式其型互砥砺。"遗憾的是，诗中提到的这些民间社团及其活动情况，史志尚未见载录。

（四）地理风光

《诗存随笔录》中，歌咏山川胜景、地理风光的诗作不乏见。《舟过石头坑》、《自东山抵三洲湾》（东山，今隆都镇东山村；三洲湾，今莲华镇三洲湾）、《凤岭早发舟中

---

① 见1921年作的《初度感怀》。

即景》、《之鹤塘舟行即景》等都是出色的山水行旅诗,通过这些诗,我们得以一窥民国时期的澄、潮一带的地理风光。且看《凤岭早发舟中即景》:

夜雨新晴后,初停报晓鸡。
买舟辞凤岭,荡桨过仙溪。
山晦疑天坠,云飞较岸低。
梅仙知不远,莫辨水东西。

又如《之鹤塘舟行即景》:

买棹樟南涧,溯洄入北溪。
树偕山竞走,云与水同低。
曳缆人疑蚁,争途犬逐鸡。
鹤塘三十里,到定日将西。

民国时期的澄、潮往来交通,基本以水路为主,凤岭、梅仙、仙溪、樟南涧、北溪、鹤塘(今称官塘)诸地之间,昔日的水路风光是何等旖旎。山川形胜的歌咏,不仅给读者欣赏地方胜景增添审美情趣,也可成为地方文化研究的有用材料和可征文献。在《九日游西浦后山晚归而作》中,我们还得以了解到当时的莲花古寺、狮山书院等地方名胜的繁盛一面。

(五) 新旧文化交替中的社会心理

民国初期是中国历史急剧变化的转型期,新旧文化交错冲撞。社会上一方面出现了倡导平等自由的新气象,另一方面社会风气奢靡腐败,世风日下。

在社会节俗上,民国成立后,"改正朔,用阳历",增设了一些新的节日,如定阳历1月1日为中华民国成立日,10月10日为国庆纪念日等。但对于老百姓来说,似乎天还是那个天,日子还是那个日子。这一点,在前面的《元日作》等诗中可以看出来。1919年是闰七月,一年两度七夕,对新阳历很是反感的陈舜特别作《寄和潮安许少尊茂才闰七夕看牛女星原韵》以记:"三十九年始闰七,卅天两会实难逢。若教一律行阳历,此会万年不得重。"

在教育制度上,辛亥革命之后,成立了教育部,并于1912年公布专门学校和大学令,鼓励创办公立和私立的大学。社会价值观念的转变,让新学与旧学的冲突非常突出。"上海为开明之地,各小学校读经者固类多废止,而各私塾则仍多抱持不废"。①

---

① 转引自江沛《二十世纪一二十年代沿海城市社会文化观念变动评析》,《史学月刊》2001年第4期。

由旧社会而进入新时代的陈舜，面对社会巨变，不胜唏嘘。他用诗歌的方式，抒发他的痛苦、忧愁。其1918年作的《偶感》云："殷殷拭目待清时，感到心酸泪欲垂。乱世干戈惊扰扰，故宫禾黍怅离离。征横敛暴加民苦，鹤唳风声为国悲。分南分北吾不虑，但求安抚拯疮痍。"他感慨传统学风不存，文运被毁："异端邪说竟诬民，归墨归杨塞义仁。从此文心嗟浅薄，卅十年后无通人！"（《感学界》）1920年，他作《吊旧书》："难知文运开何日，安得人才振此风。事事桑田沧海变，编章遇亦有穷通。"又作《偶感》："世道人心异古初，轻文重武欲何如。功名误我长途甚，不比前清好读书。"

陈舜并非顽固不化的腐儒，由《偶与有人谈专制共和之损益因而作此》、《再论世人误会自由平等四字以致民不堪苦而作》等均可看出。但社会的改变是急剧的，世道人心，大多走了样。他愤而《放言》："偃文修武无宗旨，阴废孔孟不读其书，枉教立为尸，有名无实讬言遵孔教，其实貌合而神离。离经叛道无忌惮，优伶可作此外何事不可为。寡廉鲜耻玷学界，必至九儒十丐等列叹居卑。又闻壮长男女可同学，淫奔淫荡从此得藉词。而且在上聚敛无闲日，剥削民脂甚于率兽食人肉，庖有肥肉厩有肥马野有尸，无父无名不知惧。先圣之道闲者谁，杨墨不息孔道不著邪说塞仁义。安得有人拒杨灭墨放淫辞，自由平等多误会……"

这是一个旧式文人的肺腑心声，从中也透露出新旧文化交错冲撞之下的一种社会心理。

三　《诗存随笔录》的文史价值

诗歌，提供了史的事实，可以证史，可以补史之不足。《诗存随笔录》用一首首诗歌，给我们形象展现了20世纪一二十年代澄海社会生活的一面。它是我们了解和认识20世纪一二十年代澄海乡村的一面镜子。

从历史来看，《诗存随笔录》用诗的形式记述了民国初年的社会历史。手稿中语及的一些历史事件、人物、风俗、思想观念等方面的情况，不少为地方史志所阙载，很可弥补正史之不足。如有关1918年的汕头大地震，《诗存随笔录》就记录了不少生活细况，这些诗，大多是诗人当时对事件的真实感受，可与史志彼此参证，或相互发明。《诗存随笔录》对于认识20世纪一二十年代的澄海乡村生活有珍贵的参考价值，是显而易见的。

民间文献来自民间，扑面而来的生活气息，让我们具体而真切地感受遗失的历史，起到或填充空白，或纠误证史的作用。陈寅恪先生在《陈垣〈敦煌劫余录〉序》中说"一时代之学术，必有其新材料与新问题"。《诗存随笔录》，帮助我们了解了更多的民国乡村历史信息。

就文学而言，《诗存随笔录》记录的都是诗人当时对事件的真实感受，虽然展现的时间不长，但内容真而细，堪当一段诗史。无论是兵匪之乱、自然灾害，或是澄海的民俗风情、人情态貌，还是诗人行脚所到，沿途风景之所见所闻所感，我们均可从中一一欣赏。

《诗存随笔录》中的每一首诗，都是情真意切的艺术，感于哀乐，缘事而发，以意遣词，文辞朴实。有乐府歌谣的纯真，也有文人诗的文雅。诗人把自己的文化修养融入全部情感之中，如话家常的平淡语言，融合在一种直抒感兴、曲尽情衷里。我们看他的一首写景诗《夏晴早起》："漏声初尽梦初醒，解愠薰风偷满庭。好是夜晴新雨后，一弯淡月一天星。"真是质而不野，浅而不露。

"在一定意义上，任何时代的'当代文学'都具有不可取代的价值，任何一部'当代作品'都具有一种意义。"①《诗存随笔录》，显然具有较高的文学价值。这是一部真实可信的文学作品，对研究民国的诗歌有着重要的意义。不仅如此，作为文本存在的《诗存随笔录》手稿，纯用毛笔书写，本身亦是极美的艺术品。

当然，若从更多的方面或角度来观察《诗存随笔录》，还会发现它有其他的价值。《诗存随笔录》，很值得我们去开挖探究。

责任编辑：曾旭波

---

① 王彬彬：《在功利与唯美之间》，学林出版社，1996，第2页。

汕头大学藏潘载和先生著作述略

金文坚*

摘　要：本文对汕头大学图书馆2013年获赠的潘载和先生著作和遗稿进行描述，期望能将该批资料推介给读者，为研究者提供资粮。
关键词：汕头大学　潘载和　著作　述略

一　缘起

2013年元月汕头大学客座教授——95岁高龄的潘懋元教授，在参观汕头大学图书馆潮汕文献特藏后，将随身携带了将近80年，历经战乱和各种劫难，幸存下来的，其胞兄潘载和先生的专著和遗稿捐赠给汕头大学图书馆收藏。我们感谢潘教授对我们工作的认可和信任，同时认为，有必要将该批珍贵资料向读者推介，为研究者提供资粮。

二　潘懋元、潘载和昆仲简介

潘懋元教授祖籍揭阳，出生于汕头，是当代著名教育学家，中国高等教育学创始人、中国高等教育学会顾问、全国高等教育学研究会名誉理事长。现任厦门大学高等教育科学研究所名誉所长、教授、博士生导师。[①]

潘载和先生是潘懋元教授的胞兄，是20世纪30年代活跃于潮汕文坛的干将，先生生于1914年，终于1935年，在人世间仅停留了21年，但这短短21年，先生在治史、

---

*　金文坚，1971年生，汕头大学图书馆特色文献服务部主任，副研究馆员。
①　参见《潘懋元文集》，广东高等教育出版社，2010。

语言学、文学创作方面都留下了传世的成果,才情之高,涉猎之广,令人叹服。

下面摘录潘懋元先生为潘载和先生所撰的年谱《先兄潘载和年谱》①,供同好了解先生的生平。

一九一四年(民国三年甲寅)先兄一岁

阴历十月十五日(阳历12月1日)出生于广东省揭阳县榕城北溪宫巷潘宅。

父潘镜耀,又名文声;母梁氏,广东番禺人;生七儿三女,载和兄排行第二,大兄幼年夭逝。家贫,父以蒸制发糕为业。

载和兄家庭乳名如章,学名连熙。发拳曲,自号虬发,又曾号涤荡生;名其斗室为话香山房、秋风听雁楼。

幼年随父母迁居汕头市,初住集贤里,后迁福合埕,又迁华坞路。

一九二三年(民国十二年癸亥)先兄十岁

入汕头市徐家祠所办私立东海小学读初小。

一九二七年(民国十六年丁卯)先兄十四岁

进汕头广州旅汕同乡会所办私立广旅小学高小学习,广旅小学以粤语授课,为当时汕头市教学质量最佳之小学。

一九二八年(民国十七年戊辰)先兄十五岁

由学校推荐参加汕头市小学生较艺,试国文、算学、史地、自然诸科,获全市第三名,全市开庆祝会,获奖者会后乘敞篷汽车游行全市。

年底毕业于汕头广旅小学高小。

一九二九年(民国十八年己巳)先兄十六岁

进汕头市孔教会所办时中中学读书,该校为初中程度,专修性质。任教者多硕学名儒。如校长杨雪立为前清贡生,教务主任蔡润楚为前清举人,国文教师吴竹朋亦知名。载和兄进国、英、算专修班,但兴趣在古今文学,英算两科,应付课业而已。在校学习期间,利用该校古今藏书甚富,广读诸子百家,尤喜唐诗、宋词、元剧、明清小说。开始写作,作品有小说、诗歌、文艺评论等,多发表于汕头《岭东民国日报》《星华日报》等副刊。

一九三一年(民国二十年辛未)先兄十八岁

"九一八"事变后,汕头市组织学生救亡联合会,载和兄以时中中学代表参加该

---

① 潘懋元:《听雁楼诗文集》,潮声杂志社,2000,第125~127页。

会，任文书干事，为抗日救亡奔走。

年底，毕业于时中中学。

一九三二年（民国二十一年壬申）先兄十九岁

年初任教于揭阳故乡。继而任汕头市私立民强中学附小国文教师。业余编《潮汕检音字表》，潮音与国音有别，用国音字典查音，每有差错。坊间虽有《潮声十五音》，仅能依音查字，不能依字查音，且多舛误，教师颇感为难，（当时中小学多用潮汕方言教学）载和兄立志为潮人解决此困难。

一九三三年（民国二十二年癸酉）先兄二十岁

1月《潮汕检音字表》初版出版。10月，改订本再版。

4月20日中篇小说《泡影》完稿，在《侨声报》连载，其中所写姗女士，即其初恋对象，《泡影》有所指也。

开始编《潮州府志略》。潮州有府志，卷帙繁多，阅读不便。载和兄撷英钩玄，略增近事，编辑此书。

9月出版新诗《夜心集》。

与友人合资办上海书店，店址在升平路口，以售新文艺书刊为主。

一九三四年（民国二十三年甲戌）先兄二十一岁

1月《潮州府志略》出版。

上海书店经营亏空收盘。春初离汕赴沪，在《大公报·小公园》副刊等发表文章。夏间回汕，以"重来"笔名在《星华日报》副刊发表文章。

下半年回揭阳，在埔上李私立树德小学任教。郁郁不得志，每赋诗抒怀，寄情山水。

一九三五年（民国二十四年乙亥）先兄二十二岁

阴历二月肺病，到汕头治疗，半年无效。

阴历六月回揭阳疗养，病情时轻时重，稍平稳时，仍能与连桑兄赋诗酬谢。

阴历九月病转剧。

阴历十月十三日（阳历11月8日）逝世，终年22岁（实龄21岁），尚未婚娶。

遗著除上述诸书外，尚有《听雁楼诗草》抄本、《潮音字汇》（未完稿，已佚）等。

三　潘载和先生专著及遗稿述略

此次汕大图书馆获赠先生的遗著和手稿有：《潮州府志略》、《夜心集》、《增订万字本标准潮汕检音字表》、《泡影》（剪报本）、《听雁楼诗词稿》（手稿），现将五种著作情况介绍如下，供师友参考。

1.《潮州府志略》

编著者揭阳潘载和，出版者汕头文艺书店，中华民国二十三年一月（1934年1月）

出版。定价大洋一元二角，18.6cm * 13.3cm，平装铅印本。

封面是翟宗心题签的书名《潮州府志略》和"潘载和著"；封面有潘懋元先生亲笔题签："先兄潘载和遗著原版一册送汕头大学图书馆收藏，潘懋元（隽之）赠，二〇一三年元月"。潘懋元章、潘隽之章各一。

书名页是周伯初题签《潮州府志略》。

卷首有陈宗博先生题词"菜根滋味知君惯，文藻风流获我心"；洪阳方瑞麟先生题词"十县文宗"；钟歧先生题词"士林圭臬"；吴文献先生题词"提要钩元"；省督学马衍鎏先生题词"文献足征"；杨雪立先生题词"志乘之要"；吴梓芳先生题词"地方文献"；曹敬庵题词"岭东文献"；陈宗毓先生题词"取精用宏"；朱昌梅先生题词"蔚然大观"；黄勖吾先生题词"纲举目张"。

卷首有自序，有沈达材先生、陈铁光先生、林右叙先生各自为本书写的《潮州府志略序》。

凡例中阐述了自己编著《潮州府志略》的缘由：潮之有志，始于明嘉靖年间，司马车份，至清乾隆间太守周硕勋，重修之五；周志之后，无续辑者；乾隆迄今近二百年，旧志散佚太半，得者匪易。编者为利便地方文献之流传，爰辑是书。旧志卷帙浩繁，即能购置，披读亦难；是书于旧志间撷精去芜，篇幅未及十分之三，而重要文献，已包括略备，故名之为《潮州府志略》。

本书依据周志而编，"取其资于周志者十之五六"，间及通志、县志。暨私人编述者，"旁及通志，县乘，益以韩江闻见录，耆旧集，潮州文概书诸，删芜抉要"。

本书所收的资料大部分截止于周志所收的乾隆年间资料，但其中也补充了小部分现代资料。本书不分卷次，设纲十六项：图志，自然现象，沿革，疆域，山川形势，交通，建设，兵备，税法，人物，风俗，物产，轶闻，古迹，艺文等，再以细目分之。

该书共20多万字，虽然以简明为主，但也可明了潮汕1000多年历史变迁大概。而且全书句读采用新式标点，大大方便读者对地方史料的阅读和了解。书中对从其他志书摘录过来的内容，在文后一一注明出处或注明"参阅某某条"为读者作索引。

本书主要是辑录而成，但是作者在文中还是增加了不少自己编写的内容，表述自己的观点。主要体现在书中的按语、人物、艺文、附录上。术中出现的"载和按"有24处，分别在"星野（1）、潮汐（1）、沿革（2）、都图（2）、墟市（1）、山川形势（3）、水利（1）、堤防（2）、交通（1）、城池（4）、仓储（1）、风俗岁时（1）、古籍（4）"；人物和艺文上增加了乾隆后的人物和作品。

附录为《南澳考略》、《汕头考略》和《潮汕现状》三种。

作者写《南澳考略》是因为"南澳置县，至今未及廿年，志乘之所未载，故是书特辑南澳考略附焉"。

《汕头考略》是"汕头则以一穷荒半岛辟为商埠，才未百年，蔚然南中国著名巨港，是书于其沿革变迁，特辑汕头考略一篇附焉"。

《潮汕现状》则是"民国成立，迄今已逾二十有余年，地方情状，日新月异，已非昔时旧况。故是书复有潮汕现状一篇附焉"。该附录还有四个附表：沪粤飞机客票价目表，潮汕铁路乘客价目表，潮汕铁路夏季行车时刻表，潮汕铁路冬季行车时刻表。

2.《夜心集》

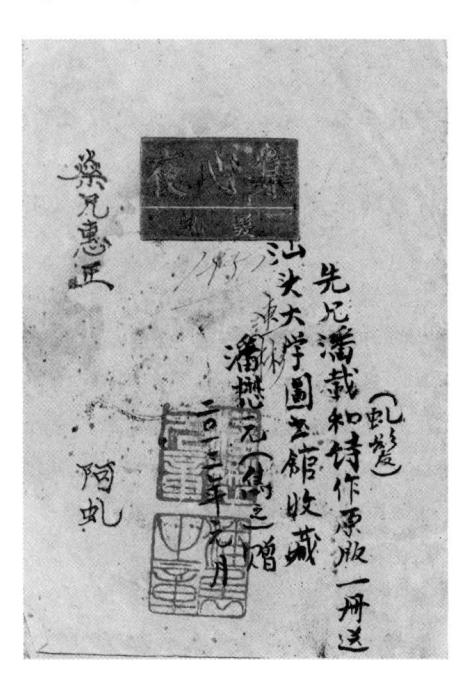

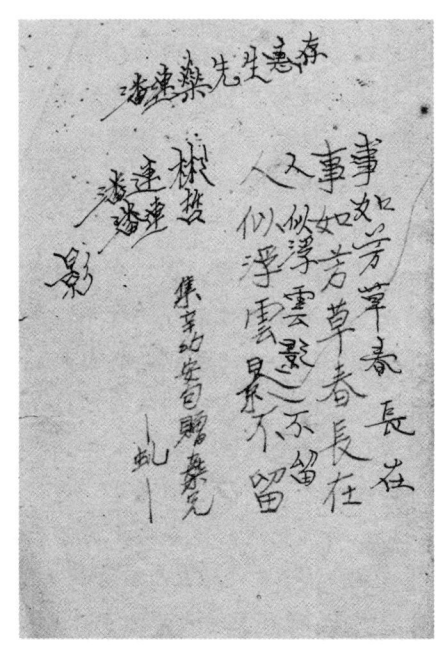

作者虬发，民国二十二年9月出版，出版者汪洋社，每册定价大洋三角，10cm * 13.5cm，130页。

封面有作者亲笔题签"燊兄惠正　阿虬"，潘懋元先生亲笔题签"先兄潘载和（虬发）诗作原版一册送汕头大学图书馆收藏，潘懋元（隽之）赠，二〇一三年元月"，潘懋元章、潘隽之章各一。

扉页有"载和赠"题签，题签前面有"潘"字，笔迹和颜色不一，应为后人另加。

题名页后的扉页1印有"献给梦中人"，扉页2印有"此情可待成追忆，只是当时已惘然！李义山"。

版权页后面附有"潮音字汇"即将出版的广告，扉页上有笔者亲笔题签：

事如芳草春常在　人似浮云影不留

集辛幼安句赠燊兄——虬

本书收录作者1931年至1932年所作新体诗20首，词五阕。时人评论此书，谓"有春水一般的温柔的词句；有茉莉一般的馨香的情怀；象幽林的杜鹃在午夜低叫；象芍药枝残在深宵轻抖"①，我们摘录作者为本书所作的跋，可以体会当时作者写这些诗词的苦闷、彷徨、忧愁的心境：

跋

萧瑟的西风掠过了幽暗的林梢，寒雁的哀叫在天际回旋。啊！秋来了，秋带来了凄凉的苦味在人们的内心！

昨夜，听街头的卖曲者在独奏着那幽怨的三弦，无端的愁思又游丝般的缠绕住我的心头，我的心在轻微地颤动。

我抚摸着往昔的创痕，我叹息，我觉得我的眼皮润湿着。你相信吗？那——那是眼泪啊！

夜是深深地深着，我默默的凝思，二十年的青春轻轻的从我手中溜去，人生把我造成了一个忧郁性浓厚的青年，我和其他的青年一样地感到苦闷；我更有着比别的青年更发达的伤感意识，我会无端的堕泪，当没有人在我面前的时候。

有一个时期我在我的故乡度过了半个年头的生活，我爱我的故乡。每个早晨，每个黄昏，每个夜晚，我喜欢徘徊在那静寂的江边；南溪的幽玄的轻波滔滔东流，在那山村渔舍，在那残城荒冢，曾经沉醉过我的灵魂。而今，这灰色的旧梦，早消失了！然而那艳丽的印象却无时不盘踞在我的心脑中。

这里，二十首诗和五阕词结成了这个集子，在这儿，我们听不到暴风雨中的狂呼！在这儿，我们看不见时代的光芒！在这儿我们只听见了一个青年在无边的黑暗中呻吟。

让我们来拭干去这凄苦的泪迹，听，听哟！听这心的低咽在那幽寂的夜中。

民国二十二年八月二十五日

虬发于汕头

---

① 孙淑彦：《乡邦人文》，汕头大学出版社，1995，第115页。

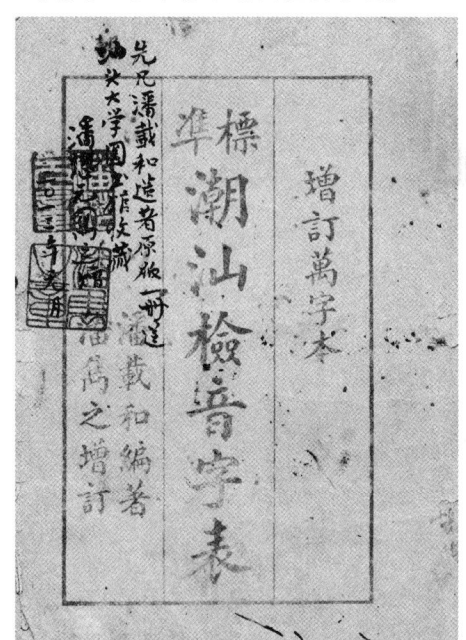

3.《增订万字本标准潮汕检音字表》

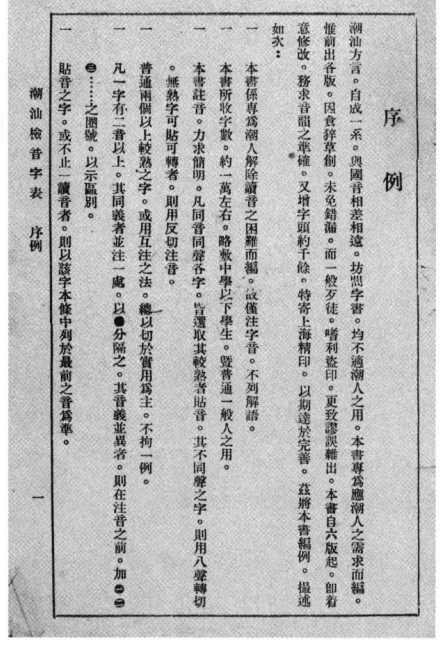

本书是 1933 年 1 月揭阳秋风听雁楼出版的《潮汕检音字表》的增订本,由于版权页已佚,出版时间不详,据估计应在 1937 年或 1938 年出版,潘载和编著,潘隽之增订,全书 122 页,18cm*13cm,检字字数 1 万个左右,上海铅印线装本。本书书名对照以前版本,应该是雪道人杨雪立题签。

封面有潘懋元先生亲笔题签"先兄潘载和遗著原版一册送汕头大学图书馆收藏,潘懋元(隽之)赠,二〇一三年元月"。潘懋元章、潘隽之章各一。

作者编写此书的原因是"潮汕方言。自成一系。与国间音相差相远。坊间字书。均不适潮人之用。本书专为应潮人之需求而编"。

本书所收字数,1 万左右,能满足中学以下学生和普通人之用。每字仅注字音,不列解语,注音力求简明,凡同音同声各字,皆选取其较熟者贴音,其不同声之字,则用八声转切,无熟字可贴可转者,则用反切注音。普通两个以上较熟悉之字,或用互注之法,总以切于实用为主。凡一字有二音以上,其同义者并注一处。以●分隔之;其音义并异者,则在注音之前加①②③……之圈号,以示区别。贴音之字或不止一读音者,则以该字本条中列于最前之音为准。潮汕各地语音,歧复过甚,本书均以潮汕最通行之音为标准,其他歧音间亦有采及。

4.《泡影》(剪报本)

本册子为剪报本,为作者将连载于 1933 年汕头《侨声报》的中篇小说《泡影》剪贴而成。19cm*13cm,全册 81 页,最后一页全篇完的时间为 1933 年 4 月 20 日夜。全

册剪贴甚为精美,看得出作者颇费了一番心思,对作品喜爱之意。据潘懋元先生所说"其中所写姗女士,即其初恋对象,《泡影》有所指也"。故事也以作者亲身经历为原本创作而成。

在封面上,作者亲自题签了书名和自己的号,封面中间盖有一藏书印,里面内容"话香山房藏书 No.518 类"(话香山房为载和先生自名其故居书房)。封面有潘懋元先生亲笔题签"先兄潘载和(虬发)小说《泡影》亲自剪存成册送汕头大学图书馆收藏,潘懋元(隽之)赠,二〇一三年元月"。潘懋元章、潘隽之章各一。

在扉页上,作者亲笔题写了一首诗:

  作戏逢场事事哀,幽情成恨意如灰。
  无端惹得人憔悴,红豆枝枝近水栽。

虬发:秋风听雁楼

题名页为作者亲笔自署。

5.《听雁楼诗(抄本)》

本册子为一黑色笔记本,16cm*10cm,书名页为作者自署"听雁楼诗抄本载和自署";扉页有潘懋元先生亲笔题签"先兄潘载和(虬发)听雁楼诗自抄本一册送汕头大学图书馆收藏,潘懋元(隽之)赠,二〇一三年元月"。潘懋元章、潘隽之章各一。

本诗稿为作者亲笔手稿,创作时间为 1931~1935 年,共 31 首古体诗。诗稿按年份分为 5 部分,具体如下:

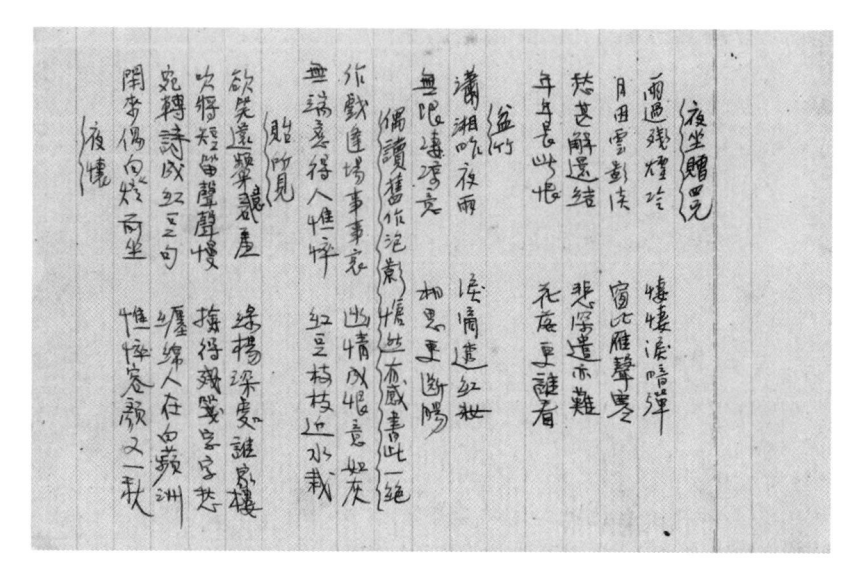

辛未诗钞：《落叶》、《有怀》、《章台》

壬申诗钞：《西郊送别子桐少文》、《雨夜独坐》、《废城重眺》、《春日口占》、《东郊即咏》、《江上晚步》、《秋夜寄宗博》、《郊兴》、《公园见残荷，去岁亦见之，赋此志感》、《昨夜》

癸酉诗钞：《无题五首》、《失题二首》、《二十题影》

甲戌诗钞：《夜坐赠四兄》、《盆竹》、《偶读旧作〈泡影〉，怆然有感，书此一绝》、《贻所见》、《夜怀》、《缱红》、《十月将晦，中夜睡起，与四兄披衣对坐索句得此》、《岁暮题影并向四兄索和》、《除夕用岁暮题影原韵》

隽之补钞：《病中遗作》。（笔者按：此诗为潘燊元先生补钞）。

四 结语

潘载和先生是潮汕地区20世纪30年代文坛一位不可忽视的作家,特别是在地方文化上做出了不可磨灭的贡献。这次先生遗作和手稿能回归故里,落户我馆,我们会好好珍藏这批资料,并在此基础上根据潘懋元先生所撰年谱提供的信息,努力收集先生20世纪30年代发表在其他报刊资料上的作品,使先生的作品能集中在一起,供后来研究者使用。

责任编辑：陈景熙

杨树荣、林培庐、郭笃士、何定生民国年间著述辑目

陈 哲*

摘 要：本文辑录杨树荣、林培庐、郭笃士、何定生四位揭阳籍学者民国年间的著述目录。

关键词：民国 揭阳 杨树荣 林培庐 郭笃士 何定生

一 杨树荣先生著作目录

《拟苏武与李陵书》，《学生杂志》1917年第4卷第3期。
《同姓不婚问题》，《广东群报》1921年1月31日。
《古代的妇女观》，《革新》1922年第1卷第1期。
《重定文学的价值》，《革新》1922年第1卷第2期。
《看了赖婚影片以后》（署：柏年），《晨报副刊》1923年第25期。
《作文的题目和机会》，《初等教育》1923年第1卷第1期。
《潮州文学史》，《潮州留省学会年刊》1923年第1期。
《卢梭自然教育之评论》，《潮州留省学会年刊》1923年第1期。
《送杨果庵先生之官惠阳序》，《潮州留省学会年刊》1923年第1期。
《潮州留省学会筹办学报募捐启》（署：杨柏年君），《潮州留省学会年刊》1923年第1期。
《读诗札记》，《革新》1923年第1卷第4期。
《读诗札记续》，《革新》1924年第1卷第5期。

---

* 陈哲，1996年生，汕头金山中学高三年级学生。

《再论同姓不婚问题》,《革新》1924 年第 1 卷第 6 期。
《倡建河婆中学序》,载抱一生编《榕声》1927 年第 4 期。
《关于拙著潮州文学史的几点解释》,载抱一生编《榕声》1927 年第 4 期。
《编辑余谈》,载抱一生编《榕声》1927 年第 4 期。
《本厅视察制度之沿革与今后巡察之使命》,《广东民政公报》1929 年第 46 期。
《禁赌刍议》,《新声》1930 年第 19 期。
《民国以来广东教育制度沿革史》,1931,广东省政府教育厅编印。
《本省注音符号的回顾和前瞻》,《推行注音符号特刊》1931 年第 1 期。
《关于军事教育之过程》,《广东教育月刊》1932 年第 1 卷第 1 期。
《教育救国论》,《广东教育月刊》1932 年第 1 卷第 2 期。①
《林庙展谒记跋》,载《曲阜林庙展谒记》,1934。
《郭忠节之奇降清辨》,《潮州文化》1941 年第 1 卷第 1 期。
《薛中离先生学说述要》,《文献》1943 年创刊号。
《论语新编释序》,《论语新编释》,周美盛书局,1944。
《明代广东三大教育家》,《广东教育》1947 年第 2 卷第 3 期。

二 林培庐先生著作目录

(一) 专书

《耒耜集》,1926,自刊本,北京海音书局,姜华、谷风田、丘玉麟序,全国图书馆文献缩微中心藏,据贾植芳《中国现代文学总书目》著录。
《潮州畲歌集》(二册),周作人序,上海朝霞书局,1927。
《韩师国文讲义》,1930 年油印本,广东省立中山图书馆藏。
《潮州民间故事集》,汕头开明出版部,1930。
《揭阳乡土地理》(署:天卧生编),汕头良友图书公司,1931,吴文献题签,汕头市澄海中学图书馆藏。
《李子长好画》,潮州支那出版社,1932。
《揭阳乡土史地志》,汕头文华图书公司,据 1936 年上海天马出版社《潮州七贤故事集》著录。
《潮州七贤故事集》,上海大众出版社,1936,钱玄同题签。
《潮州七贤故事集》,上海天马出版社,1936,张竞生、胡适题签,邹炽昌、容肇祖、周作人、赵景深序。

---

① 《广东教育月刊》1932 年第 4 期刊先生一文,未见,不详。

《民间世说》，上海儿童书局，1936，罗香林序。

《揭阳风土记》，据1945年《璞山续集·林培庐传》著录。

《榕江诗钞》，据饶宗颐《潮州志·艺文志》（1949年潮州修志馆铅印本）著录："《榕江诗钞》揭阳林培庐编，印本，集王德徽、陈雄思、雄略、周易、林枚、林毓菼、吴沛霖、余芷逸八家诗。"

附未刊稿本：

《摇鼓集》、《谈古集》。①

《潮州平民文学概论》、《岭东民俗丛谈》、《潮州曲本提要》（林培庐、郭坚合著）、《孟姜女故事材料集》、《潮州民间童话集》、《潮州民间传说》、《岭东神话集》、《闽歌集》（林培庐、李幻云合编）、《潮州谜语》。②

《潮州文学大纲》、《炒冷饭》（小品）、《含羞草》（诗集）。③

（二）诗文

《绣巾缘》（署：天卧生），《小说海》1917年第3卷第1期。

《鸟类之化妆》（署：天卧生），《妇女杂志》1917年第3卷第11期。

《侨踪萍合记·第一回·林天福跋涉重洋，叶桂花飘流暹埠》（署：天卧生），《小说月报》1917年第8卷第1期。

《侨踪萍合记·第二回·花月夜喜逢旧侣，杏林园欢燕群宾》（署：天卧生），《小说月报》1917年第8卷第2期。

《海盗》（署：天卧生），《小说月报》1917年第8卷第10期。

《秋坟》（署：天卧生），《小说月报》1917年第8卷第11期。

《疑：这一天，正是星期六的下午》（署：天卧生），《小说月报》1918年第9卷第1期。

《乡人之贪》，《少年》1918年第8卷第10期。

《毁椟》（署：天卧生译），《小说月报》1919年第10卷第8期。

《子胥过关》（历史游戏），《少年》1919年第9卷第8期。

《排铜元》，《少年》1920年第10卷第1期。

《水果的益处》，《少年》1920年第10卷第6期。

《婴孩：为本校四周纪念刊作》，载《北京平民大学周刊》（本校四周年纪念增刊），1926。

---

① 以上据朱樱田《介绍民俗学家林培庐先生》（1932年《现代社会》第1卷第4~5期）著录。

② 以上据林培庐《中国民俗学书目补遗》（载1931年《民俗汇刊》）著录；《闽歌集》又见诸朱自清《中国近世歌谣叙录》著录。

③ 以上据1936年上海天马出版社《潮州七贤故事集》著录。

《潮州的畲歌》,《语丝》1927 年第 143 期。

《潮州平民文学的历史》,《中大季刊》1927 年第 1 卷第 4 期。

《伦理学赅要》,载天卧生编《揭阳一中月刊·创刊期》,1929。

《中国文法学札记》(署:林植桐),载天卧生编《揭阳一中月刊·创刊期》,1929。

《关于潮州民俗材料》,《民俗》1930 年第 110 期。

《送君》,《民间》1931 年第 5 期。

《福建民歌》(续),《民间》1931 年第 6 期。

《创刊的闲话》(署:天卧生),载林培庐编《民俗周刊汇刊》1931 年第 1~20 期合刊。

《黄鬼子的故事》(署:天卧生),载《民俗周刊汇刊》1931 年第 1~20 期合刊。

《关于"海龙王的女儿"专号:先来介绍》(署:天卧生),《民俗周刊汇刊》1931 年第 1~20 期合刊。

《广东揭阳歇后语》,《民间月刊》1932 年第 11 期。

《城隍的故事》,《民间月刊》1932 年第 2 卷第 1 期。

《凉卧后的风波》(署:天卧生),《现代社会》1933 年第 2 卷第 2~3 期。

《石水缸传说》,《民间月刊》1933 年第 2 卷第 8 期。

《漳州歌谣的研究:序王编漳州歌谣集》,《现代社会》1933 年第 2 卷第 1 期。

《旧事重提》,《艺风》1935 年第 3 卷第 12 期。

《潮州民间传说》,《妇女与儿童》1935 年第 19 卷第 19 期。

《潮州民间传说》,《妇女旬刊》1935 年第 19 卷第 19 期。

《波罗蜜序》,载《波罗蜜》,群英出版社,1935。

《姑嫂星神话》,《艺风》1936 年第 4 卷第 1 期。

《潮州民间传说》,《艺风》1936 年第 4 卷第 1 期。

《广东山歌》(一),《歌谣周刊》1936 年第 2 卷第 8 期。

《汉代崔寔的"农家谚"》,《歌谣周刊》1936 年第 2 卷第 14 期。

《潮州民间传说》,《歌谣周刊》1936 年第 2 卷第 35 期。

《潮州梁祝故事的歌谣:呈钱南扬先生》,《歌谣周刊》1936 年第 2 卷第 39 期。

《潮音大众字典序》,载《潮音大众字典》,榕涛出版社,1937。

《潮安年节风俗谈序》,载《潮安年节风俗谈》,中南出版社,1937。

《潮州民间传说的梁祝》(署:天卧生),《民国日报·民俗周刊》1939 年第 14 期。

三 郭笃士先生逸作目录

《雨夜》,《闽星》1925 年第 4 卷第 1 期。

《蛀痕》,《闽星》1925 年第 4 卷第 1 期。

《小诗》,《闽星》1925 年第 4 卷第 1 期。

《端午竹枝词四首录二》,《闽星》1925年第4卷第1期。

《林大钦的故事》,载国立中山大学历史语文研究所《民间文艺》1927年第4期。

《宋诗书目》,《国立中山大学图书馆周刊》1928年第4卷第3、4期。

《题渔洋山人秋柳诗真迹应颉刚夫子雅令》,载《王渔洋柳洲诗话图》,顾颉刚藏,1928。

《日有食之》,《国立中山大学语言历史研究所周刊》1929年第6集。

《少年游》,《四中周报》1933年第61~64期合刊。

《满庭芳》,《四中周报》1933年第61~64期合刊。

《辛巳冬至入蜀式湘夫子际以喜至三章奉和》,《文史杂志》1942年第2卷第5、6期合刊。

《式湘夫子赐和所献再呈》,《文史杂志》1942年第2卷第5、6期合刊。

《蜀滩歌》,《文史杂志》1942年第2卷第1期。

《柬詹大教授南雍》,《文史杂志》1942年第2卷第1期。

《黔蜀道中》,《文史杂志》1942年第2卷第1期。

《书邸抄后》,《文史杂志》1942年第2卷第1期。

《三姝媚》,载《无庵词》,詹安泰自印本,1937。

四 《何定生教授论著目录》[①]补遗

《本部所藏古器物书目》,载何之、何定生合编《国立中山大学图书馆周刊》1927年第6卷第1~4期。

《六六三惨案与帝国主义者之侵略政策》,《政治训育》1927年第16期。

《民族主义与国家主义》,《政治训育》1927年第17期。

《德芬的姑娘》(Jhon Keats,*The Devon Maid*),《一般》1929年第9卷第1~4期。

《一朵美丽的青花》,《文学周报》1929年第4卷第251~275期。

《王充及其学说》,《广州民国日报》1929年。

《到西泠桥畔(秋子的日记)》,据《顾颉刚日记》著录。

《寂寞的旅途》,据《顾颉刚日记》著录。

《母亲的泪》,《一般》1929年第8卷第1~4期。

《妇女在文化上的地位》,《妇声半月刊》1947年第1卷第7期。

《时氏医案》,《国医砥柱》1948年第8、9期合刊。

责任编辑:陈景熙

---

① 车行健、徐其宁编《何定生教授论著目录》,载中研院中国文哲研究所2010年《中国文哲研究通讯》第20卷第2期《何定生教授纪念专辑》。

潮籍贤哲

论饶锷古文之取法门径

陈 伟*

摘　要：饶锷是民国时期潮汕地区的古文名家，他的古文从欧阳修入手，出入唐宋明清诸大家，而以桐城派为依归。本文从文章的取法门径入手，探讨饶锷古文对前人的继承和创新。饶锷学欧阳修，得其纡余妙丽；学归有光，得其细节白描之法；学戴名世，得其"文贵独知"而舍其狂宕；学桐城义法，得其"常事不书"之法。饶锷古文，在取法前贤的基础上，又能融会贯通，形成自己雅洁深婉的独特风格，堪称一代作手。

关键词：饶锷　古文　欧阳修　归有光　戴名世　方苞　桐城义法

饶锷（1891～1932），字纯钩，自号钝庵，别号莼园居士。生于潮州一儒商之家。少笃于学，稍长游学四方，曾"探禹穴之故墟，扬秦火之灰尘"①，跋涉3000余里。早年毕业于上海法政学校，1909年参加"南社"，与金山高吹万倡设国学会。曾任《粤南报》主笔。饶家世代经商，富甲潮城，饶锷的父亲曾任潮州商会会长，但饶锷却是潮州赫赫有名的学者，其天啸楼藏书近10万卷。饶锷平生致力于考据之学，且工于诗文辞章，谙熟佛典，尤喜谱志，著述甚富，有《慈禧宫词》、《西湖山志》、《天啸楼集》、《王右军年谱》、《法显〈佛国记〉疏证》、《〈淮南子〉斠证》、《饶氏家谱》等著作。另撰有《潮州艺文志》，未完稿而卒，后由长子饶宗颐续撰而成。

饶锷是民国时期潮汕地区的古文名家，其《天啸楼集》所录古文有55篇，加上《饶锷文集》中辑佚文章5篇，现存世共有60篇。郑国藩评其文曰："君文前后凡三变：少作刻意模韩而未能至，时有枘凿不相容之处；中年出入唐宋明清诸大家，各有其

---

* 陈伟，1982年生，广东潮州人，韩山师范学院饶学研究所文博馆员。
① 饶锷：《饶锷文集》，天马出版有限公司，2010，第129页。

所似，则志于传世，不忘意匠之经营者也；晚近一变而归于平易，下笔在有意无意之间，则既神明于法而不复以法囿，文境之上乘矣。"① 又曰："君文无宗派，以桐城义法出入唐宋明清诸大家，无意于古而与古会，当于庐陵、熙甫间别置一席，时贤中罕见其匹也。"② 时论评价甚高。

饶锷古文，从欧阳修入手，兼融韩愈、归有光、方苞、戴名世诸家之长，而自成一格。下文将各举例子，探讨其古文之取法门径。前贤论文，点到为止，今也强作解人，谬为分析，恐扪烛扣盘，画蛇添足耳，尚祈君子正之。

一 学欧阳修而得其纡余妙丽

郑国藩《蓴园居士饶君墓志铭》称饶锷之文："当于庐陵、熙甫间别置一席。"③ 庐陵指欧阳修。其哲嗣饶宗颐亦曰："父亲做古文主张从欧体入手。"④ 饶锷《感旧诗存序》中有一段曰：

> 夫人之于世也，得一友焉，虽不才，而闻其死，未尝不流连慨叹也。\ 其人苟才，虽未与为友，而闻其死，亦未尝不流连慨叹也。\ 夫不才而友，与非友而才，生或并世，或旷世，而悯今吊古，犹不能无感焉。而况乎既友且才，生同时，处同里，风流蕴藉，有杯酒唱酬谈笑之雅者，一旦离群索居，继以凋谢，而追念旧游，摩挲遗墨，有不益为歔欷太息者哉。此郭子于三先生之殁所为怆然若不可为怀，而尤亟亟于是编之辑也。⑤

揭阳郭餐雪先生，与丘逢甲、曾习经、丁叔雅为诗文之交，及三先生下世，郭餐雪乃辑生平四人唱和之作为《感旧诗存》，征序于饶锷。郭为饶好友，是饶氏天啸楼座上常客。此文深得欧阳三昧。苏洵《上欧阳内翰第一书》评欧阳修文曰："纡余委备，往复百折。"⑥ 魏禧曰："欧文之妙，只是说而不说，说而又说，是以极吞吐往复参差离合之致。"⑦ 饶锷此文也是极尽回环曲折、吞吐掩抑之能事。"得一友焉，虽不才，而闻其死"是第一层；"其人苟才，虽未与为友，而闻其死"为第二层；通过前二层之回环衬托，最终才逼出真正的主题第三层："既友且才……一旦离群索居，继以凋谢，有不益

---

① 饶锷：《饶锷文集》，第 4 页。
② 郑国藩：《似园文存》，广东省金山中学潮州校友会影印，2013，第 227 页。
③ 郑国藩：《似园文存》，第 227 页。
④ 饶宗颐述，胡晓明、李瑞明整理：《饶宗颐学述》，浙江人民出版社，2000，第 4 页。
⑤ 饶锷：《饶锷文集》，第 18 页。
⑥ （宋）苏洵著，曾枣庄、金成礼笺注：《嘉祐集笺注》，上海古籍出版社，1993，第 328 页。
⑦ （清）魏禧：《魏叔子日录》卷二，转引自王水照、王宜瑷选注《欧阳修散文选集》，百花文艺出版社，1995，第 15 页。

为欷歔太息者哉。"如此层层深入的写法，正是饶文学欧有成之作。

又如饶锷《心经述义序》中有一段曰：

> 往时余与梦蝶以文字气谊相切劘，居相近，业相同也。去年余丁外艰，梦蝶之先人亦后二月捐馆舍。未几，其仲弟又不幸蚤夭，而余兄亦于是时以疾卒。是余之与梦蝶，微独业同学同，其身世之遭逢复相同也。夫人世生死聚散苦乐忧戚之故，余与梦蝶既熟覩而躬验之矣。\ 梦蝶学佛人，其于尘劳虚妄，宜回向有悟焉。\ 乃犹此之为，岂其中终有不能自已者耶？\ 抑大雄说法四十九年，原无一字，而程子亦曰："万变皆在人，其实无一事。"梦蝶胸中岂固了然于去住无契，而一事未罣、一字未著耶？\ 而余之以区区名句文身根尘迹象度梦蝶，毋亦自未能泯人我之见，而浅之乎视梦蝶耶。梦蝶欲余序其书，辄书此以讯之。①

这是饶锷为友人蔡梦蝶《心经述义》所作的序言。短短一段文字，竟有五层转折。姚范《援鹑堂笔记》云："欧公文字玩其转调处，如美人转眼……欧公每于将说未说处，吞吐抑扬作态，令人欲绝。"②饶文颇能得欧阳之神，所谓"纡余"之妙，正在乎是。

此外，饶锷的名篇《天啸楼记》也是典型的学欧之作：

> 饶子尝自名其所居之楼曰天啸，既三年矣。客有疑而叩其义者，饶子瞠目而不能答。已而愀然以思，辗然而笑曰："吾之初为是楼名也，适然名之耳，非有所取法人人也。今吾子迺欲穷其义之所本无已。吾且自完吾说，可乎？"客曰："愿闻之。"曰："独不见夫风乎？夫风，天之声也。其来也，其声飒飒然，其动于物也泠泠然，及其变而为飓也，卷沙拔木，崩崖裂石，天地为之惨淡，飞潜为之屏息。彼其泠泠而来者，天声之自然者也。其变而为飓也，天声之不平者也。凡自然之声谓之声，不平之声谓之啸。余穷于世久矣，动与时乖迕，外动于物，内感诸心，情迫时辄为不平之鸣，而一于文辞诗歌焉发之。故吾之为文与诗，纵怀直吐，不循阡陌，愁思之音多，盛世之辞寡，是虽生际乱世使然。夫宁非天之啸与？此吾之所以名吾楼也。"客曰："甚哉！子之善于为辞也，询之而不知其义，思而能自圆其说，甚哉！子之善于为辞也。"客既退，遂书以为天啸楼记。③

此篇融韩欧于一炉。中间写风一段，"独不见夫风乎？夫风，天之声也，其来也。其声

---

① 饶锷：《饶锷文集》，第19~20页。
② 姚永朴：《文学研究法》，时代文艺出版社，2009，第78页。
③ 饶锷：《饶锷文集》，第87~88页。

飒飒然，其动于物也泠泠然，及其变而为飓也，卷沙拔木，崩崖裂石，天地为之惨淡，飞潜为之屏息。彼其泠泠而来者，天声之自然者也。"出于欧阳修《秋声赋》："噫嘻悲哉！此秋声也，胡为而来哉？盖夫秋之为状也：其色惨淡，烟霏云敛；其容清明，天高日晶；其气栗冽，砭人肌骨；其意萧条，山川寂寥。故其为声也；凄凄切切，呼号奋发。丰草绿缛而争茂，佳木葱茏而可悦；草拂之而色变，木遭之而叶脱；其所以摧败零落者，乃一气之余烈。"① 宋罗大经《鹤林玉露》曰："然韩柳犹用奇重字，欧苏惟用平常轻虚字，而妙丽古雅，自不可及，此又韩柳所无也。"② 饶文亦堪称妙丽古雅。诚如王水照论欧阳修曰："多用和善用虚词更是他一大本领。《醉翁亭记》以二十一个'也'字结尾，就形成一种一唱三叹的吟咏句调。"③ 饶锷此文虚词之应用也是得心应手。中间"夫风，天之声也"以下，连用六个"也"，颇能得欧阳修之风神。接着一段"其变而为飓也，天声之不平者也。凡自然之声谓之声，不平之声谓之啸。余穷于世久矣，动与时乖迕，外动于物，内感诸心，情迫时辄为不平之鸣，而一于文辞诗歌焉发之。故吾之为文与诗，纵怀直吐，不循阡陌，愁思之音多，盛世之辞寡，是虽生际乱世使然。夫宁非天之啸与？此吾之所以名吾楼也。"则是将韩愈《送孟东野序》"不平则鸣"之说加以发挥。这种韩欧的结合，使其行文刚柔并济，张弛有度。郑国藩《天啸楼集序》曰："君文前后凡三变：少作刻意模韩而未能至，时有枘凿不相容之处。"饶锷少作学韩而未能至的文章到底是怎么样的，今天已经很难找到例文，因为少作大都被他自己删掉了。而我们见到的这篇《天啸楼记》，则是他学韩而能化的佳作，已经摆脱了"枘凿不相容"的毛病了。另外，天啸楼原有郭餐雪所撰一联曰："长啸一声横素鹤，重楼百尺卧元龙。"佳联难得，可与此篇并赏。

饶锷先学韩，后学欧，于二家皆用力甚深，其《与冯印月书》曰："韩文最佳莫若赠送诸序，其理神法度博厚奇变，后有作者，终莫能逮。欧阳公自谓得力韩文，今观其文，与韩似不类。然按其义法，寻其声调，与韩靡弗合也。盖退之运法于气，永叔行气于法。殊途同归，人知之少矣。"④ 他自己走的也是欧阳"行气于法"之法。

二　法归有光而得其细节白描

郑国藩称饶锷之文："当于庐陵、熙甫间别置一席。"熙甫者，明人归有光也。归氏擅于以简朴之文字叙述琐细之事件，"通过富有特征的细节刻画人物，并凝有深厚丰富的感情。"⑤ 饶锷也颇能得归氏细节白描之心法，如其《兄女阿圆圹铭》，写侄女之夭

---

① （宋）欧阳修：《欧阳修全集》，中华书局，2001，第256页。
② （宋）罗大经：《鹤林玉露》，中华书局，1983，第93页。
③ 王水照、王宜媛选注《欧阳修散文选集》，百花文艺出版社，1995，第16页。
④ 饶锷：《饶锷文集》，第74页。
⑤ 叶祖兴、英子选注《归有光抒情散文》，作家出版社，1998，第3页。

折,中间一段曰:

> 呜呼痛哉!儿之未死也,辄投以药,医四易而皆罔效。初八日始绝乳食,咽哽不能啼,然又依依投母怀,不离持抱。家人围视涕泣。儿亦泪涔涔下。初九日,病益剧,已不能支目瞑矣。仅余气息而已,忽自起坐,张目四顾,举家狂喜,以为复生,急趋就之,儿反倒卧,以手触其痘,抓搔无已。血淋漓沾衣上,家人益怜之,复为流涕。儿忽作声,声微不可辨,意似止家人勿涕,是夕竟死,死时又能呼祖母数声。①

这是归有光细节白描的写法。写侄女病状极尽细致之能事。归有光有一篇《亡儿□孙圹志》,写其子临死之状,也颇为细致:

> 会外氏之丧,儿有目疾,不欲行,强之而后行。盖以己酉往,甲子死也。方至外氏,姿容粲然,见者叹异。生平素强壮无疾也。孰意出门之时,姊弟相携,笑言满前;归来之时,悲哭相向,倏然独不见吾儿也。前死二日,余往视之。儿见余夜坐,犹曰:"大人不任劳,勿以吾故不睡也。"曰:"吾母勿哭我,吾母羸弱,今三哭我矣。"又数言:"亟携我还家。"余谓"汝病不可动",即颦蹙甚苦。盖不听儿言,欲以望儿之生也。死于外氏,非其志也。②

此类琐碎之细节白描,因饱含感情,故更为动人。饶文之细节处理,与夫情感体验,皆与归有光有得一比。盖性之所近也,故文亦类之。饶集中另有一篇《仲兄次云先生行述》,中有一段曰:

> 锷少侍先兄读,为文章则就兄评可否。其抚视锷友爱尤笃。迨锷长游学四方,与兄常违离。甲寅以后,始家居相依。辄夜聚首剪烛品骘术业,畅论字书音韵源流及文章声病,漏三下乃罢以为常。兄初病痢,旋下血不止,缠绵匝月,遂困不能支。病中惟喜锷侍左右,偶暂离则形不怡色。故自兄疾,锷晨夕入侍,扶掖伺应,不敢少懈。弥留时摩锷顶而叹曰:"吾病殆不起乎!若然,是我负汝也。"语次泪下如縻。锷亦泣不可抑。呜呼!死生离别之际,握手欷歔,语重而志哀,虽陌路之人闻之,未有不怆然有动于其心,而况于兄若弟之亲昵与有严事之谊者,其悲痛宁有极耶!其悲痛宁有极耶!③

---

① 饶锷:《饶锷文集》,第115~116页。
② (明)归有光:《震川先生集》卷二十二,四部丛刊本,上海商务印书馆缩印康熙本,1936。
③ 饶锷:《饶锷文集》,第112页。

写其二兄临殁之状，与夫兄弟切磋学问、相励互勉之情，直欲呼天抢地，尤其动人心魄。此等文章，尽是血泪凝成，又因细节俱在，故百年之后读之，犹在眼前。

三 取戴名世之"文贵独知"而舍其狂宕

饶锷曾自称其生平独好欧阳修与戴名世之文。其《与冯印月书》曰："乡者为柯季鹗诗序，足下谬称有永叔、褐夫之风……大抵古人为文，各有偏好而不必尽同也。锷于历代文家研读潜索，不一日矣。顾独酷好欧、戴二家之文者，非文舍欧、戴二家皆无当我意也，又非欧、戴二家之文已尽文之极致，而欧、戴二家之文之外可无求也。……盖性之所近，有不知其然者矣。"① 戴名世（1653~1713），字田有，一字褐夫，号药身，又号忧庵。安徽桐城人，人称南山先生，又称"潜虚先生"。为"桐城派"的奠基人之一。康熙四十八年榜眼，授编修。又二年因文字狱"南山案"被斩。

饶锷虽好戴名世之文，但他与戴氏实际性情并不相近。饶锷有一篇《钝庵号说》：

> 余于家法行辈，本名宝璇。稍长就学，名字迭更。最后肆业海上，始定名锷。而字之曰纯钩。纯钩者，古宝剑也。盖余秉性柔懦，质复孱弱，惴惴然恒恐不足以自拔。故取字于剑，期振励于无形。抑亦欲异于世俗卿臣山川草木泉石之谓以自别也。揭阳周次瞻者，积学笃行君子也。岁之癸丑，始与余定交。见余名字而异之，一日逡巡谓余曰："夫物莫两大，两大则伤，一阴一阳之谓道，一伸一诎之谓运道也。运也，天地盈虚消息之理存焉。惟人之于名字也亦然。故靖节名潜，字曰元亮。考亭名熹，字曰元晦。诚有识于道与运之理，退而不敢忘，义胜而能守乎让也。今子既名锷矣，锷于义为利，而复以古宝剑为字，揆之盈虚消息之理，锋芒得毋太露乎？"余闻之，甚韪其言。由是有改字之意。然名字传呼习称已久。终莫有以易也。已而次瞻死于水。越明年，余始有钝庵之号。余之号钝庵，实次瞻启之也。而已不及见矣。今距次瞻之死又八年，年往岁徂，而予德不加修，追念故人惓惓之意，益不能无怆然于怀云。作钝庵号说。②

此篇解说自己的字号从纯钩易为钝庵之缘由，通过友人周次瞻之建议来讲明道理，行文平实又不失感慨，寄托了对亡友周次瞻的感念。饶锷称其酷好戴名世之文。戴名世集中也有一篇《褐夫字说》，自说取字之来由，不妨录出其中的一段与饶文做一下比较：

> 人曰："褐，贱服也；夫，不知谁何人之辞也。今吾子以自托焉，不亦鄙乎？"

---

① 饶锷：《饶锷文集》，第73页。
② 饶锷：《饶锷文集》，第130~131页。

余曰:"余固鄙人也,舍是无以为吾字矣。天下之人,上自君公,以至于大夫士,其等列以渐而降,最下至于褐夫,则垢污贱简极矣。其所处也至卑,其于世也无伍,富贵利达之所无望,而声势名誉之所不及,庸人孺子皆得傲且侮之而无所忌,以故古者谚之谩必以云。然则余不以为字而谁字乎?吾恶夫世之窃其名而无其实者,又恶夫有其实而辞其名者。若余则真褐之夫也,虽欲辞其名不得矣。匪吾云,人实云云,然则人之称之也必惯,鄙不鄙又何论焉。"既以其语应客,遂书之以为褐夫字说云。①

戴名世愤世嫉俗,满腹牢骚。饶锷虽好其文,但并没有承继戴的这种风格。两篇放在一起,我们会发现饶文要平实得多,已经没有什么火气了。正如其好友杨光祖《天啸楼集序》所言:"君循循学者……外虽刻苦,中自愉怡,盖志乎古者也。其为文章,纡余静正而无怨言。其为人温恭谨质而无愠色,傥所谓养其和平以发厥声者欤。"② 而戴名世则是笔下一腔无名火,这也使他后来惹上文字狱之灾。康熙五十年(1711年),左都御史赵申乔上疏奏戴名世"妄窃文名,恃才放荡。前为诸生时,私刻文集,肆口游谈,倒置是非,语多狂悖,逞一时之私见,为不经之乱道"。康熙五十一年(1712年)戴被斩于京师。

文章见乎性情,性情关乎命运。饶锷虽然听从好友周次瞻的建议,改纯钩之字为钝庵之号,但似乎为时已晚,不久,饶锷便英年早逝,年仅42岁。周次瞻"夫物莫两大,两大则伤……今子既名锷矣,锷于义为利,而复以古宝剑为字,揆之盈虚消息之理,锋芒得毋太露乎?"竟不幸言中,可悲也夫!

饶锷学戴名世,更多是学他的"为文贵乎独知",渐近自然一路。戴名世《与刘言洁书》:"今夫文之为道,未有不读书而能工者也,然而吾所读之书而吾举而弃之,而吾之书固已读而吾之文固已工矣。夫是故一心注其思,万虑摒其杂,直以置其身于埃壒之表,用其想于空旷之间,游其神于文字之外,如是而后能不为世人之言。不为世人之言,斯无以取世人之好,故文章者莫贵于独知。今有人于此焉,众人好之,则众人而已矣;君子好之,则君子而已矣。是故君子耻为众人之所好者,以此也。彼众人者,耳剽目窃,徒以雕饰为工,观其菁华烂漫之章,与夫考据排纂之际,出其有惟恐不尽焉,此其所以枵然无有者也。君子之文,淡焉泊焉,略其町畦,去其铅华,无所有乃其所以无所不有者也。仆尝入乎深林丛薄之中,荆榛冒吾之足,土石封吾之目,虽咫尺莫能尽焉,余且惴惴焉惧跬步之或有失也。及登览乎高山之巅,举目千里,云烟在下,苍然茫然,与天无穷。顷者游于渤海之滨,见夫天水浑沦,波涛汹涌,惝恍四顾,不复有人间。呜呼!此文之自然者也。"③ 饶锷对此深有体悟,其《与冯印月书》曰:"若夫褐

---

① (清)戴名世:《戴名世集》,中华书局,1986,第390~391页。
② 饶锷:《饶锷文集》,第7页。
③ (清)戴名世:《戴名世集》,第5~6页。

夫之文，得力于史迁、庄、骚为多，当其伸笔疾书，如水之趋壑，风之扫叶，铿锵之音溢于纸上，能令读者目眩神王。故当时与同郡方苞并以能古文推重一世。徒以遭逢不偶，颠顿荒山，竟因文字得祸，而其文遂不传于后世耳。"① 可见他对戴名世理解之深。而饶文之妙处，也颇能臻于"如水之趋壑，风之扫叶"之境。如他的《四十小影自题》：

> 圆颅方趾，系汝何人？是曾探禹穴之故墟，扬秦火之灰尘。漫游三千余里，著书二十万言。既遭时之不值，乃息迹乎海垠。抱丛残以补佚，将闭户而草玄。谓殷之夷乎？谓鲁之连？是皆非也。而讯其人，则曰："宁遗世以全我真。"②

此中有人，能全其真，故文虽只寥寥数句，而气势跌宕，读之真如"游于渤海之滨，见夫天水浑沦，波涛汹涌，惝恍四顾，不复有人间"矣。

四 桐城义法，常事不书

郑国藩《蓴园居士饶君墓志铭》曰："君文无宗派，以桐城义法出入唐宋明清诸大家，无意于古而与古会。"③ 关于义法，饶锷《答某君书》曰："夫文章之事盖难言矣……大别言之，不越二端：一曰散文，一曰骈文。是二者虽宗派各别，旨趣互异，顾其所以为文之法，莫不有一定矩矱存乎其间。故为文章者首重义法，次论至不至。精于理，工于言而又深于法，文之至焉者也；深于法而拙于词、疏于理，犹不失为文也。若理精而言工，无法度以运之，则不成文矣，而况于背理而伤词者乎？……不识义法之人，又乌足与以论文？"④ 这是明显地继承了桐城的"义法"说，姚永朴曰："文学之纲领，以义法为首。此二字出于《史记·十二诸侯年表序》，所谓'孔子明王道，干七十余君莫能用，故西观周室，论史记旧闻，兴于鲁，而次《春秋》，上记隐，下至哀公之获麟，约其文辞，治其烦重，以制义法，王道备，人事浃'是也……其后方望溪用力于《春秋》者深，故独喻此旨。其论文遂揭此二字以示人。且评司马氏此篇云：'《春秋》之制义法，自太史公发之，而后之深于文者亦具焉。必义以为经，而法纬之，然后为成体之文。'其论精且切矣。"⑤ 义法之具体表现，则为："所谓义者，有归宿之

---

① 饶锷：《饶锷文集》，第74页。
② 饶锷：《饶锷文集》，第129~130页。
③ 饶锷：《饶锷文集》，第227页。
④ 饶锷：《饶锷文集》，第77页。
⑤ 姚永朴：《文学研究法》，第17~18页。

谓;所谓法者,有起、有结、有呼、有应、有提掇、有过脉、有顿挫、有钩勒之谓。"①

饶宗颐亦曰:"父亲的古文宗法桐城,讲究雅洁。"② 所谓雅洁,吴孟复曰:"雅在文从字顺,洁在异于淫靡。"③ 饶文之雅洁,自不待言,整部《天啸楼集》的文章,俱能合此法度。

饶锷对桐城文派深有研究,其《与冯印月书》曾历评桐城诸家文章得失,极有见地:

> 褐夫既戮,二百年学士绝口不敢道其文字,而望溪致位通显,以所学主张后进,惜抱继起,天下靡然从风,于是有桐城宗派之说。夫义法密而修辞朴,此惜抱所以教人,而后学所奉为圭臬者也。然惜抱之文正坐法太密、词太朴,故鲜雄浑之气,而往往流于薄弱。其登太山一记,最为世所称诵,以其破空而来,顿然而住,中间排奡,字字有千钧之力,盖此篇于法外运气,而以简朴文字出之,故佳耳。然惜抱之文如是篇者不多见也。惜抱之后,梅伯言、管异之之徒谨守师法,而所造不能有过于其师,至曾文正力矫桐城之弊,厚集声彩,而充以瑰玮雄大之气。近世吴挚甫又探源诸子,翻去波澜,一归崇奥。此二氏者虽师承于方姚之学,要皆能自铸伟词。尝谓桐城文派,至曾氏而大,至吴氏而变。若梅管辈斤斤守一先生之言,而不免剽贼规摹之病,虽其才有不至,抑亦宗派之说囿之也。④

可见饶锷的宗法桐城,是有所选择的。他更欣赏早期的桐城戴名世、方苞,及后来曾国藩、吴汝纶四家之文。而对于姚鼐、梅曾亮、管同则有所扬弃。并深知为文虽讲究义法,但不能法太密;虽讲究雅洁,但不能词太朴。而要法外运气,变而后大。并提出了具体的方法:

> 盖善学古人者,得其神气,不善学者,得其形迹。得其神气则文者达意而已,得其形迹则刻求于字句格律之间,而无以自拔也。然学者不能舍格律而言文,苟能由于格律而进窥古人所谓神与气者,而变化之,以达我意,则文之能事毕矣。此曾、吴二氏所以杰然为一代大家。⑤

这种由字句格律之形迹入手,而进窥古人之神气的作法,也是对桐城义法的继承。刘大櫆曾曰:"神气者,文之最精处也;音节者,文之稍粗处也;字句者,文之最粗处也。

---

① 姚永朴:《文学研究法》,第58页。
② 《饶宗颐学述》,第4页。
③ 吴孟复:《桐城文派述论》,安徽教育出版社,2001,第21页。
④ 饶锷:《饶锷文集》,第74~75页。
⑤ 饶锷:《饶锷文集》,第75页。

然论文而至于字句，则文之能事尽矣。盖音节者，神气之迹也；字句者，音节之矩也。神气不可见，于音节见之；音节无可准，以字句准之。"① 正是饶锷此论之所本。另饶文中的"格律"，也是桐城派论文之术语。姚永朴曰："格律二者虽同训，但格者导之如此，律者戒之不得如此，此其分也。"②

义法问题还涉及文章的方方面面，以下谨举一例，即有关于"常事不书"之法，以窥一斑。饶锷《蛰寄庐诗滕序》文曰：

> 蛰寄庐诗滕，凡近体歌行三百余篇，作者为潮安林君彦卿，而裒录成帙者，君弟国史也。彦卿在逊清之季，以善为诗名于潮，并世交游，咸敛手逊谢莫及。故一时有诗伯之号。然彦卿才艺工者实不尽于诗。举凡词章若骈若散，下逮丹青音律岐黄星卜之术，靡不习而能焉。又性好客，喜与酒徒贱工者游处。当其剧饮六博，酣呼谐谑，旁若无人。而人之见之者，鲜不以为狂且妄也。及观其属辞拈韵，调筝写生，与为人诊疾，决休咎，则又不禁始而奇，继而惊，终乃大服。余初不识君，曾邂逅于客舍，见君箕踞床上，科头与佣保杂坐，私心颇不然之。后稍与君习，就而请业，则为余历举古今诗学，于世代之沿革，声律之高下，体裁之正变。言之滔滔，如缫丝然，缫乎愈出，而靡穷如射侯然，确乎所谈法度而皆中的也。于是乃始释然于君，而益疑其所以为是破崖岸，略边幅，放浪形骸而不顾者，毋乃窘于境遇，激而出此。殆所谓乐以忘忧者乎。国史既以君为兄，浸染家学，亦能诗，而时与余往还。其辑君遗稿也，以余粗解文字，或能阐发君为诗之旨，使为之序。不知余于有韵之文游焉而已。览君之诗，只知诵而爱之，至其命意自得之趣，与夫宗法所自出，则固茫乎莫测其端倪也。故其稿留余者累月，而终未有以报命。今虽勉为之，而言止于是，是不独有负林氏兄弟之诗之意。抑国史于此，夫亦可以晓然于余之谫陋，弗足以言诗也已。③

序其诗而不言诗，转而状林彦卿之狂，使人想见其为人。关于写人之法，方苞提出"常事不书"的法则。方苞《书汉书霍光传后》曰："春秋之义，常事不书，而后之良史取法焉。……古之良史，千百事不书，而所书一二事，则必具其首尾，并所为旁见侧出者而悉著之。故千百世后，其事之表里可按而如见其人。"④ 饶锷深谙方苞这一法门，文中写林彦卿，选取了几个方面，一是"剧饮六博，酣呼谐谑，旁若无人"，一是"属辞拈韵，调筝写生，与为人诊疾，决休咎"，将林彦卿的多才多艺，放荡不羁写得活灵活现。然后通过一个作者亲历的细节，写有一次"邂逅于客舍"，见林彦卿"箕踞床

---

① （清）刘大櫆：《论文偶记》，人民文学出版社，1959，第6页。
② 姚永朴：《文学研究法》，第87页。
③ 饶锷：《饶锷文集》，第28~30页。
④ （清）方苞：《方苞集》，上海古籍出版社，1983，第62页。

上，科头与佣保杂坐"，开始心里很看不起他。等到后来和他熟悉之后，林彦卿"为余历举古今诗学，于世代之沿革，声律之高下，体裁之正变。言之滔滔……确乎所谈法度而皆中的也"。饶锷乃大服之。欲扬而先抑，使人对林彦卿更加刮目相看。以上选取的，都是林彦卿为人最为独特的细节，颇能符合"常事不书"的法则，故其写人，皆能刻画入微，各具个性。另如其《冯素秋女士传》中有一段曰：

> 年十八毕业鮀江女子师范，往来潮汕，恒短服而男装。当清之季世，士怀故国，海宇骚然。其间以女子言革命者，有山阴秋瑾名最著。女士以浙产侨居潮州，读其书，颇韪之。慨然以继起廓清自任，密与其戚卢君青海规划革命，方略甚悉。会武昌首义，清帝逊位，女士闻之，跃然大喜。夙愿既偿，则退而温习故籍，向所策划，终自闷不告人。①

密划革命，此为冯素秋一生之亮点，经饶锷略加点染，便将其女中豪杰的形象勾勒出来。这也是深得"常事不书"之法。

五 结语

关于民国初年的潮州文坛，闵定庆先生有一段论述："民初，王慕韩先生崛起于潮州文坛，大力倡导韩文，在他身边渐渐形成了一个颇具规模的古文创作群体。第二，曾点翰林的吴道镕来潮州主韩山书院、金山书院讲席，京师大学堂首届文科毕业生姚梓芳返潮执教，将'桐城文'引入潮州，潮人出现了'远宗退之而近法桐城'的转向。第三，阮元督粤期间，将乾嘉朴学引入广东，建学海堂系统讲授考据学，学海堂肄业生温仲和于光绪二十年（1894）至潮州金山书院讲学，……温廷敬先从温仲和学，……饶锷、宗颐父子又师从温廷敬，接受考据学的训练，为文朴茂渊雅，不事雕琢，逻辑性强。"②

饶锷的古文创作，在这些风气的影响中，按照他自己的性情之所好，做出了选择，即从欧阳修入手，取桐城义法，出入归有光、方苞、戴名世之间，最终形成自己雅洁深婉的独特风格，在当时潮汕的古文作手郑国藩、温丹铭、姚梓芳、王慕韩之外，独树一帜，堪称民国粤东古文创作之典型，置之当时华夏文坛，亦足自名一家。

另外，在大的国家文化背景之下来审视饶锷等潮籍学人的古文创作，更有其典型的意义。五四运动之后，废除文言，提倡白话，桐城文派也被诬为"桐城余孽"。但饶锷

---

① 饶锷：《饶锷文集》，第 117 页。
② 闵定庆：《从"韩愈崇拜"到"六一"情结——试论饶锷散文论述的体验化倾向》，载《饶学国际学术研讨会论文集》，广东韩山师范学院，2013，第 130～131 页。

对新文化运动是抱保留态度的，闵定庆评饶锷曰："他跟他所景仰的师友章太炎、高燮、金天翮、柳亚子、温廷敬等人一样，是完全排拒白话文的。他指出，新式学堂斩断了千年'文脉'，'科举废而人才日杂，学校兴而文章日衰'。古文退场，典范不再，新式学堂的学生'安能登其堂而噬其胾哉'！"① 因此他以一个文化遗民的心态，坚持了自己心中的那份对传统典雅的向往，虽千万人吾往矣！用自己的生花妙笔，延续了古文的生命，这才是真正的为往圣继绝学。并且深刻地影响了他的长子饶宗颐。饶宗颐继承父志，发扬光大，终于成为当代的文化大师，他的古文学的是韩愈，有《固庵文录》传世，雅健雄深，气盛骨骏，父子虽有异，但都能各适其性，所谓"若无新变，不能代雄"，这才是饶宗颐对父亲最好的继承。

斯人长逝，时局日新，文衰之演，于今尤烈。临文嗟悼，不能喻怀，兹以旧作《题天啸楼集》一绝，以为结语云：

熙甫庐陵添一席，桐城法乳润南山。百年礼失征诸野，天啸犹堪振两间。

癸巳初冬草于弥纶室

责任编辑：陈　椰

---

① 《饶学国际学术研讨会论文集》，第130页。

在世俗与信仰之间：
吴雨三家书读后*

陈嘉顺**

摘　要： 本文从吴雨三家书解读入手，结合其书画作品，通过对民国年间一位信仰基督教的中学教师晚年生活的观察，从信仰与职业、身体状况、家庭生活、兄弟亲情、应酬与交游，以及对家乡社会的关注等方面展开讨论，再现当时其在世俗与信仰之间的生活场景，让我们看到了一位虔诚教徒细腻的内心世界。
关键词： 世俗与信仰　晚年生活　吴雨三

一　材料和背景

　　对民国年间普通人生活状况的研究，已越来越受到学界的关注。在前人时贤研究的基础上，借助较少见的文献来探讨问题，成为开拓新研究局面的首选。从梳理以往关于社会生活研究成果中，可以看到，家书是较少被研究者利用到的文献。家书不似族谱、碑刻、契约、诉讼文书、碑刻等文献，需要民间社会相关人等所知晓，属公众性资料，家书一般的阅读范围只是局限在写信者与收信者之间，属私人资料，没必要广为流通。广州大学蔡香玉博士曾利用吴氏后人收藏110封吴雨三家书，讨论了吴雨三如何在社会风俗和基督信仰的双重影响下，为陷入婚姻困境的女儿指点出路等问题。[①] 本文则从吴雨三自身的生活出发，结合吴雨三、吴泽庵兄弟的几十件书画作品，讨论吴雨三晚年在世俗与信仰之间的状况。

---

* 本文系汕头大学CCS"基督宗教、生命教育与宗教文化"专项研究资助计划"汕头埠宗教碑铭整理与研究"研究成果之一。
** 陈嘉顺，1978年生，历史学硕士，汕头大学图书馆特色文献服务部馆员。
① 蔡香玉：《岭东浸会吴雨三的教女经》，《广东社会科学》2013年第1期。

这批家书中，时间可识者，最早是写于1923年10月1日，最晚是1932年5月26日，大部分是吴雨三写给三女儿芸香，个别是写给其他子女、侄孙及友人，也有数封系泽庵写给雨三的书信。① 而《吴雨三吴泽庵书画集》中的书画作品，基本上是吴氏兄弟赠予亲人，现大多藏于其后人之手。②

吴雨三，名汝霖，字雨三，偶署禹珊，室名人隐庐、在涧庐，广东揭阳磐溪都（今揭阳市揭东区桂岭镇双山村）人。生于同治五年（1866年），卒于民国二十三年（1934年）农历十一月二十一日。光绪十六年（1890年）中秀才后，开始执教生涯。五年后，至潮州中学堂（今汕头金山中学）进修，一年后继续执教各地。1909年至1917年，吴雨三在揭阳榕江书院（今揭阳一中）任教，③ 1917年后，任汕头礐石中学、礐光中学国文教席。④

1915年农历五月二十九日，吴雨三50岁生日时，其子让美请画工章氏为雨三"映肖像并放光填色"，像成后请雨三揭阳榕江书院同事多人题写像赞，众人评价甚高，如"为人简易木讷，言若不出诸口，而谦抑端重，和煦可亲，人尤敬爱"。"双山之英，道义之灵。爱人以德，秉心惟诚。为闾里范，作艺林型。工书善画，钟王齐名。""雨三，朴讷士也，能文章、工书画、尤热心教育"等等，虽然不乏奉承之语，但也可知吴雨三同事对他的印象，雨三也以此为荣，17年后还专门手录全部像赞一遍。⑤

雨三的故乡桂岭位于揭阳县城之西，榕江北河西南，地处半山区，土壤肥沃，气候宜人，物产丰富，大部分乡村依山建筑，村后靠山，村前临水，素有"住山厝、种洋田"之称。⑥ 雨三生命的最后几个月是在双山村石母山畔人隐庐度过的，石母山以山顶峰有一高17.4米，周长32米的大石而得名。⑦ 雨三晚年长期居住的汕头，原来只是一个小渔村，在近代化的过程中，成为整个韩江流域唯一可以停泊机器轮船的口岸而得以迅速发展，以后一直保持中国东南沿海重要工商业城市的地位。⑧

二 信仰、职业与身体状况

汕头由于优越的地理优势，倍受西方国家的关注，外国传教士的足迹早就踏上这片

---

① 这批家书的落款时间，既有用天干地支，也有用民国纪年，许多落款日期无法分清是阳历还是阴历，笔者只能依据家书内容，推算大致时间。
② 卢位凡、吴晓峰编辑《吴雨三吴泽庵书画集》，广东省揭东县文联，2003。
③ 吴雨三：《像赞跋》，载《吴雨三吴泽庵书画集》，第27页。
④ 《兄弟双秀》，载《揭阳县桂岭区志》，广东揭阳县桂岭镇人民政府，1987，第103页；卢位凡：《序》，《吴雨三吴泽庵书画集》，第6页。
⑤ 《像赞》，载《吴雨三吴泽庵书画集》，第26～27页。
⑥ 《自然篇》，载《揭阳县桂岭区志》，第34页。
⑦ 《名胜古迹》，载《揭阳县桂岭区志》，第101页。
⑧ 陈春声：《超越行政区划界限的汕头——序〈汕头埠图说〉》，载陈汉初、陈杨平编著《汕头埠图说》，汕头大学出版社，2009。

土地，留下了许多珍贵的资料供后代学人研究，目前对汕头基督教区的研究已有不少成果面世。[①] 1860 年，汕头刚开埠，浸信会约翰牧师携夫人等人，就从香港来汕头湾东边的妈屿岛传道。1863 年，约翰、耶士摩等牧师将教会迁至礐石。[②] 1898 年，雨三家乡桂岭基督堂创办，是较早创立的礼拜堂之一。[③] 雨三何时信仰基督教未知，但可知他是 1917 年到汕头任职后才信教，且在 1924 年之前就接受洗礼，[④] 以往学界有不少人认为近代在开放的口岸城市皈依基督教，主要不是由于信仰基督教而是为了寻求某种庇护，或者是谋求一种职业。而加入教会是需要很大勇气的，没有强烈为信仰而献身的精神，他们是不敢信仰基督教的。[⑤]

到了 20 世纪 20 年代，信仰基督教与否，可能成为一种自由的选择，尽管当时仍有不少人对教会深怀着敌视的态度。[⑥] 雨三曾对高吹万言："自到礐石任事后，见世界之大，有四之三奉耶教。心窃窃疑之，及接其人，见诚信谦让，多与常人不同，心更奇焉。乃立志研究其道。久之诚有如令甥所谓立言较易，行之匪艰者，于是遂虔心奉之，俾身心无滋罪戾。……而从前一切不遂意事，俱付之东流，惟冀于社会上作些善事，以补罪愆而已。然其初自以为旧学根浅，见异思迁，一经道破，必至见笑大方家。[⑦]"

1917 年起，吴雨三开始了他晚年在汕头礐石中学、礐光中学的教育生涯。礐石中学创办于 1905 年，前身为美国浸信会创办的礐石小学。1926 年，礐石中学、正光女校等教会学校在收回教育权运动中被停办。1927 年，美国浸信会国外宣道会岭东大会按照中国办私学的原则，将礐石中学和正光女校合并，改办为礐光中学，校址不变，同年 8 月招生开课。[⑧]

"礐"，在地方俗写也作"甪"，礐石濒临大海，以山多巨石得名，在礐光中学学生 1921 年开凿的硕洞上有题及记事，记录了该校师生凿石辟路的艰辛。[⑨] 礐光中学"三面

---

① 胡卫清：《近代潮汕地区基督教传播初探》，载《潮学研究》（第 9 期），花城出版社，2001；《国家与教会——汕头基督教教会的自立与分离》，载《第五届潮学国际研讨会论文集》，公元出版有限公司，2005；陈泽霖：《基督教长老会在潮汕》，载《广东文史资料》（第八辑），政协广东省委文史资料研究委员会，1963。
② 佚名：《岭东浸信会史略》，载《岭东浸会七十周年纪念大会特刊》，岭东浸会干事局，1932，第 4 页。
③ 佚名：《桂岭堂》，载《岭东浸会七十周年纪念大会特刊》，第 30～31 页。
④ 口述史料：吴晓峰，2010 年 2 月 7 日，揭阳市揭东区吴氏寓所。另外，1924 年 1 月 12 日，雨三致韵香信中亦言："礐石此次耶诞庆祝，文宝、景良、玉云等串出美景，招人到看见者多喝彩，固非内地人所能梦见"，这是雨三最早有关参加基督教活动的资料。
⑤ 胡卫清、姚倩璞：《圣俗之间：近代潮汕地区的基督徒与教会》，《韩山师范学院学报》2001 年第 4 期。
⑥ 何辛：《教会是怎样建立势力》，载茅盾主编《中国的一日》，生活书店，1936，第 13～17 页。
⑦ 高吹万：《国学丛选》第十五、六集，国学商兑会，1923。
⑧ 蓝奕：《近代汕头教会学校研究》，硕士学位论文，广州大学，2007；《汕头教育志》，汕头教育志编审委员会，1989，第 94、143～144 页。
⑨ 碑刻材料：《礐光中学师生开硕洞记》（笔者命名），汕头市金山中学硕洞，2012 年 8 月 30 日陈景熙、陈嘉顺抄录。

绕海，红尘不染，名人来汕，往往以礐校为先"，①礐石在当时又有"方池钓鱼、曲径寻幽、危楼夜月"等八景。②1960年年底，董必武游礐石赋诗："隔海望礐石，但见山嵯峨，绝海入其中，胜景亦云多……"；郭沫若1965年在汕作诗："礐石诚多石，汕头一望中，遥思鼓浪屿，想见桃花红……"③。作家萧乾的代表作《梦之谷》就是一部取材于礐光中学的自传体小说，创作背景是1928年冬，萧乾来到礐光中学教国文课，这时雨三也同样在礐光中学任国文教师。《梦之谷》中，有多处描写了礐石的环境。④吴曼羽有《题二伯父母礐山偕隐图》长诗，对礐石的环境作了细致的描述。⑤拍摄于民国的多张礐石风光明信片让当年礐石的环境更加直观地展现在世人眼前。⑥

1926~1927年间，受收回教育权运动影响，雨三忧心忡忡，"此间校办中学、小学、女学皆因风潮放假……中学则捣乱尚无止象，打倒基督教之声日杂耳鼓，教会景象虽不至因此而消灭，然打击亦不少也"⑦。幸好学潮过后，教学秩序又恢复正常，经过数年的发展，礐光中学"堂员之多，学生之众，校舍之广，设备之风吹雨打，崭然成为岭海不可多觏之学府也"⑧。

雨三在礐石的具体任教情况知之不多，只有在致韵香的信中只字片言，如1929年5月19日信："十八早到磊牧师小姐（处）讲《三国》，每天二点钟闲，日一次，藉此以谈中国及西方事，亦一快也"。对于教学内容，雨三主张以实用为先，要求韵香"尔所教不知有改作文否？如无切宜加入，万不可仍旧法，至使学生无一能写信看信之弊也"。又主张"白话文学作极好，惟欲写番批殊不必用，因我辈习惯，如用白话则人看不识也"⑨。

1930年6月，看到刚建成的岭东浸会七十周年纪念堂，雨三高兴地写道："至于今日，即有洁名会众五千余人，大中小幼学生五千余数，不可谓非上主之灵有以默佑之也！今日者，又有岭东同人等发起之纪念堂，乔皇典丽，以应此七十周年而行落成之典礼。中外人士，西不尽流沙，东不尽东海，趋跄左右，共唱大同之歌以表禧年之朕，皇哉堂哉，堂哉皇哉……"⑩可以说，晚年的雨三，礐石良好的居住环境，以及自身基督信仰的指引，让他生活更加安详，但他的身体状况却渐渐衰老。

1925年暑假，雨三本拟回乡，却因足无力，20余天不敢出门，最终未能成行。⑪

---

① 礐石中学谷音社：《谷音》（第8期），礐石中学谷音社，1924，第149页。
② 《谷音》（第8期），第95页。
③ 林曼兰：《礐石赞诗》（《杏园诗词》咏礐石专辑），天马图书有限公司，2003。
④ 萧乾：《梦之谷》，广东人民出版社，1981。
⑤ 《吴雨三吴泽庵书画集》，第46页。
⑥ 陈传忠：《汕头旧影》，新加坡潮州八邑会馆，2011，第60~61、63~67页。
⑦ 1926年某日致韵香信。
⑧ 佚名：《礐光中学史略》，载《岭东浸会七十周年纪念大会特刊》，第36页。
⑨ 1925年7月19日、11月2日致韵香信。
⑩ 吴雨三：《岭东浸会七十周年纪念大会特刊序》，载《岭东浸会七十周年纪念大会特刊》。
⑪ 1925年7月19日致韵香信。

在世俗与信仰之间：吴雨三家书读后

1929年2月，雨三目疾，① 每日用药洗抹三次，至4月左右仍不能提笔作书，欲编《政治知囊》作为资料而不能为，并由长孙植添代书予女儿的信，② 到7月服用谷精草等药及涂抹药水而渐愈，至8月底"较前清明，教书算为无碍"③。这年年底，雨三患头疮，多方用药，最后用日本药膏和煤油涂抹而治愈。④

1932年，雨三得了水肿病，他在6月写给二女儿亦英和小女儿韵香的信中道：近日父之身体肿气大去……对于鱼肉似非喜好，每餐自泡或白食或助以牛乳，尚无减少，惟身中觉无甚爽快而已。两手足常酸，想是注射之故。……麻地黄有毒，不可多食，安可多射？信到时已射七次，存五次，刻肿气大消，惟两手足射处时有酸痛或肿红不消，第六次射手处，刻已另用膏药贴愈……现已无注，食所寄来之药水，谅必不误。⑤ 此后不久，小女儿韵香就来磐石，接其全部教职。⑥

1934年，雨三临终前几个月，他回到了双山村，在石母山畔的人隐庐休养，日常起居由女孙植娟照顾。⑦ 这时他在一幅水墨兰花图上题："自余得肿病，苦无聊赖，乃复添以左手足不能运动，苦又不堪言，窃意陈琳草檄能止头风，杜甫吟诗能逐疟鬼，吾之作兰正藉以去一切邪魔撒旦耳。果也，病既三月即能举止自如"⑧。另一幅瓶兰图又题："自去年得肿病又添偏枯，几成废人，幸女孙植娟来家扶提，遂有起哀哀之望"⑨。故园环境让雨三心情大快，他作诗道：

> 磐石赋归来，托迹荔园里。树阴惯行吟，理乱不知矣。孙生爱春晖，有母歌天只。闻我居闲闻，乞言到梅里。我读征诗文，备载母行止。少壮尝居贫，如荼甘如齐。苦尽甘旋来，爱心发桃李。丹桂树五枝，女萝见两美。灌溉尽诗书，叶叶皆荣伟……⑩

三 家庭与亲情

吴雨三有一子让美，女三凤清、娇清（字亦英）、琴清（字芸香，也作韵香）。让

---

① 1929年2月29日致韵香信。
② 1929年4月某日致韵香信。
③ 1929年七月初九日、8月21日致韵香信。
④ 1929年11月11日、13日、12月某日、12月27日致韵香四封信。
⑤ 1932年6月9日致亦英、韵香信。
⑥ 吴韵香：《笔记本残本》，手稿，吴氏后人藏；《跋像赞》，载《吴雨三吴泽庵书画集》，第27页。
⑦ 口述材料：吴晓峰，2010年2月7日，揭阳市揭东区吴氏寓所。
⑧ 吴雨三：《题邦彦兰》，载《吴雨三吴泽庵书画集》，第19页。
⑨ 吴雨三：《瓶兰图》，载《吴雨三吴泽庵书画集》，第20页。
⑩ 吴雨三：《磐石赋归来行楷残卷》，载《吴雨三吴泽庵书画集》，第30页。

美有子植添及女植娟等。雨三居礐石时,儿子让美、女儿凤清、娇清已成人,都留在桂岭,只有小女儿韵香在身边。韵香(1907~2001)从小随父就读于礐石中学,毕业后任教金山中学,婚后不久在其夫家揭阳桂岭龙岭村办学任教,1932 年又回礐石中学代父教职至 50 年代。韵香离开后,长孙植添(1912~2001)来到雨三身边,同样就读于礐石中学,毕业后留校;有一段时间雨三五弟泽庵之子曼羽[1909~1992,礐光中学第一届(1929 年)毕业生]也同住。① 这一时期雨三的家庭成员大部分只有雨三和夫人何氏、女儿韵香或长孙植添,或侄孙曼羽三四人而已。1931 年 11 月 7 日,何氏因胃病卒,何氏辞世百日之时,雨三题像曰:

> 何氏性慈,作事果断。一生自量,不敢希冀非分,故从重一世,虽无甚荣作,而亦无大辛苦。余……以后即为鳏鱼之人矣。②

雨三兄弟共有 5 人,大哥澎霖在他 50 岁前去世,三弟情况不详,四弟在汕头从商,五弟泽庵从 10 岁开始至 18 岁受榕江书院甄选为住院生,其间一直随雨三同住,在雨三指导下课读。③ 1920 年春,五弟泽庵也来礐石任教,④ 与雨三邻居,兄弟俩诗书唱和,其乐融融。雨三与泽庵兄弟之情最深,泽庵病重回乡,雨三数次探望,7 月 18 日,泽庵赋诗以谢:

> 我兄恩爱如慈母,只知有弟不有身。冒暑往还轻百里,登楼日夕近千巡。
> 情方灼艾心滋痛,事信焚须误有因。口述一诗鸣谢悃,愧无涓滴报艰辛。
> 诗下又注:角石离故乡百余里,兄因弟病,五、六月中往返数次,至于冒暑得病。弟住楼上,兄住楼下,日夜上下不能计其数。⑤

1930 年冬,雨三跋泽庵所作贴笔筒墨竹小品:"此画为泽庵所作而贴于笔筒者,计自泽死后,凡有所作皆收藏之。"⑥ 雨三临终前,是时"以宿疾缠绵,惧其殭而散失也,乃为之略修而付梓。盖不欲负其苦心耳",编成《泽庵诗集》,收泽庵诗 360 题,又跋《泽庵自传》曰:

---

① 口述材料:吴晓峰,2010 年 2 月 7 日,揭阳市揭东区吴氏寓所。
② 1932 年 2 月 12 日,雨三题夫人何淑芳遗像,像为雨三学生吴植昆绘,现藏吴氏后人处。
③ 口述材料:吴晓峰,2010 年 2 月 7 日,揭阳市揭东区吴氏寓所。
④ 吴沛霖(1884~1925),字泽庵,以字行世,1901 年为榕江书院住院生,翌年,继雨三之后,考取秀才。兄弟双秀,成为乡里的一段佳话;参见吴泽庵《泽庵自传》,《泽庵诗集》,汕头五洲印务公司,1934。
⑤ 吴泽庵:《病起口占谢家兄》,载《泽庵诗集》。
⑥ 吴雨三:《贴笔筒墨竹小品》,载《吴雨三吴泽庵书画集》,第 17 页。

> 吾弟自述传语亦繁琐甚矣，吾为之续而亦仍絮叨其家事若此，不且琐而拙乎。然欲存一生事迹，故不得不尔，况痛之深，虽欲自饰其词，以文陋而亦有所不能也。且其作为亦多与编中有关，遂不恤其繁蔓而续成之。①

与泽庵邻居几年是雨三晚年最愉快的时间，泽庵早逝，雨三痛不欲生，二年后尤对韵香言：

> 陈仲容是与芙初同细叔约为兄弟者，今亦死去。曾寄挽联云：弃世敢说是归真，华表若凝眸，知仲应笑嗣子肖；舍□□□为觅友，泽庵如觌面，烦君代道老兄悲。如兄挽。近此间好人死去颇多，父感觉先死似觉佳妙。惟痛细叔死后不能托一梦，心尤怪之。以后凡有写信皆作托梦，想汝得一次书即得一次梦，当叹阿父有灵，感及至真，死不知得几次梦矣。其快可知！第二次托梦……②

生活中，雨三时常与子女交流读书心得，经常向子女推荐各种读物，包括《儿童心理学》、《妇女杂志》、《青年进步》等此类新潮书籍报纸。他希望能诗礼传家，不务虚荣，他要求韵香"字须常写，书欲多读，方有进步，我辈做人，倘有才能，如不用此谋食，亦欲在社会上作事，况尚不得不为衣食计也。惟衣衫须欲洗得洁，切勿炫奇。设在戏场动以新服炫人，此是恶习，切宜戒之"③。又以曾国藩之女事迹，鼓励韵香"万勿与世之偃促（龌龊）者同一律，将来结果尤佳"；"刻苦成家，乃为佳器，吾儿勉之"；"尔曹女子能就学问入手，将来自可免在家作一切苦工。诗好学作亦极好"④。

雨三认为"拜上帝与世人之不同，即如我女来说，现在颇能自立……再者教会子女比外界都好，试看我家男少年皆佳，始非因此也？汝需注意及之"⑤。在他影响下，韵香、让美、让豪、植添都接受洗礼，⑥韵香后来还在汕头教区属下的德桥教堂⑦和龙岭教堂任职。⑧韵香入教后，雨三更与其交流心得，如"近日对于主道感想何如？尔兄将来或亦欲办教会事业，我家人妇子须预备同是一路为佳。对于拜祖，近日范丽海主张从俗，惟改良，将来或能通行一国。《圣经》是经会人欲付人佩带，欲人每日至小

---

① 吴雨三：《泽庵诗集书后》，《泽庵诗集》。
② 1927年4月1日致韵香信。
③ 1925年7月19日致韵香信。
④ 1924年7月29日、1929年3月19日致韵香信。
⑤ 1929年3月19日致韵香信。
⑥ 口述材料：吴晓峰，2010年2月7日，揭阳市揭东区吴氏寓所。
⑦ 林怡贞致韵香一封信："自角一别，日月之快，忽忽已廿余年矣……德桥礼拜堂请姐姐为传道主任兼教职……"，时间不详，吴氏后人藏。
⑧ 《龙岭基督教堂》，载《揭阳县桂岭区志》，第143页。

（少）看一章，领者欲签名。此去四册何人皆可送阅，惟勿置之壁角，负送者意耳。另册《马可使徒》等，看者如有得，亦请寄来知，因送者亦系热心，欲知底蕴也……"①

对于韵香拟改名"纵骓"，侄女联娥也拟改名一事，他颇不赞成，"既名芸香，实亦植物之一，苟能开花，即微物亦可，何不名之曰吴之华，阿娥既有与你同志，何不名之曰吴重华，比之如驿马四海奔驰，不尤愈乎！阿娥或改名莪香，昔人有父死，作《蓼莪诗》（见《诗经》）云'蓼蓼者莪，匪莪伊蒿；哀哀父母，生我劬劳'，能令晋朝王褒读之而堕泪者。莪亦小草，能花亦自可人"②。这也可理解为雨三对子女的期望。

在诸儿女中，雨三对小女儿韵香最为关爱，韵香离开磐石后，雨三对其关心有增无减，韵香也时常回磐石看望父母。1926 年 10 月 26 日，雨三夫人何氏六十寿辰，让美和韵香，女孙植娟同到磐石祝寿。27 日，到汕头合影留念。雨三特在照片后题记："民国十五年十月廿六日，韵香母年六十，居于磐石在涧庐，此时让美、韵香、植娟同来庆祝，明日乃到汕头映此相片，虽曰区区小物，要亦足以留念云"③。

他认为韵香执教的金山中学"男女同学，流弊颇多。贵校与男校虽同一门，究有分别，必不与世俗一例，尚冀为师者省察！"谈及磐石中学学生"陈锐光与一未婚妻某女士正光中学生有不正式结婚事，致费众人数点钟工夫，终无结果。因陈与某女系表兄妹，既经许配，不应同居……"，至于"近日师先生寄书来角请将陈锐光除名"，作为学校"九个执行委办之列，其间经八名委办依师意，父独以为有可原之点，即依《三字经》四句改两字谓'养不嫁，父之过，择不严，师之惰'，此其过在父与师。虽在九人中独持异议，不能通过。……总而言之，皆父与师之过，可无疑议。父来角石本以避世为事，初非欲干预一切，惟挂名执行，则又不能辞却……"④ 雨三的这种婚姻观深深地影响了几位儿女。

韵香与夫婿卢通苞自幼订婚，1923 年 11 月 20 日结婚。韵香将嫁之时，雨三特致信言道：此尔终身大事，以后父了子平之愿，亦可与尔母安享暮年……

可是晚年最令雨三挂心的就是小女婿通苞。通苞之父和仁，侨居泰国开药店，独留通苞于家乡。通苞自小游手好闲，1926 年 3 月，他在家乡走投无路，赴泰国投靠父亲，仍然习性不改，终日无所事事，偶有回乡，乡人对他印象极差，至今桂岭仍流传着"通苞种"的笑话⑤。雨三致通苞夫妇的多封信中，可以看到对其谆谆教诲，从代其谋划生计到纠正不良习惯（如"尔字劣，须学习……尔行路身肩勿太摇"等等）⑥，几乎无微不至。通苞到泰国后，雨三仍频繁与之通信。1929 年 12 月 18 日，雨三二女婿许

---

① 1928 年 1 月 5 日、9 日致韵香信。
② 1929 年 10 月 12 日致韵香信。
③ 照片现存吴氏后人处。
④ 1924 年 10 月 7 日致韵香信。
⑤ 1937 年，通苞贩了一批包心菜籽到以种植包心菜制咸菜为业的龙岭贩卖，到后来菜都不包心而开花，菜农全无收成，要找他算账，他就跑到泰国去，一直到去世再也不敢回乡，"通苞种"这一故事便成了后人的笑谈。口述材料：吴晓峰，2010 年 2 月 7 日，揭阳市揭东区吴氏寓所。
⑥ 1923 年 10 月 1 日致通苞信，吴氏后人藏。

士翘起程赴泰国曼谷新民学校任教，雨三特修书与通苞，让通苞能多到学校与士翘多座谈，不久又寄去一张礐石风光照片，在照片背后还写了希望通苞多关心家乡的话语。①1932 年，更是写了朱子家训四条屏对其教示。②

雨三希望子女须和睦相处，通苞韵香夫妇与让美产生误会时，他规劝"与尔兄须勿存意见，谚云'三分亲强别人'，何况同胞手足乎，宜请苞时时到家与尔兄嫂谈谈，以融意见………勿以此结成嫌隙为要"③。

四 应酬、交游与家乡社会

白谦慎在讨论傅山的书法时提出，凡创作时不是为抒情写意、旨在应付各种外在的社会关系——或出于维持友情，人情的往还，物品的交换，甚至买卖——而书写的作品，广义地说，都可视为应酬作品。④

雨三童年随父在邻乡写灯笼出售，与书画结缘，雨三后人现藏《兰谱》一册，为雨三摹前人或当代写兰名手所作兰画之稿本及题画诗句等，于《兰谱》中可见其习画兰之径。⑤又藏有《郑小樵梅谱》"以备写梅之格"⑥。雨三晚年传世的书法作品以行草书为多，画作以梅兰为多，⑦《吴雨三吴泽庵书画集》收录的书画，大部分是赠予亲人之作，如 1926 年夏，雨三为韵香书欧阳修诗《新霜》；1927 年端午，雨三作扇面墨兰并题《过故人庄》诗赠韵香；1932 年书欧阳修《秋怀二首》四条屏赠姻亲卢和仁；1932 年 9 月书四轴条屏赠通苞，等等，这些当然属于非应酬作品。

泽庵交游广泛，与雨三兄弟双秀声名在外，自然有许多人来索求书画作品，龙岭的卢育尧还成为他们书画作品的代理人，某日，泽庵致信育尧：

> 兹寄去书画约二种十张（雨五张、泽五张），到请收起。此件非欲广招生意，乃欲止住来源，即三二知交，亦可藉兹免受他人托付之苦。倘遇吾辈旧人，即可将此意述明而送与之，想见者当能谅此区区，不至令人长叹画债难偿之苦也。⑧

雨三虽居礐石，但时常有人请其回揭阳作书画。⑨雨三应邀作书画外，还为人写像

---

① 1929 年 12 月某日致韵香信；1930 年 1 月 10 日致通苞照片，吴氏后人藏。
② 吴雨三：《朱文公云四条屏》，载《吴雨三吴泽庵书画集》，第 12 页。
③ 1925 年 1 月 15 日致韵香信。
④ 白谦慎：《傅山的交往与应酬——艺术社会史的一项个案研究》，上海书画出版社，2005，第 86 页。
⑤ 口述材料：吴晓峰，2010 年 2 月 7 日，揭阳市揭东区吴氏寓所。
⑥ 《郑小樵梅谱跋》，载《吴雨三吴泽庵书画集》，第 16 页。
⑦ 口述材料：揭阳市榕城区丁日昌纪念馆馆长孙淑彦，2009 年 8 月 17 日，揭阳市榕城区丁日昌纪念馆。
⑧ 吴泽庵：《与育尧先生信札》，载《吴雨三吴泽庵书画集》，第 38 页。
⑨ 1929 年某日、7 月 3 日，1930 年 4 月 30 日、12 月 8 日致韵香信，以及 1930 年 7 月 1 日所作《兰石图》，载《吴雨三吴泽庵书画集》，第 21 页。

赞、作跋等，这大多应是族亲、乡亲之邀。如为卢通诵（1847~1932，号诵发）作《清太学生卢通诵公像序赞》及《卢母何太孺人像赞》等。① 1928 年冬，吴文献②之妻魏氏终，吴文献将其生平言行之有可纪者及能文者应征所作的悼亡诗文，于 1929 年 12 月汇编成《吴嫂魏夫人追思录》，雨三为其作跋。③

清末民国年间，城市与乡村最大区别之一是人员的流动，人员的流动让城市打破了"乡土社会"的封闭性和稳定性，人们的交流也因此能在私谊网络的基础上进行突破，以城市为聚散场所，与各色人等开展交往。④ 雨三因何来碣石任教以及来碣石的交游情况，现在已无从得知，但可以肯定的是，自泽庵来碣石任教之后，许多与泽庵相识者也因之与雨三交游，在雨三书画作品和信中提及的人物有姚梓芳、郭餮雪、王家光、郭玉龙、徐群穆、杨柳清、郭颖、戴贞素、陈仲容等等，⑤ 其中，最重要的交游便是 1924 年与蔡竹铭等组建"壶社"。在这年农历五月二十四日，雨三在生日这天写给韵香的信中道：

> 我与细叔与一最有学问朋友组织一班文会，会员北至江北直隶，南至实叻、吕宋，专欲与各人弟子会课改文。现已通信各处，约每二月作诗文一次，年抄选□刊刻分送各家子弟，已有人担负刻书经费。入会者不取分文。将来事成，我家除英、吟、筹三人外，你与通苞亦许各占一分，每次作后经父叔改过，抄后乃投卷，如果能一二见取入刻，自可在中土得一优誉。

这位"最有学问朋友"就是壶社主事蔡竹铭，⑥ 壶社是一个以文化认同为主旨的会社，蔡竹铭作为汕头商会会长，壶社所需费用也是由其负担。1924 年冬，蔡竹铭 60 寿辰时，广集诗文书画，汇编成《瀛壶居士六十征画》、《蔡瀛壶遐龄集》，雨三绘兰四幅为贺并题诗四首，表达了敬慕之情，并在落款道明了二人的友谊："我与竹翁居相近，年相若，因平昔未通音问，故彼此失把臂欢。而翁子少铭君征诗诸书竟得自松江高吹万君之手，岂不奇哉。"⑦

---

① 吴佐熙：《陵海吴氏族谱》卷 5，民国期间刊印，具体出版时间不详。
② 吴文献（1890~1956），揭阳人，保定陆军军官学校第一期炮科毕业，历任团长、旅参谋长等职。1939 年 4 月授陆军少将。抗战胜利后退役回汕头、揭阳闲居。参见陈予欢《民国广东将领志》，广州出版社，1994，第 188 页。
③ 1929 年 11 月 11 日致韵香信。
④ 许纪霖：《近代中国知识分子的公共交往（1895~1949）》，上海人民出版社，2008，第 54 页。
⑤ 有关人物传记参见孙淑彦、王云昌《潮汕人物辞典·文史艺术分卷》，中山大学出版社，1991。
⑥ 蔡竹铭（1865~1935），名卓勋，字竹铭，自号瀛壶居士，澄海人，1920 年后定居汕头，任汕头总商会会长，又加入南社，在组织壶社的同时整理出版了自己著作，如《尘影》《壶中春》《庚午半年刊》《南华今梦集》等。因不善治生而破产。参见蔡竹铭《小瀛壶仙馆丛刊——壶社选隽》（二卷），1927；黄际遇：《万年山中日记》（第 26 册），1935 年 4 月 28 日，潮汕历史文化研究中心藏。
⑦ 蔡竹铭：《蔡瀛壶遐龄集》，1924。

吴雨三光绪廿九年（1903 年）参加乡试，本拟取为第三名，复核时，广东学政朱祖谋见其文中有"改良进步"之句，遂不取。① 随着科举的废除，雨三无缘仕途，从教终老。废科举对社会产生的深远影响即是中国的城乡渐呈分离之势，科举时代，读书人即使入仕之后，候缺、丁忧、告老，多半是要还乡的，而新学制则使读书人与城市的关联越来越密切，与乡村日益疏远。② 但雨三晚年仍对家乡密切关注，桂岭的不少公祠、公厅、祠堂壁书都出自雨三手书，③ 甚至在将发生械斗时挺身而出，制止事态恶化。

桂岭地方原分为顶会与下会，顶会由建豪、新置寨、大头岭、双山、龙岭、大岭等十三乡组成，曰集和乡，旗帜为白旗；下会由围头、港尾、鸟围等组成，曰智勇乡，旗帜为红旗，因为桂岭市的所有权常发生械斗。④ 而顶会与下会的乡里内部因水利灌溉问题也时常械斗。道光年间，双山分上寨、下寨，杂姓聚居。两寨常因争水而械斗，雨三的父亲就以调停人身份，调和其间，保两寨相安。⑤ 双山乡与邻乡龙岭乡在民国时期也经常因水利问题而发生事端。1922 年，双山乡民拟径自改水道，龙岭乡民准备武力对抗，械斗一触即发之时，雨三挺身而出，劝求乡民："改溪应是双方协妥，若不听吾劝，可先打死吾，使吾在有生之年，不见惨状。"众人皆受感动，停工而归，一场无妄灾难，方不至于发生。⑥

1926 年秋，农民革命风暴席卷潮汕，桂岭各乡村成立农会组织，经常开展活动。由于桂岭西北面山岭重叠，地势险要，古大存⑦就长期在桂岭开展工作。⑧ 这时，雨三希望韵香"农会事勿涉及为佳，因尔乃女流，事事可推诿"⑨。

1929 年年底到 1930 年 4 月间，下会陈、林、张、姚四姓拟在桂岭建祠堂，进而控制桂岭市，其余各姓认为四姓建祠是故意挑衅，于是联合起来与四姓对抗，两方因此起纷争不断。⑩ 让美因为受牵连而入狱数月，多方筹款才保释出狱。⑪ 让美出狱后，以为是自家住宅风水不佳之故，拟重新建房，雨三却认为："家内起屋，心甚不满，因现在财竭而务此不急之务，真是可叹！人生在世宜出幽谷，迁乔木，能者谋出汕方是有志。

---

① 吴泽庵：《胞兄雨三五十生日祝寿诗并序》，载《泽庵诗集》；卢位凡：《序》，载《吴雨三吴泽庵书画集》，第 6 页。
② 罗志田：《科举制废除在乡村中的社会后果》，载李长莉、左玉河主编《近代中国社会与民间文化》，社会科学文献出版社，2007，第 15 页。
③ 吴雨三：《荣裕公祠壁书》、《见位闻声匾》、《竹祖公祠匾》，载《吴雨三吴泽庵书画集》，第 34~36 页。
④ 口述材料：吴晓峰，2010 年 2 月 7 日，揭阳市揭东区吴氏寓所。
⑤ 陈倬云：《揭阳双山乡邦士公像赞并序》，《陵海吴氏族谱》卷 12。
⑥ 《兄弟双秀》，《揭阳县桂岭区志》，第 103 页。
⑦ 古大存（1896~1966），广东五华人。长期在粤东地区开展革命斗争，1949 年后任中共中央华南分局常委、广东省副省长、中共广东省委副书记、中共广东省委书记处书记等职。参见潮汕百科全书编辑委员会编《潮汕百科全书》，中国大百科全书出版社，1994。
⑧ 《民主革命斗争纪实》，载《揭阳县桂岭区志》，第 94 页。
⑨ 1926 年 4 月 3 日致韵香信。
⑩ 1930 年 4 月 21 日致韵香信。
⑪ 1929 年 2 月 29 日、某月 12 日、4 月某日、5 月 3 日、7 月 3 日、7 月 9 日、8 月 18 日致韵香信。

若困守家园而与诸闭塞者日事谈风水、讲命理,污秽龌龊者同罗一牢,真是令吾心伤……我家本以诗书过活……欲建新居以谋快乐,实非所望……"①

总的来说,雨三晚年的生活物质无忧,但儿女生活中的琐事及桂岭的乡村宗族关系,让他闹心,或者正因为现实让人不如意,雨三在题画诗中采用田园诗的风格和理想来自遣,显得似乎心境宽松闲逸,如他 65 岁时题《瓶兰盆菊》:幽兰白菊影参差,和墨和烟共写之。记得西邻园半亩,浓阴满径月来时。②

五 余论:在世俗与信仰之间

吴雨三没有显赫的家世,经济状况也较一般,自己只是取得了最低的功名,虽然所作书画文章在一定范围内为人所重,晚年的生活中,他远离政界,和各类重要事件也没有太大的联系。民初的读书人竭力为自己营造一个有异于传统士大夫忠君卫道的自我形象,这个新的自我形象的内涵,更多的是对学术独立的追求,对民众的关怀,以及对国家前途的忧心。③ 这种思想在雨三身上也多有体现,如在为蔡竹铭祝寿的《倒悬兰》画幅中题"入世而今周一甲,共和见过颇堪怜。小瀛壶里多玄秘,肯为苍生解倒悬"。还注上"自民国至今十三年,岁无宁宇,疮痍满目,几不忍视。我居山中每一念至,为之怆然。甚愿有道者以解此也"④。1929 年 2 月 18 日,致韵香信中言:"现刻南北又起战争,李济深为蒋扣留,已发战事在湖北等……"1930 年 4 月 21 日,致韵香、植娟信中言:"现刻张作临(霖)已死,南军入京,希望从此中国可以平定。"1930 年 9 月,他在一幅《盆兰图》上题款:"时盖阎锡山、冯玉祥、张学良在北平开扩大会议,反对蒋介石。"⑤ 又在某年 1 月 10 日,写信对韵香言:"报见冯玉祥到处,必逐去奢侈淫秽诸风俗,我甚崇拜"。此类字句,信中还有不少。

晚年的吴雨三作为一位虔诚的基督徒,强调自己的行为,强调教义对自己的约束。信仰生活于是便在实践教义的过程中展开。在这样的背景中,教义和行为是考量信仰生活的依据,一切基督信仰者都在这样的宗旨和信念下生活。吴雨三把信仰作为一个思考的对象,希望通过信仰的力量超越世俗的生活,但对于处在具体境遇之中的人和事而言,吴雨三的这种信仰超越本身就带着世俗的气息。吴雨三在清末已获功名,进入民国后世俗生活中的物质世界相对是充裕的,信仰对于他而言,是要提升的生活质量,而另一方面,当人开始为自己的世俗生活忧虑之时,信仰又为人提供一种更高的标准以提升对于自我的认识。于是,信仰是人的希望的一种寄托,是用希望在人的世俗生活中建构

---

① 1929 年 12 月 27 日致韵香信。
② 此观点系蔡香玉博士所指出。参见吴雨三《幽兰白菊图》,载《吴雨三吴泽庵书画集》,第 21 页。
③ 程美宝:《地域文化与国家认同——晚清以来"广东文化"观的形成》,三联书店,2006,第 18 页。
④ 蔡竹铭:《瀛壶居士六十征画》,1924。
⑤ 吴雨三:《盆兰图》,载《吴雨三吴泽庵书画集》,第 16 页。

起一种超越的秩序。在吴雨三看来，基督给予的不仅仅是信心，而且包含着世俗生活的成功。因为世俗生活的成功本身就是信仰生活成功不可或缺的一部分。世俗生活与信仰生活的矛盾在基督的光辉照耀下，不是冲突，而是完美的融合。这是基督的恩惠，也是信仰生活的真谛。在真正成功的人生中，世俗生活与天堂的生活完全一样，不同的只是时间、地点和环境，由此让我们看到了一个基督教徒的晚年生活和细腻的内心世界。

清末以后，传统国家的机制和思想基础都被破坏，农村读书人却并不因科举制度和旧政权授予他们的特权的取消而消失，他们以什么方式改变了自己的特征，他们又以什么方式去适应变化的环境，这些必定形成了近代中国社会史研究中的中心主题。① 本文通过对吴雨三晚年世俗与信仰之间的生活状况进行研究，看到了这样一位基督教徒在民国之际，过着这样的生活，与当时整个社会状况有着密切联系，我们也因此可以对普通民众的生活有所了解，这是研究中国现代化进程不可缺少的一部分。

从本文所利用的家书还可知道，通苞家在桂岭不仅有田出租，还有铺面出租，通苞出洋后，租田租店事就由韵香负责，韵香的身份是乡村学校的教师，又在基督教堂任职，同时也是侨眷，管理着出租的田地和铺面，她的日常生活是怎样的呢？另外，雨三的家书中，多次提到一个叫"三益会"的组织，从谈及的内容来看，这应该是一个民间集资单位，三益会集资涉及范围非常广，从泰国到广州、汕头，再到桂岭，许多人参与集资，形成一个跨地区的金融网络，但更多的细节无从知晓，笔者希望今后能就这些问题作进一步的讨论。

责任编辑：吴孟显

---

① 〔美〕孔飞力：《中华帝国晚期的叛乱及其敌人》，谢亮生等译，中国社会科学出版社，1990，第217页。

潮籍女作家许心影著作考略*

刘文菊　李坚诚**

摘　要：现代潮籍女作家许心影的作品大多散佚，笔者近几年来通过文献查找以及对其亲友进行口述访谈，将其部分作品收集整理。经查找确证，许心影存有古典诗词、新诗、散文、小说、潮剧剧本等作品。考证、整理和出版许心影作品，还原她在文学史上的地位和影响，是极有意义的一件事。

关键词：许心影　著作　考证

现代潮籍女作家许心影（1908～1958），澄海人，原名许兰荪，笔名白鸥。她一方面秉承时称"澄海三才子"之一的父亲许伟余的国学修养，擅长古典诗词文赋，创作有古典诗词，父亲称之为"潮籍女诗人"①。另一方面继承父亲在潮汕首开白话文创作的先锋思想，创作有文笔优美的现代抒情诗、散文和小说。许心影青年时代即闻名潮汕文坛，冯铿是她的同学、好友，也是与之齐名的女作家。许心影1926～1934年曾在上海就读和以文为生，在《微音月刊》、《新垒》、《妇女杂志》、《女青年月刊》等刊物发表了大量新诗、散文、小说等，署名"白鸥"、"白鸥女士"，是20世纪30年代上海文坛的知名女作家。大约在1934年底许心影离开上海回到家乡汕头，此后辗转潮汕各地教书为生，业余创作，在《海滨月刊》、《海滨文艺》、《光华日报》等报刊继续发表诗文，并辑有诗词手稿本《听雨楼诗稿》、《蜡梅余芬集》、《蜡梅余芬别裁集》，署名"白鸥"、"心影"、"许心影"。后因种种原因抑郁不得志，身患癌症，盛年早逝。许心影一生虽创作丰富，作品却大量散佚，几乎被文学史遗忘。她的家人手中仅存《脱了

---

*　本文为2013年度潮汕历史文化研究项目的成果之一"潮籍女诗人许心影"（13LW15）。
**　刘文菊，1968年生，湖北郧西人，韩山师范学院中文系教授，硕士，主要从事现当代女性文学教学和研究；李坚诚，1962年生，许心影的外甥女，广东丰顺人，韩山师范学院地旅系副教授，主要从事区域地理、文化地理的教学和研究。
①　李坚诚、刘文菊、许在镕、许茨子：《潮籍女诗人许心影传略》，《湖南人文科技学院学报》2012年第3期。

牢狱的新囚》以及自编《蜡梅余芬别裁集》词稿一册,并不知晓她的创作详情。笔者近几年来通过走访许心影的亲朋好友,查阅地方档案,结合网络数据库的文献查找,收集整理出她的部分散佚作品。经查找确证,许心影存有古典诗词、新诗、散文、小说、译著、潮剧剧本等作品,包括:《蜡梅余芬别裁集》词稿一册、《海滨》月刊发表诗词若干首、散佚诗词若干首;新诗《无题》一首;长篇小说《脱了牢狱的新囚》一部;中短篇小说《狂舞后》、《绢子姑娘》、《绢子姑娘(续)》、《蔷薇之夜》、《绿的午后》、《十三》、《玛利亚》、《香花前的偶像》等;散文《醒来吧》、《故国清秋》、《昨夜月》等;创作谈《我的创作经验》一篇;翻译小说《富美子的脚》一部;原创潮剧《绿牡丹》一部(仅存目录),改编潮剧《假老爷》一部(仅存目录)。本文主要分析许心影作品的考证整理情况,交代判定作家作品的辨析过程。需要说明的是,在档案不全、文献杂芜的考证工作中,我们的方法是首先采信已经得到学界认可的史料,其次是根据作家的人生历程和生命地理时空去契合,再就是根据作品中特有的潮汕文化元素去判定,诸如:潮汕方言词汇和语法、潮汕风情、潮汕民俗、南国海滨风情等,尽可能穷尽充足的判定条件,提高考证的可信度。

许心影的创作按照个人生平经历的地理时空来划分,以 1934 年年底离开上海回到汕头为界,可以简单分为上海时期和潮汕时期。上海时期的文学创作以新诗、小说、散文、翻译为主,潮汕时期以古典诗词、潮剧剧本等为主。

一　上海时期的文学创作

根据许心影 1934 年 3 月刊发在《女青年月刊》的一篇创作谈《我的创作经验》[①]可以得知她的创作经历和在上海期间的创作情形:

> 1922~1923 年间,中学读书,发表第一篇诗文,悼亡母亲。
>
> 1924 年暮春,发表 5000 字左右散文,悼念亡友逸君。1924 年秋天,组织文学社,创办周刊,大量创作。
>
> 1925 年元月,创作诗文,悼亡老师杨震。1925 年秋天,创作诗文,悼亡好友寄尘。
>
> 1926 年,上海大学就读,做宣言、写标语。
>
> 1927 年暮春,武汉参加革命,大量创作诗文。1927 年 5 月,创作诗文,悼念亡友质芳。1927~1928 年,匿居福建漳州,教书度日,暂停创作。
>
> 1929 年,创作诗词三百余首,小说三部,数万字短篇。
>
> 1931 年 2 月,因好友冯铿被杀,愤然弃家,到上海以文为生。1931 年 9 月,

---

① 白鸥:《我的创作经验》(节选),《女青年月刊》"妇女与文艺专号"1934 年第 13 卷第 3 期。

长篇小说《脱了牢狱的新囚》由上海湖风书局出版。

1934年7月，《脱了牢狱的新囚》由上海春光书店再版。

1934年底，25岁，回到汕头教书为生，《海滨》月刊发表《莺啼序》。

从这篇创作谈可以知晓，1931～1934年许心影在上海期间创作和发表了大量白话文学作品，并成为上海文坛知名的女作家，因为本期《女青年月刊》"妇女与文艺专号"开辟的"我的创作经验"专栏刊登了庐隐、凌淑华、王莹、赛珍珠、白鸥、欧查、冰心七位女作家的文章，她们都是当时著名的女作家，许心影与她们相提并论，可见她当时已经是知名度很高的女作家了。

《惊世之书 文学书评》[①]一书中的记录也可以佐证许心影在上海文坛的影响力：

> 白鸥听说是姓林，江苏人，曾留学日本。她的创作集有脱了牢狱的新囚，译品有富美子的脚，（谷畸润一郎原著，）其笔力均非常动人。她最近常在微音，新垒，女声等月刊发表文字。她现年二十余岁，尚未有丈夫，闻近与茅盾交往颇密。

关于许心影的身世和经历，该书的作者是讹传了。白鸥是许心影的笔名，原名许兰荪，1908年生于广东汕头人，未曾留学日本，是她的弟弟许子由曾留学日本，不过，她在上海大学就读时学过日语。"闻近与茅盾交往颇密"类似于小报上的绯闻，茅盾曾在上海大学任教，1933年《子夜》发表后成为左联文坛瞩目的作家，这一时期许心影的文学活动与左联作家有着密切的往来，故而有此传闻。至于其他有关文学作品的信息还是有可信度的。

据许心影家人讲述，因为抗日战争和生活颠沛，她的大多作品均已散佚，亲友们并没有留下藏本。她的儿子许在镕回忆：

> 许心影原有未问世长篇小说手稿《爱的屠场》及若干短篇，还有白话诗，都在抗战时期散失。她的四弟[②]曾读过那些短篇小说和诗，说诗像宋词的小令，很优美，小说的技巧也相当高。[③]

许心影的二女儿许荧子回忆：

> （妈妈）三度在上海卖文为生。她写过不少短篇小说、白话诗，曾在上海湖风书店出版中篇小说《脱了牢狱的新囚》，丁玲作序。这本作品后散失。四舅读过那些短篇

---

① 秋枫、白沙编《惊世之书 文学书评》，光明日报出版社，2002。子抒《几个女作家》见1933年《读书与出版》。

② 许守介（1930～1984），汕头金山中学语文教师，许心影的四弟。

③ 李坚诚、刘文菊、许在镕、许荧子：《潮籍女诗人许心影传略》，《湖南人文科技学院学报》2012年第3期。

小说和诗,说诗像宋词小令,很优美,小说的技巧也相当高。只是这些也都散失了,我更无缘读到。妈妈这些经历是四舅在1983年写信告知我的,我原来几乎一无所知。①

许家子女因为年幼对母亲当年的文学创作情况并不曾详细了解,有些说法也是采信母亲同时代人的回忆。丁玲写序之说是许心影好友冯铿的丈夫许美勋提出的,他在《瑰丽的海滩贝壳——二、三十年代潮汕文学界情况片段》一文中回忆:"心影后到上海就读于上海大学。曾在上海湖风书店出版中篇小说《脱了牢狱的新囚》,丁玲作序。丁玲还在其主编的杂志《北斗》上为该书写了广告。"② 可能是因为许心影与丁玲是好友,50年代的时候二人还在通信,故而有此推测。经过仔细考证,序的作者署名柳丝,丁玲并未用过柳丝这个笔名,杨邨人和许钦文都曾用过柳丝的笔名,许钦文和白鸥并无往来,杨邨人与许心影不仅是潮汕老乡,而且二人是熟知的老朋友,从序文的风格来看,颇合杨邨人笔法,故而可以断定序文为杨邨人所作,而非丁玲。

(一)长篇小说《脱了牢狱的新囚》

有以下几种文献资料可以确证《脱了牢狱的新囚》系许心影作品。

1.《潮汕文献书目》③

A1324 脱了牢狱的新囚/白鸥著,上海:湖风出版社。本书《生活全国总书目》著录④。白鸥,或署白鸥女士,原名许心影,又名兰苏,澄海人。潮汕名士许伟余女,早年加入汕头新文艺团体火焰社。后赴上海,就读于上海大学。

2.《中国现代文学总书目》⑤

脱了牢狱的新囚。白鸥著。文艺创作丛书。上海湖风书局1931年9月初版。长篇小说。

3. 吴其敏《园边叶》⑥ 中《冯铿在潮汕》一文

(冯铿)与另一潮籍女作家许心影齐名。心影别署"白鸥居士",于上海湖风书局出版有《脱了牢狱的新囚》短篇小说集。

4. 倪墨炎《现代文学丛书散记(续二)》⑦

湖风书局从开办到被封的1931~1933年的两年多时间里,出版了《文艺创作丛

---

① 许荧子:《往事不会如烟——怀念我的外公和母亲》,载许荧子、郭先安著《涟漪集》,香港新风出版社,2001年5月。
② 《汕头地方文化艺术史资料汇编》(第一辑1982年3月),汕头图书馆藏书。"湖风书店"是"湖风书局"的误记。
③ 汕头图书馆学会编《潮汕文献书目》,广东人民出版社,1994,第93页。
④ 平心编《生活全国总书目》,生活书店,1935。
⑤ 甘振虎等编《中国现代文学总书目小说卷》,知识产权出版社,2010。
⑥ 吴其敏:《冯铿在潮汕》,《园边叶》,香港三联书店,1986,第242页。
⑦ 倪墨炎:《现代文学丛书散记(续二)》,《新文学史料》1994年第1期,第209~219页。

书》。……兹按出版时间先后为序,对这套丛书中的各本作简要介绍于后。……白鸥女士著《脱了牢狱的新囚》,1931 年 9 月出版。是日记体长篇小说,柳丝作序。湖风书局被封后,该书转由春光书店于 1934 年 7 月再版。后又由大方书局改书名为《恋爱日记》,于 1948 年 7 月用原纸型重印。

5. 《中国现代文学作品书名大辞典(二)》①

《脱了牢狱的新囚》。白鸥女士的长篇小说,一九三一年上海湖风书局初版。故事叙述时代青年摆脱了封建社会旧式家庭的束缚,却又陷入了自由恋爱的爱情牢狱。这部长篇小说的内容是:(一)相逢恨晚,(二)享受到消魂的欢爱,(三)好梦总是残短,(四)一样的月亮下却是两地相思,(五)人海茫茫无处寻觅,(六)决心不再深情。

6. 《春光》月刊 1934 年第 1 卷第 1 期第 27 页有新书介绍

《脱了牢狱的新囚》,白鸥女士著,实价五角五分。本书是一部在时代的大轮下滚过的少爷小姐们的人生的写真。作者以婉妙的深含诗意底笔调,很细腻绵密地来描绘一个多情少妇的矛盾心情,和她种种的恋爱经过。全书自始至终都非常紧张,其热情奔放处,直可使你兴奋,使你感怀,使你的心也将为他跳动。更加以辞藻的美丽,描写的大胆,生动和活泼,真是处处都足以引人入胜。这部书,在新进女作家中,的确要算是一部不可多得的作品了。书前有柳丝先生的序,柳丝先生说得好:"……与其花钱买那些千篇一律的照恋爱公式写的糜烂到有如嚼蜡的'大作品',何不读一读这篇生命力活跃的新著?"全书的内容包括:(一)我们相逢已是太迟(二)我才知道那种欢爱是怎样消魂(三)好梦总是那般残短哟(四)一样月亮两地相思(五)人海茫茫何处问津(六)我将毁弃一切的深情。

7. 台湾《民国小说丛刊》②

该丛刊第一编第 94 册收录了白鸥女士《脱了牢狱的新囚》,是 1931 年上海湖风书局版的影印本,共 164 页。

从以上文献来看,《脱了牢狱的新囚》共有三版:1931 年 9 月湖风书局初版(简称湖风版)、1934 年 7 月春光书店再版(简称春光版)、1948 年 7 月大方书局重印版《恋爱日记》(简称大方版)。从全国几个图书馆的馆藏情况来看,国家图书馆藏有湖风版缩微文献 1 盘(4 米 106 拍);上海图书馆藏有湖风版和春光版;安徽大学图书馆藏有春光版、厦门大学图书馆藏湖风版;超星数字百万图书数据库和大成故纸堆全文数据库上传的都是春光版,没有封面、目录,从版权页开始,接着就是正文。从上图的两个藏本来看,湖风版和春光版只是版权页不同,其余封面、目录、页码都相同,共 164 页,春光版在书后加印 3 页图书广告,包括《青年文学自修读本》、高健尼著《前夜》、魏

---

① 周锦编《中国现代文学作品书名大辞典(二)》,上海出版社,1986,第 1143 页。
② 吴福助主编《民国小说丛刊》(第一编)(第 94 册),文听阁图书有限公司,2010。

企枝著《七封信的自传》、白薇女士著《打出幽灵塔》、"春光文艺创作丛刊"13部著作的书目。不过,封面或扉页留下的藏书划痕和记号不同,不是同一本书的影印,国图湖风版是黑白复印本,封面上有"公安局存查"、"原版藏本"字样,上图湖风版扉页上有"苏沁邨"字样。从上图春光版的彩色封面来看,小说的封面设计风格与浪漫的爱情婚恋主题很吻合,左上角是一轮圆月,右上角是高大的椰子树,画面中间是一对青年男女在月下的南国海滨相依偎的剪影。目前未能查找到《中国现代文学作品书名大辞典》中提及的版本和倪墨炎提及的大方版《恋爱日记》。

(二) 其他白话文学作品

在20世纪三四十年代文坛上同时期用"白鸥"这一笔名的还有周玑璋和白正光二人。周玑璋(1904~1981),男,河北省海兴县人,剧作家、戏剧教育家,笔名周小星、白鸥。① 白光正,1922年生,吉林省梨树县人,笔名白鸥。② 不过他们的创作主题和风格与许心影迥然不同,细读文本很容易辨识。在大成故纸堆全文数据库可以查找到他们的部分作品,周玑璋这一时期发表的主要是政经类的文章,他用原名发表《东北农业与日本移民政策》(《中国经济月刊》1934年第2卷第1期)、《九一八事变后日本在东北之经济势力》(《中国经济月刊》1934年第2卷第5期)、《日本铁蹄下之间岛》(《边铎半月刊》1934年第2卷第1期),用"白鸥"发表《黄河古道今释》(《玉屏周刊》1935年第32~33期)、《论宪政运动》(《中山公论》1939年第1卷第4期)、《苏倭停战协定的本质》(《中山公论》1939年第1卷第2期)《欧洲西线无战事》(《中山公论》1939年第1卷第5期)。白光正因参加1942年"一二·三〇"东北青年抗日事件被捕入狱,曾协办《今日东北》杂志③,用"白鸥"笔名发表的一组文章记录了这段铁窗生活,《长春"留置场"铁窗生活纪实(上)》(《今日东北》1944年第1卷第1期)、《长春"留置场"铁窗生活纪实(下)》(《今日东北》1944年第1卷第2期)、《长春"留置场"铁窗生活纪实(中)》(《今日东北》1944年第1卷第3期)、《从一二·三〇事件想起来的》(《今日东北》1944年第1卷第5~6期),还用原名发表《青木关寄宿舍内归青年生活》(《东青通讯》1944年第2期)。其余署名"白鸥"、"白鸥女士"的作品在主题、风格、情节、结构方面与《脱了牢狱的新囚》近似,多数是书写时代女性的爱情婚姻、时代理想的困惑与思考,故事发生的地点多在上海和南国海滨城市汕头之间,创作风格有自述传性质,具有鲜明的潮汕方言特点的表达方式也一样,可以判断就是许心影的作品,尤其是以《我的创作经验》和《女儿经验谈》两篇自传体散文来佐证,证据非常确凿。详见表1。

---

① 何英才主编《河北近现代历史人物词典》,亚洲出版社,1992,第456页。
② 苗士心编《中国现代作家笔名索引》,山东大学出版社,1986,第195页。
③ 郑新衡:《一二·三〇事件始末》,辽宁大学出版社,2010,第275、498页。

表1 许心影上海时期发表的作品

序号	题名	文体	署名	刊名	年卷期	备注
1	香花前的偶像	小说	白鸥女士	妇女杂志	1930年第17卷第12号	
2	狂舞后	小说	白鸥	微音月刊	1931年第1卷第7期	
3	绢子姑娘	小说	白鸥	微音月刊	1932年第2卷第7~8期	
4	绢子姑娘(续)	小说	白鸥女士	微音月刊	1933年第2卷第10期	
5	蔷薇之夜	小说	白鸥	微音月刊	1932年第2卷第3期	
6	绿的午后	小说	白鸥	新垒	1933年第2卷第6期	
7	十三	小说	白鸥女士	新垒	1933年第1卷第1期	
8	残秋夜话	散文	白鸥	新垒	1933年第1卷第4期	
9	玛利亚	小说	白鸥女士	新垒	1933年第2卷第4期	
10	两代的命运	小说	白鸥	女青年月刊	1932年第11卷第2期	
11	我的创作经验	散文	白鸥	女青年月刊	1934年第13卷第3期	
12	女儿经验谈	散文	白鸥	女青年月刊	1935年第14卷第4期	

(三) 翻译日本小说《富美子的脚》

许心影翻译了日本作家谷崎润一郎的小说《富美子的脚》，署名白鸥，由希美印刷所于民国十八年双十节（1929年10月10日）出版，上海晓星书店1931年再版。谷崎润一郎是日本唯美主义文学流派的代表作家，1918年由周作人译介到中国。最早是沈端先（夏衍）翻译了《富美子的脚》，1928年3月刊登在《小说月报》，1929年开明书店出版了由章克标翻译的《谷崎润一郎集》，其中收录了沈端先的译本。这是一个关于"恋脚癖"的畸恋故事，江户时代的隐居先生一生曾三次离异，在花甲之年时又娶了一个16岁的妓女富美子做妾，他迷恋她的一双脚，崇拜得几乎走火入魔，甚至在临终前一定要富美子用脚踩着他的头才肯离世。谷崎润一郎笔下的女性大多是唯美的女神形象，表面上是让男人崇拜，实际上却是依附男性而存在，是男性欲望的俘虏，这种耽美思想体现在对女性的崇拜和对女性的虐恋，表现了在男权社会下女性丧失了独立尊严的生存状态。许心影翻译《富美子的脚》的初衷也许是为了揭示日本传统文化中男尊女卑的思想观念，表达对女性寻求自我解放的思考。

许心影对日本文学的译介可能是1926年在上海大学就读时受到左翼思潮的影响，尤其是深受她敬仰的老师陈望道的影响。她在创作谈中写道："一九二六我到上海××大学来，情绪为之一变，以写悲歌之思易而为作宣言，以写小说之时间，易而为书标语。"① 不仅改变了她中学时代那种感伤哀悼、落寞凄清的创作风格，而且还促使她走上革命的道路。1927年在武汉革命政府妇女部任文书，积极参加妇女解放运动。上海大学虽然只有短短五年的办学历史（1922~1927年），却为国民革命培养了大批人才，

---

① 白鸥：《我的创作经验》（节选），《女青年月刊》"妇女与文艺专号"1934年第13卷第3期。

赢得了"文有上大,武有黄埔"的赞誉。① 一大批共产党的理论家和社会活动家在这里任教,有李大钊、瞿秋白、邓中夏、蔡和森、任弼时、茅盾、恽代英等,他们传播马克思主义思想,鼓励学生参加革命实践,将教室与街头联系起来,成为传播激进社会思想的中心②,被国民党斥为"赤色大本营"。陈望道时任中文系的系主任,他从日本留学回国,是《共产党宣言》第一个译本的翻译者③,积极参加新文化运动,在《民国日报》的副刊"觉悟"、"妇女评论"等发表大量文章,倡导男女平等思想,他还翻译了大量的日本文学作品和社会时评。④ 许心影是他赏识的优秀学生之一,当年曾力劝她不要返回潮汕而是留居上海发展。许心影深受陈望道的影响,在创作主题上以反映女性生活、塑造新女性形象、倡导女性独立为主,而且在行文风格上也受其影响,选择相同的某些个性化的词语,如,用"立地"表示立刻、马上的意思。

查看上海大学中文系当时的课表,开设有英文和日文课程⑤,许心影应该是在这期间学习了英语和日语,并达到了一定的熟练程度,从她创作中穿插的外文即可看出。许心影这时期可能对日本文学产生了一定的兴趣,不仅是她,还有她的弟弟许子由也深受日本文化的影响。1926 年许子由跟她一起进入上海大学,就读于社会学系,后前往日本留学,回到上海后主要从事文学创作和翻译工作,有不少作品发表在《新垒》、《微音月刊》、《时代动向》等刊物,如:《落叶杂记》(《微音月刊》1932 年第 2 卷第 5 期)、《中国新文学的动向》(《时代动向》1937 年第 1 卷第 5 期)。《春光》杂志 1934 年第 1 卷第 1 期第 27 页刊有许心影《脱了牢狱的新囚》的新书介绍,第 39 页是许子由翻译作品集《最后底一叶》的新书介绍。朱联保编《近现代上海出版业印象记》⑥ 收录有词条:《最后底一叶》许子由辑译,上海湖风书局,1932 年 6 月初版,230 页,0.75 元。然而社编《世界短篇小名作选》⑦ 辑录许子由翻译的《霍桑传》、《回春法底实验》、《奥亨利传》全文。可见,这一时期,许心影和许子由姐弟两个一起在上海以文为生,创作和翻译了不少作品,相继在彼此都熟悉的刊物和出版社发表。

二 潮汕时期的文学创作

(一)已发表的诗文

许心影 1934 年底回到汕头后,在《海滨》月刊、《海滨文艺》等发表了一批作品,

---

① 王家贵、蔡锡瑶编著《上海大学(1922~1927)》,上海社会科学院出版社,1986,第 1 页。
② 〔美〕叶文心:《民国时期大学校园文化》,冯夏根、胡少诚、田嵩燕等译,中国人民大学出版社,2012,第 100 页。
③ 〔美〕叶文心:《民国时期大学校园文化》,第 147 页。
④ 陈望道:《恋爱婚姻女权——陈望道妇女问题论集》,复旦大学出版社,2010。
⑤ 黄美真等编《上海大学史料》,复旦大学出版社,1984。
⑥ 朱联保编《近现代上海出版业印象记》,学林出版社,1993。
⑦ 然而社编《世界短篇小名作选》,然而出版社,1935。

署名"白鸥"、"白鸥居士"、"心影"、"许心影",以诗词、散文居多,几乎不再写小说。详见表2。

表2 许心影1934年后发表的作品

序号	题名	文体	署名	刊名	年卷期	备注
1	莺啼序(西窗又吹)	诗词	许心影	海滨	1934年第5期	
2	莺啼序(白鸥落拓)	诗词	许心影	海滨	1934年第5期	
3	薄幸	诗词	许心影	海滨	1934年第5期	
4	洞仙歌	诗词	许心影	海滨	1934年第5期	
5	故国清秋	散文	白鸥	海滨	1934年第5期	
6	无题	新诗	白鸥	海滨	1934年第5期	
7	庆春泽	诗词	许心影	海滨	1935年第6期	
8	金缕曲(用稼轩原韵)	诗词	许心影	海滨	1935年第6期	
9	声声慢(拟易安)	诗词	许心影	海滨	1935年第7期	
10	寒灰	散文	白鸥女士	海滨	1935年第8期	仅目录
11	满路花	诗词	许心影	海滨	1935年第8期	
12	琐窗寒(乙亥秋分)	诗词	许心影	海滨	1935年第8期	
13	满庭芳(乙亥中秋)	诗词	许心影	海滨	1935年第8期	
14	摸鱼儿	诗词	心影	海滨	1936年第9/10期	
15	离亭燕	诗词	心影	海滨	1936年第9/10期	
16	昨夜月	散文	心影	海滨	1936年第9/10期	
17	赠别孟瑜时孟将返星洲	诗词	许心影	海滨	1936年第11期	
18	沁园春	诗词	心影	海滨	1937年第12期	
19	高阳台	诗词	心影	海滨	1937年第12期	
20	醒来吧	散文	白鸥女士	海滨文艺	1936年第2期	
21	金缕曲(用稼轩原韵)	诗词	白鸥女士	西北风	1936年第8期	重发
22	庆春泽	诗词	白鸥女士	西北风	1936年第8期	重发

许心影在《海滨》1934年第5期一共刊发了1篇散文《故国清秋》,1首长诗《无题》,4阕词《莺啼序》(西窗又吹)、《莺啼序》(白鸥落拓)、《薄幸》、《洞仙歌》,这应该算是比较全面地向故乡展示她的文学才华。本期的编者在《编后记》中介绍:"白鸥女士是海上颇负盛名的女作家,她最拿手的是写小说,这一篇南国清秋虽然是副产品,但也凝着作者真实的生命的情调。"据传,《莺啼序》(白鸥落拓)"廿五自寿"一词刊发后广为传抄,一时声名鹊起,潮汕文教界鲜有不知白鸥女士其人者。在此后的三年间许心影持续在《海滨》刊发诗文,成为文界知名女诗人,即使在病中也坚持写作,1935年第8期刊有散文《寒灰》,可惜仅见目录,编者在《编后》介绍:"白鸥女士在半病的状态中,为本刊写了一篇富于感伤性的寒灰。"在1936年第2期《海滨文艺》预告中刊发散文《迟暮》,正式刊出时换成了散文《醒来吧》,《迟暮》现已散佚。她

常与潮汕诗词界才俊杜国梁、王显诏、吴双玉、饶宗颐、蔡起贤、郑餐霞等唱酬，境界开阔，风格朗健，广受好评，一直到1936年许心影还将旧作《金缕曲（用稼轩原韵）》和《庆春泽》重发在《西北风》杂志上，可见她在全国文坛上的影响力。从1944年开始她曾主编汕头《光华日报》的"岭海诗流"专栏，刊登旧体诗词，今汕头图书馆馆藏之《光华日报》中华民国三十三年5月14日报纸残页，刊头"岭海诗流"为许心影手书及签名。

（二）手抄本《蜡梅余芬别裁集》词稿

许心影有诗集稿《听雨楼诗稿》，后与其词作合编为《蜡梅余芬集》两册，辑有诗词近300首，她的诗友蔡起贤、王显诏、邱汝滨等都曾阅读过，可惜后来都散失无踪。现仅存她手抄的《蜡梅余芬别裁集》一卷，辑词36首，附录于其父自刊本《庶筑秋轩文稿》。目前所见许心影亲友收藏的《蜡梅余芬别裁集》复印本有几个版本。

第一种是许心影亲人收藏的版本。是27.96cm*17.96cm大开本，封面的印章模糊不清，只有许心影的36首词，没有序、前记、跋，这个是最早的复印本。许心影的外甥女李坚诚查清了手稿复印本的来历：

> 我舅舅许仲廉在1983年10月16日的一封信中记录："《蜡梅余芬别裁集》这本小册子，是细妹（杜如雅）今年初带来的。……为了保持原貌，其中有明显笔误等，也不予改动即交影印，印的份数也不多，已分发给诸亲。"我表哥回忆："大姑的手稿复印是在1982~83年间，印象中当时国内影印机不多，也贵，老爸（许仲廉）让我带去澳门复印，第一次印了10份，装订时弄不好，又印了10份，最后像样的大约在12~13份左右，印象中原稿不是很差，只是纸有些发黄但不脆。其装辑、尺寸大小与手稿同一版本。原稿现已不知去向。"①

第二种是王永龙②收藏的版本。是小十六开本，扉页有蔡起贤③的题词，封底是王永龙写的跋，加盖有"王永龙"印章，时间是1990年元旦。

临江仙
蔡起贤

白鸥词人蜡梅余芬词稿本，一九四二年余曾为题词一首，十年动乱，稿本已

---

① 口述史料：李坚诚（1962~），韩山师范学院教师，许心影的妹妹杜如雅的女儿。时间：2013年9月4日。地点：汕头。访谈：刘文菊。
② 王永龙（1919~2005），男，潮安庵埠人，原龙溪中学语文教师，有诗集《愚庐吟草》。
③ 蔡起贤（1917~2004），男，潮安彩塘人，知名学者、诗人，号缶庵，有诗词集《缶庵诗词钞》。许心影的同事和诗友。

佚。近其妹如雅于废篦中，捡得其自书定稿蜡梅余芬别裁集一册，存词仅四十余阕。然易安生平，苏辛风味，一脔之尝，盖亦足矣，为补题一阕。

曾是归来堂上客，不闻漱玉声声。磐沟片月尚分明，依稀环佩响，犹有暗香生。

卢橘上林开次第，漫赢记梦龙城。伤心无地觅鸥盟，同看新岁月，灼灼少微星。

跋

《蜡梅余芬别裁集》作者许心影，原名兰荪，号白鸥女士，澄海莲阳人，生于一九〇八年，出身名门，世代书香，兰心蕙质，才情横溢，系三十年代岭东文教界知名人物。惜乎漱玉才高，不获永年，一九五七年逝世，时年方五十，闻者叹惋。兹从友人徐君锡堃①借得影印手稿本一册，予以复印，以表敬仰而留纪念。

潮州龙溪王永龙谨跋　一九九〇年元旦

第三种是岭海诗社收藏的版本。是小十六开本，封面加盖有"岭海诗社"红色印章，扉页只有蔡起贤的题词，封底是王永龙的跋，加盖有"王永龙"印章，时间是1990年元旦。

第四种是郭马风②和李魁庆收藏的版本。是大三十二开本，A4纸复印，封面加盖有"马风藏书"的印章，扉页有蔡起贤毛笔书写的《临江仙》题词和郭马风钢笔书写的前记，时间是1993年12月。

《蜡梅余芬别裁集》是先岳母许心影白鸥居士词稿之《蜡梅余芬词稿》的一册。昔岁尚有《白鸥词》刊行，惜均与其他诗文、小说、潮剧本俱佚。起贤老再为题词影印以存。诸亲为收，若发现有其存稿者，望告。

汕头市地方志办公室　郭马风　一九九三年十二月

第五种是潮汕历史文化研究中心收藏的版本。是大三十二开本，A4纸复印，封面有"马风藏书"红色印章，扉页有蔡起贤的题词和郭马风1993年12月写的前记，加盖了"历史文化研究中心藏书"红色印章，封底有郭马风钢笔抄录的王永龙1990年元旦写的跋。

从蔡起贤的题词看，这册词稿是许心影的妹妹杜如雅在废篦里找出，是许心影毛笔手书稿，并请蔡起贤题词，没有时间落款，估计是在1983年之后。据二女儿许茨子《往事并不如烟》一文回忆，她是1985年从三舅许仲廉那里拿到《蜡梅余芬别裁集》

---

① 徐锡堃（1921~1999），男，潮安庵埠人，原庵埠某小学校长，有诗集《学诗吟草》。
② 郭马风（1928~），男，原名郭乐异，笔名马风，揭阳人，汕头市志办副研究员。许心影女儿许秋子的丈夫。

复印本的。王永龙的跋写在 1990 年元旦,是从好友徐锡堃那里借得,并将十六开复印本送给岭海诗社收藏。郭马风 1993 年 12 月得到大三十二开复印本,并将加盖有个人藏书印章和抄录了王永龙跋的复印本送给潮汕历史文化研究中心收藏。由此看,《蜡梅余芬别裁集》词稿虽没有公开刊行,但曾以复印本的形式在潮汕文界广泛流传。

《蜡梅余芬别裁集》原稿有 28 页,是许心影亲手用毛笔字抄写的,字迹清晰、整洁,字体潇洒飘逸、别具一格。用繁体字竖行写成,没有标点,只是断开每首词的上下片。词稿共有 36 首词,大概写于 1939~1945 年抗战期间,大致按照时间顺序收录,第一首《忆旧游·次汪精卫韵以讥之》是讽刺汪精卫 1938 年 12 月从重庆到越南河内不久作词《忆旧游·落叶》,可以推测出写作时间大致是在 1939 年。第 31 首《高阳台·甲申双十为民报复刊作》是 1944 年 10 月 10 日为纪念《民报》复刊而作,第 35 首《庆春泽并序》在序中交代"时旃蒙作噩之年,应钟之月朔日①,澄海白鸥序于洪阳旅次",是 1945 年农历十月初一即 1945 年 11 月 5 日诗人暂住普宁洪阳时,为棉城友人王藩的医学专著的题词。36 首词中有 10 首是自抒情怀,26 首是赠予词,这些亲朋好友及学生有:西林、惠柏、六云、绿蕊、陈国梁、少华、林贻盛、六都诸子、子由、仲廉、伯图、定高、溥霖、餐霞、启贤、李木英、玉霞、孙德英、王显诏、中持、王藩。36 首词共用了 15 个词牌名,其中 10 首《满江红》、4 首《高阳台》、4 首《金缕曲》、3 首《满庭芳》、3 首《庆春泽》、2 首《贺新凉》、2 首《江城子》,另外,《忆旧游》、《沁园春》、《汉宫春》、《鹧鸪天》、《浣溪沙》、《醉花阴》、《点绛唇》、《一剪梅》各 1 首。这 36 首词的主题大致有三个方面:第一,抒发祖国沦陷敌手的悲愤。如第一首《忆旧游·次汪精卫韵以讥之》,第 8 首《浣溪沙·次太康韵并报绿蕊》,第 33 首《庆春泽·元旦为民报作》。第二,鸿鹄之志无法实现的慨叹。如第 2 首《高阳台》,第 5 首《高阳台·西林有八桂之行用其韵赠之》。第三,凄凉身世的悲鸣。如第 3 首《沁园春·用太康韵》,第 12 首《醉花阴·用易安韵》。这三方面的主题和内容在多数篇章里是交融在一起的,诗人将国家遭到侵略后河山破碎的忧患、心怀壮志却无法施展的苦闷与个人身世飘零的凄凉熔为一炉,满腔悲愤化作清泪,借酒浇愁,赋诗遣怀,呕尽心血,成就这一首首和着血泪的篇章。

(三) 其他散佚诗作

许心影还有一些诗作散见于诗友的文集中,目前能查找到的诗作有以下几首。
(1)《除夕》。
此诗为《瞩云楼诗存六种》之《蕉窗随笔》② 所录。邱汝滨(1898~1971),别名宗华,潮州府城人。有诗集《瞩云楼吟草》《适己集》《一叶集》《归里集》《村居集》

---

① 旃蒙:乙酉年(1945 年),应钟之月朔日:十月初一。
② 邱汝滨著,曾楚楠编校:《瞩云楼诗存(六种)》,潮州诗社,1998,第 198 页。

和文集《蕉窗随笔》。《蕉窗随笔》第 235 条为"许心影《除夕》诗":

> 与白鸥女士许心影别十余年,忽于汕岛相见,邀余饮其家。短发蓬蓬,诗酒豪情已非往日。出示《听雨楼诗稿》,有《除夕》一律云:"误来人世忽三纪,一事无成足叹嗟。赴壑长蛇垂尽岁,燎原烈火盛春花。征夫海外舵难返,稚子窗前鼓大挝。除夕挑灯斟闷酒,愁看屋角雨如麻。"

(2)《在海门即席所赋》。
此诗收录于许心影父亲许伟余《庶筑秋轩文稿》①。

在海门即席所赋
1943 年

莲峰高矗海之门,宛似芙蓉出水芬。
挹露情深花有泪,擎天梦渺石生痕。
惊涛难撼孤臣志,胜地空留杜宇魂。
匡国壮怀今犹昔,誓将热血洗妖氛。

(3)《江城子》。
这首词收录于许其武《二十世纪二、三十年代:潮汕文人——一个粗略的扫描》②。

江城子

一年漂泊各西东,怕相逢,恰相逢。露水稀稀,何处转征帆?传语故人休惆怅,薄幸事,古今同。

前情流水云无踪,会匆匆,别匆匆,暮霭飘飘,斜日映秋风。泡影昙花春梦过,回首看,万般空!

(四) 改编和创作潮剧剧本

1955 年许心影进入汕头专区戏剧改革委员会,从事潮剧旧剧本的整理工作,曾随潮剧团下乡体验生活并创作剧本。据郭马风回忆,他曾看过许心影创作的潮剧剧本《绿牡丹》,文辞很美,后来却不知去向。《潮剧人物传略专辑》③ 一书中"陈华武"词

---

① 许伟余:《庶筑秋轩文稿》,自刊本,1998。
② 许其武:《二十世纪二、三十年代:潮汕文人——一个粗略的扫描》,《潮声》2001 年第 3 期。
③ 汕头市艺术研究室编《潮剧人物传略专辑》,中国戏剧出版社,1998。

条中介绍他曾与许心影合作改编《假老爷》：

> 1956年兼任剧目研究组组长和发掘整理传统剧目小组组长。整理传统古装潮剧《刘璋下山》，演出后得到好评。同年与许心影合作整理古装戏《假老爷》。

可惜的是这个剧本也仅存目录。据《近现代潮汕戏剧》一书"第四节《潮剧剧目汇考》与潮剧剧本结集（一）"① 记录这些剧本在1969年汕头的一场台风中被毁：

> 1953年潮剧界曾发起一个发掘潮剧传统遗产的运动，动员广大潮剧艺人搜集捐献潮剧旧剧本，这项工作持续了三四年之久，总共搜集得到旧剧本2000多个。当时搜集得到的剧本由各剧团保存，目录则送汕头潮剧改进会统计。1958年成立广东潮剧院，当时并入广东潮剧院的广东省潮剧团、源正潮剧团、怡梨潮剧团、玉梨潮剧团、赛宝潮剧团和三正潮剧团，则将其搜集得到的旧剧本集中潮剧院资料室，共1200多个。1961年广东潮剧院约请社会人士对这1000多个旧剧本重新抄写，包括改正错别字，并写出剧情梗概。不幸的是，1969年7月28日汕头市遭遇特大台风，潮剧院所在地受海潮淹浸，时潮剧院全体人员均在干校，未能及时抢救，致使1000多个千辛万苦积累起来的剧本，毁于一旦。所幸的是，这些剧情梗概，在1963年由广东省文化局戏曲研究室（即今广东省艺术研究所前身）付资，以广东省文化局戏曲研究室、广东省戏剧家协会、广东潮剧院三个单位编辑付印，内部出版，书名为《潮剧剧目纲要》。剧本毁失了，剧情故事梗概却有幸保留下来。

综上所述，许心影著作丰富，有古典诗词、新诗、散文、小说、译注、潮剧剧本等作品，在20世纪的现代文坛上产生了不小的影响，但因时代的原因和个人身世的多舛，渐渐远离文学主潮，被文学史淡忘。她的著作散佚较多，笔者学力微小，尚有不少作品留待学界同人继续查找，本篇考略也还存在不少疏漏，期待进一步得到补证。不过，整理和出版许心影作品，还原她在文学史上曾经有过的地位和影响，是极有意义的一件事。

责任编辑： 杨映红

---

① 陈韩星主编《近现代潮汕戏剧》，中国戏剧出版社，2005，第96页。

清池皓月照禅心：
潮汕诗僧释定持诗歌赏析

林志达[*]

摘　要：定持法师为潮汕当代诗僧，其云水一生，著有诗集《行脚吟》。研究定持法师的诗，对于研究潮汕诗僧文化有着重要的意义。本文拟对其部分诗作作一番粗浅的解读。

关键词：定持法师　诗作　赏析举隅

我国的诗禅文化源远流长，历代诗僧辈出。而僻处滨海一隅的潮汕，自唐代惠照以降，也涌现出不少诗僧。从宋人余靖题惠照禅师遗像有"士林传字法，僧国主诗盟"之句，可知惠照禅师当年诗名之著，惜乎其诗今已失传矣。清人陈珏选编、陈王猷校订的《古瀛诗苑》，列于"方外"者，收有本土诗僧五家及游寓诗僧二家之作。近人温丹铭所编的《潮州诗萃》，闰编中有"方外"一卷，收有僧诗八家。当代潮汕诗坛，又出有号称"岭海二诗僧"的定持法师与圆彻法师。

定持法师，生于民国辛酉岁十二月初五，公元1999年己卯岁七月十五佛欢喜日圆寂，享寿七十有九。俗家广东南澳人，俗名陈著名。原中国佛教协会常务理事，广东省佛教协会副会长，汕头市佛教协会会长。16岁于南澳岛屏山岩披剃出家，法名心传，外字定持。18岁往南京宝华山隆昌寺受戒。自此，参学不断，先后就读于青岛湛山寺佛教学校、上海圆明讲堂楞严专宗学院。并得苏州灵岩寺首座了然今净禅师传法，为曹洞宗第五十七世法嗣，法名日光。红羊赤马之年，因获非罪而数度身陷囹圄，得释时，又被逼蓄发着俗服，以拾猪矢记工分度日。劫后春回，始得复祝发，重整威仪，恢复道

---

[*] 林志达，1973年生，中华诗词学会会员，广东中华诗词学会理事，汕头岭海诗社副社长，《岭海诗词》编委会委员。

场,宣演佛法,作狮子吼,发海潮音。历任广东潮州开元镇国禅寺、浙江奉化雪窦寺、香港大屿山莲池寺、广东陆丰清云山定光寺方丈。由于夙有诗名,当公元1984年潮汕成立了劫后第一个诗词社团——岭海诗社后,法师便应邀入社。其云水一生,著有诗集《行脚吟》。

研究定持法师的诗,对于研究潮汕诗僧文化有着重要的意义。笔者因有缘在法师晚年得以亲其锡杖,对其生平有所了解,故不揣谫陋,拟对其部分诗作作一番粗浅的解读。

定持法师的诗,为其云水生涯之写照,禅味禅境,禅机禅趣,尽寄其中。

> 思亲夜有梦,梦在母身边。醒来犹记忆,教儿学要坚。读书须立志,殷勤效昔贤。哀哀慈母德,恩深九重渊。自我为僧伽,孤身不求怜。江湖为室家,衣钵担铁肩。风雨晦明际,翘首对青天。仰看长空云,俯临泉涓涓。云去泉自流,音容两渺然。宁无板舆念,青松锁寒烟。翻径石为伴,归卧云傍眠。萧寺远尘累,心空便是禅。衲衣任荻绽,动止且随缘。钟鼓勤朝暮,遥观来往船。万般皆可弃,忆母念难捐。满怀思亲泪,和墨写诗篇。
>
> ——《思亲》

定持法师就读于青岛湛山寺佛教学校时,向寄居寺中的诗人龙健行老居士学诗,这首题为《思亲》的五言古风,乃学诗后第一首习作。

法师出家之前,萱堂便已亡故。及遁入空门,犹忆念慈母,相聚于黑甜乡中。山寺梦回,尚记慈亲谆谆教诲,勉励立志向学。而法师则不负慈训,既已出家,自毅然荷担如来家业。然而,风雨晦暝,云水悠悠,忆起慈母音容,岂无板舆迎养之念?虽如是,因身居萧寺,终日惟有青松寒烟、闲云山石为伴。但毕竟人已脱尘累,心空便是禅,一切尽皆随缘也。湛山寺中,日日晨钟暮鼓,远眺着海面上船去船来。此时此刻,万般俱可放下,而忆念慈母之情,却是无法放下的。于是,思亲泪下,唯有以泪研墨,写下思亲的诗篇。纵观此诗,字字揾泪,饱含亲情,却又通篇为僧家口气,有如云岩松雪,迥于尘俗。当龙健行老师阅罢此诗,赞不绝口,深以法师为可造之材。

> 十六离家事世尊,椿萱无语与谁论。
> 蓼莪篇里思亲泪,杜宇声中见血痕。
> 苦海茫茫迷白昼,慧灯耿耿破黄昏。
> 金刀剃下娘生发,从此冀登解脱门。
>
> ——《出家》

此诗为法师纪其出家而作。法师夙具慧根,早有出尘之想,读高小时,曾有一次尾随屏山岩住持怡深长老上山,求其剃度,后为父母所雇人带回。迨至16虚岁,即慈母亡故翌年,再度上屏山岩恳求披剃,严父知其去意已决,阻止不得,亦无可如何。于是,法师便由怡深长老代刀剃度,礼怡深长老弟子纯鉴和尚为剃度师。

"十六离家事世尊,椿萱无语与谁论。"写的正是剃度之时的情况。《诗经》有《蓼莪》之篇。"蓼蓼者莪,匪莪伊蒿。哀哀父母,生我劬劳。"① 通篇言子女追慕双亲抚养之恩德。杜宇乃鸟名,相传为蜀国望帝之魂所化,杜宇哀鸣,声声泣血。法师用此二典,烘托出离家时对生身父母眷念之哀情。然而,五浊恶世,白昼犹是苦海迷茫,只有如来慧炬,才能照破昏暗,所以,毅然剃发披缁,希冀登入解脱之门。

值得一提的是,法师此诗,虽是写自己出家之事,而其用韵,却是步近代著名诗僧八指头陀《述怀》诗之韵。八指头陀诗云:"十六辞家事世尊,孤怀寂寞共谁论?悬岩鸟道无人迹,坏色袈裟有泪痕。万劫死生堪痛哭,百年迅速等朝昏。不堪满眼红尘态,悔逐桃花出洞门。"② 将二诗对读,同以16岁出家起句,八指头陀写的是出家后情态,抒其孤怀;定持法师写的是初出家时毅然斩断世缘,而又不忘父母深恩的复杂心境。分别品赏,各具味道。

> 宗门参透贵绵绵,一句话头觑万缘。
> 绿鬓微沾干矢橛,金山猛勘野狐禅。
> 磨砖人去留师表,担板汉来任仔肩。
> 发足便亲龙象躅,此身自喜是天然。
>
> ——《参禅》

僧人初披剃,只是沙弥,需受具足戒,才成比丘。法师出家后,18岁北上南京求戒,从此踏上参学之路。这首《参禅》诗,写的正是在镇江金山江天寺学禅的经历。禅宗自称宗门,欲悟禅者,贵在绵绵不断地参究,直至参破。参话头,为参禅之一法。所谓话头者,是禅宗僧人用来启发问题的现成语句,往往拈取一句成语或古语加以参究。一句话头,可觑探万缘。干矢橛者,为禅林惯用语。原指拭净人粪之橛,佛家以喻至秽至贱之物。禅门为打破凡夫之执情,使其开悟,每有以干矢橛应对问道者,提此最接近人身之物,以教斥专远求佛而反不知清净一己心田秽污之情形。野狐禅,乃指斥学禅误入偏门,或未开悟妄称开悟者。源于昔有一修行者,因答以学人"大修行人不落因果"而坠五百年野狐之身。法师诗意,乃自谦之语,谓自己微沾禅学之皮毛,而未免有勘野狐禅之讥。南岳磨砖,是禅门一桩有名的公案,见载于《五灯会元》:"开元

---

① 《诗经》卷5《小雅·蓼莪》,上海古籍出版社,1987,第99页。
② 梅季点辑《八指头陀诗文集》,岳麓书社,1984,第109页。

中有沙门道一,在衡岳山常习坐禅。师知是法器,往问曰:'大德坐禅图甚么?'一曰:'图作佛。'师乃取一砖,于彼庵前石上磨。一曰:'师作甚么?'师曰:'磨作镜。'一曰:'磨砖岂得成镜邪?'师曰:'磨砖既不成镜,坐禅岂得作佛?'"① "担板汉",比喻呆笨不灵活的汉子。亦语出《五灯会元》:"饶汝从雪峰、云居来,只是个担板汉。"② 诗意所言,南岳等前辈禅师虽已故去,尚留下师表接引学人,自惭虽是担板汉一个,既入禅门,自是仔肩任重。《维摩诘经·不思议品第六》曰:"譬如迦叶,龙象蹴踏,非驴所堪。"③ 龙象者,佛家以喻阿罗汉或高僧。《证道歌》有:"龙象蹴踏润无边,三乘五性皆醒悟"④ 之句。定持法师发足学禅,便得以亲近金山寺首座遐明大师,获龙象蹴踏之润,欣喜此身犹如唐代天然禅师当年得以亲近石头和尚一般。此诗通篇道禅家语,用禅门典故,勾勒出一位年轻禅和子初学参禅的虔诚心态。

> 时节因缘信不诬,三生云水梦姑苏。
> 灵岩春暖汇曹洞,宝塔秋高涌太湖。
> 千里京津漫负笈,十年鮀岛滥吹竽。
> 醒来都作昙花现,一钵依然滞客途。
>
> ——《三十五岁自题》

苏州灵岩寺为近代四大高僧之一印光法师所辟的净土道场,此处为定持法师行脚参学的第二站。他在金山寺学禅过后,便到灵岩寺念佛,曾留有"不识灵岩意若何,高人为我指弥陀"之句。而这首《三十五岁自题》,所写的正是对昔年云水行程的追忆。百丈禅师曾言:"经云:'欲识佛性义,当观时节因缘。'时节既至,如迷忽悟,如忘忽忆。"⑤ 时节因缘之说,信然不妄。其时法师身在鮀岛,梦紫姑苏。灵岩山乃幽胜之所,宝塔巍巍,俯临太湖,春秋佳日,风光殊美。更令法师念念不忘的是,在灵岩寺,他得到了首座了然禅师的赏识,授以曹洞宗衣法,并推荐往青岛湛山寺佛教学校读书,继而得以升学到上海圆明讲堂楞严专宗学院深造,这一切,都是时节因缘。学成归来,在鮀岛讲经弘法,自惭滥竽充数。旧梦依稀,宛若昙花一现,一觉醒来,依然是托钵留滞于行旅之中。品读此诗,诗境清超,运笔虚实相生,言有尽而味无穷。

定持法师青年时代的参学道路还算一帆风顺的,但到了反右时期,被错划为右派,从此便噩梦连连了。吾潮老学者蔡起贤先生评定持法师诗有言:"境遇虽与宋僧道潜相

---

① 普济:《五灯会元》卷三,中华书局,1984,第127页。
② 普济:《五灯会元》卷四,第203页。
③ 赖永海主编《维摩诘经》,中华书局,2010,第105页。
④ 耕云先生:《〈证道歌〉浅释》,《不二法门》,三联书店印行,第81页。
⑤ 普济:《五灯会元》卷九,第520页。

似，而世路之崎岖，遭逢之艰险，却不是道潜所能想象的。故他的诗，能别出异境，另有匠心。读他《行脚吟》第一集中《圄中记》五组诗作，劫中生涯，都是前代释子所没有经历过的。"① 若言法师劫中所作，乃其一生诗作中之精粹，应不为过。

法师一生五度身陷囹圄，每次皆作有诗，名为《圄中记》，一共五组。兹选取数首，试作浅析。

> 始随业力舞蹁跹，终入圄中废食眠。
> 洒脱真堪羡紫柏，风流且莫笑青莲。
> 神游华藏虚空顶，梦落香洲界道边。
> 斗室如今形对影，问他谁是未生前。
> ——《圄中记二之一》

身陷囹圄，法师自认乃业力所致，他仰慕明代蒙冤入狱、说偈而终的紫柏真可禅师那一份洒脱，又赞叹因永王兵败而系狱的唐代诗人青莲居士李白那一股风流倜傥之气。华藏世界是一切世界的总称，虚空有多大，华藏世界就有多大。此时此刻，法师神游于华藏虚空之顶，梦落于香洲界道之边。斗室之中，虽形影相对，然而，犹参究着"父母未生前本来面目"之话头。

> 四壁悄然紧闭关，重门叠锁绝尘寰。
> 跏趺但看鼻端白，禅悦忽思雨后山。
> 茅屋三间松竹里，烟波一棹镜湖湾。
> 此图未是贫僧福，留与青乌去往还。
> ——《圄中记二之三》

四壁悄然，重门叠锁，有如出家人闭关修持于尘寰之外。结跏趺坐，观鼻端白。鼻端白为佛家修行之一法，注目谛观鼻尖，时久鼻息成白。入于禅定，心神怡悦之时，忽思雨后青山之色。松竹里茅屋三间，湖湾澄明如镜，荡烟波一棹，实是一幅极美之画图。可惜如此美景，非贫僧之福，只能留与堪舆之士来来往往。"青乌"一词，除可指堪舆之士或堪舆之术外，还有风水宝地、乌鸦及借指金乌之义。元杨维桢《寄张伯雨》诗有："每瞻湖上青乌去，不觉山中白兔驯。"所以，"留与青乌去往还"一句，或许也可解释作留待日出日落，岁月奔流。诗无达诂，读者何妨见仁见智。

---

① 蔡起贤：《僧诗妙品——序〈行脚吟〉》，载释定持著《行脚吟》，汕头政协岭海诗社编印，1996，第 2 页。

虚空既已解忘情，我亦因之识妙明。
百尺竿头堪打坐，千钧棒下任经行。
来身一粟渺沧海，过眼浮云空死生。
相见有人早疑着，个中何物自惺惺。

——《圜中记三之三》

归去来兮胡不归，青山绿水待施为。
松花满径有余食，荷叶漫池无尽衣。
净扫尘劳忘得失，全抛恩怨出重围。
十年常作烟霞梦，一日何曾到翠微。

——《圜中记三之六》

万丈峰头万仞山，高攀直造祖师关。
金刚一切有为法，碧落三千梦幻间。
几度踌躇非我所，多番惆怅没人还。
何如返觅来时路，省得将心与汝安。

——《圜中记三之八》

高山流水两云空，独有鸣筝气似虹。
珠走玉盘调素手，风吹秋雨响梧桐。
数声清韵是非外，一个闲人天地中。
新得无生旧曲谱，子期未必达斯宗。

——《圜中记三之九》

天道循环终复始，人间憎爱事偏多。
慧光晃煜能通俗，定水澄湛不起波。
槛外圆音喧般若，阶前方寸剖伽陀。
无边烦恼重回首，尽是春风鼓太和。

——《圜中记三之十二》

细语粗言遥指归，赴汤蹈火向无为。
喜游华藏庄严刹，乐著如来忍辱衣。
金阁凌空云冉冉，帝珠入网影微微。
文殊二见三更起，真妄俱皆贬铁围。

——《圜中记三之十九》

> 祸福无门人自招，死生勘破最逍遥。
> 出随野鹤同行止，入与闲云共寂寥。
> 是处青山多雨露，他年黄檗壮根苗。
> 却逢痛棒难分诉，直得虚空泪两条。
>
> ——《圜中记四之一》

出家人，本是与世无争，孰料却在特殊的年代蒙冤入狱，而且遭际艰险。法师身处逆境，然心地清净。"祸福无门，人自招之"，只有勘破死生，才最逍遥自在。修行之人，赴汤蹈火，亦无畏惧。"百尺竿头堪打坐，千钧棒下任经行。"何其自在！虽然烦恼无边，但作为佛弟子，当具有忍辱之心，以能防一切外障。《法华经·法师品》曰："如来衣者，柔和忍辱心是也。"① 由于"乐著如来忍辱衣"，故能"定水澄湛不起波"，"万丈峰头万仞山，高攀直造祖师关"，依然修持不断，并且观想着"金阁凌空云冉冉，帝珠入网影微微"的庄严之境，此时此刻，真真妄妄，俱贬于四大部洲外的铁围山间。

这组诗，不单尽道佛家语，而寓禅味于世间相之言，也自有之。"松花满径有余食，荷叶漫池无尽衣。"虽是化用大梅法常禅师"一池荷叶衣无尽，数树松花食有余"之偈②，而化用得妙契无痕。"珠走玉盘调素手，风吹秋雨响梧桐。"何其俊爽！然而，所奏何曲？却是不生不灭的无生曲谱，这可是钟子期难以达到的境界！"出随野鹤同行止，入与闲云共寂寥。"本来何其超逸！可惜斯时人身丧失自由，迎头唯有痛棒。诚然，《圜中记》诸篇，正如蔡老所言，因法师此经历为前代释子所无，故能异境别出。

> 东山行者拾遗翁，貌古神清道未穷。
> 七十子中回也乐，五千言外老犹龙。
> 润身风露漫飞白，拂袂天花不著红。
> 万象都归一弹指，一归何处写难工。
>
> ——《拾粪》

定持法师以"牛鬼蛇神"之名被遣至陆丰县潭西公社东山大队九年又八月，以拾猪粪记工分度日，此诗纪其事也。行脚拾矢，依然貌古神清，吾道未穷。"七十子中回也乐"典出《论语·雍也第六》："子曰：'贤哉回也！一箪食，一瓢饮，在陋巷，人不堪其忧，回也不改其乐。贤哉回也！'"③ 老子著《道德经》五千言。孔子曾言："吾今日见老子，其犹龙邪！"④ 语出《史记·老子韩非列传》。拾粪生涯，心不改乐，身健犹

---

① 《妙法莲华经》卷四，出版者及出版日期不详，汕头市图书馆藏，第 213 页。
② 普济：《五灯会元》卷三，第 146 页。
③ 《大学中庸论语》，上海古籍出版社，1987，第 23 页。
④ 司马迁：《史记》卷 63《老子韩非列传第三》，中华书局，1982，第 2140 页。

龙。虽风露润身，而天花不著。"天花不著"典出《维摩诘经·观众圣品第七》："时维摩诘室，有一天女，见诸天人闻说法，便现其身，即以天华，散诸菩萨大弟子上。华至诸菩萨，即皆堕落；至大弟子，便著不堕。"① 结习未尽，华著身耳，结习尽者，华不著也。万法归一，一归何处？欲写难工。蔡起贤先生评此诗曰："和尚以清净身心而拾粪，诚今古奇观。犹能心常乐，体仍健，白露或沾衣，红花不着袂，结习全捐，早已达'无我'境界。释子而有此诗，史所仅见。"②

定持法师集禅客诗家于一身，烁诗情禅意于一炉，其诗状景抒怀，清超似月，机锋棒喝，峻厉如风。《行脚吟》一书，不独是潮汕诗禅文化的荟萃，还是近现代中国佛教史、潮汕佛教史的剪影。限于篇幅，笔者未能集中更多佳作进行介绍。而本文所重者为禅诗，故法师晚年偶有酬应之作，也不在拙文所论列。

元遗山有诗云："诗为禅客添花锦，禅是诗家切玉刀。"自古禅客以诗悟禅，诗家以禅说诗，两者相融，相得益彰。定持法师以诗说禅，蔡起贤先生则承严沧浪之说，以禅喻诗，他评定持法师诗似曹洞禅，不犯正位，能参佛法，如洞山法师《宝镜三昧》所言"如临宝镜，形影相睹。汝不是渠，渠正是汝"。所论至妙！然而，却非未谙曹洞宗偏正五位之说者所能会得。

著名学者叶恭绰先生曾书赠定持法师一联云："翠竹黄花皆实相，清池皓月照禅心。"上联点窜唐司空曙诗"翠竹黄花皆佛性"，下联用唐李颀之句。品赏定持法师诗境，此联差可拟也。

责任编辑：陈　椰

---

① 赖永海主编《维摩诘经》，第115页。
② 王纪平主编《岭海诗词三百首》，天马图书有限公司，2002，第67页。

附　录

承先启后,再造辉煌:在潮汕历史文化研究中心"2014潮学年会"上的讲话

理事长 罗仰鹏

各位特约研究员、青委会委员,各位同志:

大家好!

去年4月13日,我们在这里召开了潮汕历史文化研究中心特约研究员、青委会委员2013年年会,转眼间,我们又在这里召开2014潮学年会。我谨代表研究中心理事会及同人,对大家表示热烈欢迎和衷心感谢!

我们都还记得研究中心创会理事长刘峰同志在去年年会上饱含深情、感人至深的一番讲话,寄望到会的潮学研究者,严谨治学、团结努力,以"踏石有印,抓铁留痕"的精神,锲而不舍,为潮学的持续发展做出自己的贡献,实现我们的"潮学梦"。这是一位80多岁高龄长辈对潮学的拳拳之心,我们很受感动,也倍感肩上的压力和责任。去年的年会开得很成功。年会回顾总结2012年的工作并提出2013年的任务,表彰了中心2012年两报两刊的优秀稿件。年会收到52篇论文,内容涉及地方历史文献、戏曲、方言、歌谣、民间宗教信仰、民间工艺、区域社会史等多方面,各论文作者分组进行讨论,学术氛围浓厚。年会的召开,再次聚集起潮学研究的力量,促进了潮学的研究和交流,显示出潮学研究的后继力量。

正是有了这种光荣的压力感和责任感,中心的同人和在座诸位,社会各方热心人士为潮学事业的发展兢兢业业,尽心尽力。好在天道酬勤,一份汗水换来一分收获,得到中心顾问组的充分肯定和高度评价。他们认为2013年是研究中心的二次创业之新起点,中心呈现出中兴的气象。

所有业绩,离不开中共汕头市委、汕头市政府的支持;离不开中心顾问组的关怀指导;离不开学委会、青委会的同人和特约研究员以及中心全体工作人员的辛勤劳动和通力合作。

下面我回顾2013年的工作并提出2014年的工作要点。

一 2013年工作回顾

(一) 打造侨批文物新馆,增添汕头文化景点

这是去年研究中心工作的重中之重,也是我们为"侨批档案"向联合国《世界记忆名录》申遗出力的具体行动。此项工作得到市委、市政府的重视支持和各方各界的资助,我们仅用3个月时间就完成了侨批文物新馆逾2000平方米的修缮并顺利搬迁。去年7月27日的开馆仪式由市委、市政府主办,研究中心承办,仪式办得既简朴又隆重。开馆翌日立即定期每周三、周六免费向市民开放。7月底开馆至今5个月,参观者上万人次。来汕的国家、省、市领导及海外同胞、华侨华人,大都慕名前来参观,使潮汕侨批的历史价值和世界意义为越来越多的海内外人士所认识,也得到很高的评价。侨批文物馆已成为汕头的文化名片,为汕头增添了一个亮丽的文化景点。

省、市主要领导对我们中心收集和保护潮汕侨批工作非常关注,勉励有加。省委书记胡春华3月24日在汕头考察时,参观了我们中心设于汕头开埠陈列馆中的潮汕侨批展厅,详细了解潮汕侨批的历史文化以及中心收集研究潮汕侨批的情况,对汕头保护侨批档案取得的丰硕成果感到惊讶和赞叹,对潮汕侨批独特的历史价值和文物鉴赏价值十分关注,认为这一珍贵的传统文化得到如此完整的保护传承,真是了不起,希望汕头要进一步加大力度保存好,利用好,让优秀的传统文化代代传承。

市委书记陈茂辉1月10日在孙光辉、张应杰陪同下到中心调研,寄望中心进一步把侨批文化品牌做强做大,继续加强文化交流协作,推动潮学研究向更高层次发展,多形式多渠道传播潮汕优秀文化,为汕头规划建设华侨经济文化合作试验区做出新贡献。去年先后到中心和侨批文物新馆调研的市领导还有郑人豪、徐凯、赵红、方展伟、蔡婵英等。

(二) 营造学术平台 启动激励机制

1. 举办第六届"潮学奖"评选活动。

去年年初,中心理事会鉴于"潮学奖"这项潮汕民间历史文化学术团体的最高奖项设立以来,对潮学的研究传承确实起到良好的促进作用,决定重新启动评奖活动,以树标杆、促后学。申报受理工作于3月正式启动,12月召开总评委员会进行评审,一共收到申报件83份,符合评奖范围的43份,共评出34个奖项,其中特等奖1项、一等奖4项、二等奖11项、三等奖18项。本届增设了"优秀潮学工作者荣誉奖"奖项。

学术需要平台,学术需要激励。我在评审会议上提出了今后继续办好"潮学奖"的看法:一是"潮学奖"的举办应常态化。即恢复举办时的初衷,每三年举办一次,

下一届于 2016 年举办。二是加强合作，做好申报评选工作。秉承潮汕文化不分家的精神，进一步加强在申报和评选工作上的协作，共同把"潮学奖"的评选推向新的高度。三是进一步扩大宣传面。让更多的人、特别是那些热心潮汕文化和从事潮学研究的人士熟知这项活动，鼓励他们踊跃参加申报。要提前并利用各种渠道、各种机遇，多方位向海内外潮人社团宣传这项活动，有意识地扩大到海内外各地。四是要加强评选工作的内部建设。评奖工作常态化后，评选办公室的设立也应常态化，有利于预先规划，使后续各项工作有条不紊地进行。

2. 举办"南澳一号与海上陶瓷之路"学术研讨会。

学术研讨会由中国中外关系史学会、南澳县政府和我们中心联合主办，于 8 月 10 日在南澳举行，参会 60 多人，收到论文 48 篇。中国中外关系史学会副会长、国务院参事室特约研究员丘进教授，中山大学党委副书记、常务副校长陈春声教授，厦门大学南洋研究院博导廖大珂教授，厦门大学南洋研究院博导李金明教授，广东社科院海洋史研究中心主任李庆新研究员，广东文物考古所水下考古队队长崔勇等专家学者莅会演讲，会后结集出版论文集。这是"南澳一号"沉船发掘以来的首个研讨会。

3. 召开中心特约研究员、青委会委员 2013 年年会，进一步凝聚起潮学研究的力量。

4. 完成 2013 年"潮汕文化研究课题"的立项工作。共收到申报项目 64 个，经学术委员会对申报的课题进行初审、二审，再经理事长办公会议审定，列入立项 41 个。立项课题研究工作已全面展开。同时制定《潮汕文化研究课题申报评审程序》及立项工作系列文档，包括《结项程序》、《结项书》等，以规范研究课题的申报、立项和结项工作。

5. 中心第二届学术委员会于 2013 年 2 月成立，随后参与两报两刊 2012 年优秀稿件和"潮汕文化研究课题"的评审工作。

6. 中心青委会去年举办了三期学术讲座。

7. 研究中心去年出版了一批书刊，有：潮汕文化选第六集《山光水色尽文章》、省社科院立项的课题《潮汕侨批论稿》、《"南澳一号与海上陶瓷之路"学术研讨会论文选》、《潮青学刊》（第二辑）、《"潮汕老厝·天人合一"——潮汕老村居古建筑摄影大赛作品集》、2013 年《潮学通讯》和《侨批文化》各两期、《潮汕历史文化研究中心编撰手册》、《潮汕校园灯谜》等。《汕头特区晚报》潮汕文化专版出 26 期，发表 158 篇文章约 24 万字。《汕头日报》理论版潮学论坛专栏发表 10 篇文章约 3 万字。

《温丹铭先生诗文集》现在排校中，即将出版。

《黄际遇日记》已编排好，考虑以正式书号再出版。

（三）加强对外联络交流　努力传播潮汕优秀文化

去年，这方面的工作我们也做了不少。

1. 我们在 1 月专程到广州拜会了吴南生同志，聆听他对弘扬潮汕优秀历史文化的真知灼见。

2. 6月，我应泰国中华会馆理事长许茂春先生的邀请，前往泰国参加"百年跨国两地书——侨批档案展"，作为主讲嘉宾在论坛上发言。同时携带《潮汕侨批图片展》到马来西亚吉隆坡、新山及新加坡，拜访当地潮人社团，并展出该图片。

3. 去年元旦前后，我们到区县开展弘扬、传播潮汕文化情况的调研，了解到区县在这方面做了不少工作，各有创意、各有特色，并与区县领导就如何共同合作，传承潮汕文化达成共识。随后，我们向潮南区成田镇田中央村文化活动室、南澳县深澳镇文化站各赠送了中心出版的书籍128册。

4. 中心与龙湖区委宣传部、市摄影家协会联合举办了"'潮汕老厝·天人合一'——潮汕老村居古建筑摄影大赛"；在国庆期间举办大赛获奖作品展览，编辑出版摄影大赛作品集。

5. 召开"潮汕文化进校园经验交流会"。鉴于研究中心十多年前就与市教育局联合开展了"潮汕文化进校园"的系列活动，其间，我市中小学校在实践中，结合自身的特点，创新了不少好形式和好做法，取得一定成效，形成各有特点、各具特色的经验。为了进一步推进这项工作，我们于9月召开了"潮汕文化进校园经验交流会"，市委宣传部、市教育局和文广新局的领导莅会指导，有15所大中小学校介绍了他们把潮汕文化带进校园、融入教学中的经验和做法。会后我们取得宣传部门的支持，分别在《汕头特区晚报》和汕头电视台《今日视线》"民生档案"中连续几天作了较大篇幅的宣传报道。其中汕头市私立广厦学校在弘扬潮汕文化、中华文化中又创佳绩，在2014年元宵节夺得全国谜语大会铜奖并在央视亮相。

6. 举办"我与潮汕文化"征文比赛活动，从近百篇来稿中评出14篇获奖作品。

7. 中心与汕头市外语外贸职业技术学校挂牌共建"潮汕文化教育传播基地"。

8. 中心有关人员参加了一系列的交流联络活动。主要有：参加4月19日至20日国家档案局、广东省政府和福建省政府在北京举办的"中国侨批·世界记忆工程国际研讨会"，研讨会收到论文31篇，其中我们中心的侨批研究团队有7位同志提交了7篇论文（洪林、黎道纲、邓锐、魏金华、王炜中、陈胜生、陈海忠），洪林和陈胜生在大会作了学术发言。参加5月28日至30日在武汉举行的第10届潮学国际研讨会，我们中心为协办单位之一，有3位同志参会并提交论文。据了解，这一届潮学国际研讨会出席代表57人，我们中心青委会委员获邀者20位，提交论文20篇，有19人亲自参会。我们为汕头建设提供学术支持。如为市建设西堤公园侨批文化主题广场、南区新城兴建潮汕文化博览中心提供学术咨询及有关历史资料，为"保护汕头老城区历史文化街区"建言献策等。参加了"韩山师院110周年庆暨陈伟南95寿诞辰"音乐会、《华侨与潮汕》研讨会、"2013年全球潮人春节文艺晚会"、《善堂》剧本创作艺术研讨会、中山潮人海外联谊会换届大会、《潮汕善堂》专家座谈会、"华夏姓氏研究中心年会"等。

承先启后，再造辉煌：在潮汕历史文化研究中心"2014潮学年会"上的讲话

（四）中心获评社会组织最高级别5A级

去年经省专家组的严格评估，研究中心荣获2012年"中国社会组织评估等级"的最高等级5A，于去年4月份接受市政府授予的证书和牌匾。

此外，我们对中心大楼进行修缮和调整，增加了书画音像资料库的展厅，扩大了图书文档资料库的存储空间，以及配套对外阅览室的设施，改善了阅览环境。

二　2014年工作打算

今年中心工作的思路是：抓住重点，兼顾全面，力求有所突破。

第一个重点是协助做好《潮汕文库》大型丛书的编辑出版工作。

省委宣传部副部长、省文明办主任顾作义莅汕主持召开《潮汕文库》大型丛书筹备工作会议并作讲话，汕头市委常委、宣传部部长周镇松，潮汕历史文化研究中心理事长罗仰鹏，省委宣传部文艺处处长许永波，暨南大学出版社社长徐义雄以及汕头、潮州、揭阳、汕尾四市党委宣传部分管副部长等出席会议。

会议认为，整理出版《潮汕文库》大型丛书对于传承发展潮汕优秀文化、提升潮汕文化品位、培育岭南文化品牌、打造21世纪"海上丝绸之路"等有着十分积极的现实意义。

一是有利于对岭南历史文化资源的挖掘和保护。潮汕文化是岭南文化的重要组成部分。开展对有价值的潮汕文化典籍的整理和研究，将给子孙后代留下宝贵的文化财富。

二是有利于对粤东区域文化产业的引领和支撑。整理出版《潮汕文库》丛书，弘扬文化优良特质，全面打造文化产业链，推动文化与经济融合，把文化资源变成现实财富，将更好地发挥文化对区域发展的强大引领和支撑作用。

三是有利于对潮汕优秀传统文化的传承与创新。目前，潮汕文化如何与时代的发展同步，注入新的内涵，在传承中创新，成为一个新的课题。编辑《潮汕文库》丛书将推动潮汕文化走向世界、走向现代、走向大众。

会议研究并原则同意《"潮汕文库"大型丛书编辑出版方案（初稿）》，要求潮汕历史文化研究中心根据会议的精神对方案作修改完善后报省委宣传部，由省委宣传部上报省委、省政府领导审定后实施。

会议研究成立《潮汕文库》大型丛书组织机构。会议决定，《潮汕文库》大型丛书组委会办公室设在汕头市委宣传部，编委会办公室设在潮汕历史文化研究中心。日常具体工作由潮汕历史文化研究中心承担。

这是一项很有意义的文化工程，我们欢迎有志向从事此项工作的同志自告奋勇、积极参与、勇于担当。

第二个重点是争取出版一批书籍。

1. 出版《潮汕文库·文献类》3~4种，已定稿决定出版的有：《黄际遇日记》、

《潮州耆旧集点校》、《陈衍虞文集点校》等。

2. 出版小丛书2~3种,已初步决定出版的有:隗芾著《潮人文化普及读物》(暂定名)、陈韩星著《潮剧的喜剧传统》。

3. 出版论文集1~2种,已初步决定出版的有:《侨批档案国际学术研讨会论文集》等。

4. 资助出版4~5种,已出版的有郭马风著《草木集》、陈训先著《潮汕先侨与侨批文化》,已定稿准备出版的有:黄继澍著《鳄渚志谭·旧志探幽》、陈香白著《潮事考释》等。

5. 在2013年立项的课题或论著中,选择已完成结项并有出版价值的书稿4~5种,由中心出版,如林俊聪著《南澳同知传等》。

6. 编辑出版《潮学通讯》、《侨批文化》各两期,《潮学集刊》第三辑。

7. 完成省历史学会《潮汕通史》结题工作。

第三个重点是举办侨批档案国际研讨会。

备受全球华人华侨关注的侨批档案,已入选联合国教科文组织的《世界记忆名录》。为进一步丰富和发掘华侨历史文献资料,广泛宣传侨批文化,全面加深对侨批文化的研究,中国历史文献研究会、潮汕历史文化研究中心拟于今年10月联合主办"侨批档案国际研讨会",地点在汕头。协办单位是中山大学历史人类学研究中心、华侨大学华侨华人资料中心、汕头大学图书馆,国外支持单位是泰国中华会馆、泰国崇圣大学潮学研究所、新加坡国立大学中文系。

研讨会主题:世界记忆遗产"侨批档案"研究。研讨会内容是:诚邀从事海内外侨批文化研究的著名专家学者作主题发言;与会代表分组研讨交流;侨批珍品及侨批研究成果展示。

提供参考议题是:

(1) 侨批档案的文献价值及世界意义

(2) 历史人类学视野下的侨批档案研究

(3) 民间历史文献学视野下的侨批档案研究

(4) 侨批档案与跨国华人社会研究

(5) 侨批文献的开发与利用研究

(6) 华南各地侨批档案比较研究

(7) 侨批档案与民间金融业研究

(8) 侨批档案相关的其他研究

在课题组织方面,引导一批研究者做侨批文化的研究,以后的"潮学奖"也可专设一个侨批文化研究奖项。请大家认真撰写论文。

第四个重点是继续做好相关工作。

侨批文物馆要进一步做好日常开馆各项工作,不断完善管理。

潮学资料征集工作要加强。要想方设法多渠道征集包括侨批、华侨资料和实物在内的潮学资料。

研究工作要做得更好。制订中心 2014 年研究课题规划并向社会招标，召开"2014 潮学年会"。青委会拟举办三期学术讲座。在适当时候吸收第二批特约研究员和青委会委员。

继续开展潮汕文化进校园和"侨批文化进校园"巡回展活动，开展"2013 年二报二刊优秀稿件"及晚报潮汕文化版优秀版面评选工作，拟与有关部门联合开展"潮汕文化与建设幸福汕头"征文活动等。

同志们！潮汕历史文化属社会科学范畴，我们都是社会科学工作者。马克思说过："在科学上面是没有平坦的大路可走的，只有那在崎岖小路的攀登上不畏劳苦的人，才有希望到达光辉的顶点。"让我们共同努力，向更高的目标前进吧！

谢谢大家！

2014 年 3 月 28 日

《潮学集刊》文稿格式

一　来稿正文格式

1. 来稿请依题目、作者、摘要、关键词、正文之顺序撰写。摘要以 300 字为限，关键词 3 个至 5 个。

2. 正文每段起首缩排二字，独立成段之引文，不加引号，左边缩排二字，引文每段起首仍缩排二字；紧随独立引文之下段正文起首是否缩排，视其与引文之关系而定。

3. 句子中标点使用中文全角符号。除破折号、删节号各占两格外，其余标点符号各占一格。

4. 注释采用插入脚注方式，注释符号用①、②、③标示，注释号码单页起。

5. 正文中数字一般用阿拉伯数字，但具体情况应考虑前后文决定。

示例：二十多人，三十上下，上百人。

朝代年份用汉字数字，其后在圆括号内用阿拉伯数字注释公元年份。

示例：康熙十五年（1676 年）。

二　注释格式

（一）引用近现代文献

1. 引用专书：作者，《书名》，出版者，出版年份，页码。

若没有出版者、出版年份，则注明"出版者不详""出版日期不详"。示例：

郑振满：《明清福建家族组织与社会变迁》，湖南教育出版社，1992，第156～159页。

2. 引用论文集、文集文章：作者，《篇名》，论文集编者，《论文集名称》，出版者，出版年份，页码。示例：

宫崎市定：《宋代宫制序说》，载佐伯富编《宋史职官志索引》，京都大学东洋史研究会，1963，第16~22页。

引用文献作者和文集编者相同时，后者可以省略。示例：

唐振常：《师承与变法》，《识史集》，上海古籍出版社，1997，第65页。

3. 引用期刊论文。

（1）以时间单位出版的刊物：作者，《篇名》，《刊物名称》，年份，卷，期，页码。示例：

汪毅夫：《试论明清时期的闽台乡约》，《中国史研究》2002年第1期，第9~25页。

（2）按卷期为单位出版的刊物：作者，《篇名》，《刊物名称》，卷，期（年份），页码。示例：

张兆和：《中越边境跨境交往与广西京族跨国身份认同》，《历史人类学学刊》第2卷第1期（2004年4月），第130~131页。

（3）引用期刊的刊名与其他期刊相同，应标注出版地点以示区别。示例：

费成康：《葡萄牙人如何进入澳门问题辨证》，《社会科学》（上海）1999年第9期，第17~35页。

4. 引用刊载于报纸的文章：作者，《篇名》，《报纸名称》，发表时间，第×版。示例：

郑树森：《四十年来的工作小说》，《联合报》1989年8月11日，第27版。

5. 引用会议论文：作者，《篇名》，×会议论文，会议地点，年份。示例：

中岛乐章：《明前期徽州的民事诉讼个案研究》，国际徽学研讨会论文，安徽绩溪，1998年。

6. 引用未刊学位论文：作者，《篇名》，×士学位论文，大学及具体院系，年份，页码。示例：

李丰楙：《魏晋南北朝文士与道教之间的关系》，博士学位论文，台湾政治大学中文所，1978，第192页。

7. 引用未刊手稿、函电、私人收藏等，标明作者、文献标题、文献性质、收藏地点和收藏者、收藏编号。示例：

陈序经：《文化论丛》，手稿，南开大学图书馆藏。

《蒋介石日记》，毛思诚分类摘抄本，中国第二历史档案馆藏。

《陈云致王明信》，1937年5月16日，缩微胶卷，莫斯科俄罗斯当代文献保管与研究中心藏，495/74/290。

《傅良佐致国务院电》，1917年9月15日，中国第二历史档案馆藏，北洋档案1011~5961。

8. 采用作者访谈整理的口述史料，标明"口述史料"、访谈对象姓名身份及其出生年份，访谈时间、地点。示例：

口述史料：达濠从德善堂坛生、紫豪阁录文李明典（1920年生），2005年6月7日，汕头镇邦街李明典寓所。

9. 采用作者收集整理的碑刻材料，标注"碑刻材料"：置立时间、置立者《碑刻名称》，目前位置，抄录时间。示例：

碑刻材料：甲戌年（1934）江亢虎《饶山天洞》，汕头市礐石风景区汕头慈爱善堂，2012年8月30日陈嘉顺抄录。

10. 采用互联网文献，标注"互联网文献"：责任者，《文章名称》，网站名称，网址。示例：

互联网文献：潮汕历史文化研究中心《潮汕历史文化研究中心征集青年委员会委员启事》，潮人网，http://www.chaorenwang.com/channel/whdt/showdontai.asp? nos=341。

（二）引用古代文献

1. 采用影印版古籍，请标明影印版本信息。示例：
王鸣盛：《十七史商榷》卷12，乐天书局，1972年影印广雅书局本，第1页。
2. 古代文集的标注方式。
（1）别集：先列书名，再列篇名。示例：
蓝鼎元：《鹿洲初集》卷12《大埔县图说》，收入《近代中国史料丛刊》续辑第403册，文海出版社，1976年影印光绪六年版，第897页。
（2）总集：先列文章作者（文集的名称看需要再考虑是否列出），再列总集作者以及总集名。示例：
陈一松：《为恳天恩赐留保宪臣以急救民疏》，收入冯奉初《潮州耆旧集》卷19，香港潮州会馆，1980年影印光绪三十四年版，第336页。
3. 古籍中部类的标注方式。示例：
赵尔巽等撰《清史稿》卷345《列传·永保》，中华书局，1977，第11166页。
4. 正史中人物传之附传的标注方式。示例：
《魏书》卷67《崔光传附崔鸿传》。
5. 引证编年体典籍，通常注出文字所属之年月甲子（日）。示例：
《资治通鉴》卷2000，唐高宗永徽六年（655年）十月乙卯。
6. 一些古籍的版本可以直接通过某丛书来反映，可省去具体出版情况。示例：
朱熹：《家礼》（《文渊阁钦定四库全书》版），卷1，第1页。

（三）引用英文文献

基本规范同于中文注释。

作（编）者姓名按通常顺序排列，即名在前，姓在后。作者为两人，两人姓名之间用 and 连接。

编者后加 ed.，两人以上的加 eds.。

期刊名称和书名使用斜体标注，论文和文章用引号" "标注，主标题与副标题之间用冒号相隔。

页码方面，单页标注 p.，多页标注 pp.。

1. 专著的引用格式。

Kenneth N. Waltz, *Theory of International Politics*, McGraw-Hill Publishing Company, 1979, p. 81.

Hans J. Morgenthau, *Politics among Nations: The Struggle for Power and Peace*, Alfred A. Knopf Inc., 1985, pp. 389–392.

2. 编著的引用格式。

David Baldwin, ed., *Neorealism and Neoliberalism: The Contemporary Debate*, Columbia University Press, 1993, p. 106.

Klause Knorr and James N. Rosenau, eds., *Contending Approaches to International Politics*, Princeton University Press, 1969, pp. 225–227.

3. 译著的引用格式。

Homer, The Odyssey, trans. *Robert Fagles*, Viking, 1996, p. 22.

4. 论文的引用格式。

Robert Levaold, "Soviet Learning in the 1980s," in George W. Breslauer and Philip E. Tetlock, eds., *Learning in US and Soviet Foreign Policy*, Westview Press, 1991, p. 27.

Stephen Van Evera, "Primed for Peace: Europe after the Cold War," *International Security*, Vol. 15, No. 3, 1990/1991, p. 23.

Nayan Chanda, "Fear of Dragon," *Far Eastern Economics Review*, April 13, 1995, pp. 24–28.

5. 报纸的引用格式。

Rick Atkinson and Gary Lee, "Soviet Army Coming apart at the Seams," *Washington Post*, November 18, 1990.

6. 政府出版物的引用格式。

Central Intelligence Agency, Directorate of Intelligence, *Handbook of Economic Statistics*, US Government Printing Office, 1988, p. 74.

7. 会议论文的引用格式。

Albina Tretyakava, "Fuel and Energy in the CIS," paper delivered to Ecology '90 conference, sponsored by the America Enterprise Institute for Public Policy Research, Airlie House, Virginia, April 19–22, 1990.

8. 学位论文的引用格式。

Steven Flank, *Reconstructing Rockets: The Politics of Developing Military Technologies in Brazil, Indian and Israel*, Ph. D. dissertation, MIT, 1993.

9. 互联网文献的引用格式。

Astrid Forland, "Norway's Nuclear Odyssey," The Nonproliferation Review, Vol. 4, Winter 1997, http://cns.miis.edu/npr/forland.htm.

10. 转引文献的引用格式。

F. G. Bailey, ed., *Gifts and Poisons: The Politics of Reputation*, Basil Blackwell, 1971, p. 4, quote from Paul Ian Midford, *Making the Best of a Bad Reputation: Japanese and Russian Grand Strategies in East Asia*, Dissertation, UMI, No. 9998195, 2001, p. 14.

三　注释说明

1. 中文书名、期刊名、报纸、剧本的符号为《》；论文篇名、诗篇为《》；学位论文采用《》。

2. 撰著在作者姓名之后加冒号表示。如果是"编""主编""编著""整理""校注""校点"等其他责任形式，不加冒号。示例：

京族简史编写组编《京族简史》，广西民族出版社，1984，第84页。

3. 两个或三个责任方式相同的责任者，用顿号隔开；有三个以上时，只取第一责任者，其后加"等"字。示例：

徐寿凯、施培毅校点《吴汝纶尺牍》，黄山书社，1992。

许毅等：《清代外债史论》，中国财政经济出版社，1996。

4. 责任方式不同的责任者，用逗号分开，译著的翻译者，古籍的点校者、整理者可按此例。示例：

欧阳兆熊、金安清：《水窗春呓》，谢兴尧点校，中华书局，1984，第192页。

5. 书名原有的补充说明等文字，应放在书名号之内。示例：

任继愈主编《中国哲学发展史（先秦）》，人民出版社，1983。

6. 非公元纪年的出版时间应照录，其后加公元纪年，1949年后用公元纪年。示例：

陈恭禄：《中国近代史》，商务印书馆，民国二十四年，1935。

7. 引用图书版权页中表示版本的文字（如"修订本""增订本"等）应照录。示例：

蔡尚思、方行编《谭嗣同全集》（增订本），中华书局，1981。

8. 引证书信集、文件汇编及档案汇编中的文献，应标注原始文献形成的时间。示例：

蔡元培：《覆孙毓修函》，1911年6月3日，载高平叔、王世儒编注《蔡元培书信集（上）》，浙江教育出版社，2000，第99页。

9. 同一本书只需在第一次出现时标明版本，以后若用同一版本则可省略版本信息。

《潮学集刊》征稿启事

1. 《潮学集刊》由潮汕历史文化研究中心主办,潮汕历史文化研究中心青年委员会承办。

2. 本刊主要发表潮汕历史文化研究中心特约研究员、青年委员会委员研究潮汕历史文化的学术成果,以及新近出版的潮汕历史文化研究专著的书评,同时欢迎国内外学术同人踊跃赐稿。

3. 本刊为学术年刊,由社会科学文献出版社公开出版。

4. 本刊实行匿名评审制,所有发表之论文均须经两名或以上评审人审阅通过。

文稿中请勿出现任何显示作者身份之文字。

5. 本刊发表论文稿件一般不超过 1 万字。书评稿件不超过 3000 字。稿件正文及注释体例,请遵照《〈潮学集刊〉文稿格式》。

6. 来稿请注明篇名、作者姓名、所属机构、职称、通信地址、电话、电子邮件等联络资料,并附摘要约 300 字及关键词 3 个至 5 个。

7. 来稿请通过电子邮件,以附件形式提供 Word 文本稿件。

投稿邮箱:liksbox@126.com　　抄送　jingxi_chen@vip.163.com

8. 本刊不设稿酬,来稿一经采用刊登,作者将获赠该期学刊。

9. 来稿文责由作者自负。

图书在版编目（CIP）数据

潮学集刊.第3辑/陈景熙主编.—北京：社会科学文献出版社，2014.12
 ISBN 978-7-5097-6984-3

Ⅰ.①潮… Ⅱ.①陈… Ⅲ.①潮州市-地方史-研究-文集 ②汕头市-地方史-研究-文集 Ⅳ.①K296.5-53

中国版本图书馆 CIP 数据核字（2014）第 311322 号

潮学集刊（第三辑）

主　　编／陈景熙

出　版　人／谢寿光
项目统筹／王　绯
责任编辑／黄金平

出　　版／社会科学文献出版社·社会政法分社（010）59367156
　　　　　地址：北京市北三环中路甲29号院华龙大厦　邮编：100029
　　　　　网址：www.ssap.com.cn
发　　行／市场营销中心（010）59367081　59367090
　　　　　读者服务中心（010）59367028
印　　装／三河市尚艺印装有限公司
规　　格／开　本：787mm×1092mm　1/16
　　　　　印　张：20.75　彩　插：0.5　字　数：406千字
版　　次／2014年12月第1版　2014年12月第1次印刷
书　　号／ISBN 978-7-5097-6984-3
定　　价／85.00元

本书如有破损、缺页、装订错误，请与本社读者服务中心联系更换

▲ 版权所有 翻印必究